高等学校市场营销学系列教材

市场营销学

Marketing

主　编　黄　静
副主编　曾伏娥　王长征

WUHAN UNIVERSITY PRESS
武汉大学出版社

图书在版编目(CIP)数据

市场营销学/黄静主编.—武汉:武汉大学出版社,2018.8(2025.4 重印)
高等学校市场营销学系列教材
ISBN 978-7-307-20456-0

Ⅰ.市…　Ⅱ.黄…　Ⅲ.市场营销学—高等学校—教材　Ⅳ.F713.50

中国版本图书馆 CIP 数据核字(2018)第 183260 号

责任编辑:唐　伟　　责任校对:李孟潇　　版式设计:汪冰滢

出版发行:**武汉大学出版社**　(430072　武昌　珞珈山)
(电子邮箱:cbs22@whu.edu.cn 网址:www.wdp.com.cn)
印刷:武汉邮科印务有限公司
开本:787×1092　1/16　印张:23.75　字数:560 千字　插页:1
版次:2018 年 8 月第 1 版　2025 年 4 月第 3 次印刷
ISBN 978-7-307-20456-0　定价:58.00 元

前　言

我们力图给学习市场营销学的本科生、MBA 学生以及企、事业单位从事营销管理的人士提供一本与现今环境相匹配的讲述科学营销的市场营销学教材。科学技术迅猛发展驱动着营销环境发生了巨大的变化，巨变的环境正在从多方面、多层次改变甚至颠覆人类社会的生存逻辑和思维方式。例如，移动互联网带来了跨时空的实效性、趣味性、互动性的信息沟通，由此形成了人类社会新的社交模式，也催生了新的商业模式。然而，无论企业所面临的环境发生怎样的变化，营销者为顾客创造价值的核心职能没有改变，变化的是企业为顾客创造价值的思维、技术、方式和方法。正是遵循营销环境变化内隐着变与不变的逻辑，市场营销学的理论体系依然围绕着发现顾客价值、创造顾客价值、传递顾客价值和传播顾客价值来构建，同时又将环境变化带来的营销思维、技术、方式和方法的变化融入顾客价值创造的过程。例如，发现顾客价值的方法正从传统的强调因果关系的样本数据，转向强调相关关系的大数据分析；创造顾客价值的逻辑也从企业创造价值让渡给顾客变成企业与顾客共同创造价值；顾客价值传递的变化更是形成了线上与线下融合的价值传递新模式；而在顾客价值传播中不仅是传播通路的多样化，更重要的是消费者的角色已然从信息的接收者变成了信息内容的制造者和传播者。这就需要企业在快速变化的环境中不断创新，党的二十大强调创新是引领发展的第一动力，创新是推动企业发展和竞争的关键因素，企业需在产品、服务、渠道及传播策略等方面不断创新，以适应市场需求的变化。党的二十大强调了品牌建设和品质提升的重要性，面临日趋激烈的市场竞争环境，企业必须加强品牌建设，提高产品和服务的品质，树立良好的品牌形象，从而提升企业的市场竞争力。

为此，本教材在继承经典营销学理论框架的基础上，通过开篇引例、营销实例以及增加新的章节（如数字传播等多种形式）来体现教材的实效性。此外，本教材还加入了学术智库专栏，学术智库是我们对营销研究领域经典文献的梳理，结合具体内容，每章提供了两篇左右的经典文献供读者阅读。学术智库不仅为致力于学术研究的人员提供理论参考，也为营销实践者提供了极好的科学营销理论指导。

本教材由武汉大学市场营销学教授黄静统纂，武汉大学市场营销学科的 8 位教授和 8 位副教授共同合力完成本教材的撰写。全书共 20 章，按照先后顺序分别是：黄静（第 1、12）章、崔楠（第 2 章）、寿志钢（第 3 章）、赵晶（第 4 章）、王长征（第 5 章）、张丽立（第 6 章）、李晓（第 7 章）、曾伏娥（第 8、9 章）、朱华伟（第 10、13 章）、徐岚（第 11 章）、柯丹（第 14 章）、张广玲（第 15 章）、桂世河（第 16、17 章）、黄敏学

（第 18 章）、吴思（第 19 章）、田鼎（第 20 章）。在初稿的写作中，多位博士生和硕士生也为教材的写作做了大量的工作，他们是：王锦堂、洪浩、管亚楠、孙超静、段晓玲、陈安然、刘晨晨、张皓、郭丹丹、向敏。

本教材入选了武汉大学 2018 年规划教材建设项目。在教材编写过程中，武汉大学出版社给予了大力支持和帮助，同时也得到了武汉大学本科生院、武汉大学经济与管理学院和市场营销学科领导和老师们的关心和支持，在此一并致谢！教材编写中，我们参阅了国内外大量的文献和资料，在此向文献的作者表示诚挚的谢意！

市场营销环境的快速变化，还会不断催生出新的营销实践，营销理论也会随之更新。我们将与时俱进，不断更新教材的内容，以飨读者。

黄　静

2023 年 12 月于武汉大学珞珈山

目　录

第一章　解读市场营销

【学习目标】学习本章后，应当掌握：

1. 理解市场营销定义与内涵
2. 了解市场营销过程
3. 理解顾客需求与顾客需求的类型
4. 掌握市场营销观念的几个阶段及各阶段的关注点
5. 理解市场营销的最新变化以及这些变化对市场营销活动的影响

【引例】

今日头条

人们都想看到每天发生的重要新闻以及自己感兴趣的信息，在浩瀚的新闻信息中，搜索到这样的新闻信息有点费时间和有点困难了。“今日头条”就是为了满足顾客这样的需求而成立的网络公司。“今日头条”通过个性化信息推荐引擎的方式解决信息分发效率的问题，主动推送内容给用户，这也是“今日头条”最基础的战略定位。这款“个性化信息推荐引擎”首先会采集海量的信息，然后通过数据挖掘，智能分析出每时每刻最热门、最值得用户关注的资讯。其次，推荐引擎会根据用户的浏览、收藏、转发、评论等行为不断地进行分析，再结合其阅读习惯、阅读时间、阅读位置等多个维度，建立起个人用户模型，最后根据用户的兴趣标签，智能地为用户推荐越来越精准的个性化信息。这样每个用户在打开今日头条时看到的都是不一样的界面，实现个性化新闻阅读。另外，“今日头条”重新定义了市场的用户需求和内容价值，将内容生产、内容分发和营收变现三个环节彻底分开，让生产者在竞争中调整内容去匹配用户喜好，这样每一环节做的事情变少而更专业。其具体做法是，自己不进行内容生产，而是积极整合技术优势，为内容提供稳定、高效的“出路”，即依托数据挖掘和个性化算法搭建起一个内容聚合与推荐平台，以用户需求和偏好为导向，通过为已有的资讯内容进行精准推送、个性化传播，实现利润转化。

2012 年 3 月，张一鸣创立北京字节跳动科技公司，同年 8 月推出“今日头条”客户端。2016 年年底，估值已经超过 110 亿美元。“今日头条”现在已经是最受手机用户欢迎的新闻客户端。

资料来源：http：//www. mbachina. com/html/cjxw/201707/109587. html.

市场营销学（Marketing）于20世纪初期产生于美国。在市场竞争更趋激烈的时代，成功的企业都是重视顾客需求并以此为中心来进行营销活动的。科学的营销对每个组织的成功都是必需的，了解顾客需求、组织企业的资源并激励员工来为顾客创造价值，这才是企业成功的必经之路。

第一节　理解市场营销

一、市场营销的定义

市场营销的本质是识别和满足人类和社会的需求。即通过发现消费者需求、满足顾客需求来为顾客创造价值，并以此来获取顾客回报。企业的营销活动无处不在，从你早上起床准备刷牙用的牙膏，或者是你打开手机或电视来了解今天的重要新闻，或者是你吃的早餐，或者你出门上学、工作要穿的哪套衣服。每件你所做的事，所选择的东西，无不是企业根据消费者需求推出的产品。任何市场营销活动的背后都有为了争夺顾客注意力和购买力的企业竞争活动。企业希望用它们的品牌丰富你的体验，直接地、个性化地影响你，希望成为你生活中的一部分，从而帮助你与它们的品牌建立联系。成功的企业有一个共同的特点，和“今日头条”一样，严格地以顾客需求为中心，充分而精确地理解顾客目标，激励组织中的所有员工，为顾客创造价值并力图建立持久的客户关系。

企业管理者及社会大众很多时候会将市场营销仅仅理解为销售产品，以至于会不遗余力地将其资源和努力运用在为实现产品销售的种种促销策略上，而不是去深刻地理解顾客需求，生产出顾客需要的产品。销售只是市场营销的功能之一，而非全部。市场营销的真正目的正如德鲁克先生所说：“市场营销的目的就是去很好地了解和理解顾客以让产品适合顾客并实现自我销售，让销售变得多余。”

美国市场营销学会对市场营销的定义是：市场营销是创造、传播、传递和交换对顾客、客户、合作者和整个社会有价值的市场供应物的一种活动、制度和过程。可见，市场营销就是一种通过创造和他人交换价值实现交换双方价值的管理过程。我们借鉴菲利普·科特勒对营销的定义：市场营销是选择目标市场并通过创造、传递和传播卓越顾客价值，来获取、维持和增加顾客的艺术和科学。

市场营销既是科学，又是艺术。科学的营销活动需要营销者利用经济学、管理学、社会学、心理学等学科的理论和方法来研究顾客的心理，理解顾客行为背后的理论逻辑、需求特点，洞悉营销环境、解读竞争者、为企业营销活动提供科学指导，以更好地满足顾客需求。市场营销的艺术性表现在，营销人员面对复杂的市场环境、千变万化的消费者需求，应在遵循营销科学理论的基础上，灵活运用科学的营销理论、方法及技术去理解顾客需求并为顾客创造价值。

二、市场营销管理过程

根据市场营销的内涵，市场营销管理过程可以分为四个阶段：理解市场和选择价值阶段、创造价值、传递和传播价值阶段、获取顾客权益阶段，共四个阶段，如图1-1所示。

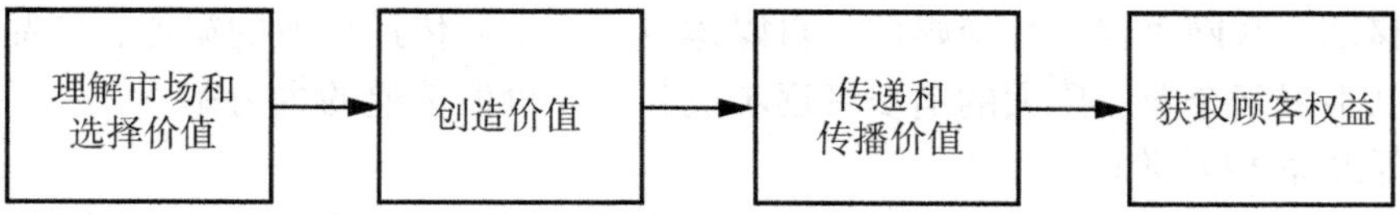

图 1-1 市场营销过程

1. 理解市场和选择价值阶段

理解市场即理解顾客需要和欲望，是市场营销管理的首要阶段，也是整个营销活动的起点和所有活动设计的依据。市场营销活动首先要分析、了解顾客的需求、发现需求特点以及需求的新变化。佳洁士牙膏了解到消费者对牙齿进行日常清洁之外，还希望有简单医疗护理的需求。据此，佳洁士决定首先推出主打护齿、固齿功能的牙膏，满足消费者对牙齿护理的需求，产品推出即大获成功。所以，理解顾客需要和欲望是市场营销活动的基础和起点，也是成功的保证。在对顾客需要和欲望进行科学的识别之后，企业应从宏观上解析营销环境中所隐藏的机遇和挑战，并结合企业自身各种资源优势选择要服务的目标市场并确定在目标市场的定位。OPPO 智能手机捕捉到年轻人对拍照的需求，将其品牌定位为“这一刻更清晰”的拍照手机，2016 年，OPPO R9 取代 iPhone 成为单品年销量冠军，拿走了 4%的市场份额。

2. 创造价值阶段

当我们从理解市场和分析顾客需求中找到了顾客还没有被满足的需求时，接下来就是根据顾客的需求来设计和产生出产品或服务，以满足顾客的需求，即为顾客创造价值。例如，OPPO R11 为延续“这一刻更清晰”的品牌定位，满足顾客对清晰拍照的需求，首款定制具备骁龙 660 处理器、2000 万像素的相机。其次，为顾客创造价值还体现在对产品与服务进行合理的定价，其中包括对产品基准价定价原则的考虑和对价格调整策略的考虑。基于价值的定价，必须考虑产品服务给消费者带来的价值体现在哪些方面，而这些价值所体现的每个方面分别需要顾客付出多少代价才可以获得，这些代价的总和就是产品定价的一个参考标准。为顾客创造价值的定价可以在低于这个参考标准又同时高于生产成本的情况下选择一个合理价格，既给顾客带来超额价值，又能给企业带来利润，这样同时满足了顾客的需求和企业的目标。

3. 传播和传递价值阶段

企业为顾客创造出的价值要想真正被顾客拥有，还需为顾客传递价值和传播价值，即将产品或服务从企业送达到顾客手中，传递价值给顾客。可口可乐公司“随处可见，随手可得”的口号是对传递顾客价值最好的诠释。传递价值的活动又称为分销活动，企业会根据顾客的地理分布特点或行为特点来设计合理的分销渠道，分销渠道中的企业与零售商一起承担起运输、仓储、陈列、销售等活动，在生产企业与最终用户顾客之间架起价值传递的桥梁，实现传递价值的使命。

经济不断发展的产物是市场上的供给物越来越多，为了帮助顾客在浩如烟海的产品和服务信息中识别出自己需要的产品和服务，企业需要向顾客传播其为顾客创造的价值。传播价值往往采用一揽子的市场推广活动，常见的有广告、人员推销、公关与宣传、促销等活动。在移动互联网时代，社交媒体、自媒体也成为企业传递价值的渠道，产品价值信息的传递者已不限于企业，广大的消费者逐步成为产品价值传递的主力军。

4. 获取顾客权益阶段

当企业通过营销过程管理活动满足顾客需求后，自然也会获得顾客给予企业的回报，这就是企业利润。不仅如此，企业在营销管理活动中还会收获到有价值的顾客关系，满意的顾客会与企业形成稳定忠诚的关系，正是因为有忠诚顾客的存在，企业的可持续发展才能得以实现。

市场营销的目的是满足消费者的需要和欲望，首先向社会、市场和顾客让渡满意价值，其次才是获得和顾客回报——企业利润。

第二节 理解顾客需求

市场营销的基础就是人类的需要，市场营销学科的前提假设就是人的需要和欲望得到满足，所有的营销活动都是在此前提上进行并衍生的。理解顾客需要和欲望，以及从事经营活动的市场，是市场营销过程的第一步。我们先考察有关顾客和市场的三个核心概念——需要、欲望和需求，并了解顾客需求变化以更好地进行顾客需求管理。

一、需要

需要（Needs）指人类的基本要求，如果需要没有得到满足，人的生存就存在危险。这些需要主要是指满足人们基本生存需要的要素，包括对食物、水、空气、衣服和庇护所的基本生理需要。需要是人类作为生物存在于世的生理基础，在各个文化中差异不大。这些需要是源自身体生理的，更多是本能的，而非社会或者营销者所能创造的。

二、欲望

欲望（Wants）是满足需要的具体愿望，受社会文化和个体特质的影响。例如，人们在饥饿时对食品的需要会表现出不同的欲望，有人需要一碗米饭，有人则想吃法式大餐。对交通便利的欲望也是各不相同，自行车、轿车、跑车、私人飞机则是不同人群的欲望向往。

比起需要，欲望的类型要多得多，更加复杂多变。欲望的形成受社会形态和各种社会力量的影响，如宗教团体、学校、家庭和企业的市场营销因素等。激发出顾客的欲望或者帮助顾客认识到自己的潜在欲望，是市场营销成功的关键。

三、需求

需求（Demand）就是得到购买力支持的欲望。当人们有了购买能力时，欲望便转化为需求。当顾客想要买一台笔记本用于工作或者学习，又有足够的金钱去支付时，这台笔记本就是一个有效的需求。需求是欲望和购买力结合的产物，缺一不可。很多人都想要一套乡间别墅或者是一辆能带来速度激情的法拉利跑车，但只有极少数人能够买得起。

对企业而言，更有意义的就是需求，而不仅仅是需要和欲望。企业营销活动是为了满足顾客的需求，在为顾客创造价值的同时，从顾客处获得利润，实现企业的目标。

四、需求的类型

市场营销管理的任务是刺激、创造、适应及影响消费者的需求。从此意义上说，市场营销管理的本质是需求管理。任何市场均可能存在不同的需求状况，市场营销管理的任务是通过不同的市场营销策略来解决不同的需求状况，一般来说，存在下列八种需求：

1. 负需求（Negative Demand）

负需求是指市场上众多顾客不喜欢或厌恶某种产品或服务，希望回避这种产品或服务。

如有些顾客害怕冒险而不敢乘飞机，或担心太空育种食品会损害身体而不敢尝试或购买。市场营销管理的任务是分析人们不喜欢这些产品的原因，并针对顾客需求重新设计产品、定价，做更积极的促销，或通过宣传改变顾客对某些产品或服务的信念等，把负需求变为正需求。

2. 无需求（Nonexistent Demand）

无需求是指顾客对某种产品从来不感兴趣或漠不关心，也不购买的需求情况。如许多非洲国家居民从不穿鞋子，对鞋子无需求。市场营销者的任务是创造需求，通过有效的促销手段，把产品利益同人们的自然需求及兴趣结合起来，唤起人们的需求。

3. 潜在需求（Latent Demand）

潜在需求指现有的产品或服务不能满足许多消费者的强烈需求。例如，随着全球老龄化社会的到来，老年人的各种需求构成了一个个巨大的潜在市场。老年人对养老的需求、对休闲娱乐的需求、对保健身体的需求、对再学习的需求等都是企业可以去开发的潜在市场机会。企业市场营销的任务是准确地衡量潜在市场需求，开发有效的产品和服务，即开发市场营销。

4. 下降需求（Declining Demand）

下降需求指顾客对某些产品或服务的需求出现了下降趋势的需求。如近年来汽车逐步成为人们出行的交通工具，对自行车的需求越来越少。市场营销者要了解顾客需求下降的原因，通过改变产品的特色或用途刺激需求，即创造性的再营销。例如，ofo 小黄车将自行车的用途定位在满足人们最后一公里的交通需求，通过无桩共享单车出行平台的模式让人们在全世界的每一个角落都可以通过 ofo 解锁自行车，满足短途代步的需求。2017 年 10 月 20 日，ofo 小黄车最新宣布日订单突破 3200 万。相比上年同期，ofo 日订单量增长远超 31 倍。对于下降需求既可以通过重新定义市场需求，也可以改变已有的商业模式来创造出新的需求，以扭转需求下降的格局。

5. 不规则需求（Irregular Demand）

不规则需求是指消费者的需求在时间和地点上存在无规律现象的需求。许多企业常面临因季节、月份、周、日、时对产品或服务需求的变化，而造成生产能力和商品的闲置或过度使用。如在旅游旺季时旅馆紧张和短缺，在旅游淡季时，旅馆空闲。再如节假日或周末时，商店拥挤，在平时商店顾客稀少。市场营销的任务是通过灵活的定价、促销及其他激励因素来改变需求时间模式，使消费者的时间与企业的供应时间相对同步。

6. 充分需求（Full Demand）

充分需求指某种产品或服务目前的需求数量和市场供应量相当。但消费者需求会不断变化，竞争也会加剧。企业营销的任务是改进产品质量及不断估计消费者的满足程度，维持现时需求，这称为“维持营销”。

7. 过度需求（Overfull Demand）

过度需求指市场上顾客对某些产品的购买量超过了企业供应生产能力，产品供不应求。比如，由于人口过多或物资短缺，导致对道路资源的需求超过道路的承载力造成拥堵。节假日的旅游景区也容易在短时间内出现过度需求情况，景区的游客数量太多，产生拥堵。企业营销管理的任务是减缓营销，可以通过提高价格、减少促销和服务等方式使需求减少，或者将需求调节到另外的时间，避免短时间的需求数量过多。减缓营销的目的不是破坏需求，而只是暂缓需求水平。

8. 有害需求（Unwholesome Demand）

有害需求指对可能吸引消费者，但又会对消费者身心健康有害的产品或服务的需求，诸如烟、酒、毒品、黄色书刊等。企业营销管理的任务是通过提价、传播恐怖及减少可购买的机会或通过立法禁止销售，称为反市场营销。反市场营销的目的是采取相应措施来消灭某些有害的需求。

营销实例 1-1

源自四川的海底捞不仅仅是一家火锅餐厅，更是注重顾客体验的餐厅。海底捞的服务总被人们津津乐道，原因就是全方位、创造性、个性化地为顾客提供优质的就餐服务体验。有人说火锅店服务真好，我有个眼镜，他就给我个眼镜布；我杯子里的水还没喝完，他就又给我加满了。在百度上搜索关键词“海底捞‘变态服务’”，还可以看到更多网友关于海底捞“变态服务”的故事，那些故事幽默而充满创意，让人感觉海底捞的服务真的要冲出宇宙了。

在餐饮行业里，柔性的指标起决定性的作用。顾客满意度可能没办法用指标去描述，但是可以感知。餐馆员工的努力程度也是如此，没有办法用指标去证明，但是顾客、同事、包括去检查的人，都可以感知到。海底捞把所谓的 KPI 全部去掉，就只考顾客满意度这一个指标。一个副总组织一堆神秘人去考，后来发现非常准。

为了给顾客提供优质的就餐体验以及创造性地提高顾客满意度，海底捞在激励员工和管理员工方面也有自己的独到经验。通过柔性的非正式化管理和平等的组织氛围营造，海底捞员工的敬业度之高和离职率之较低都是餐饮业内少见的。

资料来源：http：//www. sohu. com/a/147848872_460429.

从海底捞的例子可以看出，理解顾客需求是营销的永恒主题，企业的每一个员工都是营销员，都是为顾客创造价值和传递价值的过程中的重要因素。

第三节　营销观念的演进

营销实例 1-2

海尔：永远以用户为是，真诚到永远

海尔集团是世界白色家电第一品牌，1984 年创立于中国青岛。海尔始终以创造用户价值为目标，一路创业创新。截至 2017 年，海尔集团全球营业额 2419 亿元(393 亿美元)，品牌价值 2918 亿元，全球员工超过 7.3 万人。而 1984 年创业之初的海尔只是一家资不抵债、濒临倒闭的集体小厂，年销售额 348 万元，亏损 147 万元，年产冰箱 74 台，员工 820 人。取得如此惊人商业成就的原因就是海尔坚持以用户需求为中心的创新体系驱动企业持续健康发展，这个理念一直贯穿于海尔创业的全过程。

创业伊始，海尔提出“真诚到永远”的理念，以高质量、高品质实现企业对用户的诚信承诺。1985 年，海尔通过“砸冰箱”砸出了质量意识，1988 年，海尔冰箱斩获中国电冰箱史上的第一枚金牌。产品的高质量成为海尔创业的基石。20 世纪 90 年代，在看到一位海尔用户丢失空调的报道后，海尔推出了“送装一体”的星级服务，更好地满足用户需求。在海外，依托对本土用户需求的精准把握，海尔以差异化的产品和服务，树立起中国家电的国际化品牌。进入互联网时代，海尔提出“人单合一双赢”模式。“人”即员工；“单”即用户价值。每个员工为用户创造价值，从而实现自身价值，企业价值和股东价值自然得到体现，整个创业创新平台才能不断自演进、自优化。海尔探索从传统的科层制企业转型成为共创共赢的创业平台，其目的是通过组织变革让每个人直面用户，让每个创客能够与“用户零距离”，打造出互联网时代的诚信品牌。

30 多年来，海尔致力于成为“时代的企业”，每个阶段的战略主题都是随着时代变化而不断变化的，但管理创新贯穿于海尔的发展历程，重点关注的就是“人”的价值的实现，使员工在为用户创造价值的同时实现自身的价值。海尔提出“人单合一”双赢模式，因破解了互联网时代的管理难题而吸引了世界著名商学院、管理专家争相跟踪研究。

资料来源：海尔集团官方网站，http：//www. haier. net/cn/about_haier.

在企业众多的市场营销活动背后，存在多个利益相关者，概括起来主要有企业本身、顾客和社会三大主体。如何处理这三大主体间的利益平衡，既满足顾客需求，又能实现企业利润目标？企业在目标市场上为了达到预期交换结果而进行营销努力时必须有一种理念来兼顾各方利益，这种理念就是市场营销观念（Marketing Concept）。市场营销观念是一个战略性的问题，它是企业在进行市场营销的过程中，处理企业、顾客和社会三者利益关

系时所持的态度、思想和观念。市场营销观念直接左右企业的营销管理重心以及营销资源的分配，是营销活动的总纲，关系到企业的长期和全局发展。可以说，市场营销观念既是市场营销的指导思想，又是营销活动方向的规范原则。

自营销正式进入企业视野以来，至今已经形成六个有影响的营销观念，这些观念成为指导营销管理人员的处事原则和企业管理重心所在。这些营销观念分别是：生产观念、产品观念、推销观念、市场营销观念、社会营销观念和全方位营销观念。

一、生产观念（Product Concept）

生产观念认为，消费者喜欢买得到的且价格低廉的产品。因此其营销的主张是“我生产什么，就卖什么”。与之相匹配的企业管理便是想方设法提高生产效率、降低生产成本与其他成本，尽力降低产品价格，以解决市场上有无产品的问题。企业的产品维持多年不变，不关心消费者的需求，生产部门起主导作用。福特汽车（Ford Motors）的创始人亨利·福特（Henry Ford，1863—1947）曾经为了实现一个人一辆车的梦想，致力于不断降低生产成本，1908 年开发出 T 型车，1913 年在工厂率先引入了流水线生产管理模式，并大规模生产，由此获得巨大成功，到 1927 年止，T 型车累计销售 1500 万辆。

生产观念是一种古老的营销管理观念，在西方盛行于 19 世纪末 20 世纪初，当时西方国家处于工业化初期，市场需求旺盛，整个社会产品供应能力相对不足。在这种物资短缺、产品供不应求的情况下，企业只要提高产量、降低成本，便可以获得丰厚利润。因此，企业管理的重心就是增加生产，降低成本，努力生产物美价廉的产品而不必太多关注市场需求差异。我国在改革开放初期也是如此，物资短缺，物美价廉的产品大有市场。但是，随着生产的扩大和市场需求趋向饱和，这种过于重视生产而忽视消费者需求的观念便成为企业绩效的困扰。

二、产品观念（Production Concept）

产品观念对消费者的假设逻辑是，消费者喜欢高质量、多功能和具有某些特色的产品，故而企业应不遗余力地去生产“更好的捕鼠器”，但这种不断提升产品质量、改进产品设计的行为皆是从企业视角出发，所谓更好质量的产品并非顾客眼中的质量。在奉行产品营销观念的企业中，研发和生产部门起主导作用，营销部门没有话语权。这种不关注消费者对产品质量需求的观念必然导致企业营销绩效低下。

产品观念与生产观念几乎是同时期流行吗？与生产观念一样，产品观念也是典型的以产定销，重视产品而忽视顾客需求、忽视竞争形势。和生产观念一样，同样会导致“营销近视症”。

三、推销观念（Selling Concept）

推销观念兴起于 20 世纪 20 年代末至 50 年代，这一时期由于科技进步，社会生产力发展迅猛，市场格局由卖方市场向买方市场过渡，特别是经历了 1929—1933 年特大经济危机，导致“生产过剩”，需求增长缓慢，出现了大量的产品积压。此时的企业认为，如果让消费者自己选择的话，他们是不会足量购买产品的，因为消费者通常会表现出一种购买惰性或者抗衡心理，企业必须积极推销和大力促销，以刺激消费者购买企业的产品。推销观念的主导逻辑是："我们卖什么，就让消费者买什么"，企业的产品是"卖出去的"而不是"被买出去的"，对广告术和推销术的重视是该阶段企业的核心逻辑，许多企业开始设置销售部门。

激进的推销往往有较高的风险，它更关注达成销售交易，目光着眼于短期，而非建立长期的、有价值的客户关系。由于企业管理人员的重心放在销售公司产品，而不是着眼于制造市场所需要的产品，往往让销售人员的努力显得收效甚微、顾客也有可能因被强势推销而反感。与前两种营销观念一样，推销观念也是建立在以企业为中心视角，而不是在满足消费者需要的基础上。

四、市场营销观念（Marketing Concept）

市场营销观念产生于20世纪50年代。第二次世界大战后，随着第三次科技革命兴起，市场趋势越发呈现出供过于求的买方市场格局，企业之间的市场竞争加剧。而广大消费者的收入也在迅速提高，有能力按照自己的需求对产品进行选择。推销观念已成为明日黄花。许多企业认识到，必须转变经营哲学才能求得生存和发展。市场营销观念也因势而生。

市场营销观念认为企业的一切营销活动都应该以消费者需求为中心，根据消费者需求特点来开发和生产产品，企业的其他定价、分销和促销活动都应该以消费者需求为决策依据。企业成功的关键就在于是否能比竞争对手更好地了解目标顾客的需求，并使顾客感到满意。在市场营销观念指导下，顾客导向和为顾客创造价值是通往销售和利润的必由之路。

市场营销观念首次将管理者的重心从企业内的产品研发、生产制造、销售部门转向了企业外的对象身上——顾客需求，从以产品为中心转向以顾客需求为中心，企业的经营活动也从各环节相对割裂独立变成各个部门更加协调统一。市场营销观念指导下的企业经营以市场为起点，以顾客需求为中心，顾客需要什么样的产品，企业就研发制造什么样的产品，企业的定价、分销以及市场促销推广等活动都是整合协调的、以顾客需求特点为指导。

市场营销观念相比以前的营销管理哲学是一次重大变革，引发了企业管理活动的一次大调整，将过去的"一切从企业出发"改变为"一切从顾客出发"，系统地协调企业从产品研发和生产到产品分销和销售的各个环节。

市场营销观念有四个主要支柱：目标市场、整合营销、顾客满意和盈利率。根据市场营销观念而提出的"消费者主权论"，企业生产什么产品的决定权不在生产者，而在于消费者，企业的一切活动都要围绕消费者需要来进行。树立并全面贯彻市场营销观念，建立真正面向市场的企业是现代市场条件下成功经营的关键。

哈佛大学的西奥多·莱维特（Theodore Levitt）总结了推销观念和营销观念之间的感知对比：推销观念关注卖家的需求；营销观念关注买家的需求。推销观念关注卖方将产品转换成现金的需要；营销观念考虑的是如何通过产品及提供、传递与最终消费品相关的所有东西来满足消费者的需要。

五、社会营销观念（Societal Concept）

社会营销观念认为企业营销活动应将短期的顾客欲望满足与社会的长远福利相结合，在满足顾客欲望需求的同时要兼顾社会长远福利，企业的营销活动应该是着眼长远和可持续的。营销活动需要通过满足顾客欲望来获取顾客回报，但不能与社会长远福利和环境利益相冲突，甚至以牺牲环境为代价。

社会营销观念兴起于20世纪70年代，在全球环境破坏、资源短缺、人口爆炸、通货膨胀率和忽视社会服务问题的大环境下，社会要求企业和消费者顾及整体与长远利益的呼声越来越高。环境保护和可持续发展成为社会广泛认可并接受的观念。

社会营销观念将营销管理人员的眼光和重心从企业和顾客需求身上伸向了更为广阔的自然、社会和更为深远的未来，从企业战略上讲，比以往的任何一个营销观念都更加高明，从商业道德上讲也比以往的营销观念更加高尚。社会营销观念在顾客欲望、公司利润和社会利益三者间找到一个新的平衡（如图1-2所示），战略上讲三者统一，甚至以社会利益为更优先考虑。在此观念推出并受到大众认可后，不重视社会利益、不讲环保的企业很难获得大众尊重，也难获得市场认可。

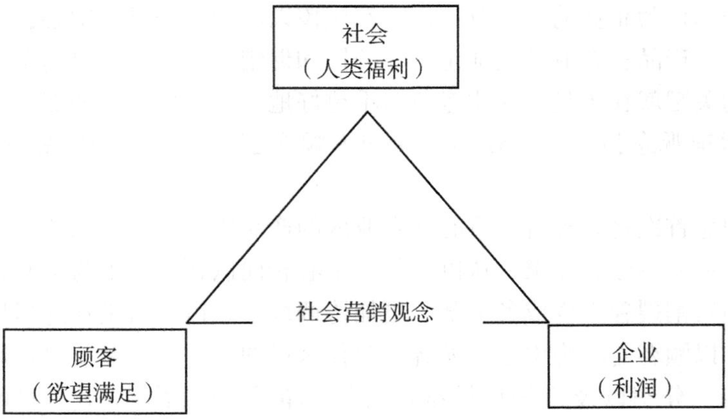

图1-2 社会营销观念

六、全方位营销观念（Holistic Marketing）

全方位营销观念是以开发、设计和实施营销计划、过程和活动为基础，但是又同时深刻认识到三者间的相互依赖性。全方位营销观念认为，营销实践的每个细节都是特别重要的，营销实践更富有整体性和关联性。

全方位营销试图协调市场营销活动的范围和复杂度，将内部营销、关系营销、整合营销和绩效营销四个主题全方位地整合在公司的营销实践中。图1-3简要说明了全方位营销的框架。

内部营销（Internal Marketing）指雇用、培养、激励那些想要为顾客提供好的服务而且有能力这样做的员工。企业内部有共同的愿景、使命和战略规划，营销不再仅仅是一个

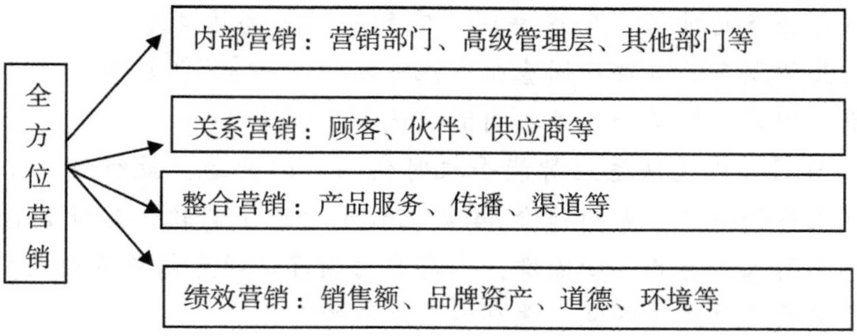

图 1-3　全方位营销的框架

部门的责任，它要求所有部门共同努力来实现顾客目标。企业的研发部门、采购部门、营销部门、销售部门、物流部门、财务部门以及公关部门等都会以顾客需求为导向来处理问题。

关系营销（Relationship Marketing）强调与关键的利益相关者建立彼此满意的长期关系，以赢得和维持业务。营销人员尊重利益相关者的需求，并制定出可以平衡不同利益相关者权益的政策和战略。关系营销重视挽留顾客，认为吸引一位新顾客的成本是挽留一位老顾客的数倍，因此企业会采用多种途径来维护有价值的客户关系。

整合营销（Integrated Marketing）强调各项营销活动的协调性和综合效果最大化，要求不同的营销活动都能传播和传递价值。企业在应用整合营销传播战略时，选择各种传播方式并要求各种方式间相互强化和相互补充。同时，对于企业的分销渠道，也审慎思考过多种渠道的冲突可能性以及各渠道特点。

绩效营销（Performance Marketing）要求了解市场营销活动为企业和社会带来的财务回报和非财务回报。企业管理人员重视各项营销活动和各个环节的成本投入和回报，重视各项考核指标以及它们对法律、道德、社会和环境的影响。

以上四点就是全方位影响的四个支撑点，构成了全方位观念实施的四个方面。

第四节　市场营销领域的新变化

企业所面临的营销环境是时刻变化的，企业要获得好的业绩，营销人员就必须不断追踪变化的营销环境和消费者需求，以此为依据来调整企业营销战略和营销计划。在这部分，我们将结合现实讨论给市场营销领域带来深刻变革和挑战的主要趋势和力量：数字时代——网络、移动和社会媒体营销以及变化中的经济环境与全球化。

营销实例 1-3

诺基亚的神话与陨落

从 1996 年开始，诺基亚的手机业务连续 15 年获得全球市场份额第一，公司利润达到了前所未有的高度。2003 年，诺基亚的经典机型 1100 在全球累计销售 2 亿台，俨然成了不可企及的神话。2008 年时，它的份额曾高达 40%，最关键的是，诺基亚拥有其他企业所没有的口碑。诺基亚手机可以“砸核桃”，成为众多手机用户中流传的一个传说。但是，神话和陨落之间似乎是一步之遥。

2013 年 9 月，因无法适应智能手机时代而不断衰退，最终放弃了手机业务，诺基亚将手机业务和一箩筐专利作价 54.4 亿欧元卖给了微软。为什么曾经全球手机行业的王者，会陷入严重的经营困境，诺基亚的陨落是因为创新不足吗？答案是，诺基亚对环境变化的应对太过迟钝，没有适应环境的变化。

《华尔街日报》披露，在研发投资的领域中，诺基亚的支出一直都相当于苹果的五倍。在过去许多年里，诺基亚在创新中投入了几十亿美元的资金。诺基亚有强大的研究院，在全球设有 12 个分支机构，包括在北京。诺基亚在专利组合方面拥有强大的力量，也一直试图将热门技术商业化，推向市场。很多例子足以证明诺基亚一直专注于技术创新和研发，并申请专利，但由于塞班系统所带来的障碍，这些创新技术仅仅是专利，并被束之高阁。令人费解的是，诺基亚当时的 CEO 康培凯曾在 2006 年准确预言出：互联网与手机的未来将融合在一起，而诺基亚要成为“真正融合互联网和移动性的公司”。事实证明，苹果和 Google 用行动告诉诺基亚：你只是说说而已。诺基亚仍然将更多的精力放在功能机的开发和推广上面，无视新技术和消费者需求的新变化。

早在 2000 年，诺基亚就设计出了只有一个按键的触屏智能手机，具备收发电子邮件和玩游戏的功能。但是当时的手机屏幕不够大，触摸屏生产成本高、无法普及，系统应用软件配套方面也乏善可陈。诺基亚始终相信手机键盘是无法取消的，对触摸屏的应用开发没有给予足够的重视。7 年后，苹果公司推出的智能手机 iPhone 系列持续受到市场的追捧。

资料来源：http：//mobile. 163. com/14/0607/09/9U4KUIPK00111790. html.

一、互联网时代

当世界进入第三次科技革命时代，计算机、信息技术和其他数字技术爆炸性发展，极大地影响了公司的营销活动。新技术和新产品渗入消费者的生活中，改变了消费者的生活方式，公司的营销活动必须考虑在新的环境下如何为顾客创造价值。

互联网络极大地改变了人们沟通交流的方式。人们利用互联网获取和发布信息，交友聊天、娱乐、学习、工作、购物。传统报纸、杂志和电视给消费者传递的信息已经稍显落后，互联网媒体传递的信息更多元和快捷。公司与消费者进行营销沟通的广告媒介也从原来的邮件、报纸杂志，变成电视、互联网、手机短信和手机应用客户端等。

移动和社会媒体营销是互联网领域在最近 10 年来发展最突出的亮点。随着智能手机的普及以及移动网络的广泛支持，移动互联网以及在此基础上发展起来的社交网络成为当今互联网产业最有前景的产业。现在，人们可以早上起床通过智能手机浏览当天新闻、收发邮件或与人视频交流、购物、订票等，出行也可以利用手机找到合适的交通工具。移动互联已经从人们的吃穿住用行方面改变了人的生活方式。营销推广活动必须考虑到消费者的生活方式变化并考虑如何融入其中，为顾客提供全方位的体验，这样才能取得新时代的营销成功。

在移动互联网时代，社会媒体和社会媒体营销随之诞生。随着即时聊天工具、娱乐软件、社交网站等转向移动互联网时代，出现了论坛、博客、微博、MSN，QQ、微信、购物网站与在线点评网站、图片音乐与视频分享网站、在线问答网站与网络百科、Facebook、Twitter等互联网媒体并存的格局，这些网站、软件工具和移动客户端的交流信息、分享信息以及互动点评都构成了社会媒体的重要内容。社会媒体允许网络用户进行内容创造和交换，社会媒体营销比网络营销更注重与用户的互动。社会媒体和用户网络行为是共生共存、共同发展的。这个特点深刻地影响了顾客的购买行为决策过程，在需求识别、信息搜集、信息评估、购买以及购买后行为这五个过程的每个阶段，作为网络用户的顾客都深受社会化媒体的影响。

社会化媒体在市场营销中流行是因为它可以在较短的时间内以较低的成本与顾客建立关系。企业可以通过社会化媒体，准确找到目标群体，开展定向广告和促销，从而提高营销传播效率。利用社会化媒体的这些特性，企业可以开展市场调查和公关，进行广告投放与广告设计，开发新产品，提高品牌忠诚度和增加产品销量，从而提升企业的影响力。社会化媒体是消费者分享信息与价值、形成品牌社群的理想平台。企业利用社会化媒体与消费者之间进行对话，有助于增强消费者的品牌意识和品牌记忆，提高品牌识别度，从而增进消费者的品牌忠诚。

二、全球化

全球化是20世纪80年代以来在世界范围日益凸显的新现象，是当今时代的基本特征。从物质形态看，全球化是指货物与资本的越境流动，经历了跨国化、局部的国际化以及全球化这几个发展阶段。货物、资本以及人力资源的跨国流动是全球化的基本特征。在此过程中，出现了相应的地区性、国际性的经济管理组织与经济实体，以及文化、生活方式、价值观念、意识形态等精神力量的跨国交流、碰撞、冲突与融合。

经济合作与发展组织（OECD）认为，“经济全球化可以被看作一种过程，在这个过程中，经济、市场、技术与通信形式都越来越具有全球特征，民族性和地方性在减少”。经济全球化是指以市场经济为基础，以先进科技和生产力为手段，以发达国家为主导，以最大利润和经济效益为目标，通过分工、贸易、投资和要素流动等，实现各国市场分工与协作、相互融合的过程。

经济全球化对每个国家来说都是一柄双刃剑，既是机遇，也是挑战。经济全球化与跨国公司的深入发展，也给各国经贸带来了诸多不确定因素。在经济全球化过程中，各国经济的相互依赖性空前加强，一个国家或地区发生的经济波动和危机可能会传染到国际其他地区，形成更大且更不可测、不可控的影响。2008年美国的次贷危机，很快传染到整个欧洲地区以及东南亚，从而形成严重的地区性金融危机，随后又波及拉美地区，形成了事实上的全球性金融动荡。

在重新定义公司与顾客和商业伙伴的关系的同时，市场营销管理者还必须不断地跟踪全球经济形势变化，审查这些变化对全球经济、地区经济、国家和行业的影响，审视公司自身与周围世界联系方式的变化，思考公司的应对策略。市场在变化，为其提供服务的营销活动也必须随之变化。世界各地的营销管理人员越来越要习惯用动态的、开放的眼光看待变化，用全球化而非本土化的视角看待行业、竞争机遇与挑战。

三、非营利性营销的增长

市场营销不仅仅是营利企业通过满足顾客需要来获取利润回报的核心职能，其也正在成为众多非营利组织的重要职能。非营利组织所涉及的领域非常广，如艺术、慈善、教育、政治、宗教、学术、环保等，这些非营利组织包括学校、医院、博物馆、教堂、慈善组织等机构。非营利组织都在寻求民众认同和支持，好的市场营销活动能为它们树立更积极的形象，也能赢得更多的资金及其他资源支持。

营销实例 1-4

广东省佛山市图书馆的非营利营销

广东省佛山市图书馆作为一个为公众服务的典型的非营利机构，致力于读者服务和阅读推广的完善与提升，举办了众多的活动来服务城市读者、与读者形成良好互动。佛山市图书馆不仅提供优美的读书环境、完善的基础服务，还打造了“佛山市联合图书馆”“南风讲坛”“新书外借处”“智能图书馆”“二代身份证免押金借阅服务”等多项文化品牌及服务措施，不仅提供常规的 24 小时自助图书馆，还设立新技术体验区并提供设置虚拟翻书系统、全媒体阅读系统、电子书借阅机、佛图说吧等新设备，让读者体验各种新技术、新资源在图书馆的应用。图书馆还每周定期举办讲座、报告会并邀请作家和其他名家演讲，每周都有文艺演出和数字电影放映吸引成人读者。图书馆还有非常丰富的儿童图书，建立了玩具图书馆、小剧场、亲子阅读区、绘本馆、多媒体体验区、青少年文献借阅区、动漫阅读区、青少年绿色上网区、长期开展每周末的英文峰峰故事会、峰峰故事王大比拼、自然探索之旅、亲子动手做、玩具图书馆主题活动等阅读推广活动，吸引了大量的市民带着小孩前往阅读和参加各种活动。图书馆还为老年读者、视障读者提供读书服务并组织公益文化活动。佛山市图书馆被授予“国家一级图书馆”“全国文化先进单位”“全国文明图书馆”“全国阅读推广先进单位”等多项荣誉，已经成为规模和藏书量方面中国地市级最大图书馆，也是佛山市最具影响力和吸引力的公益文化机构。

资料来源：佛山市图书馆官方网站，http：//www. fslib. com. cn.

全国有众多的国家级、省市级以及各级学校图书馆也都和佛山市图书馆一样进行着各种各样的营销活动来吸引读者的参与，也获得了读者的好评与支持。其他类型的非营利组织也会组织不同的营销活动从公众获取资源和支持，来开展活动资助一些特定群体、地区以实现组织的使命。政府也越来越重视与民众的沟通，以获得民众对政府政策实施的理解与支持。例如，面对日趋拥挤的城市交通，中国地方政府不仅仅要建立更完善的交通基础设施，还需与民众进行沟通，获取市民对工程建设的谅解和支持，在维护日常的交通和矫正违规行人车辆方面也要号召市民和学生的广泛参与。在人口和车辆数量不断膨胀的背景下，城市的交通状况仍然在不断改善。

四、可持续发展与企业社会责任

随着全球范围内消费者主权运动和环保主义的兴起，社会大众对环境污染和可持续发展的关注日益增加，市场营销者必须重新审视企业与社会的责任、企业发展与地球环境的关系，可持续发展成为企业的重要战略和责任。

商业伦理和企业社会责任也成为评价企业的重要标准，社会大众、社会组织和政府部门对企业的环保活动提出了越来越高的要求与标准。遵守社会道德、主动实施环保和可持续发展战略的公司受到大众尊敬，而污染环境和伤害消费者健康与权益的企业则更受大众谴责，在网络和其他形式的舆论平台上给企业造成声势浩大的压力，企业可能因此而商誉大损。

2011 年日本福岛地震造成东京电力的核电站泄漏，事件牵动了全日本的心，也引起东亚以及太平洋对岸的美国消费者的强烈关注。东京电力集团对事件的处理不力也在全世界范围内广受指责，企业的经济效益和企业形象也一落千里。2014 年，地处中国西部腾格里沙漠腹地的内蒙古腾格里工业园和宁夏中卫工业园区内化工企业排污对沙漠造成严重影响，该事件最终经过媒体曝光后引起全国人民的广泛关注，多家企业被关停和要求整改。

对营销者而言，可持续发展战略和重视企业社会责任对企业既是压力，也带来了机会。尊重消费者权益、尊重企业员工权益和福利、爱护环境的企业不仅仅给企业带来了积极的经济利益回报，也带来了良好的企业形象和品牌形象。

☞【小结】

市场营销是企业为从顾客处获得利益回报而为顾客创造价值并与之建立稳固关系的过程。市场营销活动是一个包含一系列活动的管理过程：理解市场和选择价值阶段、创造价值阶段、传递和传播价值阶段、获取顾客权益和顾客价值阶段，共四个阶段。

需要是人们的一种感到缺乏的状态。欲望是人类需要的更高表达形式，受社会文化和人类个体影响。需求则是得到购买力支持的欲望。

自营销正式进入企业视野，至今已经形成六个有影响的营销观念：生产观念、产品观念、推销观念、市场营销观念、社会营销观念、全方位营销观众念。

企业所面临的营销环境是时刻变化的，营销人员必须不断追踪变化的营销环境和消费者需求，以此调整企业营销战略和营销计划。本章节简要讨论了以下几个影响当代营销活动的重要因素与现象：互联网技术、全球化、非营利性营销的增长以及可持续发展与企业社会责任。

☞【思考题】

1. 什么是市场营销？
2. 举例说明需要、欲望和需求。
3. 阐述市场营销管理过程。
4. 举例说明市场营销观念及其特点。
5. 结合营销实践，分析移动互联网时代消费者需求的变化。

☞【课后案例】

丽思·卡尔顿是如何创造出忠诚顾客人均120万美元的终身消费的

丽思·卡尔顿（Ritz-Carlton）酒店对于崇尚奢侈品的人来说是一个传奇，其中最为有名的故事是为可可·香奈尔安装了专用电梯，方便她只需穿过康朋街就到达办公室。从1934年到她去世的1971年，可可一直住在巴黎的丽思酒店。

富豪与名流对这家酒店的态度可以用依恋、依赖、依靠来形容，很多人将其当作了家，而酒店的服务人员在某种程度上就是其家人，他们对客人直呼其名。无论岁月怎样流逝，你遇到的始终是同样的楼层服务生和侍者，他们个个都对你的怪癖了如指掌，无论是从客人最喜爱的长圆形小甜糕的味道，最讨厌的格子床单，还是客人生了病的小狗需要吃什么样的食物。这一切构成了这个被称作商业服务业最为经典的案例。

按丽思·卡尔顿酒店平均每间客房500美元一晚的价格来计算，终身消费120万美元的客人要在酒店住上2400晚，如果每个月都在这里住两晚，也要连续住上100年。怎么做到的？

根据丽思的统计，有22%的客人贡献了大约78%的生意，而总营业收入中的60%是由2%的客人贡献出来的，也就是说，每50位客人中，有一位比其他49位客人给酒店带来的总收入还多。在外人看来，这个贡献度有点匪夷所思，但是丽思酒店的人只将其视为服务准则的第一条“建立良好的人际关系，长期为丽思·卡尔顿创造终生客人”的必然结果。

没人知道谁将是这2%的客人，但所有的丽思员工都知道，只要做到“我能及时对客人表达和未表达的愿望及需求做出反应”，以及“我得到了足够的授权为我们的客人提供独特、难忘和个人化的体验”这两条准则，来酒店的每一位客人都有可能成为“终生顾客”。正因为不知道谁是下一位终生顾客，所以，每一位享受丽思服务的客人都得到了最衷心的照顾。毫无疑问，丽思所造就的“终生顾客”传奇背后是热爱工作、高度投入、有着超高工作满意度的员工，只有他们才会千方百计地为客人创造独特难忘的亲身体验。丽思通过内部营造平等氛围、内部晋升机制以及对员工的信任和授权等一系列卓越的管理措施，激励着每一位丽思员工每天积极投入服务，对每一位酒店顾客都热心地服务。

丽思有一个闻名遐迩的规定，就是任何一位员工，无论是客房服务、门童，还是行李员，无需上级批准，都有2000美元的额度去服务有需要的客人。正是因为这个授权，客房人员会在发现客人落在房间的护照时，立刻打车到机场，从洛杉矶追到旧金山，在客人出国之前送还护照。

丽思的员工每时每刻都用心创造着独特的体验，故事被公司印成小报，在全球的每个丽思的角落中反复传播。每名员工都在试图创造这样美妙的服务。当这成为一种每天都无数次地用各种故事演绎的文化时，终生顾客只会是必然结果。

资料来源：https：//www. huxiu. com/article/7435/1. html.

案例讨论题：

丽思·卡尔顿酒店是如何看待酒店顾客的需求的？你从中受到哪些启发？

第二章　制订营销战略与营销计划

【学习目标】学习本章后，应当掌握：

1. 营销战略的概念、范围和特点
2. 营销战略与公司战略、业务战略及职能战略的区别与联系
3. 公司层面的战略规划过程
4. 业务层面的战略营销规划过程
5. 营销计划书的主要内容

【引例】

2015 年，宝洁宣布砍掉超过 100 个非核心品牌，包括中国消费者熟悉的卡玫尔、激爽等。宝洁认为，这些品牌表现不佳，希望甩掉累赘，专注具有增长潜力的核心品牌。

经过近两年的改革，宝洁业绩水平相较于此前的停滞状态有一定改善。宝洁最新公布的 2017 财年数据显示，截至 6 月 30 日，宝洁净利润上升到 154 亿美元，同比增长 45%；净销售额 651 亿美元，与上年同期基本持平。

但是，宝洁品牌版图依然没有达到集团认为的合理状态。宝洁近日宣布，继续缩减品牌总数，从目前的超 200 个减少到 65 个左右。宝洁 CEO David Taylor 在电话会议中强调，宝洁集团不会单纯抛售旗下品牌，还会积极寻找收购对象，"我们希望能够找到可以增强技术能力，对现有产品线起到补充作用的潜在收购目标"。

在过去相当长一段时间里，宝洁的战略一直以"减"为主。业内人士认为，在进行较大规模品牌削减后，宝洁正面临另一种困境：新品牌补充力度不足，依靠老品牌苦撑。但老品牌正面临不同程度的品牌老化、销售不佳等问题。

有业内人士评价：宝洁传统营销式微，也是品牌告别大工业时代的缩影。过去，消费者因缺少选择而购买最为人所知的宝洁。如今互联网与数据时代，无数品牌通过不同方法接触到消费者，使他们有了无限选择。在追求更灵活营销方式的同时，宝洁也需要更为精细化和新颖的产品打动消费者。

宝洁的战略规划能否使其适应市场的变化，保持竞争优势并重振销售？我们拭目以待。

资料来源：孙麒翔，王潇立．宝洁玩命"瘦身"挽救颓势．北京商报，2017-08-01.

第一节　理解营销战略

一、营销战略概述

（一）营销战略的概念

尽管制定出营销方案或营销组合（例如4P组合策略）是营销管理活动中的基本关注点，但仅关注这些营销组合策略存在一定的局限，如缺少对企业使命的关注和缺乏对企业如何获得竞争优势的明确关注等。因此，企业往往需要首先考虑长期性的营销战略，从而保证具体的营销活动与企业使命和目标的达成以及持续竞争优势的获得相一致。

营销战略首先是一种战略。因此，要想了解营销战略，我们首先需要理解战略的相关知识。战略主要回答了下列问题：组织的现状是什么（我们目前在哪里）；组织的目标是什么（我们想要到哪里去）；为了达成目标，组织应当开展哪些活动（我们如何才能到达那里）；如何以有效果和有效率的方式达成目标（选择哪条路最好）；如何实施和控制具体的行动（如何能够确保到达那里）。战略能够引导企业如何看待企业与环境之间的关系，影响企业内部的运营过程和结果，并对组织绩效产生重要影响。

基于此，营销战略可以看作企业所做出的一组决策，或者是一组整合的决策模式，它明确说明了下列内容：企业所想要进入的市场和想要服务的目标市场；为了服务于该市场，企业需要开展哪些营销活动，以何种方式开展这些营销活动；企业如何在市场中与竞争者展开竞争；企业如何在不同的细分市场以及不同的营销活动之间配置营销资源，从而通过为其目标市场顾客创造、沟通和传递有价值的市场供应物而达成组织的特定目标①。

营销战略所涉及的决策或决策模式并不仅仅局限于企业营销职能本身，而是涉及战略业务单位甚至公司层面上的更广泛的决策，例如企业如何在产品-市场组合中进行投资、企业为顾客所提出的价值主张是什么，企业如何配置营销相关的资产和能力来使得企业资源的协同效应最大化，企业如何制定和实施产品策略、定价策略、促销策略和分销策略等具体营销组合方案，以及制定对营销战略制定和实施具有高度影响的制造战略和信息技术战略等企业相关职能领域决策。

（二）营销战略概念的范围

在谈到战略的时候，通常所涵盖的范围有小有大。最狭义的战略仅包括战略的内容。另外一些时候，人们在谈到战略时既说明战略的内容是什么，还说明战略的目的是什么。广义的战略不仅说明了战略的目的和内容，而且还说明了达成战略的过程。

相应地，营销战略的概念也可以分为战略目的、战略内容和战略过程三个部分。最狭义的营销战略仅包括营销战略的内容，也就是具体的营销战略，它反映了企业部署或是规划营销相关资源的模式，从而在市场中与利益攸关者（包括顾客、竞争者、营销渠道成员、公众等）展开互动。较为广义的营销战略包括营销战略的目的和内容。其中，营销

---

① Varadarajan, R.. Strategic marketing and marketing strategy: Domain, definition, fundamental issues and foundational premises. Journal of the Academy of Marketing Science, 2010, 38 (2): 119-140.

战略的目的关系到达成和保持企业中的相关组织单元（例如战略业务单位、产品线、品牌等）在市场中的竞争优势并实现企业的目标。最广义的营销战略包括营销战略的目的、内容以及过程。这里，营销战略的过程是指企业应当如何实现营销资源配置的效果和效率，从而建立起组织所拥有的资源和能力与外部营销环境所带来的机会和威胁之间的匹配性。

（三）营销战略的特点

企业的营销战略决策通常符合下列战略相关特点。首先，营销战略对企业经营具有长期、重要的影响。营销战略关注的重点并不是企业当前的和即将发生的事情，其相关决策与企业相对较远的未来市场竞争和长期企业绩效密切相关。因此，营销战略的目标、内容和过程在时间跨度上通常较长，并且通常是由组织的高层管理做出营销战略决策。

其次，这种对企业影响的长期性和重要性也决定了营销战略在资源投入与承诺上的相关特点。第一，营销战略说明了长期性的营销活动方向，因此，它需要企业做出不可逆转或逆转相对困难的资源投入。这样，营销战略才有可能达成企业的持续竞争优势。第二，在制定营销战略时，企业需要具备长期视野，做出长期的资源承诺与投入。

最后，营销战略决策需要权衡。这种权衡一方面表现在企业需要在不同的营销战略活动之间进行权衡，从而有效地部署企业的有限资源，另一方面也表现在营销战略决策并不是单独制定和执行，而是与企业的其他战略决策相互依赖。

（四）营销战略与竞争

由于战略管理的基本议题是企业如何达成和保持竞争优势，因此营销战略可以看作在特定环境条件下企业如何管理其市场行为，从而比竞争者更好地服务于目标市场中的顾客。市场行为不仅仅包括企业与顾客之间的互动，还包括企业与其竞争者、渠道成员等相关利益群体的互动。企业通过对营销相关资源的类型和数量进行部署而实施对市场行为的管理。也就是说，营销战略说明了在市场中企业与竞争者进行竞争的基本营销逻辑。它是企业与其竞争者形成正向差异化，利用其相对优势来更好地满足顾客需要而付出的努力。

企业在制定营销战略时需要围绕竞争相关的问题进行思考，包括思考企业在哪里竞争、如何竞争以及何时竞争等问题。企业在哪里竞争反映的是企业想要在哪个或哪些市场中竞争，即对所要进入和服务的市场进行界定。清楚的市场界定同样也能明确指明哪些是企业不想进入并展开竞争的市场。企业如何竞争反映了企业想要用什么产品或服务、以什么方式在市场中竞争，例如是通过开发新产品还是通过对现有产品进行重新定位而进行竞争。何时竞争反映的是企业对市场竞争时机的选择，例如企业进入市场的时点，是作为市场先驱还是等市场成熟之后再进入。

（五）营销战略的制定

在制定营销战略的时候，企业可以通过战略的3C分析来展开，即分析顾客（Customers）、竞争者（Competitors）和企业（Corporation）①。在分析顾客时，企业需要回答谁是我们的顾客，他们什么时候在什么地点以何种方式购买，他们为什么购买，如何

① Gilligan, C., Wilson, R. M. S.. Strategic marketing planning. Burlington, MA: Butterworth-Heinemann, 2003.

对市场进行细分等问题。在分析竞争者时，企业需要回答谁是我们的竞争者，他们采用的战略是什么，他们的优势和劣势是什么，他们的未来发展方向是什么等问题。在分析企业能力的时候，企业需要回答我们的优势和劣势是什么，我们拥有哪些独特的市场资源与能力等问题。

营销战略需要建立起顾客，竞争者和企业能力三者之间的相互匹配性。顾客需要要与企业能力相匹配，如果企业能力不能满足顾客需要，则企业不能与顾客建立关系。然而，企业服务于顾客的能力还需超出竞争者服务于顾客的能力，从而在市场中达成竞争优势。但是，这种竞争优势是动态性的，如果竞争对手能够更好地满足顾客需要，企业也无法达成长期的竞争优势。同样，单一地满足顾客的需要（例如仅通过价格战）而忽视企业的需要（例如组织盈利性）也无法保证企业获得长期竞争优势。

具体营销战略的形成包括两种类型。其一是一般情况下的营销战略形成。通过营销环境分析，企业可以了解和衡量市场机会，进行市场细分、选择目标市场，做出定位决策并制定具体的营销组合策略。其二是特定情况下的营销战略形成。它要求组织关注外部市场需求和竞争的动态变化，根据不同的市场状况和产品的不同生命周期阶段制定特定的营销战略。

二、营销战略与公司战略、业务战略、职能战略的关系①

（一）公司战略、业务战略和职能战略

根据组织中制定战略的层级不同，可以将战略分为公司层面的战略、业务（分部）战略和职能战略。这种区分方法实际上是将公司（总部）视为由多个不同的业务单位或者分部组成，而每个业务单位或者分部则视为由人力资源、物流、生产运营、营销等职能部门组成。对于一些规模较小的公司而言，它们可能只有一个业务单位，但在战略层级的区分上与规模较大的公司并无区别。

组织的不同层级中所面临的战略制定任务也不同。公司层面的战略制定通常是公司最高管理层的任务。公司战略对未来相当长时期内公司的经营方向具有重要的指导意义，它明确了公司存在的价值和意义，指明了达成目标的主要方式。公司战略需要确定公司究竟要从事何种业务，例如在整个的价值创造网络中，公司选择要处于哪个或哪些价值增值环节，以何种技术来服务于何种顾客群体。公司战略也需要明确要达成公司的目标所需要的业务组合模式，即公司的经营范围，并决定如何在这些业务之间进行资源分配和部署。

业务层面的战略制定是由具体业务或分部的管理层来负责。它受到公司层面的总体战略的制约。在公司实践和战略研究中，多数情况下人们所提到的战略即是指业务层面的战略。业务层面的战略通常需要明确公司每项业务的发展方向。它考察的议题是公司在某一或某些具体产品-市场领域中如何达成和维持竞争优势，涉及诸如如何利用独特技术和资源、如何整合和协调各职能部门来实现持续性定位优势、探索竞争优势的新来源等问题。

职能层面的战略主要是特定职能部门制定。它明确了公司实现业务发展的任务和目

① Varadarajan, P. R., Clark, T.. Delineating the scope of corporate, business, and marketing strategy. Journal of Business Research, 1994, 31 (2-3): 93-105.

标，说明了特定业务中的特定职能的行动。

（二）营销战略与公司战略

一些狭义的理解仅将营销视为业务单位中的一种具体职能，从而认为营销战略是处于公司战略和业务战略层级之下的战略。事实上，营销战略与营销活动的资源部署模式相关，但营销活动并不仅仅是营销职能部门的活动，而是贯穿在整个公司所有部门和活动中。因此，不应当仅仅将营销战略看作一种具体的职能战略。

尽管营销战略与公司其他战略一样受到公司战略的约束，但是由于营销相关活动发生在市场与公司的边界，营销活动的开展能够使得公司了解有关市场中当前状况和未来发展趋势的信息和知识，这些信息和知识对于任何战略计划活动都是极其重要的。因此，营销战略的内容和决策分析过程（例如竞争分析、市场动态性、环境变迁）是形成公司战略计划的基础。另一方面，营销战略，尤其是其对公司所要服务顾客的一整套基本价值观和信念（例如市场营销观念），也会指导公司的价值选择和具体活动。营销的独特之处在于能够评估消费者需要和企业获得竞争优势的潜力，这最终会引导公司的使命制定。

（三）营销战略与业务战略

营销战略与业务战略关系密切。营销战略明确关注公司的长期竞争优势和消费者对公司的认知优势。为了追求竞争优势，企业应当关注市场对战略的反应。为了获得成功，战略则必须与顾客需要、感知和偏好相一致。因此，营销战略与业务战略高度重合。营销战略的独特之处在于它在企业与顾客、竞争者及其他利益攸关者之间起到了边界角色的功能。

我们既可以将营销战略看作公司业务战略的重要组成部分，也可以从营销的视角来看待业务战略。一方面，营销战略是在业务单位层面制定的，战略营销活动通常是在组织的业务单位层面展开的。营销战略重点关注用什么样的方式能够使得企业与竞争者区别开来，并且能够利用其独特的优势来更好地向其顾客传递价值。另一方面，营销通过分析消费者、竞争者和其他环境力量而在市场中展开活动，合理的业务战略应当具有营销视角。在业务层面，营销战略关注的决策主要涉及市场细分和目标市场选择、产品定位，以及何时和如何建立伙伴关系。

（四）营销战略与职能战略

作为狭义的理解，营销战略可以被视为一种职能部门的战略。作为职能战略，营销战略关注的主要是与业务单位建立和维持可持续竞争优势的相关决策。其决策和资源配置的层级通常在品牌、产品或产品线层面，所涉及的相关决策包括总体营销投入，如何根据不同的细分市场、顾客数量、分销渠道等来分配营销投入，采用哪些具体的营销组合工具在市场上进行竞争，如何对顾客关系和渠道伙伴关系进行管理等。

第二节　战略营销规划过程

战略营销规划对组织的影响深远，因此，不能将战略营销的规划仅视为一种一次性的行动，而应当将其看作企业对资源投入的长期性承诺。战略营销规划的过程至少与战略规划的具体成果一样重要，这是因为规划的过程会强制性要求作出战略营销规划的管理人员不断地质疑假设的合理性，检验未来规划的严谨性，并提前预演未来可能发生事件和达成的目标。因此，企业应当将规划看成是学习的过程，而非仅仅是对营销相关活动实施控制的过程。

一般而言，战略规划的过程涉及战略分析（环境、期望、目标和权力、资源）、战略选择（可选战略的产生、评估可选战略-选择战略）、战略实施（人和系统、组织结构、资源规划）三个模块。在本节中，我们将介绍公司层面和业务层面的战略营销规划的主要内容。作为职能层面的战略营销规划将在下一节及本书的后续章节中展开详细的讨论。

一、公司层面的战略规划

尽管公司战略不是制定营销战略的主要任务，但是想要在市场上取得竞争性成功的企业需要从营销的视角对公司战略进行规划。

（一）确定公司使命

公司层面的战略规划首先要明确公司使命，即公司的任务、目标和性质。它表明了公司存在的理由、公司的经营理念和价值观以及公司的自我定位。公司使命声明是公司目的的书面表述。良好的公司使命声明能够有助于在公司内外部有效传达和沟通组织的目的。有效的公司使命应当包括以下几个方面的内容：（1）战略意图，即公司意图在未来所实现的愿景；（2）公司的价值观，是指导企业活动的基本行为准则和伦理道德标准；（3）核心能力，即公司的与众不同之处是什么；（4）市场界定，即公司的目标顾客是谁；（5）竞争性定位，即公司的差异化优势的来源是什么。

营销实例 2-1

为顾客省钱，从而让他们生活得更好

从沃尔玛的官方网站上，我们可以查询到沃尔玛的使命声明为：

"我们公司的使命是为顾客省钱，从而让他们生活得更好。通过每日低成本的方式运营公司，我们在非常多的商品上提供每日低价，并帮助全世界的顾客供养他们的家庭。"

上述使命声明之所以是一份好的声明是因为：（1）该声明明确说明了公司的产品和顾客范围，即全球范围内需要供养家庭的顾客，并为其提供丰富的商品；（2）该声明中包括能够以一句很短、容易记忆的口号来概括公司使命，即为"顾客省钱，从而让他们生活得更好"。这句短短的口号很好地说明了公司的战略意图；（3）该使命声明明确说明了公司的竞争性定位，即以低价为顾客提供丰富的商品；（4）该声明也明确说明了达成这一每日低价定位的方式是通过低成本的方式来运营公司，这也表明了该公司的核心能力所在。

因此，"沃尔玛致力通过实体零售店、在线电子商店，以及移动设备移动端等不同平台不同方式来帮助世界各地的人们随时随地能够节省开支，并生活得更好。每周，超过 2.6 亿名顾客和会员光顾沃尔玛在 28 个国家拥有的超过 63 个品牌下的约 11500 家分店以及遍布 11 个国家的电子商务网站"。

资料来源：资料引自沃尔玛中国网站（2017）.

（二）建立公司的战略业务单位

许多公司根据公司的总体目标建立了一个或多个战略业务单位展开经营活动。这里，战略业务单位（Strategic Business Unit）又称为战略中心、战略计划单位或独立业务单位，它通常是指企业值得专门为其制定业务战略的最小经营单位。规模较小的公司可能只包含一个战略业务单位，因而，这种公司可能会也可能不会明确定义其战略业务单位。规模较大、实施多元化经营的公司通常会在多个业务领域中展开竞争，因而通常需要多个战略业务单位来共同达成公司的战略目标，每个业务单位也都有其界定清楚的产品-市场和清晰界定的战略。尽管每个不同的战略业务单位都有其在市场中独特的能力和需要，但是每个战略业务单位需要与公司总体的能力和需要相一致。

战略业务单位必须像是一个微型的公司，并具有以下主要特点：

（1）具有与公司中其他战略业务单位相区别的独特业务使命。

（2）有明确界定的所要服务的市场和明确界定的竞争者。

（3）具有不依赖于其他战略业务单位而独立进行综合性战略规划的能力。

（4）具有资源管理与支配的能力，有专门的经理负责其战略管理过程和绩效。

（5）其业务范围大到足够引起高层管理的重视，但也要足够小到作为企业资源分配的有效单位。

在一些情况下，公司在对战略业务单位的具体边界进行界定会存在一些争议。此时，公司可以从顾客和市场两个方面来确定是否应当重新界定战略业务单位。首先，从顾客角度来看，该战略业务单位所服务的顾客需求是否被明确界定？业务单位所细分出的市场能否反映顾客在需求上的差异性，且公司能够区别对待和满足这些细分市场？其次，竞争对手的战略业务单位如何界定，是否与本公司的战略业务单位界定方式不同？如果竞争对手以不同于公司的方式界定战略业务单位，它是否能比服务于同一顾客群的本公司战略业务单位在市场中获得竞争优势？对上述问题的思考和回答将会有助于公司战略业务单位的界定和调整。

（三）在不同的战略业务单位之间分配资源

当建立起战略业务单位之后，公司层面下一步要考虑的是如何在不同的战略业务单位之间分配资源。尽管各战略业务单位之间相互独立，但由于服务于同一公司的战略目标，彼此之间会相互竞争公司有限的资源。因此，有必要寻找合适的方式在各个战略业务单位之间分配有限的资源，从而达到良好的效果。由波士顿咨询公司所提出的增长-份额矩阵是知名度较高的一种业务资源分配模式（见图 2-1）。

波士顿咨询集团的增长-份额矩阵认为，业务单位的竞争能力和业务单位的市场发展潜力是影响业务单位未来发展的两个主要方面。该资源分配模式利用相对市场份额来衡量业务单位的市场竞争能力，用市场增长率来衡量业务单位的市场发展潜力。其原因在于，与竞争对手相比，拥有较大的市场份额能够享受规模效应和经验曲线效应，而市场增长率反映着向市场中提供的产品所处的产品生命周期阶段。如图 2-1 所示，横轴是公司业务所占市场份额与其市场中最大竞争对手所占市场份额之比，即相对市场份额；纵轴是该业务相对于上一年的市场增长率。根据相对市场份额的大小和市场增长率的高低，该模式将业

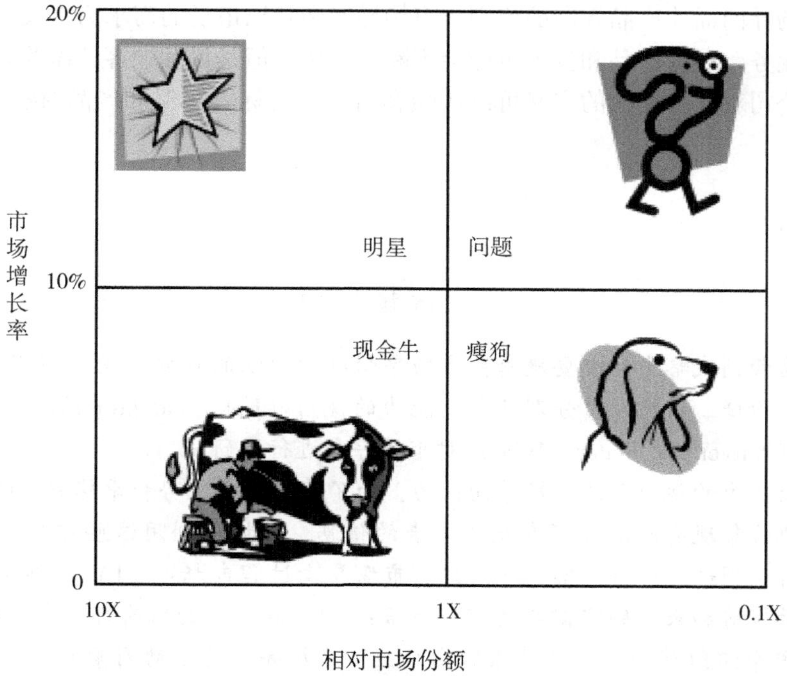

图 2-1 波士顿咨询集团增长-份额矩阵

务划分为现金牛业务（左下角）、明星业务（左上角）、问题业务（右上角）和瘦狗业务（右下角）四种类型。

增长-份额矩阵资源分配模式提出，公司应当将资源花在相对市场份额较大且高速成长的业务单位上。这是因为处于成熟期的业务通常会产生超出其本身所需的现金；高速成长的业务通常面临的竞争对手较少，但处于成长期又需要大量的现金投入。根据不同类型的业务，该分配模式提出了发展（壮大该业务，甚至以牺牲近期利润为代价）、维持（保持业务现状）、收获（在短期内增加业务带来的现金而不考虑其长期影响）和放弃（清算和出售业务）四种策略。

由于波士顿咨询集团的增长-份额矩阵十分直观和简洁明了，又结合了未来趋势和竞争状态，因此广泛流行。但许多学者也指出了该模型假设中的缺陷，例如市场份额与企业利润之间并不一定有明确的关系、资本运作而非业务组合可能会给企业带来更高的利润、高速增长的市场也不一定需要大量的资金来维持等。因此，应在充分理解该分析框架的假设和内在机理后才能正确运用该模型。

二、业务单位的战略规划

（一）业务使命与业务定义

业务使命是在公司总体使命指导下的每个战略业务单位的具体使命。战略业务单位的使命陈述是营销战略规划的基础。尽管使命有可能超出了营销职能的范畴，但是该陈述不应当过于狭窄或过于宽泛。过于宽泛会使得公司使命陈述失去其指导营销战略规划的意义，而过于狭窄则会造成“营销短视症”。也就是说，对于业务使命与业务的界定，企业应当遵循市场导向而非产品导向的原则。市场导向则是以市场的需求为出发点，并以需求中心来定义业务。尽管产品和技术可能会不断地变化，但是目标顾客的需要则可能相对稳定。因此，公司对业务使命的定义可以从顾客需要、目标顾客群和产品/技术这三个维度来进行界定。

学术智库 2-1

市场导向

作为营销战略中的重要概念，市场导向对于组织的重要作用已经得到了近 30 年的考察和验证。研究人员分别从营销能力的视角（Kohli and Jaworski，1990）和文化的视角（Narver and Slater，1990）对市场导向进行了研究。

营销能力的视角下的市场导向认为，为了获得竞争优势和卓越财务绩效，企业应当系统地收集现有和潜在顾客及竞争者的信息，并协同利用这些信息来指导战略识别、理解、创造、选择、实施和修订。市场导向过程包括：（1）在整个组织范围内产生关于当前和未来顾客需要的市场情报；（2）在组织的所有部门中传播这些情报；（3）在整个组织范围对这些情报做出响应。市场导向的驱动因素有：（1）高层经理对顾客的重视；（2）跨部门间的高度联系；（3）能推动信息获得和传播（信息响应）的低（高）水平组织中心化和正式化；（4）利用量化和激励措施来奖励员工的市场导向行为。许多实证研究表明，市场导向能力对组织的创新性、顾客忠诚和质量感知、总体业务绩效、相对市场份额、新产品销售额占总销售额比例、ROI 有正向影响。

组织文化视角下的市场导向认为，市场导向本质上是一种非正式的组织文化，一种共享的思维方式，认为为顾客创造价值是业务盈利能力的核心驱动力。市场导向能够最有效和有效率地产生为顾客创造卓越价值所需要的行为。市场导向文化包括三种行为：（1）顾客导向，即理解目标顾客，从而持续为他们创造卓越价值；（2）竞争导向，即理解当前和潜在的主要竞争对手的短期优势和劣势及其长期能力和战略；（3）跨职能协调，即行为反映了对公司资源的协同利用，从而为目标顾客创造卓越价值。许多实证研究也表明，市场导向文化能够促进企业的创新，并对企业绩效产生积极的影响。

资料来源：Moorman，C.，Day，G. S.. Organizing for marketing excellence. Journal of Marketing，2016，80（6）：6-35.

（二）SWOT 分析

SWOT 是常用的一种环境分析工具。在战略营销规划中，该分析框架通常用于考察公司的外部营销环境和内部营销环境。SWOT 分别代表着优势（Strength）、劣势（Weakness）、机会（Opportunity）、威胁（Threat），如图 2-2 所示。SWOT 分析的提出源于战略制定时所需要回答的四个问题，即：（1）企业能够做什么，因而需要识别出企业拥有的资源和能力；（2）企业打算做什么，从而决定了企业应当关注哪些重要的事情；（3）企业可能会做什么，也就是说企业能找到什么样的机会；（4）其他人期望企业做什么，反映了企业所追求目标与其他利益攸关者目标的一致性。

	内部	外部
有利	优势 相对于竞争者，企业有什么优势	机会 有哪些环境变动给企业带来新的机会
不利	劣势 相对于竞争者，企业有什么劣势	威胁 环境中哪些危险会构成对企业的威协

图 2-2 SWOT 分析

企业通过对企业外部营销环境的分析来寻找营销机会点识别环境威胁点。企业可以通过机会的吸引力大小和成功的概率高低来对营销机会进行甄别。好的营销机会是那些吸引力大且企业成功概率高的机会。环境威胁可以通过威胁的严重性和发生的概率进行判断。那些严重性高且发生概率高的威胁应当引起企业足够的重视。对企业而言理想的业务是机会多而威胁小的业务。但理想的业务往往难以寻找，企业通常会面临的是机会与威胁都比较少的成熟业务或者是机会多、威胁也多的风险型业务。

企业通过对内部营销环境进行分析来识别企业自身的优势和劣势。内部营销环境的分析可以使得企业明确哪些机会是企业能够把握的、哪些威胁是企业可以避免的，从而建立起内部营销环境与外部营销环境之间的匹配性。企业可以通过对自身的重要资源与能力进行检查来识别自身的优势与劣势所在。一些相关研究已经列出了详细的资源与能力清单供企业分析和检查。

企业应当正确地对待所识别出的优势和劣势。企业不应当去弥补自身所有的劣势，也不应当利用所有的优势。企业应当重视的是如何在利用现有优势和探索新业务领域之间寻找平衡点。

SWOT 分析由于不涉及大量的财务和数量知识，且有利于全面考虑组织环境，因而得到了广泛的应用。它不仅可以用于分析企业的业务，而且还可以用于分析产品、财务等职能领域。但是，一个值得注意的问题是，许多人将 SWOT 分析视为理论，认为通过该分析就能够得到战略规划所想要的答案。实际上，SWOT 分析本身应当视为一种分析框架而非具体理论，它只是对环境相关信息的收集工具而非解释工具。因此，不同的人在运用该工具分析后对同一问题有可能会得到截然不同的答案。

（三）战略目标

目标是企业应当采取的行动和想要达成的结果，通常是业务使命在一定时期的具体体现。目标通常不是以单一目标的形式呈现，而是与生产、财务和营销相关的多种目标的组合。例如，营销相关的目标可能包括提高市场占有率、扩大产品使用、扩大销售量、提高顾客满意度。

在设定目标的时候，应当注意以下几个问题：（1）目标的制定应当面向未来，并协调短期目标和长期目标之间的关系。（2）目标之间应当相互协调一致，共同实现业务使命。（3）目标应当具有优先次序的区别。（4）目标应当尽可能地量化。

（四）战略形成与选择

目标制定后，企业需要明确应当以何种方式来达成目标，即形成具体的战略。在业务战略层面上，企业可以选择波特的一般战略（或通用战略）中的一种，即总成本领先战略、差异化战略和聚焦战略。总成本领先战略主要通过努力实现企业生产和销售成本的最小化，通过低于竞争对手的价格来获得较大市场份额而在市场中展开竞争。差异化战略则是通过形成顾客认可的与竞争者相区别的独特差异价值而实现高企业绩效。聚焦战略则是通过将精力集中在某一个或几个细分市场中，并在这些细分市场中通过成本领先或差异化而建立竞争优势的一种战略。

另一种战略选择可以通过产品-市场矩阵分析来确定。如图 2-3 所示，企业可以在市场渗透战略（利用现有产品服务于现有市场）、市场开发战略（将现有产品服务于新市场）、产品开发战略（为现有市场开发新产品）和多样化战略（为新市场开发新产品）之间进行选择。

	现有产品	新产品
现有市场	市场渗透	产品开发
新市场	市场开发	多样化

图 2-3　产品-市场矩阵

（五）计划、组织、执行、反馈与控制

当确定了具体的战略之后，企业应当做出详细计划。计划能够帮助企业达到更好的位置，帮助企业按其管理层认为的最合适方式开展活动，帮助管理人员更有效地思考、决策和行动，它还有助于帮助组织保持战略执行过程中的灵活性，也是进行过程和结果评估、

检查进度的依据。

计划完成后，就进入组织环节，企业需要对人力和资金等资源进行配置和部署，并组织相关的企业活动来执行所选择的战略。在执行过程中，通过密切监视环境的变动和执行的进度，及时反馈并对战略的实施过程加以控制，以确保战略目标的达成。

第三节　编制营销计划书

一、营销计划的含义

营销计划是战略营销规划过程的具体化，是在公司层面和业务层面的营销规划的指导下，对具体的营销活动所制定的计划。因此，营销计划通常又被称为营销行动方案。营销计划通常以营销计划书的形式展现出来。这份书面文档详细记载了公司营销活动的行动方案，不仅详细说明了公司所采用的营销战略，而且还明确阐述了用于达成营销目标的具体战术。

公司可以在不同层面上制订营销计划，因而，营销计划会因其计划的层面不同而有许多不同的名字，例如产品营销计划、品牌营销计划、业务营销计划或者是整个公司及所有产品或产品线的营销计划。无论是在哪个层面上的营销计划，其计划的结构和主要内容都大致相同。例如，任何类型的营销计划都应指明在某一时期内营销活动的目的和想要达成的具体营销目标，都要说明为了达成这些目标制定和选择了何种具体营销战略，包括所针对的目标市场及其需求状况、开发何种产品来满足目标市场的需求、使用何种媒体和渠道向目标市场沟通和传递价值等。任何类型的营销计划书中都会涉及计划展开的相关负责人或部门。

营销计划通常按年度制定。但营销计划并不仅以一年为限，中长期的营销计划通常会考虑 3~5 年的营销行动方案。在计划中，不仅需要明确制定出详细的营销战略，而且要明确出与营销活动相关的费用支出、预期收入和预期利润。营销计划通常是以顾客为计划制订的起点，其所涉及的范围通常比公司的经营计划要窄一些。良好的营销计划需要与生产计划、财务计划等公司其他职能部门的计划相互联系和协同，以达成所设定的营销目标。

营销计划可以区分为战略层面和战术层面。战略层面的营销计划是基于公司所分析的最佳市场机会，建立起公司所选择目标市场和其所提供价值主张之间的匹配性。由于战略层面的营销计划对具体营销活动所进行的长期性规划框架，它通常要求公司做出重大的资源投入或承诺。战略层面的营销计划通常是从公司的总体战略演进而来，并指导具体的营销方案和政策。战术层面的营销计划则阐明了具体的营销策略，包括产品特征、促销、分销、价格、销售渠道和服务等。

二、营销计划书的主要内容

尽管营销计划没有唯一正确的形式，但有些问题和内容是所有营销计划都应当涉及的。一份典型的营销计划书通常包括目录和执行概要、业务使命与目标、企业现状和环境分析、目标市场与定位、营销组合策略、财务数据与预测，以及实施、评价与控制等部分。

1. 目录

目录通常能够让营销计划书的阅读者（如经理和高层管理人员）迅速了解计划书的重要主题和内容概览。

2. 执行概要

执行概要通常出现于营销计划的最开始。执行概要通常需要通过一两页纸的篇幅，对所建议的营销计划作出简略概要。执行概要应当能够引起营销计划书阅读者的兴趣，使阅读者迫切想要了解后续的详细方案。

3. 业务使命与目标

有关业务使命与目标的陈述可以参考本章第二节中所探讨的内容。业务使命通常由产品经理来确定，即明确出公司从事的业务。这部分的内容应当以市场为导向来描述使命，目标可以是多个和多种类型，包括营销目标和财务目标，但必须做到具体、量化、有优先等级和有时间范围。

4. 企业现状和环境分析

企业现状和环境分析能够回答“我们现在的状况如何”这一问题。在该部分，营销计划书应当描述企业当前的情形，有哪些因素会影响或导致企业处于当前的状况，之前企业有哪些方面做得比较好，又有哪些地方做得不好因而需要多加关注。

在环境分析部分，营销计划书应当提供系统化和结构化的环境信息，包括有关所服务市场的特征（例如人口统计特征、行为特征、心理特征、需求特征、市场规模和购买力、市场增长及趋势分析、顾客对品牌的看法、满意度、忠诚度等）、竞争者分析、分销渠道分析、产业环境分析（例如利用波特五力模型进行）、宏观环境分析（例如利用 PEST 分析框架）。这一部分还可以利用 SWOT 来分析公司自身的优势和劣势、面临的主要机会和威胁。

5. 目标市场与定位

此部分要写明公司所识别出来的目标市场，明确该目标市场的特征。可以根据顾客群特征、满足的顾客需求类型、采用何种产品或技术来满足何种情境下的需求来描述具体的目标市场。定位应当明确出公司想要的在目标市场的消费者心目中的地位，并以简洁明了的方式向顾客表明产品相对于竞争对手的独特优势。

6. 营销组合策略

营销组合策略部分说明了公司在产品、定价、分销、促销等方面的具体策略，包括但不仅局限于下列部分：产品线、产品质量水平、品牌策略、包装和标签策略、价格政策、短期促销策略、分销渠道选择和管理策略、顾客服务策略、顾客关系管理策略。

7. 财务数据和预测

由于每种营销活动都涉及收入与成本的问题，因此，需要在财务数据与预测部分对收入和成本之间的关系进行数据分析和预测，包括对盈亏平衡销售额和销售量的分析，并预测当未来成本变动时企业盈亏平衡点的变动情况。营销计划中通常也会按月份对每种产品进行销售预测，应当给出采用哪种或哪些方法进行预测，并估算出预期每个月的利润水平。这一部分还可以给出3~5年公司主要财务状况的变动情况。

8. 实施、评价与控制

营销计划书的最后一部分是实施、评价与控制。这部分应当概述监督控制和实施计划的调整，明确各营销活动的相应负责人，以及活动期限、结果衡量方式和控制方式等。评价实际上是检查营销活动的结果与营销目标之间的差异，并给出在发现实际与目标差异过大时，应当采取哪些控制方案和权变策略来做出及时调整。

☞【小结】

营销战略是企业所做出的一组决策或整合决策模式，它明确说明了企业所想要进入和服务的目标市场，需要以何种方式、开展哪些营销活动来服务于目标市场，如何与竞争者展开竞争；如何配置营销资源，从而达成营销目标。

营销战略可以指营销战略的目的、内容和过程三个部分。营销战略具有时间跨度长、对组织重要程度高、资源投入长期性和不可逆转性、需要决策权衡等主要特点。企业在制定营销战略时需要围绕竞争相关的问题进行思考，包括思考企业在哪里竞争、如何竞争以及何时竞争等问题。在制定营销战略的时候，企业可以通过战略的3C分析来展开，即分析顾客、竞争者和企业。

根据组织中制定战略的层级不同，可以将战略分为公司层面的战略、业务（分部）战略和职能战略。不应将营销战略仅仅视为一种具体的职能战略，营销战略与公司层面和业务层面战略既有区别，也有密切联系。公司层面的战略营销规划任务主要包括确定公司使命、建立公司战略业务单位和在不同的战略业务单位之间分配资源。业务单位层面的战略营销规划包括业务使命与业务定义、SWOT分析、设定战略目标、战略形成与选择、行动计划、组织、执行、反馈与控制等。

营销计划是战略营销规划过程的具体化，是在公司层面和业务层面的营销规划的指导下，对具体的营销活动所制订的计划。营销计划的主要内容通常包括目录、执行概要、业务使命与目标、企业现状和环境分析、目标市场与定位、营销组合策略、财务数据与预测、实施、评价与控制等部分。

☞【思考题】

1. 营销战略是什么？它有何特点？
2. 竞争在营销战略制定过程中有何作用？
3. 公司层面的战略营销规划任务有哪些？
4. 业务层面的战略营销规划任务有哪些？

☞【课后案例】

两面针多元化进退维谷

作为一个以口腔护理为主要业务板块的传统日化企业，两面针在日趋激烈的市场环境下曾致力于谋求多元化战略转型。然而，以纸业为代表的副业却接连亏损，继而进一步拖累了两面针的整体业绩。主业市场份额不断下滑，多元化布局屡屡受挫，两面针已经陷入进退维谷的尴尬境地。

作为一家老牌日化企业，两面针成立至今已有70多年历史。从1986年到2011年，两面针始终保持国内牙膏市场销量第一的地位，是名副其实的国产牙膏第一品牌。

2004年，两面针挂牌上市，成为国内日化行业首家上市公司。随着募集资金的大量涌入，两面针开始实施多元化战略，先后投资了日化、纸业、医药、精细化工及房地产五个板块，主营业务为日化板块。2007年，两面针还投资了1.5亿元用于申购新股、投资证券和基金，还投资或参股了中信证券、南宁市商业银行、柳州银行、北湾银行等。

在日益激烈的市场竞争环境中，两面针牙膏主业业绩逐步下滑。然而这似乎并未引起两面针的重视，两面针反而加速多元化发展，期望以此弥补短期的业绩阵痛。

两面针2016年财报显示，两面针家用牙膏2016年的生产量为4450.52万支，销售量为4360.295万支，分别同比上年下滑18.86%和14.24%。此外，财报还显示，两面针包括牙膏在内的日化产品营收总额为5.26亿元，仅占该集团总收入的30%左右。统计数据还显示，截至目前，两面针牙膏产品的市场占有率尚不足1%。

多元化布局并没有将两面针带入理想中的高速发展阶段。与此同时，在两面针的所有投资项目中，各大实业项目严重亏损，入不敷出。2015年产生了高达1.73亿元的亏损，而在2016年年报中，两面针也是靠出售证券资产扭亏。

一项最新调查结果则显示，针对牙膏品类，不少国产品牌都难逃老化命运，两面针就是其中一例。对于品牌老化原因，受调查人群中超四成人认为是产品缺乏创新，其次是新产品竞争导致的市场替代，近两成则认为是与营销方式老化有关。此外，渠道建设方面，两面针没有选择在商超渠道上积极参与竞争，而是退而求其次，选择转战经济型酒店渠道，想借此扩大产品的经销范围。

两面针四面出击，用有限的资源在各个非优势板块发力，所带来的结果就是两种：主业没有足够的资源支持导致市场节节败退；副业规模有限，一时也难成气候甚至拖累主业。

资料来源：节选自班娟娟．两面针多元化布局进退维谷．经济参考报，http：//www.jjckb.cn/2017-08/11/c_136516947.htm.

案例讨论题：

两面针如何摆脱目前进退维谷的窘境？请从战略营销规划的视角给出你的建议。

☞【实际运用题】

1. 请选择中国企业500强中的一家企业，收集其公司使命，并从营销战略规划的视角，对其公司使命进行分析，并试着提出一些改进建议。

2. 假如你正准备创业，请选择一个创业项目，拟定一份创业营销计划书。

第三章 营销调研

【学习目标】 学习本章后，应当掌握：

1. 营销信息系统的构成
2. 营销调研行业的构成
3. 营销调研活动的内容
4. 营销调研活动的步骤
5. 营销调研中的信息收集方法

【引例】

男人长胡子，因而要刮胡子；女人不长胡子，自然也就不必刮胡子。然而，美国的吉列（Gillette）公司却把“刮胡刀”推销给女人，居然大获成功。这一决策看似荒谬，却是建立在营销调研的基础之上的。吉列公司先用一年的时间进行了周密的市场调查，发现在美国30岁以上的妇女中，有65%的人为保持美好形象，要定期刮除腿毛和腋毛。这些妇女之中，除使用电动刮胡刀和脱毛剂之外，还会购买各种男用刮胡刀来满足此项需要，一年在这方面的花费高达7500万美元。相比之下，美国妇女一年花在眉笔和眼影上的钱仅有6300万美元，染发剂上的费用为5500万美元。毫无疑问，这是一个极有潜力的市场。

根据调研结果，吉列公司精心设计了新产品，它的刀头部分和男用刮胡刀并无两样，但是刀架则选用了色彩鲜艳的塑料，并将握柄改为弧形以利于妇女使用，握柄上还印压了一朵雏菊的图案，以显示女性的特点。为了使雏菊刮毛刀迅速占领市场，吉列公司还拟定几种不同的“卖点”到消费者中征求意见。其中包括：突出刮毛功能的“双刀刮毛”，突出其创造性的“完全适合女性需求”，强调价格的“不到50美分”，以及表明产品使用安全的“不伤玉腿”，等等。最后，公司根据多数妇女的意见，选择了“不伤玉腿”作为推销时的卖点，刊登广告进行刻意宣传。结果，雏菊刮毛刀一炮打响，迅速畅销全球。

有效的营销决策需要依赖及时、准确的市场信息，而一个完善的营销信息系统可以满足营销管理者的此类需求。本章介绍了营销信息系统的主要构成和相关职能，并重点介绍了营销信息系统中的关键职能——营销调研。当组织为了解决某项特定的营销问题而缺乏必要的信息时，就需要借助营销调研系统开展专门的、有针对性的信息收集和分析活动。因此，企业的营销管理者需要全面了解营销调研的类型、方法和程序。

第一节 营销信息系统

一、营销信息系统的含义

营销信息系统由人员、设备和程序构成，此系统对市场信息进行收集、分类和分析，并及时、准确地传递给营销决策者。营销信息系统将组织的营销管理者与不断变化的营销环境联系起来，营销人员依靠这一系统可以更加准确地把握环境的变化和发展趋势。

营销信息系统由内部报告系统、营销情报系统、营销调研系统和营销决策支持系统四个主要的子系统构成，它们围绕着营销信息数据库工作，其工作过程如图 3-1 所示。

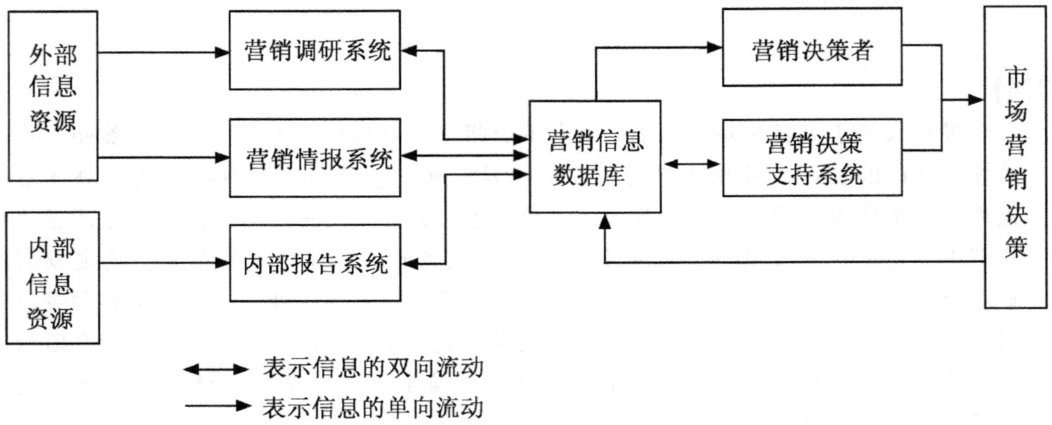

图 3-1 营销信息系统工作图

由图 3-1 可以看出，营销调研系统和营销情报系统从组织外部获取信息，内部报告系统从组织内部获取信息，经分类处理后形成营销数据储存在营销信息数据库内，这三个系统处理信息时，也可能会利用到原本就储存在数据库中的一些资源。所以它们与营销信息数据库的联系通过双向箭头表示。营销决策者直接或者在决策支持系统的帮助下利用营销数据库中的信息做出市场营销决策，这些营销决策涉及营销战略及策略的所有方面，它们的内容及执行情况与营销决策支持系统提供的信息一样，也被储存到营销信息数据库中以备日后使用。

二、营销信息系统的构件

（一）内部报告系统

内部报告系统从组织内部获取信息，这些信息涉及顾客订单、销售额、价格、产品成本、存货水平、应收应付账款等多项反映组织经营状况的指标。通过比较这些指标的实际水平和预期目标，营销人员可能会发现企业存在的问题或潜在的市场机会。内部报告系统所关注的一个重点是组织的订单—收款循环，因为这一循环过程涉及大量与营销直接相关的信息。在电子信息技术的帮助下，很多组织能够更为准确及时地将订单—收款循环中的信息传递给营销的决策者。

（二）营销情报系统

公司为获取与营销环境相关的日常信息所依赖的一整套程序和来源构成了营销情报系统。它与营销调研系统一样，都是从组织外部获取信息，但是由于营销情报系统收集和传递的是日常的、变化的信息，因此往往需要连续作业。

营销情报系统至少可以为企业提供以下三个方面的情报：

（1）防御性情报：这类情报可以使组织在遭遇意外情况时尽量减少损失。一个组织往往是基于某些明确的或含蓄的假设来制订营销计划的。良好的营销情报系统可以对周围的环境进行监测，以确定这些假设是否继续有效，如果发生了重大变化（往往是不利的变化），便发出信号以便营销管理人员能及时提出应急计划来渡过难关。

（2）参考性情报：组织还经常需要从外界获得一些基础性数据以指导内部评估标准的建立。例如：在运用标杆法（Benchmarking）这一工具提升企业的营销绩效时，组织就必须获得一些行业最优竞争对手的有关资料。

（3）进攻性情报：这一类型的情报可以帮助组织识别新的机会，一些潜在的机会往往是通过营销情报系统来发现的。例如：一个公司的营销情报系统显示，一家主要竞争对手在经济衰退期辞退了某种类型的研发人员。这家公司从这一信息推断，该竞争对手将不可能在短期内对某一类型的产品进行改进，于是，这家公司便进一步加大这一类型产品的研发费用，从而成功地扩大了市场份额。

尽管诸如浏览报纸、杂志和商业出版物也是营销情报收集工作中的一部分，但是要获取更为有效的营销情报，企业需要在以下方面做努力：

（1）训练和鼓励自己的销售人员去发现、搜集和报告有关营销的最新情报；

（2）与分销商、零售商以及供应商建立良好的伙伴关系，通过他们获得各种重要的情报；

（3）向外部专业的市场研究机构、管理咨询公司购买有价值的情报；

（4）必要时可以投入一定资金，在内部建立专门的营销信息中心，雇用专门的人员负责营销情报的传递和收集工作。

（三）营销调研系统

营销调研系统服务于组织营销活动中出现的特定问题，是一项在需要的时候才开展的信息收集和分析活动。确定营销调研目标需要识别制定营销决策的信息缺口，因此，调研系统收集的往往是营销信息系统中的其他子系统未收集的信息。大公司一般会设立专门的营销调研部门，没有专门营销调研部门的中小企业则会委托专职的营销调研机构来做这一工作。本章下一节的内容将详细介绍营销调研系统是如何工作的。

（四）营销决策支持系统

20 世纪 90 年代之后，信息技术的迅猛发展使得信息的采集和获取更加容易，如何在浩瀚的信息“海洋”中正确选择并处理信息，以帮助营销管理人员做出决策成为营销管理中最重要的问题之一，而营销决策支持系统的出现为这一问题的解决提供了答案。营销决策支持系统运用了信息技术、统计工具、营销决策模型等多学科的知识，在计算机的帮助下对组织信息数据库中的数据进行进一步的分析处理，它所得出的新的信息将会大大改进营销管理人员的决策质量和应变能力，降低他们的工作强度，提高组织的营销业绩。在这一系统的帮助下，营销管理人员所做出的分析报告将会是动态性的，他们可以通过计算机模拟而更加准确地预测未来，并对未来的各种可能提出最优的应对计划。利用决策支持系统而不仅仅依赖自身的经验来制定营销决策的方法被称为营销工程（Marketing Engineering），有兴趣的读者可以参阅这一方面的书籍以加深对营销决策支持系统的了解。

三、营销调研行业的结构和发展

企业对市场信息日益增长的需求促进了营销调研行业的发展。根据国际调研专业协会ESOMAR（the European Society for Opinion and Marketing Research）的报告，全球调研行业的年销售额已超过400多亿美元。根据所扮演的角色和发挥的作用，可将调研行业中的组织分为市场信息的使用者、调研设计者和提供者、数据收集者三个层次。这些组织之间的关系如图3-2所示。

（一）市场信息的使用者

企业的营销部门是最为常见的调研信息的最终使用者，这些部门会根据营销调研所获得的市场信息来了解宏微观环境的状况和变化、识别企业的目标顾客及其需求、掌握竞争者的动向，以及分析企业营销战略和策略的执行效果，从而达到优化企业的营销战略和策略的目标。

调研信息的另一类使用者是为企业客户提供服务的广告代理商。他们的主要业务是帮助企业设计和实施广告活动，为准确地完成任务，通常需要营销调研数据。如同企业的营销部门，广告代理商可以从专项调研机制、综合调研公司或现场服务公司获得所需要的市场数据。然而，广告代理商也可能自身开展营销调研，向他们的客户提供与广告决策相关的调研服务。因此，广告代理商也可能是调研的设计者和提供者。

（二）调研设计者和提供者

最常见的调研设计者和提供者分为专项调研公司和综合调研公司两种类型。专项调研公司为企业提供定制化的营销调研服务，其服务产品的提供和管理往往是项目制的。例如：北京益普索市场咨询有限公司为企业提供广告研究、满意度和忠诚度研究；零点调查为企业提供消费者研究、品牌研究、产品研究、营销效果评估研究等。综合调研服务公司向企业提供的是通用信息产品。例如：尼尔森公司（AC-Nielsen）提供的移动媒体监测数据和零售业数据被不同行业的多类企业使用；央视-索福瑞媒介研究（CSM）提供的电视收视率和广播收听率调查数据得到了国内传媒行业的普遍认可。

然而，营销调研的设计者和提供者并不一定直接参与所有市场信息的收集，他们主要侧重于调研方案的设计、调研数据的分析和报告。同时，越来越多的调研公司并不满足于向企业提供营销调研服务，开始谋求向营销咨询服务转型，以试图在为企业提供市场信息

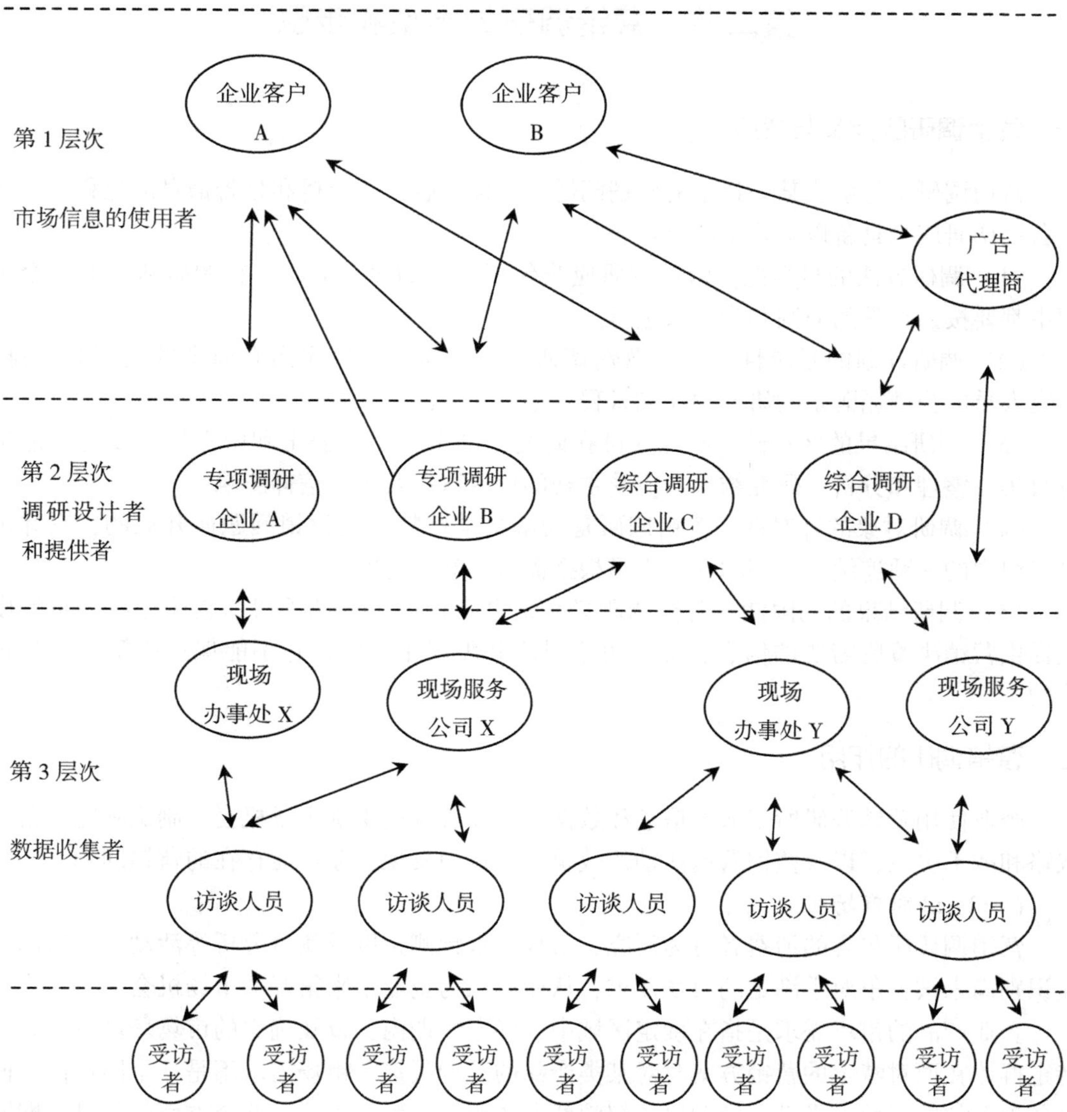

图 3-2 营销调研行业的成员构成

的同时，提供解决营销问题的全套方案。行业的成熟和业务的扩张进一步促进了专业分工，催生了数据收集者的产生。

（三）数据收集者

专门的数据收集者被称为现场服务公司，他们为综合调研公司、专项调研公司、广告代理商以及企业的营销部门提供专业的数据收集服务。现场服务公司管理着一定数量专职或兼职的访问人员，后者与受访者直接接触，使用不同的调研方法获得受访者观点、态度、行为等数据。

第二节　营销调研的类型和步骤

一、营销调研的含义与特点

营销调研是为解决某一特定的营销问题，设计、收集、分析和报告信息的过程。有效的营销调研应当具备以下几个特点：

（1）调研方法的科学性。营销调研应当使用科学的研究方法，在调研活动的整个过程中都要按照科学的原则和步骤来进行。

（2）调研计划的系统性。一项营销调研活动对研究程序应当有周密的规划和安排，研究人员应当遵循既定的研究程序和日程安排去开展活动。

（3）调研结果的客观性。研究人员在研究活动中应当以公正和中立的态度对信息进行收集、整理和分析，研究结果不应受主观的价值取向及个人信仰影响。

（4）调研对象的针对性。营销调研是为解决某些特定的营销问题而开展的，它并不是组织中的一项连续的营销职能，而是根据需要间断进行的。

（5）调研结果的局限性。营销调研只是信息管理的工具和手段，它能够在一定程度上提供营销决策所需要的信息，降低决策风险和失误率，但是它不能保证决策一定是正确的。

二、营销调研的作用

企业使用营销调研所获取的信息和数据，可以有效地识别市场机会，制定和完善营销战略和战术决策，以及监控营销活动的效果，并从中发现企业可能存在的营销问题。

（一）识别市场机会

营销调研所包含的消费者行为研究、市场需求预测，以及竞争分析等活动可以帮助企业识别尚未被竞争对手满足的市场需求，从而可以为企业带来很好的市场机会。

企业产品的市场需求是指在确定区域中、确定时期内，以及确定的市场环境下，某一特定群体在面对特定的营销方案时对某类产品的总购买量。市场需求不是一个固定值，而是各项条件的函数。借助营销调研了解消费者的购买行为至少涉及八个方面的信息，即所谓的6W和2H：购买者是谁（who）、购买什么（what）、为什么购买（why）、何时购买（when）、何地购买（where）、购买信息来自何处（where）、购买多少（how much）、如何购买（how）。因此，这些基础性的数据可以帮助企业对市场需求进行预测，包括目前的市场需求程度和潜在的市场需求程度。前者与后者之商被称为市场渗透指数。较低的市场渗透指数表明该市场有更多的机会，反之则表明市场机会有限，需要花费更多的成本吸引市场中剩下的潜在顾客。

市场需求并不等同于公司需求，公司需求是消费群体对某公司特定品牌产品的购买量。行业中往往存在众多的竞争者，在区域、时期、市场环境都确定的情况下，公司需求潜量的上限是市场需求，但实际数额受制于该公司与竞争对手相比的相对营销努力。因此，对特定的公司而言，有效市场机会的识别还需要通过营销调研对竞争对手的相关信息进行分析。

(二) 制定和完善营销决策

通过营销调研获取的市场信息可以帮助企业制定和完善营销战略和策略。从战略层面看，营销调研提供的市场需求预测和竞争分析可以帮助企业了解哪些细分市场值得进入；消费者的行为研究数据则帮助企业识别定位战略应当选择何种类型的差异点作为基础。从营销策略层面看，新产品开发时需要进行概念测试、产品测试、包装测试等营销调研活动；很多企业在新产品上市初期会通过实验室实验或现场实验（试销）等调研活动来制定恰当的定价策略、促销和广告策略。

(三) 监控营销绩效和发现营销问题

营销管理的一个重要职能是对营销活动进行控制，而有效的控制需要借助营销调研来评估企业各类营销活动的绩效，并针对设定的营销目标发现企业可能存在的营销问题。在营销调研中，监测企业营销绩效的指标因营销活动差异而各不相同。例如，可根据连锁超市、便利店 POS 机的扫描数据所反映的市场份额来测量品牌或产品的分销绩效；使用满意度研究获取的员工满意度和顾客满意度来衡量企业服务利润链的运营状况，帮助识别服务失败的原因和寻求服务补救的措施；使用品牌研究来监控品牌知名度、满意度和忠诚度等指标以帮助企业了解品牌资产的建设状况及其变化；通过追踪在线分销平台的点击率、口碑数量和效价、购买转化率等指标来计算网络营销活动的成本和回报。

三、营销调研的类型

按照调查时收集数据的类型可将营销调研分为定性调研和定量调研两种类型，按照营销调研的目的则可将其分为探测性调研、描述性调研和因果关系调研三种类型。

(一) 按调研数据的类型划分

定性调研所获得的结果是对被调查事物的质化描述，它往往基于小样本获取资料，适合于调查消费者的动机、态度、信仰、倾向等信息。定量调研则基于数量分析，它通过获取样本的定量资料得出样本的某些数字特征，并根据它推断出总体的数字特征。定性调研常用的方法有焦点小组访谈法、深度访谈法、观察法、投射法等。定量调研往往进行的是大规模的调研活动，以建立一个统计上能进行严格分析的数据库，它所使用的方法包括各种访问法、观察法和实验法等。

与定量调研相比，定性调研的优点表现为两点。一是定性调研通常比定量调研成本低；二是除了定性调研以外，没有更好的方法能了解消费者内心深处的动机和感觉等这些复杂的、无法量化的因素。此外，定性调研可以为定量调研指明调研的方向，提高后者的效率。企业往往在进行大型的定量调研之前，通过定性研究来确定定量调研的范围以降低调研成本。

定性调研的局限性也比较明显。一是由于它所调研的样本容量较小，调研结果的准确性值得怀疑；二是由于定性调研并没有使用严谨的数理统计方法，调研结果的主观性、随意性大，因此不同的调研者使用同样的调研程序对同一目标进行调研，所得到的结果可能会有较大的差距，很难形成一个衡量调研结果质量的统一的标准。正是因为定性和定量调研都有各自的优缺点，所以在实际的营销调研中，普遍认为将两者相结合才可以达到更好的效果。

（二）按调研目的分类

在营销调研活动中，常见的调研目的有三种。一是获取背景信息以构建假设。如：影响消费者购买的因素有哪些、政府在本行业中最新的产业政策是什么。二是测量所关注的变量。如顾客满意度、购买频率、品牌忠诚度等。三是检验假设，即检验两个或多个变量之间的具体关系。如：促销与品牌忠诚度的关联、包装的改变是否会影响到销量等。与这三类目的相对应的调研设计，分别被称为探测性调研、描述性调研和因果性调研。

1. 探测性调研

探测性调研（Exploratory Research）是为了获取有关调研问题的一般性背景资料而进行的一种非结构化和非正式的调研。探测性调研常被用于帮助澄清或辨明一个问题，而不是寻求问题的解决办法。它往往是在大规模的正式调研之前开展的小规模定性研究，其研究目的只是对营销问题的本质作一个初步评估，以便为进一步的研究确定范围和方向。以下是一个探测性调研的例子。

营销实例 3-1

一家生产消防设备的欧洲企业想进入中国市场，准备开展一项覆盖中国内地的详细、正式的市场调研。在进行这个正式调研之前，该公司展开了一些探测性的调查活动。这些活动根据二手资料来判断，谁可能是它的竞争对手？中国的安全标准与产品标准如何？各个不同消防机构购买设备的大致状况如何？等等。另外，它还开展了一些重要的访问活动，访问了中国沿海地区、中部地区、西部地区和东北地区的一些购买者，来确定在这些市场内试用新产品，直至购买新产品的程序问题。

这次调查活动，为观察中国消防市场的特征提供了宝贵视角。它同时表明，原来被认为相对统一的市场，其实也存在着很大的差异。在这一例子中，探测性调查活动有助于明确重点，了解调查应在哪些领域更深入地进行，并保证了在详细调查计划之前，公司最初的估计与期望能得到验证。

2. 描述性调研

描述性调研是通过详细的调查和分析，对市场营销活动的某个特定方面进行客观的描述，以说明它的性质与特征。描述性调研是营销调研中使用最多的一种类型，与探测性调研相比，它研究的问题更加具体，数据收集的具体目标也更为明确，而且通常事先往往已形成了具体的研究假设。例如在产品消费者的年龄构成、地域分布和收入状况的调研活动中，研究者可以作出“购买这类产品的主要是年轻人”“购买者主要是城市居民”以及“消费者属于高收入阶层”等研究假设。然后通过描述性调研去验证这些假设，以对研究的问题给出明确的答复。探测性调研的研究方法比较灵活，事先不需要进行周密的策划，在研究过程中可根据情况随时调整。而描述性调研则会在事先拟定周密的调研方案，包括准备收集的资料、收集资料的方法和步骤以及调研活动的程序、路线和进度安排。

营销调研人员使用的描述性调研方法有横向研究（Cross-Sectional Studies）和纵向研究（Longitudinal Studies）两类。横向研究是指仅在一个时点上测定总体中样本的一些特征，通过它得到的是对研究对象的一个快照。例如，某一时刻目标消费者的性别和年龄结构、本月末公司品牌的顾客满意度和市场份额等。纵向研究是指在一段时间内对同一总体的样本进行重复测量，使用固定样本组是纵向研究得以顺利实施的保证。通过纵向研究获得的面板数据不仅能够描述样本特征的静态状况，还能够追踪这些特征的动态变化，因此，比使用横向研究得到的横截面数据包含更为丰富的信息，从而更有助于营销人员制定有效的营销决策。

3. 因果性调研

因果性调研的目的是探究一种变量的变化是否能够引起另一种变量发生变化，常使用实验法开展此类调研活动。以实验为基础的调研与以询问或观察为基础的调研相比有着根本的区别。在询问和观察的情况下，调研人员是一个被动的数据收集者，他们只是询问人们一些问题或是观察他们在干什么。而在实验调研中，研究人员成了研究过程中积极的参与者，他们会改变一些被称为自变量的因素，观察这些因素的变化对其他因素（被称为因变量）有什么影响。在营销实验中，因变量经常是衡量销售的一些指标，如总销售额、市场份额、顾客的购买频率等，而自变量则常是营销组合中的一些因素，如价格、广告支出、产品质量、货架的摆放方式等。

第三节　营销调研中的程序和方法

一、营销调研程序

营销调研具有系统性的特点，因此需要有一个普遍适用的一般程序，理解和坚持这个程序可以为调研人员指明行动的方向。不同的学者对营销调研程序应当分为几个步骤尚且存在着不同的看法，但是不同的分类方法中所涉及的调研活动的类型却基本相同。综合多位学者的观点，本书将营销调研的程序分为七个步骤。

（一）确定调研需求

营销调研的目的是向营销决策者提供有价值的信息，因此只有存在信息缺口的营销决策才可能需要营销调研。营销调研必然需要耗费一定的金钱，由调研所获得的信息价值如果不足以弥补相应的调研成本，也不需要开展调研活动。同时，如果企业缺乏必要的资金，无法保证调研信息的客观性和完整性，开展营销调研也非明智之举。此外，如果制定相应营销决策的时间较为紧迫，无法保证调研活动所需要的时间，也不宜启动调研项目。

（二）界定营销问题和调研目标

1. 界定营销问题

营销调研服务于营销决策，旨在帮助营销管理者在制定决策时解决相应的营销问题。如果错误地界定营销问题，将会误导整个调研活动，使得调研活动所获得的信息失去价值。因此，界定营销决策中所要解决的营销问题是调研程序中最重要的步骤。

企业的营销问题主要源于两类现象的发生。一类现象是实际的营销业绩未能达到预期目标。典型的症状是企业的利润低于期初设定的目标、消费者的满意度正在下降、新产品的销量不尽如人意等。当营销管理者发现了此类“未达标”现象时，会试图去寻找症状背后的原因，而这些可能的原因恰是企业要解决的营销问题。例如，某健身俱乐部发现，年初以来，一些传统顾客正在流失。根据已有信息和经验，营销经理发现顾客流失主要原因是2公里之外新开了一家类似的健身俱乐部，此时的营销问题即可描述为：本公司应当如何应对新开健身俱乐部的威胁？

第二类导致营销问题产生的现象是市场新机会的出现。典型的现象如：全球变暖和民众环保意识的增强可能预示着新能源汽车在未来十年会出现爆发式的增长；二胎政策的实施为婴儿产品市场的增长创造了机会，等等。当营销管理者意识到此类新机会出现时，会试图通过制定一些营销决策去捕捉机会来促进企业的增长。例如，某制鞋企业注意到中国人口老龄化趋势日益严重，为捕捉这一趋势带来的机会，公司决定专门针对老年人市场创立一个新品牌。此时的营销问题可描述为：本公司应当如何建立老年人认可的鞋类品牌。

值得注意的是，凭借企业营销经理的一己之力，有时并不一定能够准确界定营销问题。例如，在上述健身俱乐部的例子中，客户流失可能是因为经济不景气使得收入锐减的顾客削减了健身开支，也可能是因为公司自身的服务质量出现了问题，或者是宏观经济状况、消费者行为变化、企业自身能力以及竞争对手的营销行为等多种因素共同作用的结果。当营销经理缺乏足够信息去界定营销问题时，需要提前启动营销调研系统，借助调研人员的判断来界定营销问题。因此，营销问题的界定很可能需要在营销经理和调研人员的共同参与下完成。

2. 确定调研目标

调研目标的确定基于营销管理者在解决营销问题时所产生的信息需求。营销管理在解决营销问题、制定具体的营销决策时必然需要一些信息，扣除已有信息之后的信息缺口即为调研活动所要达到的目标。根据信息缺口设定调研目标会使调研活动更具可操作性从而提升调研活动的效率，同时，在此目标引导下的调研活动会更有针对性，从而提升调研结果的价值。

在上述健身俱乐部的例子中，要解答“应当如何应对新开张健身俱乐部的威胁？”这一营销问题，营销经理可能需要的信息包括：新开张的健身俱乐部有哪些核心服务最受目标顾客的欢迎？这些服务的定价如何？新俱乐部使用了哪些促销手段？如果本公司推出会员费八折的策略来应对新俱乐部的竞争，顾客会如何反应？如果本公司通过推出高端瑜伽课程来应对竞争，顾客又会如何反应？等等。在这些所需信息中，新俱乐部提供的服务类型、定价，以及所使用的促销手段往往是公开的，均为已知信息。但是，目标顾客对本公司的促销策略或新服务策略的反应如何，很可能是制定有效竞争策略的信息缺口。此时，如果要开展营销调研活动，相应的调研目标应当以这些信息缺口为基础，可以包括：目标市场的价格敏感度、目标顾客对高端瑜伽训练的需求（包括愿意参与训练的人数、参与意愿的强度、愿意承受的价格、希望持续的时间、预期的效果，等等）。

（三）确定调研设计

调研设计是对调研活动中信息收集与分析的具体方法及过程进行界定的事先计划。承载调研设计的计划书是营销调研中重要的指导性文件，其内容包含：资料来源、调研方法、调研工具、抽样方案、时间安排与研究经费，等等。

1. 资料来源

调研资料可分为原始资料和二手资料两大类。原始资料是研究人员通过现场调查或其他方法获取的第一手资料，在调研之前是不存在的。二手资料则是指已经存在并且能为组织所获得的数据和信息，它是别的组织或个人出于其他目的所收集的信息。二手资料可能来自于组织的内部，也可能来自于公开出版物、政府或是行业协会等外部途径。对组织而言，利用它的最大好处就是可以节约收集资料的成本和时间。但是，二手资料缺乏相关性，不一定能够直接服务于调研目标。同时，由于二手资料是历史数据，所以时效性也较差。调研人员一般会尽可能地先利用二手资料，如果它们无法满足需要，就必须通过定性或定量的方法去直接收集原始资料。

2. 原始资料的收集方法

原始资料的常用收集方法有访问法、观察法和实验法，具体方法的选择与调研类型相关。访问法是研究人员通过询问受访者特定的问题，从受访者的回答中获取信息的一类研究方法。访问法可用于定性研究，也可用于定量研究。在定性研究中，常使用访问法去开展焦点小组访谈或个人深度访谈，这两类定性研究的方法也是探测性调研中收集信息的主要手段；在定量调研中，基于结构化的问卷而开展的问卷调查是访问法的具体运用。

观察法是一种非介入的调研方法，研究人员作为一个局外人，通过观察调研对象从事的特定活动的运行过程来收集信息。观察法主要适用于定性研究，以帮助实现探测性调研和描述性调研中的目标。实验法是观察一种变量对另一种变量产生影响的研究方法，其目的是找出各个相互独立的变量之间的因果关系，在实施这一方法时，一般要保持其他变量的稳定性。实验法主要用大规模的定量研究，是因果性调研中最主要的数据收集方式。

3. 收集资料的工具

随着科学技术的发展，在市场调研中用到的收集资料的工具种类不断地增加。除了传统的调查问卷、录音和录像工具之外，越来越多的仪器设备被用营销调研之中。例如：零售商使用交通流量计数器来确定每天经过某一特定区域的人数以确定在那里开设商店是否合理；广告设计者运用脑电图和眼动仪来确定电视观众对特定时点广告的注意力，超级市场利用电子扫描仪来进行收款并通过它了解顾客的购买行为，等等。调研人员应当根据自身的实际需要来选择调研工具，特别在设计调查问卷时，需要掌握一定的技巧。例如，撰写问句时，每个问题尽可能聚焦于一个主题，不应当使用包含两个或两个以上问题的双重或多重提问方式，尽可能地使用简短、易于理解、表达清晰的简单句。问卷中的问题应当如何回答，必须有清晰的说明。编写问卷时不能够使用诱导性的提问方式，也不能使用暗示答案的短语。

4. 抽样方案

多数市场营销调研需要对调研对象进行抽样，即从调研对象总体中抽取具有代表性的样本来开展调查，并根据样本的特征去推断出总体的特征。样本的性质、大小及抽样方法的选择是抽样方案中的重要内容，这些内容受到研究经费、所允许的误差及所愿意承担的风险等因素的影响，一个合适的抽样方案是调研结果质量的重要保证。

5. 调研时间和调研费用

同所有其他计划一样，调研计划也必须包含调研的具体时间表和调研费用的预算。时间表帮助调研人员明确在具体行动的时间节点，调研费用预算可以帮助调研活动的委托者对调研成本有一个了解，以便作出是否执行调研计划的决定。

（四）调研数据的收集

执行调研计划时最重要的一项工作是收集数据，控制这一阶段的误差是保证调研质量的前提。数据收集时产生的误差可能源于工作人员，也可能源于被调查者。由于现场数据收集者通常以计件方式获取报酬，为提升工作效率或满足委托者的预期，工作人员收集数据时，可能会诱导被调查者回答问题，或者甚至谎报被调查者的情况。数据收集误差也可能源于工作人员的无意之举，访问者对问题的理解能力、疲劳程度、口音、性别，甚至形体语言均可能会对受访者的回答产生干扰。例如，对面对面的访谈中，访问员对自己不赞同的问题会微微地摇头，而对自己赞同的观点则可能会下意识地点头。对于工作人员有意造成的误差，企业可以通过监督调查过程或对受访者按一定比例进行回访来加以控制；对于访问员无意造成的误差，企业需要通过加强培训，事前开展模拟调研和角色扮演，以及合理安排访问强度等手段来应对。

源于调查对象的误差也有故意和无意之分。一些被调查者会因为保护隐私或怀疑访问者的动机不纯而故意隐瞒信息，甚至欺骗调查人员；另一些被调查者则会消极对待访问者，故意不应答。受访人员造成的误差也并非全是他们有意为之，有可能是对问题理解有误，也有可能记忆出现了偏差，或是在没确切把握的情况下又觉得需要回答时根据随意猜测而给出信息。对于受访对象故意隐瞒和无应答等行为，企业可采用增强激励、承诺保密，以及扩大样本容量等方式应对；对于受访者非故意误差，一方面要求企业合理设计问卷和访问提纲中的语句，避免歧义，另一方面要提醒受访者信息的客观性对营销调研工作的重要性，在提供信息时应当宁缺毋滥，对于没有把握的信息不要主观臆造。

（五）调研数据的分析

搜集完资料之后，接下来是对资料进行整理和分析。常用的信息整理技术包括编辑、编码、列表等，其中编辑是指对收集到的资料进行检查以确定它们的有效性；编码是给调查问卷中每个问题的答案配上数字或符号以便做进一步统计分析；列表则是按照一定的目的，将资料中的信息用表格的形式展示出来。

数据分析过程中要用到很多统计方法。比较简单的有一些描述性的统计方法，如计算算术平均值、中位数和众数等反映集中均势指标的方法，计算标准差、方差、全距等反映离散程度指标的方法。此外，对一些较大的定量调研活动，还会用到参数估计、假设检验、相关分析、回归分析、方差分析、聚类分析等更加复杂的推断统计方法。

（六）撰写调研报告

调研报告是调研活动的最终成果，也是评价调研活动质量的重要文件。调研报告从形式上可分为书面报告和口头报告。书面报告没有完全统一的格式，但一份翔实、完整的报告应该包含以下基本内容：

（1）调研问题及目标。

（2）主要背景信息。

（3）调研方法的介绍及评价。

（4）以表格或形象化的方式来展示调研结果。

（5）调研结果的文字摘要。

(6) 调研结论及建议。

口头报告是调研成果的口头汇报，大多数调研活动的委托者都希望在拿到一份书面报告的同时也能听到口头汇报。口头报告时，可以将多个有关群体聚集在一起，在熟悉调研目标和调研方法的同时，以调研结果进行进一步的讨论以获得意外的新发现，同时，还可以直观地了解到调研活动的委托者对调研报告的态度。

(七) 评估调研成果

调研程序的最后一个步骤是跟踪研究调研报告的使用情况，并对它的有效性进行评估。由于调研报告的撰写者和使用者往往是不同的主体，二者之间甚至可能有一定的冲突，所以调研者应当关注他们所提供的报告是如何被调研的委托者使用的，并在报告的使用过程中提供进一步的解释和建议。这一工作一方面可以提高调研成果的使用效率，另一方面也可为今后的调研活动积累经验。

二、营销调研方法

(一) 选择调查样本的方法

在开展调研活动时，可以对调研对象进行普查，也可以采用抽样调查的方法。普查是指去调查调研对象总体中每一个体的信息。市场调研中并不经常用到普查，因为调研总体可能包括海量个体，大规模的普查在成本和时间上的耗费都是巨大的。

相对于普查，抽样调查是更为经济和效率更高的方法。一个相对较小但精心选择的样本能准确地反映出总体的特征，而且在调研成本上也是可接受的。进行抽样调查涉及对抽样方法的选择，抽样方法种类可以分为概率抽样和非概率抽样两大类型。

1. 概率抽样法

在概率抽样中，总体的每一个单位都有一个已知的、非零的机会被选入样，每一个单位被选中的机会可能并不相等，但是被选中的概率却是已知的，而这个概率由选择样本元素的具体程序来决定。概率抽样的最大优点是可以估算出抽样误差，即可以知道推断出的总体特征与实际特征之间的误差。常见的概率抽样包括简单随机抽样、等距抽样、分层抽样和整群抽样四种类型。

① 简单随机抽样。简单随机抽样法是一种广为使用的概率抽样方法，调研人员随机地从总体中抽取预定数量的样本，总体中的每一个单位被选中的概率都是均等的，其概率等于样本容量与总体容量之商。例如在一个容量为 100 的总体中选取一个容量为 10 的样本，则总体中的每一个体被选中的概率是 10/100 = 0.1。简单随机抽样满足了概率抽样的一切必要要求，能够得到具有代表性的样本，但是它必须以一个完整的总体元素列表为依据，这在实际调研活动中并不容易做到。例如：调研人员所确定的总体是居住在一个城市中的所有的吸烟者，要得到全部元素的列表是非常困难的。

② 等距抽样。等距抽样是指在总体列表中，先随意选择一个起点，然后按照一个固定的间隔逐一选择起点之后的元素，直到达到预定的样本容量，其中样本间的间隔等于总体容量与样本容量之商。例如：在一个容量为 40 的总体中选取一个容量为 5 的样本，则样本编号之间的差值为 8。调研者可以先随意确定一个起始点，比如从第 10 个元素开始，则被选入样本中的元素应该是：第 10 个、第 18 个、第 26 个、第 34 个和第 2 个。等距抽

样比简单随机抽样所花费的时间和费用都会更少，而且也可以抽取出具有较大代表性的样本，所以比简单随机抽样更为流行。但是它和简单随机抽样一样，需要一个完整的总体元素列表，此外，如果在元素列表中存在自然的周期性，等距抽样可能产生严重误差。

③ 分层抽样。如果总体中个体的分布并不均匀，分层抽样会是一种较好的概率抽样方法。使用分层抽样时，首先需要将总体分成相互独立且完全的子集，然后再按照独立的随机抽样方法在各个子集中抽取一定数量的元素构成所需的样本。所谓的独立且完全的子集是指总体中的每一个元素都要被分配到其中的一个子集中去，而且还能重复分配。分层抽样会花费更多的成本，所得样本的代表性会更强。以下案例展示了分层抽样的具体操作过程。

营销实例 3-2

某剃须刀生产商希望对某地区顾客的购买行为进行抽样调查，根据以往信息，在顾客中有75%都是为自己购买剃须刀的男性购买者，而只有25%的顾客是为家人或朋友购买剃须刀的女性。如果采用简单随机抽样的方法，则可能在样本中被抽取的男性顾客只占到了样本总数的一半左右，这显然不是一个能够很好反映总体特征的样本，必然会使最终调查结果产生较大误差；但是如果使用分层抽样的方法，可首先将总体分成男性和女性两个子集，在男性中选取75%样本容量的顾客，而在女性中只选取25%样本容量的顾客，这样选出的样本在基本特征上与总体保持了一致。

④ 整群抽样。上述各种抽样方法虽然程序不同，但具体操作时均是一个元素一个元素地从总体中抽取样本。整群抽样则是一组元素一组元素地从总体抽取样本，因此整群抽样也需经过两个步骤。首先需要将总体分成相互独立且完全的子集，然后按照随机抽样的方法抽选子集来构成样本。子集合被称为群，在有些时候，调研者对抽取出来的群中的全部元素都进行观察，而有的时候还要从被选中的群中再次随机抽出部分元素来对它们进行观察，具体使用哪种方法受到研究经费、抽样可接受误差等因素的影响。

整群抽样与分层抽样都是要将总体分成相互独立且完全的子集，但是后者在每个子集中都要抽取一定的样本，而前者则是只抽取部分子集，对子集中的全部元素或部分元素进行观察。整群抽样比其他概率抽样方法的成本要低一些，但是由于所划分的子集中的各个元素的同质性要比总体中各元素的同质性要强，很难保证每个群能够很好地代表总体的特征，所以整群抽样可能有更大的抽样误差。

2. 非概率抽样

任何不满足概率抽样要求的抽样都被归为非概率抽样，由于无法了解总体中的元素被抽中的概率，所以评估非概率抽样的总体质量有很大的困难。但是非概率抽样所花费的时间和费用都相对较低，而且合理运用非概率抽样方法也可能产生极具代表性的样本，所以这一方法仍然在实际中得到广泛运用。常用的非概率抽样方法主要有便利抽样、判断抽样、参考抽样（滚雪球法）和配额抽样。

① 便利抽样。便利抽样是指运用最方便的方式来取得样本。例如直接选用自己公司的雇员来进行新产品的使用测试。虽然这种抽样方法较难保证调研结果的准确性，但调研

人员出于成本原因仍然会使用这种方法。一般而言，此方式更适合于对调研精度要求不高的探测性调研。

② 判断抽样。判断抽样是指调研人员依靠自己的主观判断来选择总体中的个体，而这些主观判断往往是建立在历史数据或是个人经验的基础上。所以在此类抽样方法中，调研结果的质量会受到调研人员素质的影响，同时环境的变化也可能使历史数据没有太大的参考价值。

③ 参考抽样。参考抽样中研究人员会要求初始被调查者推荐其他个体并加以选择，这样样本容量会随着调查的进行而逐步地增加，因此这种方法又被称为“滚雪球法”。当研究人员所要调查的总体人群很难寻找时，往往会选用参考抽样的方法，这样可以节约不少调查费用，但是同时由于样本可能会具有较高的同质性而使得调研质量受到影响。

④ 配额抽样。配额抽样指在抽样时根据总体的一些已知特征来确定分层抽样时的配额。这种方法首先对总体进行分类，并根据主观标准在每一小类中按一定的比例选取元素构成样本。这种方法可以在一定程度上改善调研质量，但是由于对样本的选择仍然依赖于个人主观的判断，所以样本的代表性仍值得怀疑。

（二）数据收集的方法

1. 问卷调查法

问卷调查法是指调研人员依据事先设计好的问卷，使用各种方式促使被访者回答他们所提出的问题，并据此收集所需信息的一种方法。采用访问法进行调研时，调研人员需要事先设计好调研问卷，然后通过直接对话、电话访问、邮寄问卷或网上访问等方式要求被调查者完成问卷上的问题。问卷调查时使用不同的接触方式有各自的优劣，企业可根据实际需要在以下方式中选用。

① 人员访问。调研人员通过上门拜访或街头拦截等方式直接与被访者对话，从他们对所提问题的答案中获得信息。此类接触方式的好处是：第一，具有较高的灵活性。调研人员可以根据不同的被访者使用不同的提问技巧，交谈的主题可以更加广泛，在面对面的交流中还有可能获得不曾预料到的信息。第二，调研结果的质量较高。调研人员可以通过各种方式详细解释需要提出的问题，大大减少了被访者对问题产生误解的可能性。同时调研人员还可以观察受访者回答问题时行为，这有助于了解受访者的真实想法。第三，拒答率低。与其他接触方式相比，面对面的交流使受访者更不容易轻易地拒绝回答问题，使人员访问能得到更高的回答率。

人员访问同时也存在一些缺点，主要表现在调查费用较高、对调查员的调研技巧的要求也较高。此外，受访者也可能会受到调研人员主观态度的影响而没有能够真正表达出自己的真实想法，特别是对于一些敏感性问题的回答。

② 电话访问。通过电话与受访者交流以获取所需信息可以在一定程度上减少调研的成本，能在较短时间内从较大的范围中收集到信息。但是，电话访问的拒答率一般较高，而且受到访问时间的限制，较难获得详细的信息。

③ 邮寄访问。调研人员将事先设计好的问卷寄给受访者，请他们按照要求填写后再寄回给调研人员。这类方法的优点是成本低，调研范围广泛，受访者也有充分的时间来考虑如何回答问题。此外，由于不必面对调查员，受访者更可能提供自己的真实想法，特别

是对一些敏感性或隐私问题的回答。但是，邮寄访问的问卷回收率一般较低，而且也由于回收时间较长，使得一些信息缺乏时效性。

④ 在线访问。随着互联网技术的发展，通过网络开展问卷调查变得越来越普遍。这种接触方式不仅具备了电话及邮寄访问的所有优点，而且还通过提供独特的音响视觉效果，使受访者对回答问题产生更大的兴趣。然而，由于网上访问具有较高的匿名性，使得信息的真实性受到了很大的影响。

2. 观察法

调研人员直接或利用设备去观察人、物体或事件的行为过程，并系统地加以记录的调研方法被称为观察法。与其他方法相比，它最突出的优点是可以获得更加客观的信息。因为在使用观察法的调研活动中，调研人员一般并不直接介入被观察的行为，因此也就不会使被调查者在提供信息时受到干扰。随着科技的发展，调研人员在使用观察法时，越来越多地借助于先进的仪器设备，如高速摄像机、电子扫描仪等，这就使得利用观察法可以更迅速地收集到更多的信息。

观察法的主要缺陷是只能观察到表面的行为特征，而无法获得导致行为的内在原因的相关信息。例如消费者的购买动机、消费者对某种商品的看法等信息都无法通过观察来获得。另外，观察法也只能观察到公开的行为，一些私下的行为，如上班前的打扮过程、家庭中的购买决策过程都超出了调研者的观察范围。最后，要观察一些不经常发生的行为可能会让调研人员等待很久，从而耗费较高的调研成本。

3. 实验法

实验法是指在一定的控制条件下对所研究的客体的一个或多个因素进行操纵，以测定这些因素之间的因果关系的一种调研方法。实验法来源于自然科学的实验求证，现已广泛地运用于营销调研领域，是市场营销学走向科学化的一个标志。在实验法中，同样需要对被调查的客体进行询问以及观察，但是实验法中，实验者会主动去控制实验环境，而在访问法与观察法下，调查者却仅仅是收集资料而不会去改变环境。

实验法可分为实验室实验和现场实验两种，前者的优点是可以较好地控制实验条件，以观察到因变量受自变量的真实影响，但是这种在实验环境下被测量到的因果关系在真实环境下可能的可推广性不一定很好，缺乏外部效度。现场实验结果一般有较好的外部效度，但实验的内部效度会受到挑战，因为调查者不能控制可能影响因变量的所有因素，从而较难获得各因素之间真实的因果联系。实验法调研所需要的费用往往是可观的，但是由于调研结果的质量也较高，这类方法得到了越来越多的运用。

4. 焦点小组访谈

焦点小组访谈是定性研究中的常用方法。在使用此类方法时，一个由 6 到 12 人组成的受访者小组会在一名主持人的引导下对某一主题或观念进行深入讨论，研究人员通过观察受访者对主题的充分和详尽的讨论，了解他们内心的想法及产生这种想法的原因。焦点小组访谈与一问一答式的面谈的关键区别是能够通过小组成员的相互作用产生“群体动力”，从而获得更多的，更客观的信息。所谓“群体动力”是指小组中某个成员的反应会成为对其他人的刺激，这种相互刺激能够引起受访者更大的兴趣。社会心理学的研究表明，当鼓励人们主动地表现自己而不是被动地回答问题时，他们对某一主题会表达出更全面、更深入的看法。因此，在焦点小组访谈中的提问方式也是间接的，而不是直截了当地提出问题要求回答。

5. 深度访谈

深度访谈是指一个受过训练的访问员针对某个主题向受访者提出一系列探索性问题，以了解受访者对某事的看法，或某种行为背后的原因。这类方法是一对一问答式的访谈，但是它与问卷调查是不同的。后者只是要求受访者回答一些事先设计好的问题，而且这些问题大多数应当是结构化的，而深度访谈中的问题普遍是非结构化的，甚至不一定是事先设计好的，它们可能会随着会谈的深入而逐步展开，由受访者的回答引出很多新的问题。深度访谈法的调研成本较高，对调研者素质的要求也很高，有时甚至聘请心理学家来担任，但是相对于焦点小组访谈法而言，深度访谈法也有一些优点。例如，一对一的交流可能使受访者觉得自己更受重视，从而更愿意表达自己的真实想法；一对一的近距离接触使调查人员对非语言的反馈也可能更加敏感。

6. 投射法和生理测量

投射法是指将参与者置入模拟活动的场景中，希望他们在这种场景中说出一些直接提问时不会回答的信息。在一些情况下，受访者可能受心理防御机制的影响，并不能够用语言表达出内心的真实情感和态度，这时就可以使用这类来自于临床心理学的投射法。这种方法通过观察受访者对一些刺激的表面反应，来探究隐藏在表面反应下的真实心理，以获知真实的情感、意图和动机。市场调研中常用的投射测试有词语联想法、句子和故事完形法、漫画测试法，等等。词语联想测试是由调研者快速说出一串词组，让受访者在听到每个词后迅速说出脑海中的第一反应；句子和故事完形法则是由测试者说出一个句子或是一个故事的开头，由受访者去完成它；漫画测试法是由一系列的漫画图像构成一个高度的投射机制，典型的漫画测试包含两个正在对话的人物，其中一个的对话框中写有对话，而另一个人的对话框中则是空白的，由受访者来完成。

投射法得到的结果往往需要由资深的专业人士来解释，这使得其调研成本偏高，因此该法在营销调研中的使用并不广泛。近年来，使用生理测量工具来获得隐性信息的方式开始受到鼓励。生理测量是指使用特定的仪器，监测受试者的视觉轨迹、呼吸频率、声音音调、脑电波等身体反应，以帮助了解受试者对营销刺激产生的无意识反应。目前调研人员使用的生理测量方法有瞳孔测量（Pupilometer）、眼动追踪（Eye Tracking）、电流测量（Galvanometer）、神经影像（Neuroimaging）等，它们分别通过测量瞳孔的放大程度、眼球的移动轨迹、皮肤的温度变化，或者大脑的活动状态来了解消费者潜在的兴趣、关注点和购买意愿。

☞【小结】

营销信息系统为企业提供营销决策的依据，因此对企业成功开展市场营销活动有着重要的作用。一个完善的营销信息系统由内部报告系统、市场情报系统、营销调研系统、决策支持系统及营销信息数据库等部件共同构成。内部报告系统从组织内部获取信息，信息主要来源于订单收款循环和销售报告系统；营销情报系统是使企业经理获得日常的关于营销环境发展的恰当信息的一整套程序和来源；营销调研系统是为解决某一特定营销问题，设计、收集、分析和报告数据信息的一系列活动；营销决策支持系统帮助企业经理深入地解释相关的数据和信息，并把它们转化为营销决策的直接基础；而营销信息数据库则是以上四个系统的数据仓库，它为这四个系统提供信息，同时也从四个系统中接受并储存信息。

营销调研包括帮助企业识别市场机会，制定和完善营销决策，监控营销绩效并发现营销问题。按调研中所收集数据的类型划分，营销调研可分为定性调研和定量调研两类；按照调研的目的划分，营销调研可分为探测性调研、描述性调研、因果性调研三种类型。一项完整的调研活动可由七个步骤构成，分别是：确定调研需求、界定营销问题和调研目标、确定调研设计、收集调研数据、分析调研数据、撰写调研报告、评估调研成果。

企业可使用普查和抽样两类方式来确定调研对象，抽样调查又可分为概率抽样和非概率抽样两大类。在收集样本信息时，调查人员可使用问卷调查、观察法、实验法等方式获取定量数据，也可使用焦点小组访谈法、深度访谈法、投射法或生理测量等方式开展定性研究。

☞【思考题】

1. 营销信息系统由哪些主要部件构成？
2. 定性调研与定量调研有何区别？它们各自的优缺点是什么？
3. 完整的调研程序包括哪些步骤？
4. 在调研中，应当如何界定营销问题和确定调研目标？
5. 定性研究中，收集数据的方式有哪些，各有哪些优缺点？
6. 定量研究中，收集数据的方式有哪些，各有哪些优缺点？
7. 编制问卷时有哪些注意事项？

☞【课后案例】

美汁源果汁的营销调研

美汁源是可口可乐旗下的著名果汁品牌。品牌管理者很重视追踪人们是如何使用和如何看待饮料的。在美国市场的定期调查数据告诉他们，橘子汁几乎只是早餐饮料，尽管佛罗里达柑橘委员会总是努力去让人们相信，橘子汁可在任何场合饮用。从一家市场调查公司获得的饮料市场的形象研究指出，人们往往从清凉、营养、可口三个维度出发来看待一种饮料。例如，牛奶被视为营养高，清凉程度高，可口度也不错。柠檬汁被视为营养低、清凉程度高，但是可口程度一般；橘子汁则被看作营养高、清凉程度低，但是可口程度高。同时，公司购买的社会趋势研究显示，消费者越来越倾向于“天然”产品，并逐渐关注营养程度。

结合上述信息，美汁源的品牌经理认为，消费者向天然食品的转移说明他们喜欢果汁，但是却没有一种果汁能够做到既清凉又营养。他们决定通过生产混合果汁来抓住这个市场机会。经过筛选，公司决定使用橘子、红橘、葡萄柚、柠檬和酸橙的混合汁，因为橘子和红橘使得饮料可口，橘子和葡萄柚使得饮料有营养，柠檬和酸橙使得饮料清凉。

然而，有人担忧五种果汁的混合物不一定会吸引消费者，可能会让消费者觉得一片混乱。公司首先委托了一系列的焦点小组访谈，对“混合果汁”这个概念进行了测试，结果表明消费者的反应普遍是积极的。随后，产品开发者将五种果汁按照不同的配比进行了调配，并让雇员对这些不同配方的混合汁进行了一系列的口味测试。雇员在工作之余参加实验，在最后一轮实验中，有一种果汁配方得到了80%的赞成票。

公司用获胜的配方做了更大批量的混合汁，用于家庭产品实验。公司招募了几百名日用品的购物者，让他们将可饮用两周的产品带回家，进行试饮。起初，受试者中有60%的人表示，如果商店有这种产品，他们会购买。在试饮两周后，这个比例上升到80%。

公司准备将产品投放到实验市场，在此之前，调研人员使用焦点小组访谈测试了受访者对一系列的品牌名称的直觉。最终，5Alive被选中，它传递了把五种柑橘汁混合汁变得清凉的概念。

5Alive进入了两个地点的实验市场。这两个市场被选中，是因为它们的总体特征能够比较好地代表美国市场。同时，在这两个市场中，有一个大的消费者固定样本能够参与测试，使得厂家能够跟踪参与家庭对产品的试用和再次购买的情况。公司还从综合调研公司购买了实验市场的分销数据，并委托一家调研企业专门测试了新产品的认知度、试用和重复购买的情况。如果实验市场的销售表现不好的话，这些数据就可以帮助分析失败的原因。

幸运的是，从实验市场得到的结果是令人兴奋的，产品最终得以在全国销售，美汁源5Alive果汁从此出现在美国的饮料市场上。

资料来源：阿尔文·伯恩斯，罗纳德·布什．营销调研（第6版）．于洪彦，等，译．中国人民大学出版社，2011.

案例讨论题：

1. 描述一下美汁源在开发新产品时的调研流程。
2. 你认为美汁源在开发新产品时所使用的调研方法是否合适？有无需要改进之处？

【参考文献】

[1] 阿尔文·伯恩斯，罗纳德·布什．营销调研（第7版）．于洪彦，金钰，译．中国人民大学出版社，2015.
[2] 阿尔文·伯恩斯，罗纳德·布什．营销调研（第6版）．于洪彦，等，译．中国人民大学出版社，2011.
[3] 卡尔·迈克丹尼尔，罗杰·盖兹．当代市场调研（第4版）．范秀成，译．机械工业出版社，2012.
[4] 菲利普·科特勒，凯文·莱恩·凯勒．营销管理（第14版）．王永贵，等，译．格致出版社，2015.

[5] 戴维·阿克，V. 库马，乔治·戴. 营销调研（第7版）. 魏立原，译. 中国财政经济出版社，2004.
[6] 纳雷希·马尔霍特拉. 营销调研精要. 张婧，译. 中国人民大学出版社，2016.

第四章　创造长期顾客忠诚

【学习目标】学习本章后，应当掌握：

1. 顾客感知价值、顾客满意、顾客终身价值的概念
2. 如何测量顾客终身价值
3. 顾客关系管理的重要性
4. 企业如何吸引顾客及提高顾客忠诚度
5. 企业如何赢回流失的顾客

【引例】

海尔公司始终将服务创新和提升用户体验作为首要任务，并提出“顾客永远是对的”。在此宗旨的激励下，海尔公司员工通过不断地否定、挑战和超越自我来提高企业的创新能力，并为顾客创造优质价值和提供多样化的选择。在近些年来，海尔公司采用互联网思维进行服务升级，并先后推出智联U+服务模式、“电子保修卡”“极客无忧”等服务创新项目。此外，海尔公司还推行顾客价值共创，让消费者参与到产品的设计、生产、制造全流程中，以最大限度地满足顾客的个性化和多样化的需求。海尔公司以客户为中心、不断创新的经营战略大幅提升了顾客满意度。中国标准化研究院和清华大学中国企业研究中心每年都会对中国顾客满意度进行调查。他们的调查结果显示海尔公司的顾客满意得分领先行业其他企业，曾经连续十年高居顾客满意度调查结果榜首。

第一节　创造顾客感知价值、顾客满意和顾客忠诚

一、顾客感知价值

顾客感知价值指消费者基于所得和所失对某一个产品或服务做出的总体效用评价。其中所得指消费者通过购买和消费产品或服务所获得的利益，即实体的产品或非实体的服务；所失指消费者为了获得产品或服务所付出的代价，即付出金钱、时间、情感和努力去搜寻、购买和使用产品或服务。感知价值可以表述为所得和所失之间的比率，或者所得和所失之间的差额。顾客感知价值可以发生于消费者购买的多个阶段并成为影响消费者决策的关键性因素，如购买前消费者就可以感知某一产品或服务的价值，甚至不需要购买行为发生。

顾客感知价值是多维度的。在PERVAL模型中顾客感知价值包含情感价值、社会价值、价格价值、绩效价值。情感价值指由消费者情感状态或感觉而产生的效用，这些情感和感觉是因购买或消费产品而产生的。社会价值指因产品能够提升消费者自我概念而产生的效用。价格价值指由产品的短期或长期成本而产生的效用。绩效价值指由产品的感知质量、产品的感知质量期望和产品的绩效期望而产生的效用。此外，也有学者把顾客感知价值划分为核心价值和附加价值。核心价值指消费者根据核心性解决方案，如产品本身，和他为此而付出的代价对核心性解决方案进行的评价。附加价值指消费者根据附加服务，如送货服务、售后维修服务等，和为了获得附加服务而付出的成本对附加服务进行的评价。根据评价结果，附加价值可正也可负。正的附加价值可以提高消费者对产品或服务的整体评价。相反，负的附加价值会降低消费者对产品或服务的整体评价，甚至会影响消费者对核心价值的评价。

营销实例4-1

有机食品购买过程中的感知价值

像很多消费者一样，李明喜欢购买有机食品。但是作为一个大学生，他很多时候觉得有机食品的价格太贵了。当李明找到一份报酬很高的工作后，他希望能够像他的父母一样购买有机食品。李明和他的父母想通过购买有机食品保护环境，但是他们仅仅将感知健康利益和有机食品联系了起来。他们不认为有机服装会给消费者带来健康利益。消费者购买有机食品是受感知价值驱动的，即当有机食品给消费者带来的利益超过成本时，消费者会购买有机食品。

李明在绿色营销课程中阅读了一份科学研究，该报告表明有机食品的健康利益是模棱两可的。李明因此而感到惊讶。虽然一些研究表明有机食品可能会产生一定的健康利益，但是纵观所有的文献，有机食品并不一定是更健康的。但是非常显然，有机食品对于农业工人和环境而言确实是有益的，因为全球每年都会有上万名农业工人因在工作中农药中毒而死亡。此外，有机耕种可以提高生物的多样性、减少土地侵蚀、降低用水量、降低水污染、降低二氧化碳的排放。

此外，当购买有机食品直接给购买者，而不是给整个社会带来利益时，消费者会更加倾向于购买。节能灯泡和节能型电器销路较好，是因为虽然这些产品售价较高，但是后期电使用量的节约可以抵消初期投入。相反，使用再生性能源发出的绿色电在市场上的市场份额并不高，因为高售价不能被后期节能利益抵消。在此例子中利益是分散给整个社会，而不是归于某一个购买者。

二、顾客满意

顾客满意是消费者对消费结果进行认知评估后，对喜爱的消费结果产生的一种温和的、正面的情感。因为顾客满意由消费结果决定，所以顾客满意是一种消费后现象。在购买或消费产品和服务之前，消费者通常会根据其他消费者的口碑信息、自我经历、商家的承诺及其他个人因素对该产品或服务产生有一定的期望。这种期望可能是对消费结果的预测性期望，可能是对消费者过程中应该发生什么样的情境的规范性期望，可能是对最佳体验结果的期望，也可能是基于自己的投入应该获得什么样回报的公平性期望。当产品或服务的绩效感知高于消费者的期望时，会产生正的不一致，此时消费者对于企业提供的产品和服务会满意；当产品或服务的绩效感知低于消费者期望时，会产生负的不一致，此时消费者对于企业提供的产品和服务会不满意。

此外，当消费者对产品或服务介入程度非常低或非常高时，对于产品或服务的期望也有可能会直接影响消费者的满意度，而不需要经过将期望和绩效感知进行比较的过程。当介入程度过低时，消费者将不会做出太多的努力去对产品和服务绩效产生期望或花费时间、精力对产品和服务绩效进行评估。此时，消费者对于产品和服务最初的期望将直接决定他们对该产品或服务是否满意，即最初期望高则消费会满意，最初期望低则消费者会不满意。相反，当消费者介入程度过高时，消费者或许会千方百计地寻找理由来证实自己最初的决定是正确的，而不会把产品和服务的真实绩效与自己最初的期望进行比较。顾客满意产生过程如图 4-1 所示。

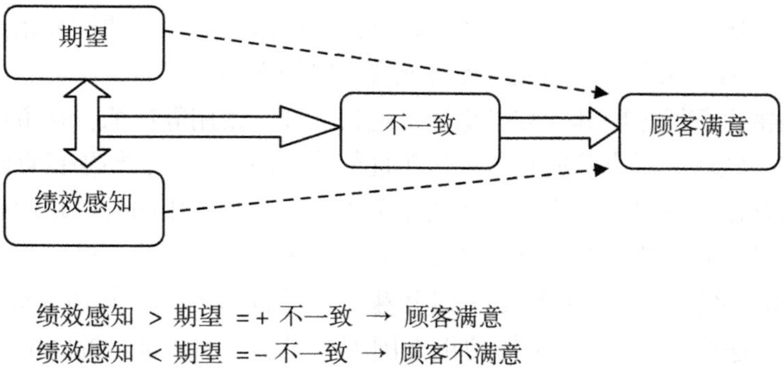

图 4-1　顾客满意产生过程

顾客满意与消费者口碑、重复购买、顾客忠诚高度相关，因此众多企业对顾客满意非常关注，并投入大量资源追踪顾客满意度，如海尔公司和美的公司会追踪每位顾客与客服人员接触后的满意度，并将此作为决定该客服人员薪酬的一个因素。企业经营者可以通过多种方式测量顾客满意度，如直接问消费者对某一产品或服务的总体满意度，并让消费者用 1~7 分或 1~5 分来对自己的满意度评分；企业也可以问消费者对产品或服务某一特定属性是否满意，并让消费者用 1~7 分或 1~5 分来对自己的满意度评分；企业还可以通过引导消费者将产品或服务的实际表现与自己的期望进行比较，采用“与我的期望相比较”问项，让消费者用 1~7 分或 1~5 分来对自己的比较结果评分，其中 1 代表比自己的期望差很多，5 或 7 代表比自己的期望好很多。有些学者发现当使用单一问项来测量消费者满意度时测量结果有偏差，因此他们提出了改进的顾客满意度量表。

此外，贝恩咨询公司客户忠诚业务的创始人雷赫尔德提出“你会向你的朋友推荐该产品或服务吗?”，这是一个反映消费者满意度的关键性问题。他还提出企业在进行顾客满意度调查时应该关注于自己可控的领域，如品牌形象、定价策略、产品特征等。雷赫尔德的观点得到了公司的认可，并在公司实践中加以实施，如美国运通公司、微软公司、通用电气等。在一项典型的净推荐调查中，消费者被要求用 0 至 10 分对他们的推荐可能性打分。评分 9 分或 10 分的顾客为“推荐者”，评分 7 分或 8 分的顾客为“被动满意者”，评分 0 至 6 分为“诋毁者”。

三、产品质量和服务质量

随着消费者掌握越来越多的信息、竞争加剧、科技进步速度加快，绝大多数企业已经深刻认识到质量是获得持久竞争优势的关键性因素。质量始于对消费者需求的理解，终止于消费者的需求得到满足。美国质量控制协会从以顾客为中心的角度将质量定义为能够满足顾客显性或隐性需求的各种产品或服务性能和特征的总和。当企业生产的产品或提供的服务超出顾客的期望，企业就向顾客传递了质量。

另外，一致性质量（Conformance Quality）和性能质量（Performance Quality）有本质的差别。一致性质量指产品或服务符合设计规格的程度。一致性质量概念的提出是为了向顾客提供符合顾客目标的产品。企业通常通过日常性、战术性的行动来实现产品的一致性质量。性能质量指运用一定的方法对产品或服务的性能进行测量并与一定的标准相比较后对产品或服务性能的评价。两个同类型产品或服务可能有不同档次的性能质量，但却可能拥有一样的一致性质量。如雷克萨斯车因其行驶平稳、加速快、经久耐用等特征，在市场上享有较好的声誉，消费者们一致认为雷克萨斯车比现代车性能质量高。但是，如果雷克萨斯车和现代车的实际表现都符合设计规格，那么雷克萨斯车和现代车都具有相同的一致性质量。

产品和服务的质量会影响到顾客满意度、企业的盈利能力。为了鼓励企业生产高质量产品，一些国家和组织设立奖项来鼓励那些生产高品质产品的公司，如日本的戴明奖（Deming Prize）、美国的马尔科姆·鲍德里奇国家质量奖（Malcolm Baldrige National Quality Award）、欧洲质量奖（European Quality Award）。

质量必须是顾客感知的质量。六种因素决定了顾客对于质量的感知，并且这六种因素在其中的重要程度是不同的。依照重要程度由高到低，这六种因素分别为：绩效、特性、服务、保修、价格和声望。顾客质量感知如图 4-2 所示。

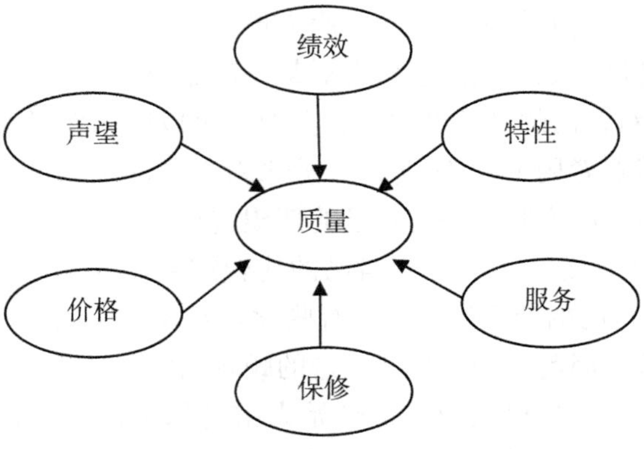

图 4-2　顾客质量感知

第二节 顾客终身价值最大化

顾客是企业生存和发展的基础，是企业利润的来源。不同的顾客给企业带来的盈利水平大相径庭，根据“80/20”法则，公司80%的利润通常是由20%最有价值的顾客创造的，其余80%的顾客只能给企业创造微利、无利，甚至让企业利润降低50%～200%。因此企业经营者在关注销售量、市场份额的同时应关注顾客的质量，以期销售额、市场份额和利润水平同时提高。

一、盈利顾客

盈利顾客（Profitable Customer）指在一段时间内可以为企业创造净收入流的个人、家庭或公司，即盈利顾客为企业创造的收入流入超出了企业为了吸引、销售和服务他们所支付的成本。此外，这里的成本和收益是指在长期实践范围内，而不是指一次特定交易中的利润和成本，并且这些顾客的数量应该在可以接受的数量之上。

顾客盈利能力指单位时间内，企业从某个顾客身上获得盈利的数量。与顾客满意度不同，绝大多数企业难以衡量顾客个人盈利能力，但企业可以根据细分市场或者渠道来测量顾客的盈利能力。进行顾客盈利能力分析有利于企业合理配置资源，因为即使顾客购买相同的产品或服务，因其要求的服务水平不同，企业对其支出的消费费用和管理费用也会有所差异。高服务成本顾客具有以下特征：购买定制化产品、对产品生产工艺有特殊要求、产品批量小、订单不具有预期性、交货方式特殊、需要提供大量的售后服务等。相反，低服务成本顾客则具有以下特征：购买标准化产品、大批量生产、订单具有可预期性、标准化的交货方式、付款及时、售后服务需求量小等。

顾客盈利能力等于企业从某个顾客购买产品或服务所获得的收益减去企业为吸引该顾客所支出的总成本。通过采用作业成本法（Active-based Costing，ABC）企业可以识别与每位顾客相关的实际成本。这些成本不仅包括制造和配送产品和服务而产生的成本，还包括市场营销（例如：广告宣传、促销活动等支出）、管理（例如：办公支出、办公室费用、耗材等间接成本）、仓储（例如：仓库管理费用）、客户服务（例如：拜访顾客、电话中心的运营费用、顾客忠诚计划支出等）。顾客盈利能力用公式表示为：

$$R = P \cdot Q - C$$

其中，R为单位时间内顾客的盈利能力；P为顾客购买产品或服务的单位价格；Q为顾客在单位时间内购买产品或服务的数量；C为企业为了吸引该顾客而支出的全部成本。

二、顾客盈利能力矩阵模型

顾客盈利能力模型可以清楚地反映出哪些顾客可以为企业带来盈利，企业又为哪些顾客支付了高昂的成本，因此该模型可以帮助企业科学地分析顾客的盈利能力，从而制定出有效的战略。在进行顾客盈利能力模型分析时，企业可以根据向顾客提供产品或服务获得的净收益、向顾客提供服务或产品时的成本，将顾客分为四种类型，并将每一位顾客投射于四个象限中（见图 4-3）。在该模型中纵坐标是企业向顾客提供产品或服务获得的净收益，横坐标是企业向顾客提供产品或服务时发生的成本，其包括生产该订单产品或提供服务发生的直接成本，也包括分摊到该顾客的营销和管理费用。只有位于对角线上方的顾客才可以给企业带来盈利。

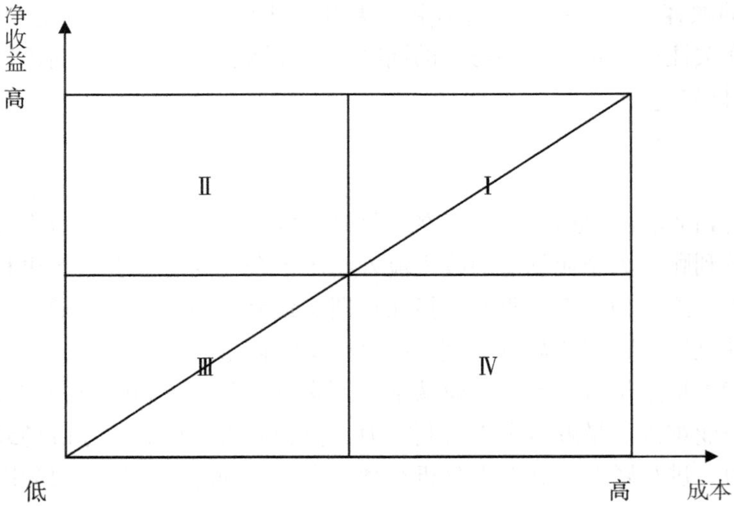

图 4-3　顾客盈利能力矩阵图

对于处于第一象限的顾客，虽然企业在为其提供服务或生产产品时需要花费很高的成本，但是由于其能够提供很高的收益，企业同样可获利。对于处于第二象限的顾客，他们能够为企业带来高收益，企业在为其提供产品和服务中花费的成本又很低。对于处于第三象限的顾客，虽然企业从其那里获得的净收益不高，但是企业在为其提供产品和服务时花费的成本也不高。对于处于第四象限的顾客，企业花费了很高的成本，但没有获得高收益。

在顾客盈利能力分析的基础上企业可以通过流程改造，将盈利能力低的顾客转变为盈利能力高的顾客。在竞争激烈的市场环境下，企业可以通过增加特殊服务或提供适当的折扣来吸引和保留高盈利能力、低服务成本的顾客，与此同时又不伤害顾客的盈利能力。而对于服务成本高、盈利能力差的顾客，企业可以采用放弃策略，将有限的资源集中于盈利能力高的顾客。

三、测量顾客终身价值

顾客终身价值指企业根据顾客终身购买能力、企业生产产品或提供服务时花费的成本、吸引顾客时花费的成本等因素计算出的顾客预期可以持续创造的利润的净现值。哥伦比亚大学的唐·莱曼（Don Lehmann）和哈佛大学的苏尼尔·古普塔（Sunil Gupta）建议用以下公式来计算顾客的终身价值。估算顾客的终身价值通常计算 3~5 年间顾客持续创造利润的净现值比较合理：

$$CLV = \sum_{t=0}^{T} \frac{(p_i - c_t) r_t}{(1+i)^t} - AC$$

其中：P_t是顾客在时间 t 支付的价格；

C_t是企业在时间 t 为该顾客提供产品或服务时的直接成本；

i 是折现率或者企业的资本成本；

r_t是顾客在时间 t 重复购买产品或服务的可能性（或称作维系率）；

AC 是企业吸引该顾客时花费的成本；

T 是估算顾客终身价值的时间区间。

第三节　培育顾客关系

理解和管理顾客关系是市场营销的基础。据统计全球企业每年用于顾客关系管理的支出超过 120 亿美元。企业希望通过顾客关系管理更好地理解如何定位、如何在顾客关系的不同阶段将产品卖给顾客。随着互联网技术和社交媒体技术的发展，企业可以更方便地收集顾客信息来实施精准营销以求建立起长期的顾客关系。

一、顾客关系管理

顾客关系管理（Customer Relationship Management）指企业通过管理每位顾客的详细信息和每一个顾客接触点来实现顾客忠诚最大化的目的。顾客接触点指企业和顾客之间的所有接触，例如顾客购买、销售人员接触、售后客服电话访问、网络查询、顾客满意度调查、支付过程中的互动、市场研究等。

顾客关系管理最早于 2000 年左右进入企业管理者的视野和实践。有一些企业匆忙地实施了顾客关系管理，却没有取得令人满意的效果，有些企业的顾客关系管理还遭遇了失败。近些年来，企业在实施顾客关系管理方面更加谨慎，采用一些真正有效果的顾客关系管理系统。顾客关系管理包含一些非常复杂的软件和分析工具，通过它们企业可以把分散于各个部门的顾客信息整合起来，并进行深度分析。利用分析结果，企业可以更好地理解消费者、提供更高级别的服务、建立更深厚的顾客关系。此外，企业可以利用顾客关系管理精确地识别出高价值的顾客，更有效地为这些顾客服务。

学术智库 4-1

顾客关系管理对顾客保留和顾客份额发展的影响

本文基于关系营销理论和顾客公平理论探究了顾客管理管理如何影响顾客保留和顾客份额发展。本研究将从 Dutch 金融服务公司客户收集得到的面板调研数据和该公司的顾客数据库数据进行了整合，用于验证研究假设。本研究发现情感承诺正向影响顾客保留和顾客份额发展；直邮正向影响顾客份额发展；顾客忠诚计划正向影响顾客保留和顾客份额发展。本研究有助于营销实践者设计有效的顾客忠诚计划。如果企业希望提高顾客保留，则营销实践者应关注提高顾客承诺和实施有经济刺激的顾客忠诚计划。提高顾客满意度、采用有吸引力的价格政策可以提高顾客情感承诺。如果企业希望看到短期效果，以经济为基础的顾客忠诚计划和直邮可以在短期内提高企业的顾客份额。

资料来源：Peter Verhoef. Understanding the effect of customer relationship management efforts on customer retention and customer share development. Journal of Marketing，2003，67（4）：30-45.

顾客关系管理专家利用复杂的数据挖掘技术在整合的顾客数据中挖掘出大量的隐藏信息。这些信息通常会给企业带来市场机会。例如，沃尔玛公司巨大的数据库信息为公司管理者制定市场决策提供了宝贵的信息。几年前，当气象预报员预测伊凡飓风将咆哮着刮向美国墨西哥海岸区时，沃尔玛公司已经知道应该向飓风经过的区域提供什么样的商品——一种早餐食品、草莓馅饼。因为通过对多年积累的销售数据进行分析和挖掘，沃尔玛公司的管理人员发现在其他几次飓风发生前，顾客们喜欢囤积一种不需要冰箱储存也不需要加热的馅饼。

顾客关系管理虽然能够给企业带来益处，但是收集、维护、挖掘顾客信息会产生费用和风险。在实施顾客关系管理中经常犯的错误是认为顾客关系管理是一种技术和软件解决方案。技术本身并不会带来能够创造利润的顾客关系。顾客关系管理要素和相关技术如表4-1所示。

表4-1　**顾客关系管理要素和技术**

顾客关系管理的要素				
获得合适的顾客	提出恰当的价值主张	组织最佳的流程	激励员工	学习如何保持顾客
实现条件				
一、识别出最有价值的顾客 二、计算出企业产品和服务的“钱包份额”	三、理解顾客当前和未来的需求 四、调查竞争对手当前和未来提供的产品和服务 五、找出企业当前和未来应该提供的产品和服务	六、探索向顾客提供产品和服务的最佳途径	七、识别出员工需要掌握的用于培养顾客关系的工具 八、建立能够提高员工忠诚度的人力资源系统	九、分析顾客流失的原因和探讨重新获得他们的方法 十、分析为了获得高价值顾客竞争对手采取了哪些行动 十一、高级经理人员应该监督顾客流失带来的损失

资料来源：菲利普·科特勒，等．营销管理（第14版）．王永贵，等，译．中国人民大学出版社，2012.

营销实例 4-2

荷兰皇家航空公司顾客关系管理

2001 年开始，全球航空公司均面临市场需求疲软、顾客需求不可预测的经营困境。行业内部各公司间的低成本竞争无疑又为企业经营带来了额外的压力。为了提高企业的盈利水平，荷兰皇家航空公司实施了成本削减计划，但是很快该公司的管理人员意识到单纯降低成本、提高飞机上座率并不能保证公司长期健康发展。为此荷兰航空公司实施了以顾客关系管理为基础的差异化战略。荷兰皇家航空公司重新审视了公司与顾客的每一个接触点，并在每一个接触点上给予顾客个性化的服务和一致性的体验，以实现差异化的目的。

荷兰皇家航空公司管理者认为顾客关系管理是高于客户忠诚计划的。他们实施顾客关系管理的策略是从公司顾客中识别出最具价值的客户并改变所有与顾客接触的流程。公司市场营销、销售渠道、投诉处理、地勤服务和空客服务都是围绕为顾客提供更好的服务、改进顾客旅行体验为目标而开展的。具体实施过程包括以下十个步骤：打好基础→识别顾客→了解顾客生命周期价值→识别顾客的需求→建立顾客单一视图→响应顾客的需求→实施→控制内部流程、一线员工、顾客→设定可测量的目标和控制手段→驱动公司文化的变革。

在当时荷兰皇家航空公司将顾客关系管理列为公司最重要的四件工作之一，并将实施计划分解为策略、过程、文化和信息技术四个部分。每一部分都有专门管理人员负责并向公司商务部汇报工作。此外，在整个过程中业务层面的高级管理经理都参与其中。高级经理还会亲自与选定的、具有高价值的顾客沟通。沟通的结果会汇总到商务部，供其制定经营战略所用。

在实施顾客关系管理过程中，荷兰皇家航空公司的管理人员发现飞行频率和飞行里程数并不是反映顾客价值的最好指标，将这两个指标与最近飞行次数、公司获得的收入和成为公司顾客的时间长度结合起来能够更好地反映顾客的价值。荷兰航空公司设计了科学的、可以测量的指标来衡量顾客关系管理的效果。管理人员把这些指标的测量结果贴在市场部进口的公告牌上，并将顾客关系管理的成果发表在周报上，发给世界各地的员工。通过实施顾客关系管理计划，荷兰皇家航空公司的经营绩效有了大幅提升。

资料来源：Viaene, S. , Cumps, B. . CRM excellence at KLM royal Dutch airlines. Communications of the Association for Information Systems, 2005, 16 (1): 27.

在顾客关系管理的推动下，企业的营销活动有了很大的改变。一些企业为了更好地满足顾客的需求实施了个性化（Personalization）营销和定制化（Customization）营销。个性化营销指企业根据已经收集的顾客数据确定什么市场组合适用于某一特定顾客，例如，亚马逊、淘宝、京东等电商根据顾客的浏览历史和购买历史向顾客推荐商品；谷歌等搜索引擎分析用户的搜索信息类型，当用户在搜索类似主题的信息时，他们能够更快、更有效地响应用户的需求；Sprint公司分析顾客的使用情况以决定向顾客推荐哪种合适的套餐计划；ICIC-Lombard保险公司根据消费者调查结果为顾客提供个性化的保险计划。个性化营销可以帮助企业获得更好的顾客满意度和更高的利润。

定制化营销指顾客自发地确定他/她自己市场组合的一个或多个元素。定制化营销已经广泛地被众多企业所采用，例如，Adidas和Nike公司向顾客开放设计平台，由顾客设计自己的运动鞋；宝马公司让顾客自己在线设计BMW-Mini的车顶，工厂再根据顾客的设计为其生产汽车；Dell公司让顾客自行在线选择自己将要购买的电脑的性能。定制化营销可以提高消费者的满意度，同时可以帮助处于激烈竞争、产品差异化很关键但却难以实现的行业（如餐厅、银行、服装、计算机）的企业实现差异化。定制化营销与差异化营销的差别如图4-4所示。

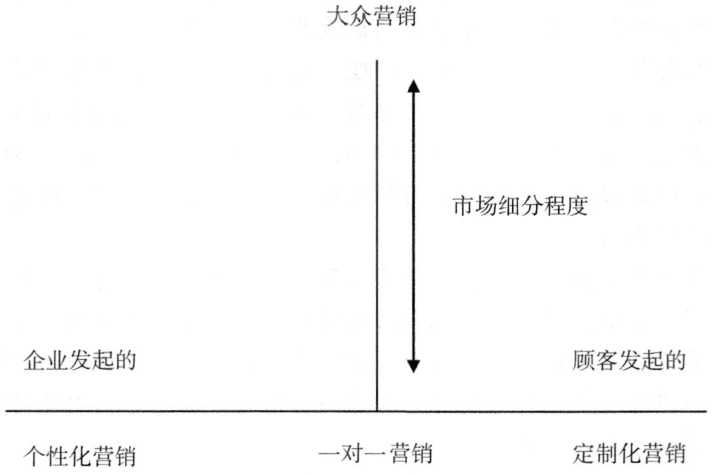

图4-4　定制化营销与差异化营销的差别

二、吸引和维系顾客

为了提高销售额和利润，企业通过媒体广告、e-mail、邮寄宣传册、电话、社交媒体、销售人员推销等方式向潜在顾客宣传自己的产品。有研究表明在不同形式的营销活动下顾客获取成本有巨大差异。

企业吸引来的顾客有一部分会转换成忠诚顾客，有一部分会流失，因此有学者将增加新顾客比喻为向漏斗里注水。顾客从最初刚刚感知到该品牌或产品到高度忠诚会经历不同的阶段。顾客只有经历了所有阶段才会最终转变为企业的忠实顾客。企业吸引和维系顾客的动态过程可以用营销漏斗来演示，如图4-5所示。

企业在生产经营中除了要考虑如何吸引新顾客，还要思考如何维系忠诚的老顾客。有研究表明吸引一个新顾客的成本是维系一个忠实老顾客的成本的5倍。企业每年顾客流失率大概是10%，如果能够将自己的顾客流失率降低5%，那么一家公司的利润将要比同行业的其他其他公司高25%~85%。

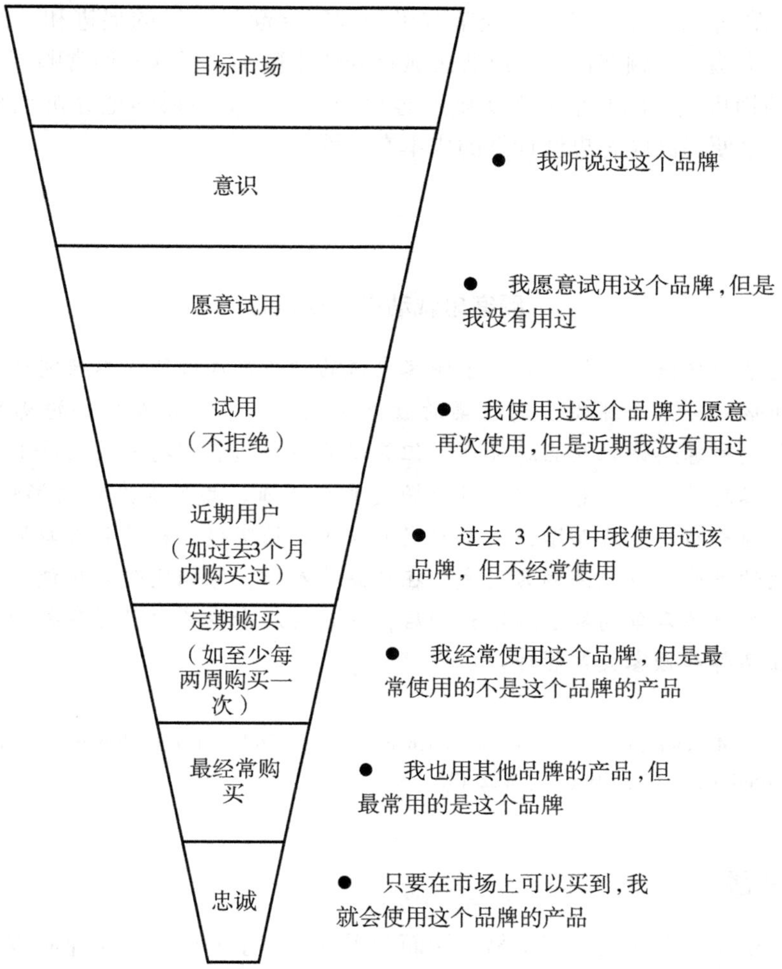

图 4-5　营销漏斗

三、建立顾客忠诚

顾客忠诚不仅指消费者重复购买某一企业的产品或服务，还指消费者的一种强烈的依恋、认同的感觉。忠诚顾客是企业宝贵的资源，因为他们乐于保持与企业间的交易行为，并通过传递正面口碑的方式帮助企业宣传产品和服务。为了提高顾客忠诚度，企业一方面要提高产品和服务的质量，另一方面应该加强与顾客的互动，倾听顾客的声音。

为了提高顾客忠诚度，许多企业建立起顾客忠诚计划。顾客忠诚计划指企业追踪每一位顾客的购买量，一旦购买量达到了一定的标准，企业就会为该顾客提供一定的奖励，以鼓励他/她未来的购买行为。企业实施顾客忠诚计划的目的是培养终身价值高的顾客的忠诚度。顾客忠诚计划最早在航空企业中实施。各航空公司为顾客提供免费里程积分。后来酒店、银行、餐厅等行业也开始实行顾客忠诚计划。在欧洲，企业一般会向顾客提供标准化奖励以鼓励顾客的未来购买行为；在美国，企业一般会向顾客提供现场折扣。

学者们发现顾客忠诚计划对于不经常购买的顾客会起到一定的促进和刺激购买的作用，但是对于经常购买的顾客而言，顾客忠诚计划作用微小，但这些经常购买的顾客却贡献了大概80%的销售额。因此企业在实施顾客忠诚计划时应该科学地分析顾客的购买行为和购买习惯，以便提高顾客忠诚计划的成本有效性。

学术智库 4-2

顾客忠诚动态形成过程

本研究基于传统态度模型研究了顾客忠诚的动态形成过程。本研究通过分析德国移动通信市场的一家全球供应商收集的数据发现，一个产品或服务的感知价值会直接、正向影响顾客忠诚以及品牌资产，但其影响力会随着市场发展而降低。情感承诺正向影响顾客忠诚，并且影响力随着市场发展而增强。品牌资产正向影响顾客忠诚，并且影响力随着市场发展而增强。本研究有助于营销实践者在产品寿命周期的不同阶段设计有效的策略，以提高顾客忠诚。在产品导入期，营销实践者应该关注提高顾客感知价值。当产品寿命周期进入增长期后，营销实践者在关注顾客感知价值的同时应该更加关注品牌和顾客关系管理。

资料来源：Michael Johnson，Andreas Herrmann，Frank Huber. The evolution of loyalty intentions. Journal of Marketing，2006，70（2）：122-132.

四、赢回流失顾客

顾客可能会由于很多原因放弃交易或转而购买竞争对手的产品。企业应该科学地分析顾客流失的原因，采用有效的手段重新获得那些能够给企业带来巨大利润的顾客。

☞【小结】

顾客感知价值指消费者基于所得和所失，对某一个产品或服务做出的总体效用评价。其中所得指消费者通过购买和消费产品或服务所获得的利益，即实体的产品或非实体的服务；所失指消费者为了获得产品或服务所付出的代价，即付出金钱、时间、情感和努力去搜寻、购买和使用产品或服务。顾客满意是消费者对消费结果进行认知评估后，对喜爱的消费结果产生的一种温和的、正面的情感。在购买或消费产品和服务之前，消费者通常会对该产品或服务产生一定的期望。当产品或服务的绩效感知高于消费者的期望时，会产生正的不一致，此时消费者对于企业提供的产品和服务会满意；当产品或服务的绩效感知低于消费者期望时，会产生负的不一致，此时消费者对于企业提供的产品和服务会不满意。质量指为能够满足顾客显性或隐性需求的各种产品或服务性能和特征的总和。顾客盈利能力指单位时间内，企业从某个顾客身上获得盈利的数量。顾客终身价值指企业根据顾客终身购买能力、企业生产产品或提供服务时花费的成本、吸引顾客时花费的成本等因素计算出的顾客预期可以持续创造的利润的净现值。顾客关系管理指企业通过管理每位顾客的详细信息和每一个顾客接触点来实现顾客忠诚最大化的目的。个性化营销指企业根据已经收集的顾客数据确定什么市场组合适用于某一特定顾客。定制化营销指顾客自发地确定他/她自己市场组合的一个或多个元素。顾客忠诚不仅指消费者重复购买某一企业的产品或服务，还指消费者的一种强烈的依恋、认同的感觉。

☞【思考题】

1. 顾客感知价值由哪些因素决定？
2. 顾客满意度由哪些因素决定？什么情况下期望能够直接决定顾客的满意度？
3. 一致性质量和性能质量有什么区别？哪些因素决定了顾客对质量的感知？
4. 盈利能力强的顾客一定终身价值高吗？
5. 顾客关系管理一定能够提高企业的盈利水平吗？
6. 经常购买企业产品的顾客一定是忠诚顾客吗？
7. 定制化营销和个性化营销的异同点是什么？

☞【课后案例】

好事达保险公司

成立于1931年的好事达保险公司（Allstate），最初隶属于希尔斯公司（Sears）。好事达保险公司在经济大萧条时期和第二次世界大战期间发展缓慢。第二次世界大战后随着美国汽车工业的迅猛发展，好事达保险公司借助于希尔斯（Sears）商店销售汽车保险，得到了迅速发展。1995年，该公司成为一家独立的公司，并进行了一系列的改革和调整，迅速成为保险行业的知名品牌。

分级定价

几十年间好事达保险公司一直根据顾客的年龄、性别、居住地、驾驶汽车类型等信息将顾客分为两个群体，实施标准和非标准化定价。1999年，好事达保险公司采用了战略风险管理工具为终生价值高的顾客提供更加有效的服务。他们将终身价值高的顾客定义为：长期购买好事达保险公司的产品，购买更多的财产险、意外险、人寿险、储蓄产品，很少为公司带来损失的顾客。经过分析，该公司管理人员发现各个人口统计群体内都有终身价值高的顾客。最初的时候，好事达保险公司制定了7个等级的定价，在2006年的时候分级定价系统有384个等级，在此基础上还有更多的价格组合。最终基于多个数据库，好事达保险公司的等级价格体系包含1500个价格等级。与老的定价系统相比，终身价值高的顾客可以节约不超过20%的费用，高风险的司机会受到惩罚、保费最高上浮20%。

实行等级价格体系提升了公司的销售收入，并且因为吸引和保留了高终身价值的顾客，公司的盈利能力也得到了提高。在采用战略风险管理工具之前，只有29%的顾客被认定为高终身价值顾客。战略风险管理工具采用后，48%的顾客被认定为高终身价值顾客。与低终身价值顾客相比，高终身价值顾客为公司带来的损失低13%，再次购买公司保险高20%，购买好事达保险公司其他产品高56%。

技术保障

好事达保险公司拥有大量的数据，但是最初该公司并没有将数据库进行很好的整合，数据库的界面也不够友好。使用公司数据时，使用者需要技术支持人员提供大量的帮助才能够从数据中得到有意义的信息。因此，从2005年起该公司的信息服务人员用了大概三年的时间将数据库中的数据进行了整理、整合，并将用户界面进行了改进。之后，使用者可以使用成熟的分析工具对数据库中的数据进行分析。2005年公司实施两个项目来提高顾客满意度。第一，公司建立网络代理交易系统，以方便保险销售代理进行询价。在新系统的支持下，代理机构培训销售人员的时间大大缩短，从之前的六个月缩短为六天。第二，建立新的理赔系统，以方便管理人员对顾客进行细分，方便顾客在理赔过程中向专家咨询。

此外，好事达保险公司还通过采用线上线下相结合的多渠道战略、调整组织结构、招聘多元化员工、实施更好的市场差异化战略来提高公司的运用效率和提高公司经营业绩。

案例讨论题：

1. 为了提高消费者满意度，好事达保险公司做出了哪些努力？
2. 识别高终身价值顾客为好事达保险公司带来了哪些益处？

【参考文献】

[1] John R. Wells. The Allstate Corporation. Harvard Business School，2008.
[2] Barry Babin，Eric Harris. Consumer behavior. Mason，OH：South-Western，2012.
[3] Christian Grönroos. Service management and marketing：A customer relationship approach. Chichester，UK：Wiley，2000.
[4] Dale Besterfield，Carol Besterfield-Michna，Glen Besterfield，Mary Besterfield-Sacre. Total quality management（2nd ed）. Pretice Hall，Upper Saddle River，1999.
[5] 菲利普·科特勒，凯文·莱恩·凯勒，等. 营销管理（第14版）. 梅清豪，译. 中国人民大学出版社，2012.
[6] Fred Jacobs，Wesley Johnston，Natalia Kotchetova. Customer profitability. Industrial Marketing Management，2001，30（4）：353-363.
[7] Fred Reichheld. Ultimate question：For driving good profits and true growth. Cambridge，MA：Harvard Business School Press，2006.
[8] Fred Reichheld. Loyalty rules. Boston，MA：Harvard Business School Press，2001.
[9] Honathan Zhang，George Watson，Robert Palmatier，Rajiv Dant. Dynamic relationship marketing. Journal of Marketing，2016，80（5）：53-75.
[10] Hugh Watson，Linda Volomino. Harrah's high payoff from customer information，https：//www. techylib. com/en/view/separatesnotty/harrahs _ high _ payoff _ from _ customer_ information_ terry_ college_ of，2017/6/8.
[11] Jillian Sweeney，Geoffrey Soutar. Consumer perceived value：The development of a

multiple item scale. Journal of Reatailing, 2001, 77 (2): 203-220.

[12] M Christopher. Logistics and supply chain management: Strategies for reducing cost and improving services. Journal of Operation Research Society, 1992, 45 (1): 1341-1341.

[13] Marguerite Rigoglioso. Loyalty programs can be a waste of money. Stanford Insight, https: //www. gsb. stanford. edu/insights/loyalty-programs-can-be-waste-money, 2017/6/8.

[14] Neeraj Arora, Xavier Dreze, Anindya Chose. Putting one-to-one marketing to work: Personalization, customization, and choice. Marketing Letters, 2008, 19 (3-4): 305-321.

[15] Paresuraman. Reflection on gaining competitive advantage through customer value. Journal of the Academy of Marketing Science, 1997, 25 (2): 154-161.

[16] Rakesh Niraj, Mahendra Gupta, Chakravarthi Narasimhan. Customer profitability in s supply chain. Journal of Marketing, 2001, 65 (3): 1-16.

[17] Robert Kaplan, Steven Anderson. Time-driven activity based costing. Boston, MA: Harvard Business School Press, 2009.

[18] Robert Westbrook, Richard Oliver. The dimensionality of consumption emotion patterns and consumer satisfaction. Journal of Consumer Research, 1991, 18 (1), 84-91.

[29] Robert Woodruff. Customer value: The next source for competitive advantage. Journal of the Academy of Marketing Science, 1997, 25 (2): 139-153.

[20] Werner Reinartz, V. Kumar. The impact of customer relationship characteristics on profitable lifetime duration. Journal of Marketing, 2003, 67 (1): 77-99.

第五章　理解消费者行为

【学习目标】

1. 了解和熟悉消费者购买的行为过程和决策过程
2. 熟悉和掌握影响消费者购买的心理过程
3. 学会分析文化、社会因素对消费者行为的影响
4. 学会分析消费者特征对其购买行为的影响

【引例】

媒体曝出餐饮企业“海底捞”的北京劲松店、太阳宫店存在老鼠在后厨地上乱窜、打扫卫生的簸箕和餐具同池混洗、用顾客使用的火锅漏勺掏下水道等问题后三个小时，公司以致歉信的方式迅速做出回应，回应中重点表达了四点：(1) 承认媒体中披露的问题属实；(2) 公司向来重视卫生问题，每个月都会处理类似的食品卫生事件，并将事件处理结果公布于众；(3) 尽管如此，仍然出现这样的事件，公司感到非常愧疚、痛心和自责；(4) 公司已布置所有门店进行整改，随后将公布整改方案，并欢迎媒体和顾客监督。两小时后，海底捞公布了整改措施：(1) 北京劲松店和太阳宫店主动停业整顿、全面彻查；(2) 该类事件的发生反映了公司管理的深层次问题，主要责任由公司董事会承担，因此涉事停业的两家门店的员工无需恐慌，只需按制度要求进行整改和承担相应责任；(3) 组织所有门店，包括海外门店，依据法律法规和政府部门监管要求，立即严格排查，避免类似事件发生；(4) 与合作的第三方虫害治理公司从新技术、门店设计等方向研究整改措施；(5) 欢迎顾客、媒体和政府监管部门的监督和建议。不知已停业而继续光顾北京劲松店或太阳宫店的顾客还发现，除了店门上贴有停业整顿的告示外，还有工作人员向顾客派发礼品并致以歉意。新浪民调中心线上的调查数据显示，在“你以后还会去海底捞就餐吗”的三个回答选项中，选择“还是不去了”的约占52%、选择“当然原谅它啊，还会去”的约占25%、选择“看情况（决定还会不会去）”的约占23%。但实际的情况可能并不像网上调查所显示的那么差，就餐时间仍然存在排队等位的现象。对于这次事件，有的人认为海底捞发动了一次成功的危机公关、达到了转“危”为“机”的效果。更有一些消费者毫不犹豫地表示：“当然要原谅海底捞!”另一些人则质问那些选择原谅的消费者是“只顾比烂，不分对错”。

资料来源：根据2017年8月25日《法制晚报》文章《记者卧底暗访：老鼠爬进食品柜，火锅漏勺掏下水道》及其他媒体跟进报道、相关调查数据等整理。

理解消费者行为是营销决策的基础。营销者需要理解消费者的行为过程（包括购买、使用和处置商品的行为和过程）、心理过程（包括动机、认知、情感等过程），以及诸多关键因素（如个体的人口统计因素、心理因素、文化因素、社会因素等）对消费者行为，特别是对消费者的行为、认知和情感反应的影响及作用机制。

第一节　消费者的购买行为

消费者的购买行为是指个人为了消费的目的而购买产品和服务的行为。若要满足自己的需求，消费者需要采取一系列的购买行为，包括搜寻并解释环境中的信息，对满足需求或者说解决问题的方案（如产品）进行评估，做出购买决策和选择，执行购买（如通过什么渠道购买、独自或结伴购买、完成支付），采取购后行为（如拥有、使用和处置产品，向他人推荐，发表评论）等。这些行为不仅会受到其他参与者或行动者（如家人、朋友、其他消费者、营销人员）及各种环境因素的影响，而且其背后更有消费者个体深层次的心理过程的作用。因此，要建立对消费者行为的完整、深刻、准确的理解，就必须对消费者行为进行系统的观察和解释。尽管本书中我们是将消费者的行为过程、心理过程及其影响因素分别加以讨论的，但只有将这些方面综合起来考察，才能更好地建立对消费者行为的理解。

一、刺激-反应模型

营销人员最关心的，莫过于通过营销策略的精心策划、实施能否获得所期望的消费者反应。图 5-1 呈现的是可用于分析消费者购买行为的刺激-反应模型。营销人员所关注的消费者反应总体来说包括他们的心理反应和行为反应两个方面。其中，行为反应又包括消费者是否购买什么、何时和何地购买、购买数量等购买行为反应，以及消费者在接受营销的刺激后是否会进行积极的口传和推荐等。而心理反应则包括认知反应（如消费者对产品或广告的评价、对营销刺激的解释、品牌评估、价值认知、决策等）、情感反应（如观看广告时产生的情绪反应及与品牌互动中形成的品牌情感、品牌依恋等）以及包括有认知和情感两种心理要素的涉入和态度等。

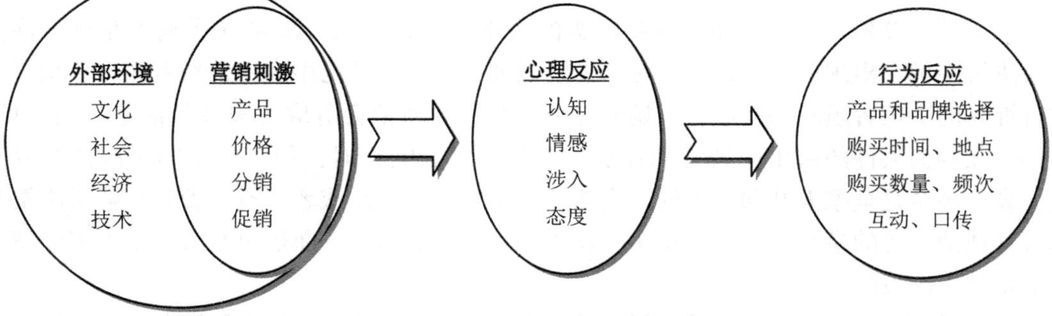

图 5-1　消费者购买行为分析的刺激-反应模型

通常，营销刺激会通过激发消费者一定的心理反应而最终促使消费者采取相应的购买行为的反应。例如，根据菲什拜茵的态度模型，消费者会基于信念评价（如“可口可乐不含咖啡因对我很重要”）和信念强度（如“我完全相信可口可乐是不含咖啡因的”）的认知而形成对产品或品牌的态度，态度则决定了消费者的购买意向进而导致了他们的购买行为。但必须提醒的是，有的时候营销刺激也可以“绕过”心理反应而对消费者的购买行为直接施加作用。例如，根据行为主义心理学中的条件反射理论，零售店的降价、折扣、赠送礼品、抽奖等促销刺激都是以激发消费者产生类似于条件反射的购买行为为目的的。

营销人员可以用来刺激消费者的因素，即营销刺激因素，包括产品、价格、渠道、促销、人员、服务等。营销人员使用这些具体的营销工具对消费者施以刺激，以及消费者对营销刺激做出反应，必是在一定的环境条件下发生的。也就是说，营销人员对营销策略的选择、消费者对营销刺激的反应都会受到环境因素的影响。环境中的重要外部力量包括文化、社会、经济和技术因素。以文化因素为例，研究者发现东西方文化的差异，不同文化背景中的成员会有不同的自我建构倾向。东方文化背景中的成员（如中国消费者）具有更强的互依型自我建构，西方文化背景中的成员（如欧美消费者）则具有更强的独立型自我建构。这两种自我建构倾向会导致消费者在许多偏好和选择上出现差异，如西方消费者更偏好和更倾向于选择有个性的、独特性的产品，而东方消费者在这方面的偏好和倾向则要显著低一些。

此外，消费者对特定的营销刺激是否、如何做出反应，还会受到许多个体因素的影响，包括消费者个体的需求和动机、价值观、人格、自我概念、生活方式、习性和经济资源等。

二、6W1H分析框架

根据6W1H框架，营销人员在认识和理解消费者的购买行为时，应该提出并回答以下7个方面的关键问题：

（1）谁（Who）购买，即谁购买我们的产品和服务。这个问题实际上就是要回答我们的消费者是“谁”。例如，假如你是一家生产钻石首饰的珠宝企业，你首先要弄清，购买你的首饰产品的到底是一些什么人，包括他（或她）们的年龄、性别、受教育程度、职业、收入、婚姻状况、家庭成员结构、生活习性、价值观和态度、需求等，从而形成一个比较清晰的所谓的消费者“画像”。

（2）谁（Who）参与决策，包括购买的决策者是谁、购买决策的影响者是谁。许多购买决策中都会出现两个或以上的参与者。例如，对于有些已婚女性消费者而言，购买珠宝首饰时的决策者虽然是自己，但她们在最终购买前通常会听取丈夫或其他家人的意见。又如，在购买大件的家用产品（如住房、家具、大家电）时，相当比例的中国消费者都是夫妻，甚至是全家人共同决策的。当然，也不是所有产品或者所有消费者在购买决策时都有其他消费者的参与。在超市里买一盒牛奶、街边店里买一瓶矿泉水时，绝大多数情况下都是独自决策的。

（3）购买什么（What），即购买的具体产品或服务是什么。作为营销者，必须要搞清楚你的消费者所购买的具体产品以及他们所选择的产品的特点是什么，以获得对消费者的需求和产品偏好的理解。例如，通过对珠宝消费者所购买的产品品类——耳环、耳钉、项链、吊坠、胸针、手链等的调查或者相关行业、公司销售数据的分析，就可以弄清消费者对珠宝产品品类的偏好。又如，珠宝企业还可以进一步调查消费者对产品款式、外观设计、寓意的偏好，这种调查和理解，可以帮助珠宝设计师开发出更受欢迎的产品。

(4) 为什么（Why）购买，即购买和选择背后的需求或理由是什么。例如，有的消费者在购买珠宝时更喜欢选择款式新颖、设计感强的产品，这些消费者的独特性需求（Need for Uniqueness）往往就要强一些，个体的独特性需求和动机在购买选择中起着比较重要的作用。例如，有些消费者在购买抽油烟机时最终选择了 F 产品，可能至少同时具有以下三条理由：(1) 认可其产品的吸烟效果（一种功能价值）；(2) 认同它的公司文化，赞赏其品牌作为“爱”的表达的品牌形象（一种象征价值）；(3) 喜欢它的产品的外观设计，认为它的产品美观、好看（一种体验价值）。

(5) 何时（When）购买，即消费者选择购买的时间或时机。许多产品在一年、一月甚至一周的销售中都会表现出有规律波动的特征，这在相当程度上就是消费者集体性的时间选择所带来的结果。例如，在房地产行业有“金九银十”的说法，意指一年中的九十月份是商品房销售的旺季。珠宝行业的旺季主要是第一、第四这两个季度。营销者在研究消费者的购买行为时，除了要分析和揭示行业性的时间规律外，还需要研究和判断自己所面对的细分市场、甚至个体的购买行为上有无时间规律。例如，定位于礼品市场的企业或产品，针对顾客的生日、结婚纪念日等对于消费者个人重要的日子进行精准的一对一的促销，或者在重要的传统节日、毕业季、升学季等开展季节性的、大规模的促销，应该是不错的选择。

(6) 何处（Where）购买，即消费者选择的购买地点、购买渠道是什么。他们是通过线上还是线下渠道进行购买？如果是线下渠道，他们倾向于选择购物中心的品牌专柜，还是街边的品牌专卖店？如果是线上渠道，他们更多地选择的是淘宝，还是天猫、京东，又或者是微信上的“微商”？对消费者的购买渠道选择及其未来变化趋势的认识和判断，是营销者进行渠道设计和制定渠道策略的重要依据。总体而言，消费者通过互联网渠道购物的越来越多。但不管渠道模式、零售业态如何演变，消费者都会形成一定的渠道偏好和习惯。发现消费者的渠道偏好和习惯，洞察消费者对渠道选择的变化趋势，是理解消费者购买行为的一项基本任务。

(7) 如何（How）购买，包括消费者的购买决策模式、购买的数量和频率、独自购买或陪伴购买等。例如，在购买手机时，有的消费者在购买前就已经有了较为明确的品牌选择意向，登录电商平台后主要是选择款式、外观，权衡和比较价格，最后做出产品的选择；有的消费者则事先并没有明确的品牌选择意向，而是在登录电商平台后根据自己考虑的价格区间进行产品搜索，然后再看品牌、款式和配置，最后做出品牌和产品的选择。如果我们面对的消费者主要采取的是前一种购买决策模式，品牌建设的意义就更大。在分析消费者的购买行为时，购买频率和一次购买的数量也是经常需要分析的。例如，有的消费者每个季度可能就要买一次珠宝，而且购买的数量较多、价值不菲；而有的消费者三五年都可能难得买一次珠宝，购买的数量少、价格也低。这类分析对于选择目标顾客和目标市场的决策是有价值的。一般来说，购买频率高、一次购买价值高的消费者就是需要优先考虑的目标顾客。有的时候，营销者还会感兴趣：消费者购买产品和服务时普遍地是独自一个人去购买，还是有人陪伴着一起去购买（包括什么人陪伴着一起购买）？通常，零售店在进行店面的布局、设施的配置、场景和服务的设计时，都需要考虑消费者在独自购物和陪伴购物情境下的不同心理和需求。例如，韩国有家餐厅就专门针对单身人士外出就餐的不便或尴尬，将自己定位为“单身专属特色餐厅”——单身的客人到店后会被安排在特定座位，就餐期间可以通过墙上的 App 选择是否要与他人一起吃饭，如果两边都选择了“是”，双方就可以愉快地面对面地一起用餐了。

三、购买决策过程的五阶段模型

消费者的购买决策过程在实际购买行为发生之前很早就开始了，一般会经历五个阶段，即：认识问题、搜寻信息、评估方案、购买决策和购后行为（见图 5-2）。但这并不意味着所有的购买决策过程都会经历五个阶段，也不意味着五个阶段发生的顺序是一成不变的，有的时候有些顺序可能还会颠倒。尽管如此，该模型仍不失为一个“好”的参考框架，它可帮助营销人员完整、全面地分析和理解消费者的购买行为和过程。

图 5-2　消费者购买决策过程的五阶段模型

（1）认识问题。消费者的购买决策过程是从认识到自己需要解决的问题或者说未得到满足的需求开始的。如果没有饥饿感并认识到是因为长时间没有吃饭所造成的，便不会导致消费者去寻求进食，从而购买食物。当然，消费者也会因为预期到某种问题或需求在未来会出现而采取购买行为。问题或需求的出现可以由消费者的内部因素所诱发，也可由外部因素的刺激所致。内部诱因常常就是人的一些基本的需求，如前述因长时间不进食所导致的饥饿，因长期不与他人交往、缺少朋友所产生的孤独感，都是由于内部诱因所激发。而在逛商店时看到一件漂亮的衣服，在电视广告中看见一辆很酷的、刚上市的新车，便可能激发我们购买和拥有它的欲望，这便是外部诱因在起作用。营销人员的重要任务之一就是要识别和洞察消费者的需求，通过营销刺激唤醒他们的需求，并提供有效的解决方案。

（2）搜寻信息。当认识到自己需要解决的问题之后，消费者就会搜寻有关解决问题的方案——产品、服务、品牌等方面的信息。大多数情况下，消费者都只会进行有限的信息搜寻。重要的原因就在于搜寻、处理、加工信息是需要时间、精力等成本的。事实上，如果是例行性的购买决策，如到超市为家庭购买一箱牛奶，消费者很可能只是提取记忆中以往的经验性信息。有的时候，仅仅是卖场里产品的包装、产品和品牌的陈列展示因素，就促成了消费者的购买。

营销人员需要知晓消费者在购买自己营销的这类产品时通常会通过什么渠道（信息来源）、关注和搜寻哪些品牌的哪些类型的信息。

我们可将消费者的信息来源区分为四种：①个人来源，如家人、亲戚、朋友、同事、熟人、其他消费者（如其他消费者的在线评论）等；②商业来源，如广告、公司网站、微信公众号、官方微博、电商平台上的网店、经销商、销售人员、实体的零售店铺及店内的展示、产品的包装等；③公共来源，如电视、广播、电台、报纸、杂志等大众媒体，微博、微信等社交媒体，政府监管部门的信息发布，独立研究机构的信息发布等；④经验来源，即消费者自身购买、使用和处置产品的经验。虽然商业来源的信息是营销人员最易控制的，也是消费者日常生活和购买中接触最多的，但消费者对商业来源信息的信任度总体上要低于经验来源、个人来源和公共来源。

通过信息的收集和处理工作，消费者就可能对部分品牌建立一定的认知和了解。但消费者的信息搜寻工作通常不可能穷尽所有的品牌。市场上业已出现、可满足消费者某一类需求、彼此之间存在替代和竞争关系的所有品牌，就构成了“全体品牌组”（Total Set）。在所有品牌中，消费者只知道、熟悉一部分品牌，这些品牌组成了消费者的“知晓品牌组”（Awareness Set）。在知晓组中，又只有一部分品牌能达到或满足消费者的购买标准，从而构成了“考虑品牌组”（Consideration Set）。最后，经过消费者的评估、比较之后，只有少数品牌会成为消费者重点考虑、通过权衡做出取舍的对象，即进入消费者的“选择品牌组”（Choice Set）。不难看出，提升品牌知名度、熟悉度和品牌喜爱度，并建立品牌与消费者之间的情感联结，从而增加消费者选择本品牌的可能，都是衡量品牌营销绩效的关键性指标。

消费者在搜寻信息，一般会涉及三个层次的信息：国家层次的信息（如原产国形象）、品牌层次信息（如品牌形象）、产品层次的信息（如产品形象，包括产品属性及评价）。营销人员需要根据目标市场对品牌的认知和情感状况，确定营销传播的信息内容和重点。

（3）评估方案。消费者在选择品牌、购买产品时，都会特别重视产品和品牌的某些属性，一个产品或品牌在这些属性上是否能达到要求，是消费者进行评估的核心所在。消费者最关注的是那些能给自己带来所寻求利益的属性。消费者关注的属性会因产品的不同而不同，选择餐馆时关注的是环境、位置、味道、食材、价格；购买手机时关注的是尺寸、颜色、像素、内存、价格；购买珠宝首饰时最重视的是材质、外观和价格。显然，不同的消费者在购买同一种产品时，所重视的产品属性也可能出现差异。对于一些年轻的女性消费者而言，她们购买珠宝首饰时关注的主要是款式、外观和价格；而对部分中年男性消费者而言，他们更关注的是宝石的材质、稀缺性和价格。

消费者会通过学习和实践形成针对特定产品和品牌的有关属性的信念和态度。消费者的信念是指消费者所持有的关于产品或品牌属性的描述性观点。例如，消费者对于F抽油烟机可能形成这样的信念：“F抽油烟机的吸烟力很强”“F抽油机的外观很漂亮”“F抽油烟机的智能化水平较高”“F的产品都很有个性和品位”等。消费者的态度则是消费者对于特定的产品或品牌所形成和持有的好与坏的评价、喜欢或不喜欢情感倾向。它是消费者将有关特定产品或品牌的信念综合起来而形成的。

“期望价值模型”（Expectancy-value Model）较好地解释了消费者态度的形成。该模型假设，消费者是结合各个属性的重要性和品牌信念两个方面来评估产品和服务的。当某消费者在购买抽油烟机时，假设他认为重要的属性有四种：吸烟力、外观、智能化和价格；而他主要考虑的品牌有 A、B、C、D 四个品牌。他对这个四品牌的评价见表 5-1。表中显示了他对每个品牌的每种属性的评分，即他的品牌信念，如他对 A 品牌在吸烟力上的评分是 10 分（10 点量表，1 表示“吸烟效果非常差”，10 表示“吸烟效果非常好”），表明他完全相信或同意“A 品牌抽油烟机的吸烟效果非常好”。如果某品牌在四种属性上的综合得分最高，并且各个属性的重要性都一样，那么消费者将最倾向于选择该品牌。

表 5-1　**消费者有关抽油烟机的品牌信念**

抽油烟机品牌	属性			
	吸烟力	外观	智能化	价格
A	10	7	8	4
B	8	5	3	6
C	6	9	1	5
D	5	3	1	9

但是，在大多数的情形下，不同属性的重要性对于消费者是不一样的。假设消费者对四种属性赋予的权重依次为 0.3、0.2、0.2、0.3，则四个品牌抽油烟机的态度得分如下：

品牌 A 的态度得分 $=10\times0.3+7\times0.2+8\times0.2+4\times0.3=7.2$

品牌 B 的态度得分 $=8\times0.3+5\times0.2+3\times0.2+6\times0.3=5.8$

品牌 C 的态度得分 $=6\times0.3+9\times0.2+1\times0.2+5\times0.3=5.3$

品牌 D 的态度得分 $=5\times0.3+3\times0.2+1\times0.2+9\times0.3=4.1$

由上面的态度得分可以得出结论，消费者更偏好于 A 品牌，购买它的可能性最大。营销人员可以基于品牌态度的数据分析，进行营销策略的改进，以吸引更多的潜在的消费者。以 C 品牌为例，营销人员可以采取以下策略改善消费者的品牌态度，吸引更多的顾客：

①产品改进：如改善产品的外观设计、增加研发投入进一步提高产品的吸烟力，这是对产品的真实再定位（Real Repositioning）。

②改变消费者的品牌信念：例如，B 的吸烟力相比于 A 并不差，这时就可以采取更有效的广告或其他传播策略，提升消费者对 B 的吸烟力的评价，这是针对消费者的心理再定位（Psychological Repositioning）。

③改变竞争者的品牌信念：例如，如果 A 的真实吸烟效果并不如 C 的好，C 就可以考虑通过营销传播降低消费者对 A 的吸烟效果的评价，这实际上是对竞争者进行再定位，或称为竞争性再定位（Competitive Repositioning）。

④影响或改变重要属性：例如，如果 C 的产品设计更便于消费者清洗，C 就可以在产品宣传时进行强调，引导消费者对“清洗方便”的重视。

⑤改变消费者对不同属性的重视程度：影响和改变消费者赋予某个或多个属性的权重。例如，C 可以通过突出宣传吸烟力强对于健康、身上无油烟味的作用，增加消费者对

吸烟力这一属性的重视。

⑥建立新的理想标准：F 最近推出了一款智能吸油烟机，在传统功能基础之上增加了智能升降、烟灶联动等功能，实现了烟机的“无人驾驶”。方太似乎正在试图于消费者心中建立一系列“理想吸油烟机”的标准：“不跑烟”、静音、“无人驾驶”等。

有的时候，消费者在进行方案评估时不仅要评估利益和价值，还可能对产品和品牌及购买、使用和处置中隐含的风险加以评估。风险是指产品的购买和使用可能给消费者带来的不利或有害的结果。消费者在方案评估和购买决策时可能感知到的风险，即知觉风险（Perceived Risk），包括：①功能风险，产品的功能达不到预期的结果；②物理风险，产品对人的身体可能造成伤害；③财务风险，给消费者造成财务损失，如价格买贵了、购买后发生产品贬值；④社交风险，导致自己不被周围的人认可；⑤心理风险，给自己带来负面的心理影响，如懊恼、焦虑、不安等；⑥时间风险，导致消费者付出额外的时间成本和机会成本；⑦欺诈风险，消费者受到欺骗，如买到假货、劣质货。知觉风险过高会导致消费者取消、延迟购买，他们通常不会选择和购买知觉风险过高的商品。如果风险过高，营销人员就需要考虑和关注这些风险，进行针对消费者知觉风险的管理，如提供或加大承诺与保证。

（4）购买决策。方案评估之后，消费者就会对特定的产品或品牌形成喜欢或不喜欢的态度，进而对自己最喜欢的“标的”形成购买意向。但购买被付诸行动之前，除了需要做出品牌决策（如选择品牌 A）之外，还要有渠道决策（如天猫上的 A 品牌旗舰店）、数量决策（如 1 台油烟机）、时间决策（如本周周末）和支付方式决策（如支付宝支付）。

就品牌选择的决策而言，如果消费者基于前述的“预期价值模型”计算的态度总得分（也可视之为感知价值）的多少而选择品牌 A，那么该消费者采用的是补偿性品牌评估与选择策略。补偿性策略意指产品在某方面感知价值的优势可以弥补它在其他方面价值不足的缺点，如品牌 A 在吸烟力、外观、智能化方面的优势可以补偿它价格高的不足。

但另一方面，消费者采用的也可能是非补偿性的策略，即：产品在某一属性上的价值优势并不能弥补在另一属性上的价值劣势。比如，对于收入水平、购买能力较低的消费者来说，如果一台烟机的售价超过了某一可接受的价位（如 5000 元），它的吸烟效果、外观设计再好，智能化水平再高，也会被排除在考虑之外。

消费者的购买决策除了会受到方案评估中所形成的价值感知和决策过程中所采用的选择策略的影响之外，还会受到许多消费者个体的特质性因素、社会性因素和情境性因素的影响。

这里的个体特质性因素是指消费者个体的相对稳定的特征，包括个人的特质、价值观、能力、生活态度等。例如，“自我-形象一致性理论”的相关研究表明，消费者一般倾向于选择与自己的人格特质相一致的品牌和产品。由于中国儒家文化价值观的影响，消费者在品牌和产品选择时会强调“身份匹配”，即会倾向于选择与自己的身份、地位相符的品牌和产品。

社会性因素涉及消费者个体所处社会网络和人际关系中他人的看法、意见和态度等。许多消费者在购物时都会在网上查看其他消费者的在线评论，有时也会听取家人、朋友的意见。他人的看法和意见会影响消费者对品牌和产品的价值感知及购买决策。他人态度的影响取决于两个方面：①他人是否期望我们选择和购买某一品牌产品的强烈程度；②我们遵从他人期望的动机水平。他人，特别是亲密的他人越期望我们购买某一产品，我们越有可能购买；他们的否定态度越强烈，我们就越有可能改变自己的购买意向。

购买决策和行为发生时的情境性因素也会产生影响，而且有些情境因素是营销人员可以控制的。营销人员可以依据前景理论所揭示的“框架效应”，通过改变购买决策的情境因素而对消费者施加影响。例如，企业在降价促销时通过呈现“原价：1500 元，现价：750 元”并且原价标示于上方、现价标示于下方，相比于简单地宣传“5 折”销售，前者吸引消费者购买的效果就要好一些。零售店对商品和品牌的陈列方式、餐馆对不同菜品（如健康与不健康菜品）菜单的处理方式，都会对消费者的购买行为产生重要的作用。

（5）购后行为。营销人员对购买决策过程的关注并不止于消费者的购买决策，他们还需要跟踪和评估消费者的购后满意度、购后行动以及购后的使用与处置。购后满意度取决于购买后的产品使用结果与购前的期望之间的差异。如果使用结果（包括功能结果和心理结果）达不到预期，消费者就会失望或不满；如果达到预期，消费者就会感到满意；如果超出了预期，消费者就会感到惊喜。满意度会影响消费者的重购意愿和口传。满意度越高，重购意愿越强，越有可能进行积极的口碑传播。

购后行动包括重复购买、口碑、推荐、抱怨、投诉、起诉和报复等。口碑可以是正面的，如向他人发表肯定性的评价，对公司或品牌表达赞赏；也可以是负面的，如向他人发表负面评价，公开地对品牌和产品给予低分评价。满意的消费者更可能向他人进行积极推荐，而不满意的消费者则更可能向他人发出警告，劝阻他人购买。如果消费者遭遇了不满甚至感觉受到了伤害，他们也可能公开或私下地进行抱怨，向公司、监管部门、媒体进行投诉，常规的途径难以挽回自己的损失时，他们还可能向司法部门发起诉讼。有些消费者的公开抱怨、投诉、起诉本身就隐含有报复的动机，除此之外，还可能借助社交媒体，对他们认为的“不良”公司和行为进行曝光和传播，以损害这些公司利益为目的而实施报复。

营销人员对消费者如何使用、处置产品进行分析，对营销决策也是有益的。有些消费者购买商品后是为了立即且经常地使用，如购买了一款珠宝首饰后就经常戴它；有些消费者购买商品后也可能从不使用，比如，有部分女性消费者购买珠宝首饰仅仅就是为了“拥有”，而不是为了穿戴它；还有些消费者购买商品后会暂时不使用，而是等待未来某一时候再使用，如有的消费者购买珠宝，是为了以后作为传家宝留给自己的孩子。营销人员分析购后使用与处置行为，主要目的在于考虑如何增加消费者的购买频率和购买数量。认识到这一点，营销人员就可考虑采用相应的办法来增加消费者的购买频率和数量。J 品牌了解到许多中国消费者每天只刷一次牙的行为习惯后，在牙膏袋、牙膏盒以及一段时期的广告，都加强了对“全家人每天用 J 品牌至少刷两次牙才有助于防止蛀牙”的宣传，以引导和改变消费者的认知和刷牙习惯。但有些商品，如珠宝首饰，产品在使用中的损耗率是很低的。在这种情况下，营销人员会考虑激发消费者的多样性需求，针对不同的购买动机，开发不同款式、满足不同需求、适合不同场景下使用的产品，刺激消费者增加购买。

对消费者在产品使用后处置的关注，也有可能带来新的营销机会。例如，像电池、饮料瓶、电脑、手机、冰箱、彩电等产品，被消费者丢弃后仍有一定的残存价值，已有许多企业在从事废旧产品的回收和再利用业务。如果这些产品的供应商能够提供诸如回收、以旧换新的服务，还可以增加顾客购后满意度，增进品牌与消费者之间的联系，促进消费者的重复购买。

第二节 消费者的心理过程

我们在上一节中分析消费者购买行为的刺激-反应模型中已经提到，消费者在环境和营销的刺激下会产生一系列的心理反应。这些心理反应实际上构成了消费者购买行为的内在心理机制和过程。只有了解消费者的心理过程，才能真正理解他们的购买、使用行为为什么会发生及为什么是以某种特定的方式发生。消费者在购买过程中有几个关键的心理过程：动机、知觉、情感、学习等。这几个过程在根本上影响着消费者的行为反应。

一、动机

动机是促使个体采取行动的内在驱动力。它是由需要转化而来的。动机要形成，首先要有需要被唤起，如因饥饿而引起的胃部不适、因未能赢得他人认可和尊重而产生的不安和焦虑等。当需要出现和存在的原因被认知时，如某消费者认识到目前的饥饿是因为快到中午了还没吃早餐、未能赢得他人认可是因为自己学业不佳等，需要就会转化为驱动力——驱使个体采取行动的内部力量，但驱动力只涉及力量的大小，而不涉及指向，即没有指向具体的满足物。只有具有了具体的指向，驱动力才转化为动机。因此，动机既涉及力量的大小，也涉及指向。对于营销人员而言，唤起消费者的需要，引导需要转化为指向自己所营销客体（产品和品牌）的动机，并提高他们的动机水平，是营销介入消费者心理过程基本目标。

弗洛伊德的动机理论、马斯洛的需要层次论和赫茨伯格的双因素理论等都为营销人员理解消费者的需要和动机、思考和制定相应的营销策略提供了有价值的参考。

（1）弗洛伊德的理论。弗洛伊德认为，人的心理活动可分为意识的、前意识的和潜意识的三个部分。其中，意识是我们能知觉到的部分；潜意识是原始的冲动和本能以及由本能所产生的欲望；前意识则是介于意识和潜意识之间的过渡领域，是人们能够回忆起来的经验。要理解人类行为背后隐藏的动机，只分析意识和前意识是不充分的，必须深入潜意识领域。在利用弗洛伊德的理论对消费者行为进行分析和理解时，人们很容易发现，消费者不仅对能够意识到的诸如产品的性能、品质、品牌地位等因素做出反应，而且也会对没有清楚意识到的因素诸如颜色、形状、触感文化含义等产生反应。研究人员可以通过深度访谈，采用“搭梯子”（Laddering）方法，应用各种投射技术（如字语联想法、句子完成法、图像解释法等），发掘消费者在购买和消费行为背后的深层动机。

（2）马斯洛的需要层次论。马斯洛将人的基本需要分为五大类：生理需要、安全需要、社交需要、尊重需要和自我实现需要。生理需要是人类最基本、最低层次的需要，如解决饥饿、口渴、睡眠、繁衍等方面问题的需要。安全需要涉及生命安全和健康，这也是较低层次的需要。社交需要是指与他人进行社会性互动、交往，并寻求归属感和被认可的需要。尊重需要是指对获得他人尊敬的渴求和愿望。自我实现需要是指实现自我的终极价值目标的需要。人类的五种需要具有一定的层次性，即人类首先要满足的是较低层次的需要，只有当较低层次需要被满足后，才会去追求更高层次需要的满足。

营销学者基于马斯洛的需要层次论，将消费者的需要区分三种类型：①功能需要（Functional Needs），即解决日常生活中问题的需要，与马斯洛的较低层次的生理需要和安全需要相对应，满足这种需要的产品价值被称为功能价值；②体验需要（Experiential Needs），包括认知体验、情感体验、行为体验、审美体验等，在享乐主义日益盛行和所谓体验经济时代的背景下，为消费者创造和提供体验价值已成为越来越多企业的营销目标；③象征需要（Symbolic Needs），即借助于产品和品牌的身份信号作用向他人表达自我或身份的需要，与之相对应的品牌价值被称为"象征价值"。对消费者需要的功能、体验和象征的分类，现已成为许多品牌形象研究和企业制定品牌定位战略时的重要参考。

（3）赫茨伯格的双因素理论。赫茨伯格识别和区分了两类影响人们行为的因素，一类被称为保健因素，如抽油烟机的吸烟功能，这是不能缺少的，如果缺少了或者达不到要求，就会导致消费者的不满，但即使这一功能能够达到基本要求也不一定能使消费者产生满意感，因为市场上大多数品牌抽油烟机的吸烟效果都能达到要求；另一类被称为激励因素，如在抽烟机上增加智能化的自动升降功能，可以增加产品使用的便利性和吸烟效果，进而给消费者带来新的积极的体验，从而产生满意并引发购买动机，因此自动升降功能就有可能成为一个激励因素。赫茨伯格的双因素理论对于营销实践的含义在于：①企业应尽可能减少或消除导致消费者不满意的因素，如抽油烟机的吸烟效果差、噪音太大、售后服务差等；②保证在各个保健因素上达到消费者的基本要求，但在这类因素上追求极致并不一定就是聪明的做法；③识别那些关键的能够促成消费者满意和购买动机的因素，并在这些因素上尽力寻求改进和完善。

二、知觉

知觉（Perception）是指通过感觉器官把从环境中得到的信息转化为对物体、事件、声音、味道的经验。知觉与感觉是有区别的，感觉是呈现于感觉器官的未经整合的信息；而知觉是有组织的，包括对感觉的整合和赋予意义。一般而言，知觉在感觉之后，但在时间上感觉和知觉的过程经常是重叠的。现实中经常出现的一种现象是，不同的人对于同一对象形成的知觉却完全不同。一个人认为外观上漂亮、优雅的某一件产品，另一个人则可能认为设计老套、难看。知觉的差异主要产生于选择性注意、选择性解释和选择性记忆这三个知觉过程。

（1）选择性注意。人的注意力是有限的，一个人注意到什么、忽略什么、注意程度如何，是对注意力分配的结果；也就是说，人的注意是有选择性的。这意味着，来自不同企业的品牌、产品和广告等的营销刺激之间存在着争夺消费者注意力的激烈竞争。因此，营销人员需要理解、识别和了解可能会影响消费者选择性注意的因素，并且在营销中加以运用。可能影响选择性注意的因素很多，包括刺激本身的特征（如形状、大小、色彩、位置），消费者个体因素（如需要、动机、特质、价值观、知识结构），以及各种情境性因素（如暂时的情绪、时间压力）等。一般来说，能满足消费者自我相关的需求和目标的营销刺激，与消费者已被唤起的需求相关的营销刺激，与消费者以往经验相关的营销刺激，富有特色、与众不同的营销刺激，等等，更容易引起消费者的注意。

（2）选择性解释。解释（Interpretation）是指赋予环境中的刺激或信息以一定的意义。显而易见的是，人们对不同的刺激会有不同的解释。但并不那么显而易见的是，人们对同一刺激的解释也可能截然不同。例如，人们在解释时总免不了会受到“先入之见”的影响。如果一个人对某个品牌在过去的经验中形成了负面的成见，在再次面对该品牌新的信息进行解释时，就常会形成“扭曲性”的而非客观的解释。事实上，就刺激物本身而言，要做到客观解释往往都是很困难的，即使语言也是如此。消费者现有的知识结构会对新的解释产生影响。曾有一家名为托拉（Toro）的公司，在一种重量较轻的铲雪机上市时，将品牌命名为“Snow Pup”。由于“Pup”一词在英文中有“幼犬、幼畜”之意，使人容易联想到弱小、可爱之物，结果上市业绩令人沮丧，而当品牌重新被命名为“Snow Master”之后，销售情况得以明显改善。由于存在广泛的选择性解释或扭曲的可能，不善于利用这一规律的企业会经常遭遇麻烦，而对于善于利用这一规律的企业来说，却可能是机遇。

（3）选择性记忆。记忆是一个复杂的心理过程，包括复述（Rehearsal）、编码（Encoding）、储存（Storage）和提取（Retrieval）等环节。人们在知觉过程中更容易记住与自己的目标、价值观、信念、兴趣和态度等一致的信息，忘记那些不一致的信息。比如，消费者会更容易记住自己所钟爱品牌的信息，而记不住自己不感兴趣、不熟悉品牌的信息。营销人员可以使用多种方法来促进消费者对自己的营销信息的记忆，比如，一个能够产生积极联想的品牌名称、图案与名称相结合的品牌设计，通过重复刺激使某种特定的声音或颜色等感官刺激元素与品牌紧密地联系在一起，等等。

三、情感

情感（Affect）一词的含义非常广泛，它被用来表示各种不同的内心体验，如情绪（Emotion）、心境（Mood）和偏好（Preference）等。“情绪”这一概念的含义虽然也很广泛，但它往往被用来描述或表达的是非常短暂却很强烈的体验。因此，情感状态既可以是短暂的，也可以是长时间的、长期的。一般而言，情感过程包含几个基本要素：（1）当某种情感被唤起时，往往伴随有身体和生理的变化；（2）行动准备，如感受到恐惧时做出防御或逃跑的准备；（3）有意识的体验，即我们能够感受得到；（4）与认知相关，认知虽然不一定是情感产生的一个必要条件，但两者之间必然存在相互的作用——认知可以影响情感，情感也可以反过来影响认知。

消费者在一定环境的刺激下会产生某些情感的反应，而情感又会进一步引发消费者的某些行动。营销人员可以通过对消费者情感过程的影响来达成营销的许多目的。强调视觉、听觉、嗅觉、味觉、触觉五种感官刺激的“感官营销”可以成为一种影响消费者情感的营销方法。在感官营销近几年越来越受到重视之前，企业的实践和探索早就开始了。例如，在广告中利用怀旧的音乐、画面等诱发消费者的怀旧情绪，以提升他们对广告和广告中品牌的评价。特定的人物形象（美女）、故事（亲情故事、英雄故事）、场景（春节年夜饭的场景）、语境（F 抽油烟机广告出现在了网红咪蒙谈论“怕老婆”的语境之中）、具有象征意义的符号（中国结、毛笔书写的中文）、声音（如英特尔的品牌歌谣）、味道

（妈妈的味道、家乡的味道）、气味（潘多拉珠宝店里特有的香芬气味）等，对于消费者都可能导致唤起或激发他们的情感。

四、学习

学习可以是由过去的经验所导致的行为变化，也可以是由观察、阅读、思考所带来的大脑中知识的变化。一个人知识的变化会影响其行为；行为的变化也会反过来影响其知识（包括经验）。不同的学习理论（如行为主义学习理论和认知主义学习理论）在对行为变化或知识变化的关注，以及对变化的解释上虽存在很大的差异，但一般认为，学习包含动机（或驱力）、诱因（刺激）、反应和强化等成分。

动机越强，学习的积极性越高，越容易促成成功的学习。渴望购买和拥有一部 SUV 新车的消费者，会更多地去了解 SUV 的知识，收集和阅读不同品牌、不同型号 SUV 的信息。一位急切地想要改变自己的形象，让自己变得更漂亮、时尚的消费者，会更加主动、积极地了解、学习时尚知识、美容化妆知识或服装知识，收集和阅读相关品牌和产品的信息和知识。诱因（Cues）就是刺激物，它可以对消费者的需要、动机起到启发、唤起和引导的作用，所有的营销刺激都可能成为诱因，如产品、价格、品牌、销售人员、广告等。根据条件反射理论，学习就是建立“刺激”与“反应”联系的过程。营销人员会期望对消费者实施的一定营销刺激都能诱发消费者的适当反应。例如，只要进行价格促销的刺激，消费者就会增加购买数量；通过持续重复的广告刺激之后，消费者在商店购物时一见到该品牌，广告所能激发的情感反应在单纯的品牌接触下也能唤起消费者相似或相同的情感。

要使消费者建立、维持某种特定的“刺激-反应”联结，或者增加反应的强度，采取一定的“强化”安排常常是不可缺少的。所谓的强化是指当消费者做出了一定的反应（如选择、购买了我们的品牌和产品）之后，就能得到一定的奖赏（如获得一件赠品）；而不做出这一特定的反应，就不能得到奖赏。强化的最重要功能就是能够增强“刺激-反应”联结。在营销实务中，商家经常采用的“积分”、打折、送赠品、“满 300 送 80”等促销活动，都可看作对消费者的购买行为实施强化。

如果消费者面对两个相似的品牌或产品时做出的反应也一样，那么，消费者的学习尚处于刺激泛化阶段。对引导和促进消费者学习的营销目标而言，消费者的学习还需要完成对刺激的辨别，即能够区分特定的刺激（品牌 A）和相似刺激（A 的直接竞争品牌 B）之间的差异，从而对不同的刺激会做出不同的反应（如购买行为）。

营销的任务并不只是通过推动消费者学习改变他们的购买行为，有时还需要通过增加、调整或重组消费者的认知或既有知识，以达成增加购买和消费的目的。

第三节　影响消费者行为的因素

消费者的行为包括决策、购买、使用、处置及口传等，会受到许多内、外部因素的影响。而对消费者行为能够产生重要影响的因素主要是文化、社会和个人因素。其中，文化因素的影响最为广泛和深刻。

一、文化因素

文化理论的奠基者——泰勒在《原始文化》一书中将文化定义为“包括知识、信仰、艺术、道德、法律、习惯以及其他人类作为社会的成员而获得的种种能力、习性在内的一个复合整体”。每一个人都出生、成长、生活于一定的文化背景之中，而文化又是其成员所共享的，影响甚至决定了我们生活中所寻求的目标、意义，在深层的心理上，它很多时候都是无意识地决定了我们的购买和消费行为。

在所有影响消费者行为的文化因素中，文化价值观可能是最为核心的一个要素。价值观是有关“人之为人”的理想终极状态和行为方式的持久信念，它代表着一个社会或群体对理想终极状态和行为方式的某些共同的看法。因此，文化价值观为社会成员提供了什么是重要的、正确的及应该追求的共同信念，是人们用于指导其行为、态度和判断的标准。

由于受到传统文化的影响，中国消费者虽然也追求“自我实现”（如重视财富、权力的提升）、“开放性”，但相对于西方消费者，他们往往更倾向于“自我超越”（如尊重传统、谦卑、节制）和“保守”（如社会公正、世界和平、保护环境、谅解）的价值取向，有研究证据表明，消费者越强调和重视自我超越，他们的独特性需求就越低，从而会降低他们对大胆、前卫的品牌和产品的偏好。中国文化的集体主义、和谐价值观、面子观等，也都会影响个体的心理和需求，最终对他们的购买行为产生影响。例如，面子观会增加消费者对奢侈品、价格昂贵商品、地位品牌的偏好和购买。

一国的文化中常会形成许多不同的亚文化。亚文化可以为其成员提供相对而言更具体的规范、标准、准则及身份认同。亚文化有许多类型，如民族亚文化、宗教亚文化、地域亚文化及种族亚文化等。文化或亚文化的成员相对来说更容易对具有本文化的寓意、带有表征本文化意义的符号元素的品牌和产品形成偏好。每一种亚文化也都有自己的价值观、规范、习惯、仪式、禁忌等，营销人员经常需要注意，以避免出现让消费者感到自己的文化受到入侵、冒犯或亵渎的现象。

社会阶层在一定意义上也是文化的一种表现形式。社会阶层往往是根据职业、收入、财富、教育水平、价值观、居住情况等指标来划分，同一阶层内具有相对的同质性，如具有相似的价值观、兴趣爱好和行为方式；人们所处的阶层一般也具有相当的稳定性（阶层之间的流动并不容易），为营销人员基于社会阶层的划分选择目标市场、制定和实施营销策略提供了条件。一种经典的针对美国人的社会阶层划分，将美国社会划分为七个层级：上上层、上下层、中上层、中间层、中下层（劳工阶层）、下上层和下下层。不同的社会阶层具有不同的对产品和品牌的偏好。

中国社会尚处于转型或变革时期，中国社会的阶层划分比较困难，但中国社会中日益崛起、规模庞大的中产阶层正受到越来越多的关注和讨论。最近更有人提出“新锐中产”这一概念，用以指称中国一批在互联网时代成长起来的，以“80后”“90后”为中坚力量的群体。这些人收入较高、思想活跃，平常对财经、时事、理财、人文方面的知识和信息关注多，对房、车、健康医疗、旅游、保险等的需求较大，而且需求增长的潜力巨大。

二、社会因素

社会因素主要是通过对个体的自我（Self）或身份（Identity）的作用而对消费者的购买和消费行为产生影响的，这类因素包括参考群体、家庭、社会角色和地位等。

（1）参考群体。参考群体是指对个体的观点和行为能够产生直接或间接影响的所有群体。参考群体可以被区分为“内群体”（In-group）和“外群体”（Out-group）。内群体是个体所属，即归属于它的群体，又可称为成员群体。外群体是个体不属于其成员，即不归属于它的群体。外群体又可区分为普通群体、渴望群体（Aspirational Group）和回避群体（Dissociative Group）。渴望群体是人们渴望成为其中一员的群体，如对于商科学生来说的企业家群体、成功商务人士群体等；回避群体是人们不认可其价值观、道德标准或行为方式，希望与其保持距离、不愿与其发生联系的群体，人们日常生活中所鄙视或厌恶的群体就属于回避群体；普通群体则是既不渴望加入，也不刻意回避，没有直接利害关系（如竞争关系）的群体。

由于个体具有表达其群体成员身份的需要，参考群体会影响消费者对产品和品牌的态度、品牌关系和购买意愿等。例如，有研究揭示，当一个品牌与内群体在一起时（被内群体成员较多地购买、使用），同与外群体联系相比，消费者对与内群体相联系的品牌在态度、品牌联结、购买意愿上的反应会更为积极；当一个品牌与回避群体联系在一起时，消费者对该品牌的反应将最为消极。

（2）家庭是对个人具有最重要影响的参考群体，也是社会中最重要的消费者。家庭是住房、家用汽车、家具、家电、度假等许多产品和服务的购买和消费单位；对于有些个人或私人用品的购买决策，家庭其他成员也会有着重要的影响。家庭对个人购买和消费的影响不仅在于给予直接的购买决策的建议，而且更重要的是，家庭对于个人在价值观，有关社会、宗教和经济的看法，家庭观念，自我概念，个人抱负，人生态度，以及生活、消费习性等方面，都有着潜移默化的、长期的影响。

营销人在以家庭作为分析单位进行市场分析时，可以考虑将家庭分为“原生家庭”（Family of Orientation）和“再生家庭”（Family of Procreation）。原生家庭是消费者出生和成长的家庭，包括父母和兄弟姐妹；广义上看，原生家庭还可能涉及“家族”。中国人都比较注重亲缘、血缘，家族的影响是不容小觑的。在不少中国消费者买房、婚丧嫁娶、节日消费的活动中，都不难看到家族的影响。有些消费者，即使是在离开了父母的家庭、结婚并组建了新家庭很长时间之后，在谈到和想到自己的家庭时，心目中所指的仍然是他们的原生家庭。他们的许多购买，也是为自己的原生家庭而进行的，如在父亲节、母亲节或者父母的生日为父母购买礼物。子女为原生家庭提供物质和精神上“反哺”的现象是很普遍的。

当然，在子女独立以后，再生家庭的影响会更加直接和日常化。再生家庭包括配偶和子女。中国的传统家庭向来有“男主外女主内”一说，妻子往往承担了家庭日常消费品的主要购买。但是，随着观念的改变和收入水平的提高，不少购买频次较低的、单价较高的商品由妻子一个人独立决策和购买，夫妻共同决策，以及由丈夫扮演家庭采购角色的情况也越来越多。营销人员往往需要针对具体的产品、特定的目标消费者群体做具体的调查和分析。

（3）社会角色和地位。我们每一个人都会扮演一定的社会角色，如公司的经理、俱乐部的会员、家庭里的父母、子女等，而不同的角色都有各自相对应的地位。一个社会之所以得以维持有序而不出现混乱，原因之一是因为每一种角色背后都隐含有由社会和文化所规定的规范、准则或标准。当某一角色被个体“内化”、形成角色认同时，这一角色就转化成了身份（Identity），从而构成了我们的自我概念的一部分。

由于角色需要扮演、身份需要建构和表达，这就产生了对商品的需求。地位高的角色扮演，往往需要用“地位品牌”、高档商品来充当道具。而消费者如果要表达自己的某种群体成员身份，他就需要在品牌或产品选择上与群体保持某种一致，以显示自己对群体的归属与认同。由于社会角色的扮演，人们还可能同时出现“区分”（将自己与其他群体成员区分开来）和“同化”（通过与群体其他成员保持一致以获得归属感）这两种相互矛盾的需求。在这种情况下，消费者可能会采取一定的策略，如选择与群体其他成员相同的品牌，但选择款式、型号等有所差异的产品，从而兼顾以上两种需求。

三、个人因素

个人因素是指消费者个体特征中那些对其购买和消费行为具有影响的因素。影响消费者行为的个人因素可区分为人口统计因素、心理因素和资源因素。其中，人口统计因素包括年龄、性别、教育、婚姻和家庭状况、职业等；心理因素包括需要、动机、价值观、人格特质、自我概念、生活方式等；资源因素包括个人所拥有的金钱财富、社会关系和社会支持、时间、能力等。下面仅讨论其中的部分因素及其对消费者行为的影响。

（1）年龄和生命周期。由于年龄和所处生命周期阶段的不同，消费者对住房、食物、服装、家具、娱乐、医疗、保险等产品或服务的需求会有明显的差异。例如，尚未到谈婚论嫁年龄的年轻人，他们中关心买不买房的人会相对较少，而对娱乐、外出就餐的需求会较大。而老年人会更加关心健康、医疗和养老，买房时偏好上、下楼方便，离医院较近的房屋。

由于个体所处家庭生命周期的不同，他的年龄、婚姻状况、家庭成员结构和数量等都会影响他的需求和偏好。例如，已婚、小孩尚小、无父母与自己住在一起的女性消费者，由于需要经常做家务和照顾孩子，她们在购买珠宝首饰时，会更关注珠宝的行为体验，如穿戴方便、穿戴时不影响自己的日常活动。而与父母住在一起的女性消费者，对行为体验的关注则相对较少。

传统家庭的生命周期可以划分为单身、新婚、满巢、空巢、解体五个阶段。①单身阶段的年轻人已成年并离开父母开始了独立生活，他们往往是旅游、住宅、健身、运动等许多产品或服务的目标消费者。②新婚阶段始于正式组建新的家庭、止于第一个孩子出生。由于刚组建新的家庭，他们会有大量的购买活动。住房、家电、厨具、餐具、家具、床上用品等，都可能是他们的购买对象。③满巢阶段是从第一个孩子出生到所有孩子长大成人、离开父母之前，这一阶段的消费常常以孩子的抚养、教育为重心，孩子的衣、食、住、行、教育、娱乐等成为家庭购买的重要组成部分。④处于空巢阶段的家庭，孩子不再与父母生活在一起。因为孩子们已经独立，他们的经济负担或已大为减轻，空巢阶段的家庭往往成为奢侈品、新车、昂贵家具以及远距离度假等产品或服务的一个重市场。⑤当夫妻中的一方去世，家庭便步入解体阶段。鳏寡老人存在有别于其他人的许多不同需求，比如对社会养老服务的需求正随着中国人口老龄化趋势的到来而变得越来越强烈。

（2）人格与自我概念。人格（Personality）可以用来解释消费者在不同时间、不同情境下表现出来的相对稳定的行为模式或行为倾向。人格由许多具体的特质所构成，如开朗、内向、聪明、勇敢、独立等。人格心理学领域著名的五因素理论将人格的特质构成区分为五大维度：外倾性（如健谈的、自信的、活跃的）、宜人性（如善良的、合作的、可信的）、责任感（如粗心的、负责任的、可靠的）、神经质（如紧张的、焦虑的、神经质的）、开放性（如明智的、兴趣广泛的、有创造力的）。

消费者不仅会将人的特征（即人格特质）赋予品牌，从而形成品牌个性（Brand Personality），而且往往倾向于根据自己的人格特征选择与其相一致的产品和品牌。珍妮弗·阿克（Jennifer Aaker）基于五因素人格理论对品牌个性进行了研究，发现品牌个性也由五大维度所构成：①真诚（Sincerity），如脚踏实地的、诚实的、令人愉悦的；②刺激（Excitement），如勇敢的、富有想象力的、时尚的；③能干（Competence），如可靠的、有才干的、成功的；④高雅（Sophistication），如上流社会的、有魅力的；⑤粗犷（Ruggedness），如爱好户外运动的、强壮的。许多著名品牌都有其鲜明的个性，如李维斯的个性是“粗犷的”，CNN是“能干的”，香奈尔是“优雅”的。

我们每一个人都会建立有关自己是谁、是什么样人的看法和感受，从而形成我们的自我概念，其中包括对自己的人格特质的看法。自我概念包含许多不同的成分，一般将其区分为“真实自我”（Actual Self）概念（真实的自己是怎样的）和“理想自我”（Ideal Self）概念（理想中的自己是怎样的）；或者区分为“个人自我”（Relational Self）概念（对自己内在心理特征如人格、价值观、态度、情绪等的认识）和“社会自我”（Social Self）概念（对自己所拥有的社会身份的看法）。

为了更深入、完整地了解自我概念及其对消费者的购买和消费行为的影响，我们还可以采用将自我区分为“个人自我”（Personal Self）、“关系自我”“社会自我”和“集体自我”（Collective Self）四个层次的分类框架。例如，当个人自我被启动时，消费者的独特性需求（Need For Uniqueness）会促使其更倾向于选择独特的、富有个性的产品和品牌，即导致他们从事个性消费。而当人们的集体自我在一定的情境下变得显著时，他们所寻求的则是“去个性化”，即更多地选择与群体的特征、选择保持一致。

（3）价值观与生活方式。个人的价值观会受到其所在文化的深刻影响，核心的文化价值观大多会被个体所内化从而成为个人的价值观。当然，个体也会形成一些所谓个性化的、可能来自于某些亚文化的或者其他文化的价值观。当产品和品牌所体现的价值观与消费者的价值观相匹配时，消费者对产品和品牌的评价、态度和行为将会变得更为积极。例如，当食物所体现的价值观与消费者的一致时，消费者对食物味道的评价会更好。

生活方式是人们在生活中通过活动、兴趣和看法所表现出来的稳定形态。来自同一文化、阶层甚至同一职业的消费者，也可能具有不同的生活方式。市场研究人员可以选择两种常用的方法之一来对消费者的生活方式进行测量和描述：①AIO（Activity、Interest 和

Opinion）方法，该方法主要通过对被调查者的活动（如工作、社交活动、休闲、购物等）、兴趣（如有关家庭、就业、娱乐、阅读、媒体等方面的兴趣）及意见（如自我评价、有关政治和经济的看法等）的测量来识别和描述他们的生活方式。②VALS（Values 和 Lifestyles）方法，该方法侧重于从两个方面来描述消费者的生活方式：一是资源的多寡，包括拥有金钱、教育、自信和精力方面的情况；二是个人的取向，分为三种，分别是原则取向（拥有并坚守自己的原则和信念）、地位取向（看重他人的态度、看法）和行动取向（渴望行动、变化和冒险）。

消费者购买和拥有的商品与其生活方式有着很大的关系，营销人员可以利用这种关联性进行营销决策。例如，如果一家生产和销售健身器材的公司发现应用 VALS 方法划分的两个生活方式群体——成就者（一群成功、事业型、注重形象、崇尚地位和权力的人）和完成者（一群成熟、满足、善于思考的人）都特别关注健康、重视身体锻炼，那么，以这两个群体作为目标市场就是可行的。一家“轻奢”品牌公司或许会在中国市场发现，购买奢侈品较多的除了“暴发户”以外，还有那些“时尚达人”和“都市新锐”，它便可以重点面向这些相对年轻、学历高、审美能力强的时尚达人和都市新锐，而是不“暴发户”。

☞【小结】

消费者的购买行为，主要介绍了在营销实践中应用较多、较广泛的三个模型，即“刺激-反应模型”、“6W1H 框架”和“五阶段模型”。刺激-反应模型把消费者的购买行为看作在一定的营销刺激下的反应。6W1H 框架概括了营销人员在分析消费者购买行为时常常需要关注的“谁购买”“购买什么”“谁参与购买”“为什么购买”“何时购买”“何处购买”“购买多少”这七个基本的问题。五阶段模型则是描述购买决策过程的模型，包括认识问题、搜寻信息、评估方案、购买决策和购后行为五个阶段。

消费者的心理过程重点讨论了动机、知觉、情感和学习这四种心理过程。虽然是分开讨论的，但这四种心理过程并非彼此独立。动机由需要转化而来，弗洛伊德的动机理论、马斯洛的需要层次论和赫茨伯格的双因素理论都可以为理解和洞察消费者的动机提供有价值的参考。消费者会对环境中包括营销的刺激和信息形成知觉，而个体之间对同一刺激的知觉可能会产生差异，这主要是由注意、解释和记忆的选择性造成的。情感可被视为一种内心的体验，具有广泛的含义。消费者有关产品和品牌的认知，对产品、促销等营销刺激的条件反射式的行为反应，大多是通过后天的学习所获得的。理解消费者的学习过程需要把握住动机、刺激、反应和强化等几个要素。

在阐述文化、社会和个人因素对消费者行为的影响时，重点分析了文化、亚文化、社会阶层、参考群体、家庭、社会角色和地位、年龄和生命周期、人格和自我概念以及价值观和生活方式的影响。

☞【本章思考题】

1. 营销人员需要关注消费者的哪些反应？这些反应之间存在怎样的因果关系？
2. 应用 6W1H 分析框架时，对于“谁买”中的“谁”可以从哪些方面来描述或界定？

3. 如何理解消费者的需要和动机？以女性珠宝首饰为例，可能有哪些购买动机？
4. 消费者解释的选择性对营销传播（如广告）会带来什么挑战？如何引导受众的解释？
5. 有哪些工具或方法可以唤起消费者的情感，培养消费者与品牌的情感联结？
6. 人格对消费者行为有哪些影响？如何影响？
7. 自我对消费者行为有哪些影响？如何影响？

☞【课后案例】

网易新闻《各凭态度乘风浪》：触动用户的品牌形象升级

2017年5月，许多人都被网易新闻品牌形象升级的消息和一支品牌口号为“各凭态度乘风浪”的广告片刷屏了。作为国内名列前茅的新闻资讯平台，网易新闻一直坚持着“有态度”的理念，而此广告视频和系列平面作品的推出，不仅让网易新闻的品牌再次密集进入大众的视野，更代表着网易新闻理念从“有态度”到“各有态度”的全面升级。

作为网易新闻品牌升级的代理商，安索帕集团公司维拉沃姆（Verawom-Linkedby Isobar）经历了四个月的思维激荡和聚合，为其打造了极具话题性的《各凭态度乘风浪》视频和一系列平面作品。

在这场助力品牌升级的战役中，Verawom发现了什么，又经历了什么？

挑战

2017年2月，在品牌年轻化方面有着丰富经验的Verawom受邀比稿，角逐网易新闻的品牌焕新项目。自此，Verawom创始人之一的郑联达带领团队踏上了一段新的征程。

在信息爆炸的移动时代，层出不穷的资讯平台、视频、垂直平台都在瓜分年轻人的注意力，如何助力网易新闻寻求品牌侧重点，并以此为网易新闻在年轻用户中赢得话语权和影响力，是Verawom在本次战役中面临的重要挑战。同时，Verawom还需帮助网易新闻通过此次战役，吸引年轻用户的注意力，以响应网易新闻从以26~35岁用户为主的新闻平台向18~25岁用户为主的泛资讯平台发展的诉求。

策略

“90后”年轻人对于资讯的深层需求究竟是什么？以策略合伙人薛迅为主导的策略团队，经过深入分析探讨和大量调研发现：“90后”“追求不同”的心理，是希望获得关注和认可。他们享受个体孤独，也渴望志同道合的朋友分享与陪伴。同时，回观人们对资讯的需求，也是从生理（娱乐、填补时间缝隙）到安全（获取实用信息）再到社交的进阶过程。

作为一个年轻人聚集的资讯平台，网易新闻要给用户提供不一样且有鲜明个人特色的独立观点。Verawom帮助网易新闻重新梳理并优化了品牌定位：是一个让年轻用户可以在社交中获得关注和认同的平台。它包含了三个层面的解读：(1) 网易新闻提供不一样的有独立鲜明观点的资讯；(2) 网易新闻是有共同追求的年轻人的聚集地；(3) 网易新闻会用年轻人喜欢的方式发声。这一套策略思考和品牌定位在提案时即受到网易品牌方的肯定和赞扬。

接下来，Verawom 展开了对品牌新口号的雕琢和打磨，并提出了"各凭态度"作为网易品牌升级的新口号。但考虑到口语化和可理解性，客户方在反复斟酌后，提出了"各有态度"的版本。最终，网易新闻品牌方决定保留 Verawom 提出的"各凭态度乘风浪"来作为品牌升级战役的活动主题。

创意

作为对前期策略的延续，Verawom 通过"各凭态度乘风浪"释义了："网易新闻是一个聚合了有鲜明个人特色的独立观点的平台。"每个个体都是独立的，且不尽相同。而每个人就像河流一样，流动变化最终形成了自己的路。个人的观点不应被治理，更无需被矫直。

这是一个自成媒体的时代，所有兴趣导向的资讯都能成为某种观点，都值得被捍卫和信仰。Verawom 借网易新闻的此次升级战役表达出了这一点，也确实获得了年轻人的认同。

经过前期清晰的策略打磨和主题定制后，Verawom 迅速展开了平面作品、视频作品、站内活动专区等的创意工作。

视频广告

八天夜以继日的拍摄，浓缩成近四分钟的态度宣言：从统一的主流，走向坚定的自我。所有的画面都以片段呈现——奔跑在校园中的男孩女孩、夜晚独自跳水的青年、激流中泛舟的勇者、电影院里偷偷牵手的小情侣……讲述人的出生、成长、婚姻甚至老去。画面的呈现伴随着配音，从"世界对于我/有些不同"开始，到最后以"每一个人都是一条河流/每条河都有自己的方向/各凭态度乘风浪"作为结语。

视频的前半部分表现了一种被桎梏的、统一的秩序：每个人都来自水面之下，这是生命的起源。踏上陆地后，我们一直生活在一种权威的桎梏和特定的真相下，甚至渗透到我们主观的选择中；后半部分，随着男生跃入水底，年轻的生命又回归到自由的状态，走上了一条自我觉醒的道路。

Verawom 透露，脚本在最初的提报阶段，即获得了网易新闻客户"击掌相庆"的称赞。客户毫不吝惜地表达了：视频所传达的内容，正是此次网易新闻品牌升级想传达给消费者的，且对于视频的风格和调性，也非常喜欢。

Verawom 创意执行总监蔡萌认为，这支视频在为快阅读星人提供视觉享受的同时，还呈现了许多前所未见的疯狂想法，甚至能从中挖掘"我们从哪儿来到哪儿去"，"该以什么样的方式活着"，"以什么样的方式来接受信息"这样的深度命题。

案例讨论题：

1. “90后”年轻一代对于新闻资讯平台的需求是什么？有哪些特点？
2. 网易新闻的品牌定位是否能够与年轻消费者的需求相匹配？
3. 网易新闻的品牌定位是如何转化为广告创意的？
4. 请观看《各凭态度乘风浪》视频广告，并对该广告的表现给出你的评价。

第六章　分析组织市场

【学习目标】学习本章后，应当掌握：

1. 组织市场的含义及客户分类
2. 组织市场在结构、需求、购买等方面的主要特征
3. 组织客户购买类型与购买过程
4. 组织购买中心

【引例】

三一重工股份有限公司由三一集团投资创建于1994年。自成立以来，公司取得了持续快速发展。目前，三一是全球装备制造业领先企业之一。公司产品包括混凝土机械、挖掘机械、起重机械、桩工机械、筑路机械、建筑装配式预制结构构件，其中泵车、拖泵、挖掘机、履带起重机、旋挖钻机、路面成套设备等主导产品已成为中国第一品牌，混凝土输送泵车、混凝土输送泵和全液压压路机市场占有率居国内首位，泵车产量居世界首位。

凭借技术创新实力，三一混凝土泵车三次刷新长臂架泵车世界纪录，三一高压力混凝土输送泵多次创造世界单泵垂直泵送世界新高。同时，还成功研制出世界第一台全液压平地机、世界第一台三级配混凝土输送泵、世界第一台无泡沥青砂浆车、亚洲首台1000吨级全路面起重机、全球最大3600吨级履带起重机、中国首台混合动力挖掘机、全球首款移动成套设备A8砂浆大师等。

凭借一流的产品品质，三一设备广泛参建全球重点工程，其中包括迪拜塔、北京奥运场馆、伦敦奥运场馆、巴西世界杯场馆、上海中心、香港环球金融中心、天津高银金融117大厦等重大项目的施工建设。

目前，三一重工6S中心已遍布全国主要大中城市，在全球拥有近200个销售分公司、2000多个服务中心、近万名技术服务工程师。近年来，三一重工相继在印度、美国、德国、巴西投资建设研发和制造基地。自营的机制、完善的网络、独特的理念，将星级和超值服务贯穿于产品的售前、售中、售后全过程。

资料来源：三一重工官网，http：//www. sanyhi. com/company/hi/zh-cn/about/group. htm.

第一节　组织市场及其特征

一、组织市场及其客户分类

组织市场是指一个组织向其他组织推销商品或服务的任何市场，包括除组织与最终消

费者进行交易的市场之外的所有市场。组织市场的客户从事购买活动的目的不是直接满足个人消费需求，而是为满足组织自身生产经营和提供服务的需要。

组织市场和消费者市场的主要区别在于客户的性质不同，不同类型的组织客户的购买动机和购买行为特征不同。因此，对于组织市场的营销者来说，分析和研究不同类型组织客户的需求特点和购买行为特征，并制定针对性的营销策略是至关重要的工作。

组织客户分布于农业、林业、渔业、矿业、制造业、建筑业、运输业、通信业、公用事业、金融业、保险业、分销以及服务行业等。组织客户按照其导向特征大致可以分为三大类：工商企业、政府部门和事业机构。

（一）工商企业

工商企业是以营利为目的，通过生产或销售商品、提供服务获得利润的经营机构。工商企业包括：原材料生产商、建筑公司、制造商、提供各种服务的公司、批发商和零售商、运输部门、通信部门等。根据不同的购买目的，工商企业通常分为三大类：

（1）成品制造商。成品制造商是指为组成自己的产品而购买产品和服务的企业。它们所购买的产品构成其产品的一部分。成品制造商需要不断消耗其所购买的产品，因此关注进货来源的稳定性；同时成品制造商重视自己成品的信誉和品牌，因此会关注其所购买产品的性能和质量。

（2）使用者。使用者是指为支持生产过程或满足商务需要而购买产品和服务的企业。它们所购买的产品一般不构成其产品的一部分。使用者在购买贵重产品时，更关注产品的设计、质量、价格、交货速度、售后服务等方面是否能够满足其生产需要的情况；而在购买易耗品时，则比较关注价格和交货速度。

（3）转售商。转售商是指为再销售而购买产品和服务的企业。它们主要通过大批量的买进和卖出之间的差价来获取利润，因此比较关注供应商所能提供的交易折扣、交货能力、品牌形象以及市场支持，如广告、销售促进等。

以上对工商企业的分类是根据购买目的来进行的。对于一个具体的组织而言，既可能是一个使用者，又可能是一个成品制造商。例如，当福特汽车公司购买制造汽车的生产系统时，它是一个使用者；而当它购买制造汽车所需要的零部件时，则是一个成品制造商。由于购买目的不同，同一个公司在购买产品时的要求是不尽相同的。因此，对于组织市场的营销企业来说，必须充分认识每类客户的购买目的和需求特点，并采取有针对性的营销策略。

（二）政府部门

政府部门是指为履行政府职能而购买产品或服务的各级政府单位。政府部门几乎需要工商企业所需的所有产品和服务，同时还有许多独特的需要，如对社会服务及一切与防务有关的产品和服务的需要。

政府采购一般按照年度预算进行，年度预算具有法律效应，不会轻易变动。也就是说，政府在一个年度内的采购规模基本上是固定不变的。在大多数情况下，政府采购往往要求供应商竞价投标。即政府采购部门首先公告所需商品的规格及各种其他详细属性、条件和数量等信息，然后由供应商根据这些信息自愿寄出投标书，最后由政府选择价格最低者作为供应商。当可供选择的供应商很少或产品不能仅从价格方面来判断差别时，政府往往采取竞争性谈判方式来选择供应商。

政府部门是组织市场重要的购买者，对许多企业充满了吸引力。企业一旦进入了政府市场，就拥有了稳定的、具有保障性的、较高收益的回报，而且进入政府市场也有助于树立企业的良好形象，为企业进入其他市场做了有力的宣传。

（三）事业机构

事业机构是指为公众提供特殊服务而购买产品和服务的各类机构，包括各类学校、医疗保健部门、监狱、图书馆、基金会、艺术陈列馆等。

事业机构可以细分为营利性机构和非营利性机构两大类。从整体上看，营利性机构的购买特征类似于工商企业，比较注重成本和利润的控制。非营利性机构的购买特征类似于政府部门，其支出受到有关法律和财政预算的制约。

事业机构种类繁多，每一类客户的购买需求不尽相同，比如学校和医院。而且即使是同类客户，也会存在明显的购买差异性。比如在一些小型医院里，食品的购买必须得到营养师的认可；而在一些大医院里，食品的购买决策往往由业务经理、采购人员、营养师和厨师等组成的决策团队共同做出。另外，为了获得价低质优的各类产品和服务，降低管理成本，并使采购更加规范化，多家事业机构会组成一个联合采购单位或委托专门的采购组织对其所需的物品进行采购。因此，在事业机构市场上的营销企业，应当充分认识事业机构采购的专业性、规范性的特点，通过提供具有竞争力的产品和服务来吸引事业机构客户。

二、组织市场的特征

（一）组织市场的结构特征

1. 组织市场规模巨大

由于大多数消费品的形成都需要经历原材料供应商、加工制造商、服务提供商之间的多次交易，因此组织市场在总交易量、每笔交易的当事人数、客户经营活动的规模和多样性、生产阶段的数量和持续的时间等方面，要比消费者市场大得多，也复杂得多。格罗斯（Gross）等人曾估计组织市场是消费者市场的 4 倍左右。

2. 购买者数量少但购买量大

尽管组织市场的规模要比消费者市场大得多，但是组织市场的客户数量却相对要少很多。美国的消费者市场大约有一亿个家庭，每位消费者只购买消费者市场中商品和服务的很小一部分。相比较而言，组织市场的客户要少得多，但是客户的购买数量却极其巨大，而且往往是按照一定的周期重复购买。美国固特异（轮胎）公司在消费者市场上有 1 亿以上的顾客，而在组织市场上，它只要能从少数几家大公司，如通用、福特等公司，获得一份订单，就足以维持生存和发展。通用汽车公司每年在采购方面的花费高达几十亿美元，超过一些国家的国民生产总值。

3. 购买者地理区域相对集中

许多国家在石油、橡胶、钢铁、农业等行业显示出相当强的地理区域集中性。我国的大多数组织客户集中于北京、天津、上海、武汉、广州、成都、深圳等工业较为集中的城市。美国的纽约、洛杉矶、芝加哥、华盛顿—巴尔的摩、旧金山—奥克兰、费城、波士顿、底特律、达拉斯、圣沃斯和休斯敦等大都市也是组织客户比较集中的地区。

（二）组织市场的需求特征

1. 需求的派生性

组织市场的需求是从组织市场到消费者市场之间各个增值阶段一系列需求的派生。组织市场通过一系列的增值活动为消费者市场提供产品，所以消费者市场对最终消费品的需求是引发组织客户对产品和服务需求的最终力量。

组织市场需求派生性的特点，使得组织市场对消费者市场具有很强的依赖性，影响组织市场需求不仅取决于组织客户，还取决于消费者市场的状况。消费者市场需求较小的变动会引起组织市场需求较大的变动。因为当消费品需求出现较小量增加时，为了满足这一追加产量的需求，会要求相关的设施和设备以更大百分比增长。因此，组织市场中的营销者不仅要监测组织客户需求变动情况，而且要了解对他们的产出有间接影响的最终消费品的需求变动情况，并且通过产品和市场的多元化发展来降低需求变动对自身经营状况的不利影响。

2. 需求缺乏弹性

组织市场的需求相对缺乏弹性。组织客户对产品和服务的需求受价格变动的影响相对较小。因为组织市场的需求是消费者市场需求拉动的，如果消费者市场的需求不变，组织市场的需求一般也不会有较大的变动。若组织客户所需的生产资料价格下跌，而制成品的销售量并未增加，则相关生产资料的购买量就不会因此而增加。尤其当生产资料的价格在制成品价值中所占比重较小时，其需求更加缺乏弹性。另外，当组织客户的生产方式在短期内加以创新的可能性较小时，其需求短期内也会缺乏弹性。

组织市场需求缺乏弹性的特点，使得组织市场的供应商如果不能保持供给和价格趋势的一致性，则有可能会面临失去市场份额或利润减少的风险，甚至两者兼而有之。

3. 需求的相关性

组织市场的需求具有相关性或联合性。大多数的制成品往往需要多种原材料和零部件联合使用才能形成。比如，制造汽车需要生产设备、钢材、轮胎及各种汽车零部件等。组织客户对某种产品的需求会影响其对另一种或几种需联合使用的产品的需求。

由于需求的相关性，组织客户会倾向于“一站式购买”，即从有限的几个供应商处购买多种产品或完整的生产线，而不是把这些需求分散给多个供应商。这种“一站式购买”可以使组织客户降低获得成本，那些只能满足组织客户部分需求的供应商有可能会失去整个订单。

（三）组织市场的购买特征

1. 专业购买者

组织市场的产品和服务具有很强的技术性特征，承担购买的人员一般都经过专业训练，具有丰富的专业知识和购买经验，他们对所购买产品的性能、质量、规格和技术要求等有相当专业的了解，并且具有较强的技术信息评估能力。因此，组织市场的营销企业更应重视对销售人员的挑选和训练，使其具备完备的技术知识和销售知识。

2. 理性购买

组织客户的购买以任务为导向，具有明确的购买目的和规范的购买程序，注重供应商的产品质量、技术支持能力和供货速度。一般以价值分析为依据，对供应商所提供的产品和服务对自身最终产品和成本的影响，以及供应的可靠性等因素进行综合分析和权衡，而较少以单一的或优先的价格作为决定购买的因素。在对供应商考察和选择时一般有相对完善的、系统的评价体系，并且与供应商之间有一个或长或短的协商谈判期。

3. 购买决策复杂

组织市场产品技术复杂，交易涉及资金巨大，而且组织客户对原材料、零部件、生产设备和生产性服务等的选择，直接影响其产品质量、生产效率和销售业绩，关系到企业的经济利益。因此组织客户购买决策相对复杂，需要同时考虑多重购买因素的影响，一般由组织内处于不同层级和不同部门的多个成员组成的委员会共同做出，购买决策过程透明度较高，并严格执行相应的采购制度和规范。

4. 供需关系相对稳定

许多消费者喜欢经常改变他们的购买习惯和偏好，但是组织市场的购买者却并非如此。组织市场供需关系的建立需要花费很长时间，而且通常保持稳定。从供应商角度来看，由于组织市场客户数量较少，拥有稳定的客户对自身的生产经营有重要意义，并且在满足客户需求过程中投入了大量的资源，致使其转移客户成本较高。从客户角度来看，由于确定一个潜在供应商的技术、生产和资金状况需要很长时间，花费很大精力，致使其转移供应商成本较高。因此，组织市场的供需双方都注重建立和保持长期稳定的互惠互利的合作关系。

5. 购买方式多样化

组织市场的购买者经常直接从生产厂商那里购买产品，而不通过中间商环节。随着信息技术的发展，越来越多的组织购买者选择利用互联网寻找供应商，与供应商交流或向他们发出订单。例如，IBM 公司已经将全部采购业务移至网上，并创建了“专有交易平台”(Private Exchange)，“专有交易平台”使 IBM 公司能够执行自动化采购战略，并与特邀供应商进行实时合作，每年节约近 4 亿美元的成本。

营销实例 6-1

中国钢铁电商行业

近年来，钢铁业的 B2B 是国内所有 B2B 中发展最快、最耀眼，也是将最快走向成熟的一个行业。市场调研显示，我国钢铁电商行业在成熟的市场下，有望达到 1 万亿元左右的规模，钢铁电商必然会扩张的预期和广阔的市场空间，同时吸引了众多行业领军企业、投资机构和资本大咖参与到钢铁电商。

从全国范围初步统计数据来看，截至 2015 年底，我国大大小小的钢铁电子商务交易平台已超过 300 家，在全国大宗商品电子商务企业总数中占比 48%左右。其中，近两年内新建与正在发力的钢铁电商平台数量占到了 57%，一时呈现出“井喷”态势。以钢厂为例：2016 年以来，杭钢股份披露拟以 92 亿元价格注入钢铁和环保资产，并涉足互联网电商；太钢不锈透露，目前已建立了自己的电子商务平台，能够为客户提供钢材加工物流配送全方位一站式服务；南钢股份目前正开启新常态下“钢铁+环保+互联网电商平台”转型之路；新兴铸管为了适应钢铁交易模式的新变化，积极推进公司钢铁制造互联网的融合，与知名大宗商品电商平台——西本新干线共同出资进军钢铁电商，构建有市场影响力的交易生态圈。

资料来源：佚名．中国钢铁电商行业发展报告（2015—2016）．现代物流报，2016，5（9）：2.

对于一些技术复杂、价格昂贵的设备，许多组织市场的购买者会选择用租赁的方式取代直接购买。通过租赁可以使租赁者减少融资困难和风险，同时可以使出租者降低设备闲置率，获得相应的收入。

另外，组织市场的买卖双方在条件允许的情况下，也会互换角色，互为买方和卖方，即“你买我的产品，我就买你的产品”。这种互惠购买可以降低买卖双方的交易成本和交易风险，同时可以使双方的关系更加密切。

三、组织市场的产品及分类

组织市场的产品和服务被称为组织购买品，是指工商企业、政府部门、事业机构等组织为了再生产、再销售、资本设备维修、研究与发展及为公众提供服务等目的而购买的产品和服务。

绝大部分组织购买品与最终消费品存在着诸多不同。首先是购买者不同，组织购买品的主要购买者是以工商企业、政府部门和事业机构为代表的组织客户，而最终消费品的主要购买者是以居民为代表的个人消费者。其次是购买目的不同，组织购买品的购买者购买产品和服务的目的是通过生产、加工和再销售以及提供服务等方式为消费者提供最终消费品，而消费者购买产品和服务的目的是为了满足个人消费需求。再次是产品不同，组织购买品与最终消费品相比，往往具有技术复杂、价格昂贵、按用户特殊要求进行设计制造等特点。

组织购买品按照进入产品生产过程的特点和计入产品成本结构的特点，通常被分为七大类，即初级原材料、二级原材料、辅助材料、零部件、设施与设备、工具与附件、服务。

1. 初级原材料

初级原材料主要以天然状态进入购买组织的生产流程，煤炭、天然气、原油、各种矿石都是典型的初级原材料。它们主要来源于农业、矿业、林业和渔业。大部分初级原材料需要经过进一步的加工，例如，石油通过精炼提取汽油、柴油、煤油、润滑油、石蜡等化工产品。而一部分初级原材料会直接进入组织的生产过程，例如，用于生产葡萄酒的葡萄，属于初级原材料。

由于历史的原因，初级原材料的生产比较集中。很多国家对于一些重要的矿产资源开采都有相关的法律法规限制，以保证对资源尤其是不可再生资源的相对充分开发和利用。对于初级原材料加工厂商来说，初级原材料供应的稳定性和价格的波动性会直接影响其生产活动和市场竞争力，因此初级原材料加工厂商更倾向于对初级原材料进行直接控制，以保证及时获得初级原材料的供应，有效地控制生产成本，降低经营风险。

2. 二级原材料

二级原材料在投入成品生产之前已经经过初步加工，钢铁、玻璃、皮革等都是典型的二级原材料。二级原材料虽然是对初级原材料进行加工后形成的产品，但在形成最终产品前还需要经过进一步的加工。例如，汽车制造商购买的钢铁由铁矿石提炼而成，但仍然需要汽车制造商通过自己的制造过程对其进行加工，才能形成最终产品——汽车。

经过加工的二级原材料价值大增，但不同厂商生产的同类二级原材料理化性质差别较小，具有同质性的特点。另外，当二级原材料被进一步加工成其他产品后，其品牌很难在制成品中被识别出来，具有品牌易失性的特点。

二级原材料同质性和品牌易失性的特点迫使二级原材料生产厂商采取生产特制品，或提供更加具有竞争力的产品线，或利用行业内的影响者及采购方产品设计者对产品的认可等方式，来增加产品的歧异性，提高市场竞争力。

3. 辅助材料

辅助材料是用于维护、修理和日常操作的辅助产品，如复印纸、润滑油、研磨剂、焊条等。辅助材料种类繁多，大多为低值易耗的标准品，采购频率较高。

许多辅助材料差异化程度较低，其可靠性、价格、使用的方便性是购买者最为关注的。组织购买者希望供应商能够提供合适的产品类别、富有竞争力的价格和无库存的购买服务，以尽量降低成本，减少管理上的烦琐。

4. 零部件

零部件是直接进入成品内或略作加工便进入成品中的零件或部件，如汽车轮胎、齿轮、紧固件、传动连接件等。零部件具有易耗损的特点。有些零部件结构复杂，技术含量较高，而有些零部件则相对简单。对于技术含量较高的零部件，需要生产厂商不断推出新型的产品，才能获得高额的垄断利润。零部件的购买者通常是成品制造商、渠道中间商和需要更换零部件的用户。

5. 设施与设备

设施与设备是构成企业生产运营基础的长期投资项目，包括企业生产运营需要的设施（如建筑物、土地使用权等）和在生产运营过程中使用的主要设备（如大型压力机、大型矿山机械、大型计算机系统等）。

设施与设备决定企业的生产规模，投入成本较高。一般建造一个生产半导体芯片的工厂至少需要花费 10 亿美元的投资，其中 6 亿美元用于设备的购买，其余部分用于建筑设施及土地使用权的购买。设施与设备具有技术复杂、需要按照用户的特殊要求单独设计等特点，因此，组织购买者比较关注供应商的设计能力，并且要求与供应商紧密协作；同时希望通过设施与设备的购买和使用，能够获得较高的投资收益。

6. 工具与附件

工具与附件是满足企业生产运营过程需要的轻型设备和工具，如电动工具、小型空气压缩机、便携式钻孔机、打印机、传真机等。这类产品通常属于标准品，价格相对较低，使用年限较短。因此，价格、运送可靠性和售后服务成为组织购买者关注的主要因素。生产厂商一般通过转售商网络来销售这类产品。

7. 服务

组织市场中的服务按照提供者不同分为两类。一类是生产商为销售产品而进行的活动，通过提供这类服务更好地满足组织客户在购买和使用产品过程中的要求，如安装调试、维修保养、配件供应、技术支持等。这类服务作为基本产品的组成部分大多由生产厂商与基本产品一起提供，并且其价格包含在产品价格之中。这类服务的提供虽然会增加成本，但是可以提高基本产品的歧异性，降低组织客户的价格敏感性，尤其对于新产品和标准化程度较高的产品，这类服务的提供是非常重要的。对于新产品而言，提供技术上和应用上的支持可以促使组织客户提高购买决策速度；对于标准化程度较高的产品而言，提供有吸引力的服务可以增强生产厂商的市场竞争力，避免卷入产品价格战。另一类是由服务类组织面向组织客户提供的专项服务，如物流服务、咨询服务、广告服务、租赁服务等。随着市场竞争的不断加剧，越来越多的企业选择将有限的资源集中于自己的核心业务，而将某些服务功能转移到外部组织中去，从而使那些提供专项服务的公司获得了发展机会。奥美广告公司为包括福特、壳牌、麦斯威尔、IBM 等在内的众多全球知名品牌提供全方位的传播服务，其业务涉及广告、媒体投资管理、一对一传播、数码传播、品牌形象与标志、顾客关系管理、公共关系与公共事务、医药营销与专业传播等。

第二节　组织客户购买行为

一、组织客户购买类型

不同的组织客户在购买产品和服务时，存在着不同的需求，具有不同的特点，并且往往需要不同的信息。罗宾逊（Robinson）等依据购买的新奇度将组织客户购买情况分为三种类型。

1. 新购型

新购是组织客户首次购买以往从未使用过的某种产品或服务的行为。新购型购买需求源自于组织客户内外环境因素的刺激作用，如为满足下游客户的新需求，需要购买新的机器设备；或者为扩充产品线需要购买新的原材料和新的零部件等。

新购型是组织客户购买中最为复杂、成本和风险也相对较大的购买类型，通常由组织客户内部不同部门代表组成的采购中心以团队工作方式处理。由于缺乏相关的产品知识和购买经验，也没有现成的购买标准，因此组织客户在购买之前需要收集大量的信息，尽可能全面掌握相关产品和供应商的情况；同时需要对一系列的问题做出决策，如产品规格型号、购买数量、价格范围、交货条件、范围要求、付款方式、可接受的供应商等。

与其他购买类型相比，新购型的组织客户更注重产品的性能、服务和供应商的声誉，更希望得到供应商全方位的支持与协助。因此，面对新购型组织客户的供应商，应当与组织客户保持密切联系，了解他们的问题和需求，向他们提供各种相关信息、咨询服务和满足其需求的建议；同时重视产品质量和媒体宣传，以争取在业界形成良好的口碑。

2. 修正重购型

修正重购是组织客户对产品或服务的规格、数量、价格或者其他交易条款进行修改后再行购买的行为。修正重购型的组织客户可能继续与原先的供应商联系并就原供货协议进行协商和修订，也有可能会考虑通过重新评估来选择新的供应商。发生修正重购的主要原因包括：组织客户对产品的规格、数量、质量、服务水平、交付期限等有了新的要求；或者市场上出现了更适合组织客户要求的新技术和新产品；或者供应商在产品、价格、服务等方面有了新的改进；或者现有供应商没有很好地履行合约，致使双方的合作难以继续下去。

当组织客户认为对可供选择的产品和供应商的重新评估能够获得诸如质量提升、成本降低等重大利益时，就会倾向于采取修正重购。在修正重购情形下，组织客户虽然具备一定的采购经验和较为具体详细的采购标准，但是在是否转向新供应商和在寻找新供应商的过程中存在着不确定性，因此需要收集较为广泛的信息。

与其他购买类型相比，修正重购型的组织客户更加重视产品质量和成本，对供应商的评估更加专业化。对于想获得组织客户订单的新供应商而言，如果能够有力地证明其能够为组织客户提供超值的产品和服务，或者存在具有优于现有供应商的对组织客户构成足够吸引力的要素，就有可能在竞争中取得有利的地位。对于组织客户的现有供应商而言，虽然具有与组织客户合作的经历，但是如果不能很好地满足组织客户的需求，就有可能失去客户，因此现有供应商必须密切监控所提供产品和服务的质量，处理好与组织客户合作过程中出现的各种问题，同时跟踪组织客户的发展进程，及时了解组织客户需求的新变化，并作出积极的响应，以防止组织客户转向新供应商。

3. 直接重购型

直接重购型是组织客户按原有的采购目录或过去的惯例，直接从原有供应商进行购买的行为。发生直接重购的主要原因，包括对供应商提供的产品、价格、送货和服务等比较满意，而不愿意更换供应商；转移供应商成本过高；对产品和服务的需求持续；所需要的产品和服务价格低廉，数量较少；等等。

在直接重购情形下，组织客户往往已经具备了丰富的购买经验和完善的采购标准，并且与原有供应商之间已经建立起相当稳固的合作关系。对于想要获得组织客户订单的新供应商来说，要打破这种关系是非常困难的，除非能够给组织客户带来比原有供应商更高的价值。但是，当出现新问题，或者其他供应商能够提供更好的产品、更优的服务，以及更低的价格时，组织客户也会产生转向新供应商的动机。因此，想要获得组织客户订单的新供应商应当密切关注组织客户的发展动态，与其保持不断的接触，向其提供有别于原有供应商的特殊信息，为自己创造成为组织客户新供应商的机会。

二、组织客户购买过程

组织客户的购买过程是由一系列相互关联的阶段构成的，不同的阶段需要收集和分析不同的信息，并做出不同的决策。一般认为，新购型的组织客户购买过程由八个阶段组成。

1. 预测或识别需求

组织客户购买过程始于对组织运营过程的新问题、新需求以及改进组织运营绩效的潜在机会的发现和识别。从组织客户内部来看，可以是为新产品的生产和推出，需要添置新的设备和原材料；或因为设备老化，零部件损坏，需要更换新的零部件；或因为对原有的供应商所提供的产品质量、价格、服务等不满意，需要转换供应商；等等。从组织外部来看，可以是通过广告、产品展销会，或供应商的市场营销人员等途径，获得了相关供应商在产品性能、质量、价格、服务等方面的改进信息，从而引发组织客户的潜在购买欲望。

在预测或识别需求阶段，对于潜在供应商来说，应当敏锐地捕捉机会，利用以往为其他组织客户提供同类产品的经验和技能，预测和理解组织客户的问题和需求，并选择合适的时机，为组织客户提供相关的信息和帮助。

2. 确定需求项目特征和数量

在预测或识别新需求、新问题之后，组织客户会对这些问题和需求进行详细分析，并进行相关信息的收集，在此基础上设计出解决问题或满足新需求的可行方案，包括产品性能、规格型号、应用要求等所需物品的特征属性和数量以及可能的成本预算、订货规模和频率、购买决策计划等。

确定需求项目特征和数量阶段是组织客户寻求解决问题或满足需求的过程。对于潜在供应商来说，应当认识到组织客户一旦确定了需求项目的特征和数量或问题的属性，就意味着对潜在供应商的选择设定了控制范围。如果潜在供应商的营销人员能够较早地介入组织客户的购买决策过程并对其施加影响，就有可能使组织客户对需求项目的特征或者问题属性的要求朝着有利于自身的方向发展。因此，潜在供应商在这一阶段的首要任务是积极地向组织客户提供有关产品和服务特点等所有具有价值的信息和咨询帮助，给予组织客户确定需求项目特征方面的指导，以使自己获得参与解决组织客户面临问题的机会。除产品和技术信息外，潜在供应商还应当向组织客户提供自己与其他同类组织客户合作的历史和业绩，以证明自己为组织客户解决问题或满足客户需求的能力，从而获得组织客户的信任。

3. 描述需求项目特征和数量

在确定了需求项目特征和数量之后，组织客户会对需求项目的特征进行更为详细和准确的描述，并编制需求说明书，对拟购买的产品和服务的功能、规格、型号、品种、数量、售后服务等方面提出具体要求，为选择合适的供应商提供参考依据。

描述需求项目特征和数量阶段，对于潜在供应商的选择具有关键性的作用。因为需求项目特征确定意味着只有能够完全符合这些需求特征的产品和服务的供应商才有可能成为最终供应商。在这一阶段的决策过程中，组织客户比较关注竞争供应商之间的产品和服务支持等方面的信息，因此潜在供应商应当向组织客户提供有关产品和服务的详细信息，尤其是有别于其他竞争供应商的特殊信息，以影响组织客户购买标准的设定。同时，要重点强调自身的综合实力、可靠性和解决问题的技术能力，使组织客户购买决策朝着有利于自身的方向发展。

4. 寻找供应商

在确定并描述需求项目特征和可行的购买方案之后，组织客户便开始寻找不同的潜在供应商。组织客户会通过厂商目录、互联网、产品展示会、媒体报道、贸易广告、其他企业推荐等各种渠道，获得相关供应商的信息。在此基础上，列出意向供应商名单，并对其中的重点供应商进行调查，了解其生产设备、技术水平、管理水平、人员配备等影响产品性能和质量要素的情况，从中选择符合组织客户要求的供应商。通常，组织客户所购买的产品项目越复杂、昂贵，其寻找和选择供应商所花费的时间和精力就越多。

在寻找供应商阶段，对于潜在供应商来说，不应被动等待被组织客户发现，而应当主动与组织客户建立联系，密切关注其寻找和选择供应商的过程，通过各种途径对本企业在质量控制、交货效率和降低成本等方面的优势进行大力宣传，在市场上建立良好的信誉和口碑，提高本企业被组织客户列入备选供应商行列的可能性。

5. 征询供货建议

组织客户向筛选出的符合供货条件的供应商发出邀请，要求这些供应商提交供货建议书，详细表述其所能提供的产品性能、规格、型号、价格、支付方式、交货时间、售后服务，以及企业资源、能力、业绩等能够显示其竞争优势的因素。对于技术复杂的产品，组织客户还会与相关供应商就有关条款进行较长时间的协商和谈判。

在征询供货建议阶段，为了能够向组织客户提供具有足够吸引力的供货建议书，供应商在编写供货建议书过程中，必须准确把握组织客户遇到的问题是什么，最关注的产品性能有哪些，自己的产品解决客户问题的效果如何等关键性的问题，并提供能够很好地满足组织客户购买需要的证明和有关自身产品和服务的详细信息。在向组织客户展示自身解决问题或满足需求能力的过程中，要充分突出自身的资源、能力等方面的优势，以使组织客户形成良好的印象。

6. 评估供货建议书并选择供应商

组织客户按照预先拟定的需求说明书和可行性方案报告的要求，对不同供应商提供的供货建议书进行分析和评价，从中精选出最合适的供应商。组织客户对供应商供货建议书进行评价的主要指标涉及：供应商的技术能力、信用、产品可靠性、交货可靠性、服务能力、价格等。各项指标的相对重要性随组织购买品类型的不同而有所不同。对于常规订购产品而言，交货可靠性、价格、供应商信誉较为重要；对于非常规订购品而言，产品可靠性、技术服务、灵活性、供应商信誉较为重要。对供应商供货建议进行评价的方式主要是借助于适合组织特点的相关评估模型，以及试验研究、产品试用、实地考察供应商的经营场所等。

另外，评估供货建议书并选择供应商阶段还涉及供应商数量的确定。一般来说，选择单个供应商会使组织客户对供应商过分依赖，一旦供应商供应不能很好地满足需求，不仅自身的生产经营活动受到严重影响，而且更换供应商会付出较高的代价，包括重新寻找、评估和选择新供应商所发生的各种费用，以及为适应新供应商的产品而对原生产工艺的调整等，同时由于单个供应商缺乏竞争压力，使组织客户对其供货质量、价格及服务水平的控制力较弱；而供应商数量过多，则会增加供应商管理难度，同时由于分配给每家供应商的订单规模较小，难以对供应商形成激励。因此，组织客户往往会同时选择少数几家供应商，既能避免对单个供应商的过分依赖，又能使每家供应商获得足够规模的订单，而且能让供应商感受到竞争压力，从而使组织客户更有可能获得优质的供应方案。

在评估供货建议书并选择供应商阶段，作为潜在的供应商应当充分理解组织客户的问题或需求，尤其是要准确判断哪些产品特征细节对解决组织客户的问题或满足组织客户的需求是至关重要的，以避免设计那些既增加组织客户成本又不能给组织客户带来可察觉利益的产品特性。同时，尽可能为组织客户提供成本研究、产品检验、系统评估合作、技术援助等方面的支持，增强组织客户对供应商解决问题能力的认可和信任。

7. 选择订购方式

确定供应商之后，组织客户会向所选定的供应商发出订单，准确列出产品技术规格、质量要求、所需数量、交货时间、付款方式、退货政策和保障条款等。对于维修、保养等项目，越来越多的组织客户倾向于用“一揽子合同”取代定期订单。“一揽子合同”建立了一种长期稳定的供需关系，在这种关系下，供应商在特定的时间内按照双方议定的价格，多次向组织客户提供所需要的产品，避免了每次购买都要重新谈判的烦琐，并通过供应商控制库存，降低组织客户的库存费用。

在选择订货方式阶段，作为组织客户选定的供应商应当信守承诺，严格按照合同规定及时供货，确保产品和服务质量，并积极协助组织客户解决这一过程中的各种问题，提高组织客户的满意度。

8. 供应商执行情况反馈与评价

组织客户在产品安装、使用及售后服务过程中，对供应商的执行情况进行考察，对供应商与组织客户之间的业务合作表现进行评价，包括供应商所提供的产品和服务是否解决了组织客户的问题或是否满足了相关的需求，供应商在价格、质量、交货、服务等方面执行协议的情况等。反馈与评价的结果可能是组织客户继续维持原有采购计划，并与原有供应商保持良好的合作关系；也可能会因为供应商未能很好地执行有关协议，导致组织客户变更或终止与供应商的供货关系。

在供应商执行情况反馈与评价阶段，供应商应当与组织客户保持密切的联系，积极配合评估工作，并对反馈信息做出及时回应，不断改进供货服务质量，与组织客户一起妥善解决双方合作过程中出现的各种问题，使供货协议执行结果符合组织客户的要求甚至超过其预期。

上述组织客户购买过程主要是针对新购型购买进行的简单描述。在修正重购和直接重购情形下，其中有些阶段可能被合并或简化。比如，组织客户由于偏好某一个或某几个供应商，会跳过寻找供应商和征询供货建议阶段。另外，组织客户购买是一个不断循环的过程，由于组织客户在运营过程中会不断产生新问题、新需求，从而导致产生新的购买决策，问题解决后或需求满足后，又会产生新问题和新需求，如此循环往复，使组织需求得以不断满足。

营销实例 6-2

集团性企业采购管理平台

随着市场竞争的不断加剧和企业生产规模、市场范围的不断扩大，集团性企业在互联网技术的支撑下，通过建设信息化与采购业务深度融合的企业采购管理平台，实现高效、集中、阳光、协同的生态型采购管理。

集团性企业采购部门通过采购管理平台可以直接连接到电商平台，并完成企业采购公告的发布以及与供应商之间的询报价、招标谈判、在线竞价、合同签订、履约验收等采购业务，最终实现所有采购渠道间综合比价的决策。同时，支持全业务流程的在线记录，包括在线编制标书、发布标书、投标、评标及确定中标结果、编写中标报告等，允许供应商在线投标及反馈意见，使得企业能够建立透明化、规范化、专业化的招投标体系。

集团性企业采购管理平台具有直观精准的宏、微观可视化数据，可以对采购品类价格和交易额、采购订单响应及时到货率、供应商分布情况等方面进行分析。在收集、过滤、分析数据后，通过图表、地图、动态图像或互动效果图等多样的形式进行数据可视化转化，兼备查询、图形化、表格化、打印、导出等功能，满足多种形态的数据需求。排序方式可自主选择，采购商品的高价低价情况清晰醒目。多维度比价和多图表比较，也使得价格信息更全面，价格走势更直观。

资料来源：谢蔓．信息化颠覆企业采购．企业管理，2016（11）：105-107.

三、组织购买中心

由于组织购买品技术复杂，价值较高，对组织客户的生产经营活动有重要的影响，因此组织客户在面临复杂购买决策时，会组成一个跨部门的决策团队，通过获取、传递、分享和处理有关组织购买的信息，最终作出购买决策。弗雷德里克·韦伯斯特和伊尔曼·温德（Webster Jr. and Yoram Wind）将购买组织的决策团队称为购买中心，并认为购买中心由所有参与购买决策过程的个人和团体组成，他们拥有相同的目标并共同承担决策风险。

购买中心作为组织客户的重要决策团队，对于供应商的评价和选择具有举足轻重的地位和作用。因此，供应商在制定面向特定组织客户的营销策略时，必须关注和分析组织客户的采购中心。

（一）购买中心成员构成

通常，进入组织客户购买中心参与购买决策的主要部门或人员涉及：生产部门、研究与发展部门、工程部门、采购部门、营销部门、高层管理部门等。

1. 生产部门

生产部门是组织购买品的主要使用者，绝大多数的组织购买品会被投入生产部门，以制造出满足下游客户需要的产品或服务。通常，生产部门负责确定生产产品的可行性和经济性、零部件及原材料特征和数量的描述，同时负责考察所购买的产品对现有生产过程可能产生的影响等。生产部门的人员在购买决策过程中具有重要作用，尤其在需求识别、设立规格以及反馈评价等阶段，生产部门的人员是购买中心的关键成员，对于供应商的选择、保留以及购买批量在各个供应商之间的分配具有重要的影响。

2. 研究与发展部门

研究与发展部门的主要职责涉及产品和工艺的初期开发，负责零部件规格、原材料标准、产品最低性能标准的制定，以及制造技术的研发等。研发部门的人员主要参与新购型和修正重购型购买决策过程，在需求识别、设立规格等阶段，对购买决策有重要影响。

3. 工程部门

工程部门的主要职责涉及建立产品使用要求说明和技术性描述，对供应商及其产品进行正式的评估。在新材料、新零部件购买决策过程中，工程部门的人员对潜在供应商的选择和评价产生重要影响；在新设备购买决策过程中，工程部门人员的作用更为重要，包括定义技术指标、识别潜在供应商、选择和确定供应商等。

4. 采购部门

采购部门的主要职责涉及产品、原材料、设备等的采购工作。采购部门的人员具有丰富的购买知识、谈判经验、成本和价格分析技巧，并与供应商有着密切的关系，因而成为购买中心的主要成员。但这并不意味着采购部门在组织购买决策过程中具有非比寻常的重要作用。通常，在产品特征和潜在供应商确定之后，以及直接重购和修正重购情况下，采购部门才成为购买决策的重要影响者。当然，如果采购部门在实施购买过程中获得了更好的产品和技术信息，也有可能参与到需求识别阶段，并对购买决策产生重要影响。

5. 营销部门

营销部门主要职责涉及发掘客户需求，让客户了解公司的产品和服务，并将公司的产品和服务送达客户。当购买决策涉及产品原料、包装、价格等方面的调整，进而影响产品市场销售时，营销部门人员会进入购买中心，参与组织购买决策。营销部门在产品销售过程中也会因为发现一些新问题、新需求，而参与到购买决策过程的需求识别和需求描述阶段。另外，营销部门会对最终产品市场销售情况进行监控，形成反馈意见，因此在供应商执行情况反馈与评价阶段发挥了重要作用。

6. 高层管理部门

高层管理部门通常不介入日常简单购买决策过程，但是当组织面临前所未有的新任务购买，或者购买决策对组织经营绩效产生重大影响，或者是具有战略意义的购买时，高层管理人员会成为购买中心的核心成员，并且是主要的决策者。一旦高层管理人员参与购买决策过程，就很有可能为将来购买类似产品建立购买标准和指导方针。

除上述部门或人员以外，实际中还有一些可能对购买决策产生影响的部门或人员，如质量控制部门、财务部门等。另外，随着采购专业化的发展，大型组织客户设立的采购咨询部门，也会介入相关采购项目的决策过程；对于高新技术产品的购买，一些组织客户会直接吸收外部专家和供应商进入购买中心，并成为重要的影响者。

（二）购买中心角色构成

在组织购买决策过程中，来自不同部门的购买中心成员往往扮演不同的角色。韦伯斯特和温德将购买中心的角色分为五种：使用者、影响者、决策者、购买者和守门人。

1. 使用者

使用者是组织中真正使用所购产品和服务的组织成员。他们往往最先提出购买建议，并协助确定所需产品品种、规格和型号。

2. 影响者

影响者是组织内外直接或间接影响购买决策的人员。他们通过提供备选供应商的评估信息或制定产品规格等来影响购买决策。通常，工程技术人员、质量控制人员以及来自购买组织外部的相关人员是这一角色的主要担当者。

3. 决策者

决策者是组织中真正作出购买决策的组织成员。通常，在常规购买中，购买者往往就是决策者，而在一些复杂购买中，决策者由高层管理人员担当。

4. 购买者

购买者是组织中有正式权力执行购买决议，实施购买行为的组织成员。他们可能协助制定产品规格、型号，但其主要职责在于选择供应商和进行交易谈判。在一些复杂购买中，购买者也可能包含高层管理人员。

5. 守门人

守门人是组织中可以控制信息流入采购中心的组织成员。他们主要通过控制印刷广告、供应商销售人员与采购中心成员接触等方式，对购买决策产生间接影响。

在组织购买决策过程中，同一个角色可能由多人担任，而同一个人也有可能担任多个角色。对于供应商的营销人员来说，准确地识别采购中心中最具权威性或最有影响力的关键人物，将有助于提高销售工作的绩效。

☞【小结】

组织市场是指一个组织向其他组织推销商品或服务的任何市场，包括除组织与最终消费者进行交易的市场之外的所有市场。组织市场和消费者市场的主要区别在于客户的性质不同，组织客户按照其导向特征大致可以分为三大类：工商企业、政府部门和事业机构。

组织市场的特征可以从结构特征、需求特征和购买特征等方面来考察。组织市场结构具有市场规模巨大，购买者数量少但购买量大，购买者地理区域相对集中等特征。组织市场需求具有派生性、相关性和缺乏弹性等特征。组织市场购买具有专业购买、理性购买、购买决策复杂、供需关系相对稳定、购买方式多样化等特征。

组织购买品按照进入产品生产过程的特点和计入产品成本结构的特点，被分为初级原材料、二级原材料、辅助材料、零部件、设施与设备、工具与附件、服务七大类。

根据购买的新奇度，将组织客户购买情况分为新购、修正重购和直接重购三种类型。不同类型的组织客户在购买产品和服务时，存在着不同的需求，具有不同的特点，并且往往需要不同的信息。

组织客户的购买过程由预测或识别需求、确定需求项目特征和数量、描述需求项目特征和数量、寻找供应商、征询供货建议、评估供货建议书并选择供应商、选择订购方式、供应商执行情况反馈与评价八个阶段组成。

购买中心是购买组织的决策团队，由所有参与购买决策过程的个人和团体组成，他们拥有相同的目标并共同承担决策风险。购买中心参与购买决策的主要部门或人员涉及：生产部门、研究与发展部门、工程部门、采购部门、营销部门、高层管理部门等。在组织购买决策过程中，来自不同部门的购买中心成员往往扮演不同的角色，包括：使用者、影响者、决策者、购买者和守门人。

☞【思考题】

1. 何谓组织市场？其客户有哪些类型？
2. 简述组织市场的需求特征和购买特征。
3. 何谓组织购买品？它有哪几种类型？

4. 组织客户有哪几种主要的购买类型？
5. 组织客户购买过程有哪些主要的阶段？
6. 何谓组织采购中心？其主要成员有哪些？

☞【课后案例】

“高防伪证书制作”服务项目采购

20××年 10 月，某单位 T 管理局委托 H 招标公司进行“高防伪证书制作”服务项目采购工作。由于目前办假证活动泛滥，T 管理局此前曾多次接到举报或在业务检查中发现有人违法使用假证书，因此，T 管理局对此次新的证书制作服务采购工作高度重视，在采购开始前专门咨询了国内证书防伪领域的专家，并在专家指导下在采购需求中规定了较高的技术标准，同时，T 管理局还要求专家提供了几家国内从事防伪证书制作业务的技术水平较高的大公司名单。H 招标公司接受委托后，T 管理局将自己的担心和前期调研的情况与其进行了沟通，要求 H 招标公司按照 T 管理局前期确定的采购需求编制招标文件，并且提出为了保证采购的效果，要对投标人的资格提出较高的要求，一定要保证中标人是技术过硬、信誉良好、管理规范的大公司。

10 月底，H 招标公司按照 T 管理局的要求，编制完成了招标文件，并得到 T 管理局的确认。随后，H 招标公司依法进行了发布招标公告、发售招标文件、接受投标人递交投标文件、抽取专家、组织开标、组织评标委员会进行评标等工作，评标委员会经过评审，推荐投标人 D 公司为排名第一的中标候选供应商。H 招标公司在获得 T 管理局对采购结果的确认后，发布了中标公告。

12 月初，财政部门收到 A 公司的举报，举报称，此次采购存在不正当限制投标人的情形，采购结果有失公正，要求财政部门对此项目进行调查，并依法作出处理处罚。为此，财政部门调取了本项目的招标公告、招标文件等材料。调查发现：招标公告及招标文件中对于投标人的资格要求存在如下内容：投标人“注册资金不低于 2000 万元”、“投标前三年每年度营业收入不低于 2000 万元”、投标人正式员工“不得低于 100 人”等。为避免案件处理中出现疏漏，财政部门根据文件中发现的问题又对 T 管理局和 H 招标公司进行了询问。询问中 T 管理局表示，他们只是要求中标人必须是技术过硬、信誉良好的大公司，至于具体标准，是由 H 招标公司确定的；H 招标公司反映，为了能实现 T 管理局提出的必须由证书制作行业内大公司中标的要求，H 招标公司通过市场调研，确定了比较合理的资格标准，对投标人的注册资金、营业收入和公司规模等提出了一定的要求，这样既能保证投标人是具有一定实力的大公司，也能保证投标人数量比较多，能够构成充分竞争。

资料来源：佚名．不该有的歧视待遇．中国政府采购网，http：//www.ccgp.gov.cn/aljd/201611/t20161121_7606084.htm.

案例讨论题：

你认为本案中的采购人和采购代理机构是否存在以不正当理由限制投标人的情形？为什么？

【参考文献】

［1］菲利普·科特勒，凯文·莱恩·凯勒．营销管理（第15版）．何佳讯，于洪彦，等，译．上海格致出版社，上海人民出版社，2016：171-196.

［2］甘碧群．市场营销学（第3版）．武汉大学出版社，2002：149-175.

［3］汪涛．组织市场营销．清华大学出版社，2005：1-14，54-66.

［4］迈克尔·D. 赫特，托马斯·W. 斯潘．组织间营销管理（第8版）．朱凌，梁玮，曹毅然，译．中国人民大学出版社，2006：1-76.

［5］郭毅，侯丽敏．组织间营销．电子工业出版社，2011：1-38.

［6］王永贵．组织市场营销．北京大学出版社，2005：1-17，32-39.

［7］李桂华，卢宏亮．组织间营销．清华大学出版社，2013：3-22，79-104.

［8］多米尼克·威尔逊．组织营销．万晓，汤小华，译．机械工业出版社，2002：9-50.

第七章　开发全球市场

【学习目标】学习本章后，应当掌握：

1. 了解市场全球化，能区别全球营销中的先行者与后来者
2. 描述全球营销的三种营销战略选择
3. 分析基于原产国效应的全球营销
4. 解释在跨文化背景下的消费者行为

【引例】

第一家麦当劳店1954年于加利福尼亚开业，在美国人甚至全世界大多数人看来，有什么可以比汉堡包和炸薯条等快餐食品更美国化呢？但事实是，这家“地道”的美国公司现在国外出售的汉堡包和薯条数量远远多于美国国内，2016年，麦当劳美国市场的门店只占全球门店的不足四成。此外，2016年第四季度，麦当劳全球销售额增长2.7%，但美国市场销售额却下降了1.3%。

如今，分布在全球超过120个国家的3万多家麦当劳门店每天为超过6900万顾客提供服务。与所有企业的市场国际化步伐一样，麦当劳在每个新市场都需要为了符合当地消费者的特殊需求多次调整自己的营销和运营策略。但作为一个全球企业，麦当劳遍布全球的餐厅采用了统一的全球战略——以顾客买得起的价格出售方便食物。但在一般的战略框架下，麦当劳努力适应各个当地市场的细微差别。今天，无论你来自世界的哪里，无论你在世界的哪里，都能发现金色的拱门和充满汉堡包、巨无霸、薯条、汽水等熟悉产品的菜单。以至于麦当劳的欧洲总裁曾说过：“每个地区的麦当劳经营者，都只是经营全球品牌的当地营销者。”

资料来源：科特勒，加里．市场营销原理（第13版）．楼尊，译．中国人民大学，2010：514.

通过前面的学习，你已经初步了解了分析顾客价值的方法和目的，并学习了如何对消费者市场和企业市场进行分析。在这一章中，我们将继续探讨全球市场中的顾客价值、开发全球市场。我们已经在前面的章节中涉及一些全球市场的话题——现在已经很难找到完全不涉及全球问题的市场营销领域。但本章侧重企业在进入全球市场时，应考虑的特殊影响因素和战略选择，我们将在这里讨论市场营销者探索开发全球市场时对顾客价值的分析和挖掘。

第一节　市场全球化与全球营销

一、市场全球化

市场全球化由 T. Levitt 提出，是企业或其他组织提升国际影响或开始在全球范围运作的过程中，因为世界观、产品、概念及其他文化元素的差异带来全球性交换的整合过程。随着技术的快速进步和网络的普遍运用，市场全球化成为不可逆的趋势。据 2016 年世界 500 强公司的排行，美国沃尔玛超市目前是世界第一大公司，其 2016 年总收益达到 4858.7 亿美元，超过世界排名第 24 位的经济体比利时的该年度总 GDP。显然，沃尔玛的全球化战略对其收入起到了至关重要的作用。市场全球化是国际竞争扩展至全球的强大动力，它的表现是多方面的，主要包括生产全球化、销售全球化和消费全球化。

（一）生产全球化

新技术革命成果的应用促进了产业结构的大规模调整，一方面传统产业利用新技术进行改造，另一方面新兴产业尤其是高技术产业的发展促进了全球范围内的产业结构大调整。例如美国自 20 世纪 90 年代开始进行以发展高科技为重点的产业结构大调整，将传统产业转移至劳动力价格较低的发展中国家。生产全球化使跨国企业在全球市场重新配置自己的资源，以获取更大的成本优势。

（二）销售全球化

跨国公司国内产业结构的调整和高技术的运用使劳动生产率大大提高，国内市场逐渐饱和，竞争越加激烈的同时市场机会越来越小。此外，全球市场对商品的需求呈现多层次化发展，机会越来越多，企业为了进一步提高收益而将销售市场扩展至全球，其中既包括产品全球化也包括服务全球化。在美国通用电气实现了流水线标准化生产后，由于劳动效率的提高，通用汽车被销往全球各个市场。

（三）消费全球化

网络媒体的迅速传播、新技术的快速更新、全球市场消费群体的推动影响着跨国公司消费全球化的发展，无国界的全球消费品牌和公司，国家和地区之间的“消费时差”大大缩短，全球共同的消费趋势等都是消费全球化的表现。

市场全球化有利于资源和生产要素在全球的合理配置、资本和产品在全球性流动，也有利于科技全球性的扩张，还有利于促进不发达地区经济的发展，是人类发展进步的表现，也是世界经济发展的必然结果。从营销角度看，市场全球化既是跨国公司的机遇和挑战，也是对顾客价值更深的理解和探索，同时还是对营销理论的扩展和丰富。

二、全球营销

很多公司都将海外市场作为业务拓展的重要方向，成立国际事业部甚至直接在海外设立子公司，全球营销已成为无法回避的现实问题，在不同市场的经营业绩也将受到其特定战略的重大影响。

全球营销是 1983 年莱维特提出的跨国企业为了获得仅在国内经营无法得到的竞争优

势和顾客价值，而在除本国市场以外的多国市场开展经营活动，并努力使企业在世界各地的营销活动一体化。全球营销是跨国公司对全球市场内的营销资源的优势整合，对资本、原材料、技术、人力和客户资源的重新配置，例如苹果公司在美国总部仅设立研发中心，产品生产则在中国等劳动力密集的市场进行。

全球营销的企业将世界市场视为一个有机统一的整体，努力寻求不同国家市场间的共性，建立跨国品牌，并在世界范围内找到最合适的地方融资、购买原材料和零部件、生产并销售产品。例如，美国波音公司的全球营销战略，原料来自于全世界、产品销售至全世界的全球营销方式，为波音公司创造了令美国市场望洋兴叹的利润。

营销实例 7-1

美国波音公司的全球营销战略

美国波音公司于1916年在美国成立，并在20世纪20年代开创了世界上最早的航空邮政业务，30年代建立自己的全金属运输机系列，第二次世界大战后率先使用喷气式飞机。90年代末期，经过一系列兼并收购后，波音公司成为世界上规模最大的航空航天领域的公司。

为了拓展其业务，波音公司与全球的各大供应商建立了合作伙伴关系，并积极在全球各个国家销售其生产的民用飞机。为进一步降低成本和集中优势资源，波音公司首先在全球范围内搜寻合适的供应商。目前现役的1万多架波音飞机中有30%的配件是中国生产或安装的，日本公司和意大利公司负责设计使用复合材料的机身和机翼，俄罗斯提供关键的技术人员设计钛合金的飞机部件，中国负责设计生产波音737飞机尾翼等，最终这些部件会在美国西雅图进行整体组装完工。完工后的波音飞机会被售往中国、英国、巴基斯坦等全球近100个国家。据资料显示，2016年波音公司全球共交付748架飞机，其中净订单668架，依据目录价格计算价值为941亿美元，创造了约49亿美元的净利润。

资料来源：《波音公司国际转包案例分析》及波音公司主页：http：//www. boeing. com.

作为高技术型跨国企业，波音公司谨慎又积极地开发全球业务以满足低成本高利润的企业目标。全球定位离不开全球市场营销环境的影响，全球营销者必须清楚每个国家都有独特的历史背景，一个国家对不同产品和服务的接受意愿及其作为一个市场对外国企业的吸引力，受到该国的政治、经济、文化、法律、人口、自然环境等因素的影响。

（一）政治环境

企业决定是否进入某个国家的国际市场时，政治环境首当其冲成为要考察的因素。某些国家对外商持开放包容的心态，为跨国企业提供激励和有利的经营条件，认为这会给本国的经济带来活力，进一步释放市场竞争带来的进步；但同时也有很多国家对跨国企业存在一定的敌意，认为这加剧了竞争压力，可能给本国企业和员工带来消极影响，给跨国企业经营带来挑战。

（二）经济环境

经济环境是全球企业面临的重要且复杂的营销环境。各国不同的经济制度对全球营销提供宽严不同的经济环境，使企业所面临的国际营销环境的复杂程度不同。全球经济环境还包括进入国国民的收入分配情况，每个国家都会有不同收入水平的产品潜在购买者，跨国企业对目标消费者的定位尤为重要。例如，即便是奢侈品，一个整体不算富裕的国家可能是有吸引力的市场。

此外，金融市场、金融制度及外汇市场都会对跨国企业的进入与决策产生影响。

（三）文化环境

进入某一个全球市场之前，先了解这个国家国民的文化背景和生活习俗是避免制定全球营销策略时失误的重要手段，“入乡随俗”对于进入新的全球市场同样适用。例如，“Coca-Cola”最初进入中国市场时音译为“蝌蝌啃蜡”，深色的液体配上饮料名，让消费者“味同嚼蜡”，销量一度很差；后改名为“可口可乐”，既保留了原文的音译，听上去也符合中国消费者喜爱轻松欢快名字的偏好，还形象地表达出饮料的口感，自然深得中国消费者的喜爱，销量随之大幅提升。

（四）法律环境

遵循法律的各项规定是每个企业开展业务的前提条件，跨国企业也不例外。考虑法律环境对全球营销的影响时，除遵守各国对消费者保护、产品制造者的规范和竞争公平性的维护的相关法律法规外，还要注意每个国家关于调整国际经济贸易行为的相关立法。例如货币管制政策，跨国企业希望它们获得的利润能以有价值的货币进行结算，但现实是很多国家的硬通货很少，不足以支付它们的购买，“对等贸易”由此产生。

（五）人口环境

跨国企业在全球营销活动中，始终围绕着产品的消费者和购买者展开，人口环境决定了企业的全球营销步伐和方向。首先，各国的人口规模决定着全球的潜在市场，例如人口数量是必需品市场最有力的指标；其次，人口分布状况对跨国企业评估各国市场产品需求、促销、渠道等都有影响。另外，不同年龄层和性别的购买力和购买偏好也会影响全球营销。人口老龄化的趋势使得老年市场成为各国营销者都重视的市场，女性是日用品和儿童用品的主要采购者，男性多是汽车、保险等的购买者等。

（六）自然环境

自然环境主要包括地形、气候、自然资源等，是一国市场的先天决定因素。世界各国地形、气候和资源的蕴藏状况有很大的差异，这种差异会影响各国经济特征与国家的经济和社会发展，直接导致全球营销的差异。地理位置会影响分销体系和分销渠道的选择及设立，例如在冬天酷寒时蒙特利尔被大雪封住，此时产品的进货期和安全存货量必须多于平时。企业在不利的自然环境下进行全球营销会提高企业的经营成本，反之会有利于全球产品的开发和目标市场及分销渠道的选择。

三、全球营销中的先行者与后来者

跨国企业进入全球市场顺序有先后，这在时间上将跨国企业划分为市场的先行者和后来者。先行者和后来者是市场资源的竞争者。先行者是指在某一全球市场开发阶段即进入的企业，包括新技术早期研发者、产品早期生产者等，例如软饮料系列早期品牌可口可乐。一部分先行者随着技术的进步被淘汰在时代的洪流之中，另一部分则积极创新改革，依然坚挺地屹立在全球市场。后来者是在全球市场较为成熟稳定时选择进入的全球企业，例如华为公司、Facebook 等。同先行者一样，有些后来者经受住了市场的检验后来居上甚至成为领导品牌，而有些则迅速崛起又迅速灭亡。

先行者往往在先期已经占有较大的市场份额，此时销量领先会带来更大的成本领先优势；也能提供较全面的产品种类，从而产生正向连带外部效应（Positive Network Externality）。但是，也有先行者因为缺乏使核心技术或产品商业化的能力和持续的创新动力而无法保持竞争优势。同样，后来者可以分析总结先行者的经验教训和全球市场的发展规律进一步降低风险，也可以利用最新的技术程序和管理方法进行创新或提高效率，尽管它们会面临较低的原产地和品牌形象、更激烈的市场竞争和有限的全球市场资源和销售渠道。

先行者跨国企业更多地谈市场占有率、品牌、战略管理，不仅是因为它们成熟，也因为大方向不能出错，否则调整起来将耗费巨大的人力物力，同时它们有更多的资源和资本用大投入获取长远的高产出。后来者受到自身资源和规模的限制，企业发展速度和当下的利润比战略管理和品牌建设更为重要，在进入新的全球市场时即使没有完善的应对策略也要实现盈利最大化。

第二节　全球营销的战略选择

在全球需求扩张的当下，跨国企业的全球营销，一方面使企业通过扩大市场范围获得只在国内经营无法得到的竞争优势，另一方面也使企业通过满足全球顾客的需求而获得新的顾客价值，获得顾客忠诚。但实际上，顾客感知的价值深受其价值偏好的影响，具有全球化价值偏好的顾客会非常容易接受全球统一标准化的产品和服务，例如，大都市白领对星巴克咖啡的追求；而具有本土价值偏好的顾客则更倾向于接受符合本土社会文化特征的产品和服务，例如，宗教文化浓厚地区顾客的宗教服饰的选择。因此，对于跨国公司而言，如何选择全球营销战略以匹配当地消费偏好，从而获得更大的母国以外目标市场的顾客价值，就显得至关重要了。

一、标准化战略选择

（一）标准化战略

自 Levitt 提出全球营销（Global Marketing）的概念，标准化战略一直是全球营销战略的关键性理论。标准化战略（Standardization Strategy）认为全球是一个整体大市场，而没有国家之间的差别，营销人员应该把其母国市场销售的产品及营销方式直接带到全球市场，从而实现全球标准化。

营销标准化战略分为两个层面，其一是营销管理过程的标准化，又称过程导向的标准化，主要是指跨国公司在其过程性活动方面诸如决策制定、数据采集、计划控制、信息传递与沟通上实现标准化。其二是营销组合要素的标准化，又称为内容导向的标准化，主要是指在全球各个国家市场采用与母国市场相同的促销方式，建立相同的分销渠道并以相同的价格销售相同的产品。两者互为补充，前者作为标准化的手段和工具，并且是后者完成的前提和基础。

具体而言，标准化战略的特征主要表现在以下几个方面：①相同的产品或核心产品；②标准化的服务；③统一的国际形象；④标准化的运作；⑤标准化的管理模式；⑥统一的技术标准。

（二）全球市场同质化与标准化价值

标准化战略实施的假设前提是全球市场的同质化。事实上，随着通信技术与交通方式的进步，世界市场得到不断融合，加之人口的全球快速流动，世界上不同国家消费者的需求和偏好已经逐渐趋同，并且共同偏好与追求世界范围内高质量和低价格的产品和服务，由此，可以将全球市场看成是一个同质化的市场，即使各国市场内部存在多个细分市场，只要存在重复的细分特征，这些重复的细分特征也就构成了一个跨国的同质化市场。

由此，标准化战略关注全球市场中顾客的相同需求和消费偏好，从而满足全球市场顾客的选择，获得标准化顾客价值。

在这一前提下，跨国公司获得竞争优势的一个重要来源就是以低成本生产高质量的产品，同时在全球范围内用统一的广告，提升公司的品牌形象。由此，全球营销的标准化能够为跨国企业带来规模经济，而规模经济则使得成本降低成为可能。这种成本的节约不仅仅表现在生产方面，而且表现在研究与开发以及采购分销促销物流广告等方面，在长期范围内这些成本会不断得到摊销，从而在全区范围内维持成本领先优势以及长期保持相应的边际收益。此外，当一个全球化的品牌被统一地用在若干个国家的时候，将节省企业在媒体广告费用和销售努力上的支出。同时运用全球标准化广告宣传活动，使得企业发掘产品潜力的想法成为可能。这也是全球营销标准化战略的最大优势所在。

除了降低成本，标准化战略的优势还表现在：

①改进计划和控制。一方面，由于评价标准的统一性，企业的产品及服务的安全和质量的可靠性可以得到提升，同时企业可以对产品和服务进行更彻底的检验和评估。另一方面，由于全球营销计划和政策方面的标准化，跨国企业总公司可以对各国的分支机构进行更有效的控制，一旦出现好的主意，例如好的主题广告，企业可以最快的速度在各个分支机构中分享并应用于各个市场。

②树立品牌特征，获得全球顾客群。全球化的顾客希望的是，无论他们在什么地方享有和购买，都能够获得跨国公司相同质量的产品和服务。标准化战略，使得跨国企业品牌能够保持基本统一，从而具备全球化特征，满足全球标准化价值，获得这些顾客群体的青睐。比如夏日炎炎，你想购买一瓶碳酸饮料，无论你在哪个国家，都会先想起可口可乐或者百事可乐，并能购买到，味道也和你之前喝的没有什么差别。

（三）标准化战略的局限

对于具有同质化需求的市场而言，标准化战略是跨国企业进行全球营销的最佳选择。但实际上，当全球化的趋势越来越明显时，地方性的特色也会越发明显，社会文化和本土范围的压缩，使得地域、社区意识不断加强，本土化偏好特征也更加明显，在此背景下，标准化战略的实施出现其局限性：

①缺乏针对性。注重产品的国际化战略，往往容易忽略其产品的针对性，即忽略了在某一个国家有关消费者偏好方面的具体目标。如果该国市场是缺乏同质性的市场，本土化特征明显，这就会降低跨国企业在该国市场可获得的全球顾客价值，降低其竞争力。而目标市场本土企业则可以利用其与当地市场更为紧密的联系，特别是与当地同行业成员的密切工作关系，充分理解当地消费者的多样化需求，从而创造更多的顾客价值，抵挡跨国公司的竞争。比如在中国市场，由于传统茶饮用习惯的传承，统一的茶系列将会从可口可乐那里分走一部分有饮茶需求的顾客。

②较弱的贸易壁垒应对能力。各国市场都有贸易壁垒保护着，这对保护本国的制造业是必要的，但这意味着跨国公司从标准化中得到规模效益就十分困难了。因此，跨国公司需要考虑通过一个合适的产品，更好地按照目标市场的特性瞄准本土化市场，从而避免错误的定位。

由于标准化战略在满足本土化消费偏好上的局限性，全球营销本土化战略成为跨国企业新的选择。

二、本土化战略选择

（一）本土化战略

所谓本土化（Localization Strategy）是指跨国公司在进入某国市场后，将生产、营销、管理、人事等经营诸要素融入当地文化的过程，主要构成为：产品本土化、渠道本土化、定价本土化、促销本土化和更深阶层次的研发本土化、营销人力资源本土化、企业文化本土化。

对于跨国公司而言，在世界范围内寻求和配置资源、开拓市场，从而实行标准化全球经营，是实现规模化经营、降低成本的最佳选择，但是由于标准化战略无法满足全球市场不同国家、区域消费者的本土消费偏好，以及标准化战略在目标市场所受到的市场开放度、竞争因素、文化环境等限制，跨国公司不得不采取变通的策略，本土化战略就是其中一种选择，其更多是来自企业内部机制的积极转换，是跨国公司为了适应进行积极性转变的一种重要体现。

具体而言，本土化战略的特征主要表现在以下几个方面：①生产使用当地的原材料，并在目标市场区域就地生产；②运用当地分销渠道来源；③树立本地化品牌；④采用适应当地文化的促销手段；⑤在当地建立研发机构；⑥管理人员、高层经理使用当地人。

（二）全球市场异质化与本土化价值

本土化战略实施的假设前提是全球市场的异质化。与同质化市场假设相反，异质化市场假设认为，由于各国法律规定、传统文化、经济水平、消费者偏好等方面存在较大的差异，全球市场是异质的，特别是由于各国市场细分区隔更多，市场的多样化也更明显。不同地区的消费者可能需要相同的基本物品，但更明确的是他们需要的产品和服务以及偏好会产生非常大的变化。这种改变的原因来自于文化、社会经济以及地理环境等方面，也就是说用于消费和使用产品及服务的外部条件发生了改变。

对于此类消费者而言，他们既希望能够获得跨国公司全球化产品和服务，同时也希望这些产品和服务能提升其本土化顾客价值，满足其本土化偏好。例如，中国与美国的消费者同样青睐肯德基，但中国消费者更加希望吃到符合本国饮食习惯的肯德基产品，比如老北京鸡肉卷和豆浆早餐；而美国消费者会更加愿意选择汉堡和咖啡早餐。

由于产品种类、服务形式、营销方式的多地区差异性，本土化战略无法形成规模经济以降低成本，但是实施本土化战略的跨国企业可以采用针对当地细分市场的更为准确的本土化战略实现差别优势，并获得准垄断地位和建立价格歧视等条件，以此为基础设定较高的价格，标准化条件下所节约的成本可以被补偿。并且企业可以通过适应性所带来的销售量的增加，实现利润的最大化。

本土化战略的这种差别优势还表现在：

①满足消费者多样化的需求。采用本土化战略的企业，可以着眼于满足各个国家当地市场所特有的需要，能够发挥当地分支机构的积极性和创造性，捕捉当地的市场机会，发现当地市场消费者的特有需求，定制营销组合来满足当地消费者多样化的需求，从而创造更大的本土化顾客价值。

②提升跨国公司的本土适应性。本土化战略，可以帮助跨国公司对目标市场当地的经济状况、政治法律规定以及当地分支机构内部的组织结构关系和决策方式有一定的了解，能够促使跨国企业更加深入地了解当地文化特征，从而拉近与当地消费者之间的距离，并促进其与当地政府间关系的协调。

（三）本土化战略的局限

为消费者提供全球顾客价值是跨国公司区别于本土企业的根本所在，但是随着本土化程度的逐渐深入，跨国公司片面追求适应当地人的消费习惯和消费需求，特别是不同市场标准的产品生产和服务，反而会失去其全球价值的品牌独特性，从而造成企业品牌伤害。

此外，营销方式的过度本土化，会使得跨国公司与本土品牌形成同质化竞争，从而伤害品牌原有的竞争优势。

日本本田为了全面实施本土化战略，针对中国市场重新修订了质量技术标准，推出了低于日本本土的质量标准，即“中国标准”，在短期内，其本土化措施确有效果，在中国的销量日益攀升。但是随着其本土化战略和“中国标准”的实施推进，其产品质量的下降和品牌的贬值是不可避免的，用纯中国化的产品，贴上日本的商标，势必对其多年形成的品牌优势造成伤害。

三、在地化战略选择

（一）在地化战略

由于本土化战略的逐渐深入对跨国企业品牌的全球价值的削弱，以及全球市场竞争优势的降低，全球在地化的概念逐渐为主流所接受。所谓在地化战略（Glocalization Strategy）是指全球化的产品适应所销售国家的本土化特征的一种战略，在这一过程中，目标区域市场将与全球市场相融合。

在地化战略强调在全球营销构成中，保证跨国公司创造全球顾客价值的核心理念不变，保证企业品牌的全球性，而在目标区域营销过程中，传递以及传播全球价值的方式发生改变。例如，苹果在中国地区的销售，整体机型依旧保持苹果所坚持的极简理念，但是在中国市场上会推出更具有中国特征的红色 iPhone。总而言之，在地化战略在一些战略性元素上寻求统一，但是在具体的策略方法上寻求本土化定位。它是一种全球化思考地方化行动的战略。

（二）在地化战略与本土化战略

本土化战略又称为本地化战略，是指将某一事物转换成符合本地特定要求的过程。本土化战略是显示各种异质多样性和特定情境要素的过程，资源本地化的最佳效果是既能适应本地要求，又尽可能地保持资源原有的特定情境含义。

本土化战略在主体不明的情况下，也可能被称为在地化战略。本土化战略与在地化战略主要区别在于：在地化战略客观融入当地（外来者融入所居地）；本土化战略主观融入当地（本地者归返乡土）。具体而言，在地化战略更加强调跨国公司的全球价值，公司核心产品、理念、品牌形象等保持全球统一标准，但在特定他国市场上在定价、渠道、促销、服务等方面采用该国消费者能够接受的方式。

（三）在地化战略与标准化战略

随着标准化战略的趋势越来越明显，地方性的特色也就越发明显。此时，标准化战略的发展不再只是一种单纯的、既定的、单一发展类型的普遍化。它直接涉及各地经济、文化、社会等多元因素，既包括了事物的同质化，同时又有异质化。这种他者与本土的相互间关系让全球化和文化多样性成为一种相互对立又相互依存的矛盾，并且成为学者讨论与社会发展的重点。

在地化战略是基于标准化战略而言的，标准化战略使人类的接触紧密，失去了距离感，在地化使人类有了区域感受，找回了文化归属感，心理距离感拉近，亲密感增强，使人们的地方感与地理界限明显，是地域文化延伸的魅力所在。标准化战略与在地化战略在发展的逻辑上是“特殊性的普遍化”与“普遍性的特殊化”关系。比如星巴克，其全球同质，拥有区域统一的行为普及性，但又有区域和地方特质的多元性，它凸显的自主性的意义与全球化相互交融。也就是说标准化战略与在地化战略也并非只有对立的关系，也有互为横向的、纵向的互相依存的关系。

第三节 原产国效应及原产国品牌营销

一、原产国效应

品牌向消费者传递有关该产品积极或消极的信息，同时又受到以往的广告和其他促销手段、产品声誉、产品评价、用户使用情况等影响。对于跨国公司来说，原产国对市场和产品的影响是至关重要的。

产地属性对产品全球营销产生的影响称为原产国效应（Country of Origin Effect，COE）。Schooler 最早在 1965 年提出消费者对某国或地区生产的产品具有的总体性认知（Perception）源于消费者对该国生产和营销长期形成的印象或感受的命题。原产国效应是进口商品由于原产地的不同使消费者对其潜意识产生了不同评估，从而对进口商品形成的一种进入本国市场的无形壁垒。例如消费者会对德国企业生产的车抱有积极肯定的态度，认为德国人认真、严谨的性格态度使他们对任何事物有着极高的标准和要求。

一般而言，消费者会认为品牌所属的公司带有母国属性，如索尼公司把总部搬迁至美国，但消费者仍认同它是日本品牌；IBM 品牌在全球营销，消费者仍认为它是美国公司。当然，也有例外，联合利华由一家英国公司和荷兰公司合并而成，总部在布鲁塞尔，从统一经济体角度，把它的原产地称为欧洲相对没有歧义。未来随着更多类似欧盟经济体的出现，原产地的国家概念会趋于淡化，代之以经济体作为品牌原产地。

关于原产国效应的心理形成机制，目前尚未有统一的定论，学术界普遍认同以下四种：

（一）晕轮效应（Halo Effect）

晕轮效应是指当认知者对一个人或一个国家的某种特征形成印象后，还倾向于据此推论该人或该国其他方面类似的特征。这种品质或特点像月亮的光环一样向周围弥漫扩散，从而掩盖了其他品质或特点。消费者对某一品牌有较高的认知评价后，原产国作为一种光环影响了消费者对产品属性的信念，进而形成了对产品或品牌的态度。例如有些消费者认为法国是时尚之都，他们会将这种认知扩散到法国生产的所有与时尚有关的产品：香水、包、服装等，相关跨国企业都会因此在全球市场中获得原产国优势。

（二）首因效应（Primacy Effect）

首因效应是指个体在社会认知过程中，通过“先入为主”的第一印象对客体以后的认知产生的影响作用，即使后面提供了其他重要的信息也会重视前面的信息，形成整体一致的印象。当消费者对某个国家市场的产品归类时，由于最先认知到的产品或特质具有强化意识作用，消费者自然会对产品做出进一步归纳归类。例如德国的奔驰、大众等汽车品牌进入全球市场后形成了较好的印象，消费者会自然地将德国汽车归类为高品质、高舒适度。

（三）品牌效应（Brand Effect）

品牌是一种符号象征，也是企业、产品、社会的文化形态的综合反映和体现，更是企业、产品与消费者之间关系的载体。品牌效应是商业社会中企业价值的延续，意味着商品定位、经营模式、消费族群和利润回报。对消费者而言，品牌不仅是质量的保证，还具有其他广泛的价值或利益，甚至代表了某种社会生活方式，该品牌对消费者的购买态度与购买行为具有广泛的影响，当消费者对该国进行印象构建时，会自然联想到某一品牌带来的品牌效应。

（四）概括效应（General Effect）

概括效应又称总结性效应，指当某国的先行企业在目标市场上取得了初步成功后，该国同产业竞争对手会竞相进入该市场，消费者面对的产品不再只是单一品牌，而是来自某国的多种品牌；当消费者体验多种品牌后，会进行提炼与归纳，将其作为评价该国同类产品的依据。由于信息不对称性，消费者还是会自然形成原产国效应并以此为判断标准。

二、原产国品牌的影响因素

原产国效应的存在使消费者对不同的品牌贴上原产国标签。但不同的消费者在判断原产国品牌时，所依据的判断标准并不一定相同。研究发现，消费者关于原产国效应的判断的影响因素主要有以下几点：

（一）原产国因素

消费者对目标产品品牌陌生时，会自动把该产品联系到原产国的特质上，可能会基于对原产国的国家印象判断，也可能与原产国的代表品牌或集群品牌的特质相联系，还可能通过分析原产国的经济发展和趋势来判断等。若消费者对某一原产国有积极的印象时，会增加他们对该产品或品牌的原产国效应，反之则会负向增加原产国效应。

（二）产品类别因素

市场全球化的进一步打开使消费者进一步考虑原产国在目标产品类别下的特质。当消费者对原产国的某类产品有积极的评价时，会增加他们对该类产品的原产国效应；反之会负向增加原产国效应。例如日本品牌尽管在电子产品领域有着较高的评价，但在食品方面的国际评价却不尽如人意，此时消费者在选择日本为原产国的产品时会更有针对性，在电子产品方面会有积极的原产国效应，而在食品方面会选择避免购买。

（三）消费者民族中心主义倾向因素

很多消费者的爱国主义情怀使他们在选择全球产品时注入个人情感作为是否购买的判断依据。当民族主义倾向较高时，原产国效应会带来较高的进入壁垒。国家荣誉、忠诚、爱国主义等心理因素会影响部分消费者对全球产品的评价和购买意向，即便本国产品并不一定质量最好。

三、原产国品牌营销

从某种意义上说，原产国品牌跨越了本土营销的品牌效应的边界。本土营销更看重某一企业的全球化品牌效应，但原产国品牌则是看重一个国家在国际市场的全球化品牌集中效应。

（一）打造奢侈品品牌

当具有原产国优势且自身具备足够的经济、渠道等资源时，跨国企业可以通过打造国际奢侈品品牌来进一步扩大优势。奢侈品是一种超出人们生存与发展需要范围的，具有独特、稀缺、珍奇等特点的消费品。近些年来，消费者对于奢侈品的需求已不再局限于彰显自己的身份，更希望通过奢侈品来传递自身对奢侈品品牌价值和品牌文化认可和拥有的信号。显然，在全球范围内有影响力的奢侈品品牌更能满足消费者的这一需求，特别是已经具备一定的原产国优势的跨国企业。

（二）打造集群品牌

当拥有原产国优势但自身的资源、实力等不足以支持它们打造全球奢侈品品牌时，跨国企业可以通过合作打造原产国集群品牌进一步扩大原产国优势。集群效应是一种外部经济效应，指集中于一定区域内特定产业的众多具有分工合作关系的不同规模等级的企业及与其发展有关的各种机构、组织等行为主体，通过纵横交错的网络关系紧密联系在一起的空间积聚体。集群品牌出现在国际市场上时，消费者关注的不再是产品来源国而是来源地区。通过打造原产国集群品牌，可以使该国的竞争优势产业中的全球企业相互关联、相互支援，形成密切的前向、后向和横向的产业联系，节约交易成本，进一步增加竞争优势。例如印度班加罗尔的软件业、意大利的瓷砖业、法国的化妆品谷、美国的硅谷等，都是原产国利用优势产业打造集群品牌的成功案例。

四、原产国刻板印象逆转

积极的原产国品牌评价常常被跨国企业视作一项有利的企业无形资产，通过原产国品牌形象进一步扩大企业的竞争优势。但现实中，消费者存在原产国刻板印象（Country-of-origin Stereotype），例如海外消费者对中国市场的评价还停留在多年前的质量低、爱模仿上，尽管中国的很多企业尤其是跨国企业在自主创新和质量保证上已做到了全球先进的水平，如华为、腾讯、阿里巴巴等全球企业都取得了令人称赞的成果。逆转消费者的原产国刻板印象成为跨国企业必须认真探讨的战略性议题。

原产国刻板印象是消费者对品牌的原产国产生固定而难以改变的主观负面印象，具体表现为消费者认为发达国家的产品优于欠发达国家、原产地生产会优于异地生产等。原产国刻板印象实质上是由消费者关于某个国家的知识、观念与预期所构成的认知结构，也是用于进行社会判断和推理的社会类别知识中最常见、影响力最大的一种知识集。社会心理学家引入“动机”后，刻板印象难以改变的观点开始向刻板印象具有可控性的观点转变。

学者们通过对刻板印象的心理加工模式研究发现刻板印象可以发生逆转。总的来说，消费者在采用亚群化心理加工模式时，会将提供与刻板印象不一致线索的品牌纳入整个品牌集合之内，结果对整个品牌集合的原产国刻板印象逆转；消费者在采用亚型化心理加工模式时，会将提供与刻板印象不一致线索的品牌排除在整个品牌集合之外，结果对整个品牌集合的原产国刻板印象保留。

（一）回避原产国负面形象（Avoid Negative Country of Origin Image）

消费者对原产国品牌产生刻板印象时，企业可以通过转移视线来回避这一形象。第一种做法是隐藏商标，例如海尔洗衣机在进入德国市场时，先隐藏商标让零售商做产品测试，结果海尔众多指标超过德国品牌，最终德国消费者确信海尔品质与当地品牌同样优异。第二种做法是异地建立生产基地，例如海尔在美国南卡罗来纳州建立工厂，生产冰箱贴“美国制造”标签。第三种做法是与有声望的零售商合作，通过借助品牌效应传递积极的信息来削弱自己的原产国消极形象。

利用品牌原产地困惑策略在全球市场中回避原产国负面形象是一种短期有效的营销方法，这可以帮助产品或品牌迅速进入国际市场。长远来说，回避策略未必会得到消费者的接受。想要在国际市场长期可持续地经营下去，跨国企业还需要从产品或品牌自身寻找其他出路。

（二）积极打造自主品牌（Build Positive Own Brand Image）

1. 开发声望品牌

与原产国消极形象不一致的“另类”信息能够改变体现认知对象类别属性的刻板印象，通过开发声望品牌，可以树立高品质、高端、高价等新的品牌形象。因此，开发声望品牌是发展中国家品牌国际化的重要营销战略，它能够有效扭转企业长期形成的经济、廉价、低质形象，促进企业形象的提升，从而改变消费者大脑中的原产国刻板印象。

2. 实施品牌杠杆战略，与外部客体互动

品牌资产来源于内部和外部两种渠道，企业不仅可以通过自主创新提升品牌资产，通过提供正面的品牌线索逆转消费者心目中的原产国品牌消极形象，还可以通过与一些有价值的外部客体发生关联与互动，提供与消费者的原产国品牌消极形象不一致的正面线索实现逆转。如吉利汽车集团并购沃尔沃使品牌形象得到提升；迪奥在全球不同市场寻找不同的品牌大使等。

3. 实施国家品牌形象战略

国家品牌形象是一个国家在政治、经济、文化等领域表现出来的基本特征的总和，是一个国家表现出来的独特个性。打造积极的国家品牌形象不仅对国家间交往有利，也会对国家的跨国企业在全球市场中有积极的促进作用。

把品牌战略上升为国家品牌战略展现了国家对品牌战略的重视、决心和力度，把品牌战略纳入国家发展战略的体系之中，实现国家发展与国家品牌形象的同步塑造，也会在一定程度上提升该国品牌在全球的国际影响力，同时有助于打造具有世界影响意义的民族品牌。例如中国通过“一带一路”倡议致力于打造合作共赢、互利互惠的国家品牌形象。

第四节 跨文化营销

一、跨文化价值观

人类学家和社会学家对文化的定义是，文化是由人类建立的代代相传的生活方式，包含有意识和无意识的价值观、思想、态度和行为，并代代相传。它反映了个体观察事物的方式和对社会形势的反应。而在全球营销者的角度看来，文化则指的是消费者通过选择性注意，影响消费者持久性偏好，从而使消费者表现出诠释环境和稳定性反应的准则。

而文化价值观则属于文化的心态层面，指的是一个为社会大多数成员所信奉，被认为应该被社会普遍倡导的信念，并通过一定的社会规范来影响人们的行为。文化价值观是可习得的，它通过提供一个大多数个体思考和行动的边界，以一种难以意识到的方式对其成员产生影响。而这种影响的习得时间越早，该文化成员的特定行为就越难改变。譬如对颜色的偏好，白色在西方通常与纯洁无瑕联系起来，但在中国却是死亡的象征。比如数字，欧美人对“13”充满忌讳，而中国人则认为“4”十分不吉利。跨文化价值观通常指的并不是个人的行为，而是指一个群体的生活方式和习惯。因此，在对跨文化价值观进行研究时，我们的研究重点主要是跨国、跨种族、跨民族的文化研究。

（一）霍夫斯泰德的跨文化价值观理论

霍夫斯泰德认为各个国家中人们根据四个维度来认知和解读世界——权力差距、个人主义-集体主义、男性气质-女性气质和不确定性规避，即四维度理论。

权力差距，这是指权力较小的社会成员接受甚至期望权力被不平等地分配。一方面，在高权力距离社会，权力集中在顶层的少数人手中，他们做出所有决策，处在另一端的人们，只是简单地执行这些决定，他们更容易接受权力和财富的差别。另一方面，在低权力距离社会，权力分散广泛，而且人们之间的关系更加平等，权力距离越低，个人就越希望参与有组织的决策过程。日本的权力距离分数高，美国和加拿大在权力距离方面的评级处于中游，丹麦、奥地利和以色列等国家的评级则低很多。

个人主义-集体主义，表达对社会成员融入其所在群体程度的思考。在个人主义文化中，每一个社会成员主要关心自己的利益及近亲的利益，人们以自我为中心，他们寻求完成个人的目标，而不是集体的目标。而在集体主义文化中，所有的社会成员相互依赖，并且寻求彼此之间的融通，融入了有凝聚力的集团内。集体主义成员对他们的组织高度忠诚，并且遵守共同的决策。英国、澳大利亚、加拿大和美国在个人主义方面有着非常相似的高评级，而日本、巴西、哥伦比亚、智利和委内瑞拉的评级则很低。

男性气质-女性气质是指一种社会特征，诸如成功、表现、成就、金钱和竞争的男性价值胜过女性价值，例如生活品质、保持温暖的人际关系、服务关心弱者、保护环境和团结的程度。美国、意大利和日本的男性气质指数相对较高，在低男性气质社会的丹麦和瑞典，人们基本上受到更加定性的目标的推动。

不确定性规避，是指社会成员对含糊不清或无结构的情景感到不快的程度。一方面不确定的规避表现为采用多种方式增强安全感，例如制定详细的法律；另一方面表现为对承担高风险的规避，个体会更加不愿意承担有关风险的经济不确定性。在高不确定性规避文化中，管理者会进行类似长期规划这样的活动来建立防护屏，将未来焦虑降到最小。在不确定性规避方面，美国和加拿大的得分低，但日本、希腊、葡萄牙和比利时的得分很高。

部分国家或地区的各维度取向程度如表 7-1 所示。

表 7-1 **部分国家或地区的各维度取向程度**

国家或地区	个人主义-集体主义	权力距离	不确定性回避	男性气质-女性气质（社会的男性化程度）
巴基斯坦	14	55	70	50
新加坡	20	74	8	48
西非	20	77	54	46
土耳其	37	66	85	45
巴西	38	69	76	49
日本	46	54	92	95
印度	48	77	40	56
德国	67	35	65	66
法国	71	68	86	43
新西兰	79	22	49	58
英国	89	35	35	66
美国	91	40	46	62

（二）霍尔的跨文化价值观理论

霍尔指出，文化间的一个重要差别就是高关联性和低关联性。

在低关联性文化中，个体依靠口头和书面语言来表达意义。信息发送者将他们的信息进行编码，希望接收者能够准确地对使用的词汇进行解码，也很好地理解要表达的信息。

而在高关联性文化中，个体行为和语言所表达的意义的改变取决于情境或者说关联的非语言的信息非常重要。高关联性的文化有相似的背景，具有目的上的共同性、社会的同质性。处在这种文化中的人，从幼年时期开始就在家庭中逐步适应，这种文化通常表现为某一种宗教或类宗教、传媒的热词、与传媒热词同步的教育体系等。

二、跨文化消费行为及其营销

（一）跨文化消费行为及其表现

1. 跨文化消费行为的含义

所谓消费行为是指消费者为了获得所用的消费资料和劳务而从事的物色、选择、购买和使用等活动。而跨文化消费行为则是指在两种或以上不同文化的交互环境中，个体可被观察到的消费行为。

2. 跨文化消费行为的差异性表现

（1）消费者习惯和价值观。一般而言，跨文化营销人员在面对具有不同文化背景的消费者时，首先需要考虑的就是不同文化背景对消费者习惯和价值观念造成的差异性。在西方发达国家，由于生活节奏快，人们习惯去快餐店就餐，即使在家自助餐也愿意购买半成品烧饭做菜，因此快餐食品非常流行。而对中国人来说，人们喜欢购买各种主副食原料自己加工，因此半成品食品流行不起来。

（2）产品的特征偏好不同。在不同国家，产品偏好可能存在巨大的差异。如美国民众偏好体型巨大的产品，认为体型大小是指标好坏的重要依据，这一偏好也体现在欧洲和美国的用车习惯中。因此，体积小的产品在美国可能销路不同。例如，宜家曾在美国销售一款欧式小床却遭冷遇，随后宜家将床的尺寸改为美国偏好的大尺寸时，这款床的销量也逐渐提升。

（3）产品的使用偏好不同。由于消费者所处的文化背景不同，在产品使用时的要求也会大相径庭，例如在日本，约翰逊公司的地板蜡从一开始就失败了，原因是这种地板蜡过于光滑，而忽略了日本人在家里不穿鞋的习惯。

（4）产品象征意义的不同。象征是文化的重要内容，因为象征能帮助人们以最小的努力迅速进行沟通，象征意义在一种文化中会影响购买行为。

（二）跨文化营销策略

1. 文化差异性策略

文化差异性策略，指跨文化营销，必须对目标市场的文化进行客观分析与评价，找出文化差异，理解并感悟文化差异，发现它将会给企业带来的营销机会，并制定相应的营销组合策略，即“4ps”相应的产品策略、价格策略、分销策略与促销策略。例如，在产品退出阶段应了解和遵守所有的关于产品包装标签和质量的政府性法规，市场研究应致力于将自我参照标准最小化。在定价阶段，需要了解文化对消费者愿意支付的价格的影响。当针对某个特定国家制定价格时，如果某个公司想避免对产品的过高或过低定价，产品的价格必须和它传递的价值相称。

2. 文化适应性策略

文化适应性策略，强调尊重民族习俗，避免触犯传统忌讳方式的跨文化营销，必须适应东道国文化要求，并尽可能符合本地文化特征。产品和广告等都根据不同国家习惯偏好进行不同的改造，以迎合当地消费者的口味。这一策略适用于地方文化色彩浓厚且不易改变的地区，例如接收外部信息较少的偏远地区。

3. 文化交叉性策略

文化交叉性策略认为文化随时代变化而变化，产品和服务在某个阶段中也许不能够反映出各自文化特征，但最后会随着文化的融合而被接受。例如圣诞老人到中国来了。文化变革是跨国界跨文化经济往来的结果，也是与社会发展密不可分的。

全球营销人员的一个重要探索就是发现文化普遍习俗，在世界各地抓取机遇，在将他们的产品扩展到新市场时，冲破文化壁垒。例如可口可乐、百事可乐、李维斯、麦当劳、IBM 等。

营销实例 7-2

雀巢那些温暖人心的广告

瑞士雀巢始创于1866年，是全球规模最大的食品公司，在全球五十多个国家设厂生产，拥有七百多处销售机构。其公司业务分散在世界各地，瑞士本土的实质营业额仅占总公司的3%。由此，雀巢不断适应各个国家各个市场的需要，成为最国际化的跨国集团和国际品牌管理的典范。

雀巢在中国依旧保持着其“健康营养”的功能定位，同时通过情感定位，雀巢发现中国消费者的产品选择常常是出于考虑人际需要，因此会用温馨气氛来烘托广告氛围，从而推出了“再忙，也要陪你喝杯咖啡”等为主题的一系列广告。

年轻白领最孤独疲累的时候，莫过于一个人独自加班以及成功时刻的无人分享。雀巢深刻领悟年轻人的这种处境，从而在其广告词强调了雀巢“陪伴”的定位，诸如“ 雀巢咖啡，与你迎接每一个新的日子”就体现了雀巢的陪伴，这与雀巢深入理解中国文化是不可分割的。

资料来源：雀巢中国官网-雀巢历史，https：//www. nestle. com. cn/aboutus/history.

三、文化混搭

（一）文化混搭及混搭产品

混搭作为一种非常普遍的文化互动现象，在社会科学研究中得到了深入的探讨。社会心理学认为文化混搭（Cultural Mixing），是指在同一时间和空间，两个或两个以上不同的文化传统通过它们的载体同时呈现在我们的面前。而混搭产品就是在产品使用功能不改变、不增减的前提下，同时呈现不同文化符号给消费者的商品载体。与杂合产品强调功能的整合不同，混搭产品突出的特点在于不同文化、个性、风格在产品中的同时空呈现；而相对文化混搭，混搭产品则是混搭理念在营销情境中的实际应用。

（二）影响文化混搭接受度的因素

1. 个体的文化认同

在全球化得到充分发展的今天，某一特定文化的成员存在以下三种文化认同模式：

（1）本土认同。本土认同的消费者尊重传统和习俗，更关心本地事件，认为本地群落具有独特性，与本土人保持一致。全球化激发人们超出传统框架扩展自我和认同，个体可能增强某种程度不安全和焦虑的体验，激发个体和群体来平衡、保护甚至扩展其本土价值。

（2）全球认同。全球认同的消费者强烈地意识到新的生活方式和文化象征能够跨越地方和国家界限，不再受体制、教条、意识形态等对自我的限制，被当作全球公民。全球认同的消费者对全球化持积极态度，对全球世界感兴趣，认为全世界的人有更多的相似性。

（3）对话式认同。对话式认同强调两种声音相互对话；两种自我相互被改变，都离开了原来的位置，改变了原有认同定位；在新的位置上达成一致，新位置上的定位与原来两种声音的主张都不相同。对话式认同的个体之间相互平等，不存在地位上的差异并且相互影响改变。个体认知边界上存在着创新的可能性，最终解决方案和而不同。

相对于全球化认同和对话式认同的消费者而言，高本土化认同的消费者由于对传统文化的高度支持，更容易对"荒诞"的现象产生抵触，认为混搭可能会对传统文化的尊严及价值造成侵害。

2. 文化元素的归属

文化元素可以划归到三个领域：物质性领域、符号性领域和神圣性领域。对于不同领域的文化因素的混搭，消费者会有不同的反应。一般来说，人们在物质性领域的接纳度比符号性领域的接纳度要高。

此外，文化间的关系也会影响到个体接受混搭的程度，当个体强烈认同本国文化但本国文化面对全球文化在不断衰退时，一旦个体接受到这一信息的刺激，他们就会对混搭表现出强烈的抗拒。

总的来说，相对于内涵单一的产品而言，文化混搭及混搭产品体现的是两种文化优势的结合，能够更好地满足消费者对于多样性的偏好。但同时，文化混搭也可能会导致认同危机或者类别侵犯效应的产生，这需要全球营销者能够审时度势，对全球化趋势和当地消费者文化取向特征有一个较好的理解，从而制定相适应的营销策略。

☞【小结】

市场全球化是企业由于产品、技术、文化等因素的差异进行全球范围内的资源交换整合过程，主要包括生产全球化、销售全球化和消费全球化。

全球营销受多种环境因素的影响，是跨国公司对全球市场内的营销资源的优势整合，对资本、原材料、技术、人力和客户资源的重新配置。

先行者和后来者是市场资源的竞争者，先行者在全球营销中更注重市场占有率、品牌、战略管理，后来者则利用前沿技术和管理迅速盈利。

全球营销标准化战略是指在全球市场同质化假设的基础上，将母国市场销售的产品及营销方式直接带到全球市场的一种营销战略。标准化战略可以降低成本，改进计划和控制，树立品牌以获得全球顾客，但同时也存在针对性缺乏和贸易壁垒应对能力较弱等劣势。

本土化战略通过在跨国公司进入目标市场后，将生产、营销、管理、人事等经营要素融入当地文化，来满足消费者多样化的需求，提升跨国企业的本土适应性来获得顾客价值。但同时也存在品牌全球价值流失、目标市场竞争优势削弱等局限性。

在地化战略是指将全球化的产品适应所销售国家的本土化特征的一种战略，强调在全球营销过程中保证跨国企业创造全球顾客价值的核心理念不变。

原产国效应指产地属性对产品的全球营销产生的影响，是消费者对进口商品形成的无形壁垒，原产国、产品类别、消费者民族中心主义倾向等都会影响消费者对原产国效应的判断。

全球企业可通过打造奢侈品品牌或集群品牌来强化原产国正向效应。

消费者存在原产国刻板印象，在全球营销中回避原产国负面形象、积极打造自主品牌都是逆转刻板印象的有效手段。

全球营销视角的文化观是指消费者的持久性偏好，这是消费者所表现出来的诊释环境和稳定性反应的准则。而对跨文化价值观的研究则是对跨国、跨种族、跨民族的群体消费方式和习惯的文化研究。

霍夫斯泰德的跨文化价值观理论从权利距离、个人主义-集体主义、男性气质-女性气质和不确定性规避四个维度来认知文化；而霍尔则从文化的高低关联性来认知文化。

跨文化消费行为是指在多种不同文化环境中，个体可被观察到的消费行为。针对不同的消费行为和偏好，营销者可采用的跨文化营销策略有：文化差异性策略、文化适应性策略、文化交叉性策略。

消费者对于文化混搭产品的接受度受到个体的文化认同和文化元素的归属的影响。文化混搭及混搭产品，能够更好地满足消费者对于多样性的偏好，但同时，文化混搭也可能会导致认同危机或者类别侵犯效应的产生。

☞【思考题】

1. 总结并举例说明跨国企业在全球营销时的影响因素。
2. 分析先行者和后来者的优劣势及对应的营销策略。
3. 讨论并分析全球化战略与本土化战略实施条件的差别。
4. 举例分析跨国企业是如何实施全球在地化战略的。
5. 说明跨国企业如何利用原产国优势进行全球营销。
6. 简述企业应对原产国刻板印象的营销策略。
7. 在某国市场上推出文化混搭产品需要考虑哪些因素？

☞【课后案例】

宜家为全球大众创造更美好的生活

宜家（IKEA）原是瑞典一个普通的家具企业，2003 年进入“全球 100 个最有价值品牌”排行榜；自1943年成立以来，经过70多年的发展，宜家现已成为全球最具影响力的家居用品零售商。

实际上，宜家不仅是大型家具连锁店，更是出色的生活方式管理者。宜家品牌，始终和提高人们的生活质量联系在一起，并秉承为尽可能多的顾客提供他们能够负担、设计精良、功能齐全、价格低廉的家居用品的经营宗旨。它通过在全球市场谋求打造全球统一品牌，尊重当地文化差异之间的平衡，努力达成这个几乎不可能完成的使命。

（1）标准化的全球品牌。

宜家的有些特点，在全球所有市场上保持一致。

①它的产品都起源于瑞典的当代设计，宜家产品与瑞典的家居风格完美再现了大自然，产品设计精良，持久耐用，朴实无华，给人以简约自然清新之感。

②低价是宜家产品的另一个重要共同点，所有宜家产品的标杆是半价于竞争者的类似产品。由于宜家始终不遗余力地降低成本，能长期保持产品的价格稳定甚至下降，在所有市场销售相同的产品以获得规模经济效益，也同样有助于增加控制成本，设计能将零部件平板式打包和销售，由消费者在家组装的家具。

③人性化的开放式销售，也是宜家典型的特征之一。通过开放部分仓库，平板式包装，支持自提，消费者可以仔细打量产品并大大降低运输成本。

④温馨的餐厅，宜家餐厅类似于店中店，顾客可以根据自己的需要随时选择就餐或休息。如今，逛宜家，吃瑞典肉丸热狗或冰激淋，已经成为宜家顾客必不可少的一道环节。

（2）倾听、理解和调整。

尽管宜家大部分的标准化模式在所有市场上都取得了比较大的成功，但它也发现面对全球消费者时，单一模式不可能适合所有人，所以宜家稍稍调整了自己的营销组合，以便在不同的市场更好地适应当地消费者的需求。

在母国市场，宜家的定位是老百姓能买得起的平民化家居用品。当宜家进入中国时，发现中国有好几个世界上最大的城市，但是13亿中国人中大多数并不购买家具，所以宜家聚焦正在急剧增长的中产阶级，他们是受过良好教育、年龄在25岁与35岁之间的城市新兴人群。因此，宜家在中国的商店大多坐落于城市中心，而不是郊区，并且处于轻轨交通线附近。在中国，宜家变成了具有较高消费能力的小资群体的象征。

中国市场的另一个特征是许多人光看不买，宜家在中国的商店总是人满为患，实际上许多人来只是为了享受店里的空调、便宜的餐食和令人感到放松舒适的环境。人们通常会在展示区逗留很长时间，就像在自己家中一样随意。宜家在其他市场是不允许顾客这样做的，但在中国，宜家的管理者鼓励这样的行为，认为与商店熟络的关系有助于在消费者收入提高时前来购买。多亏了这样的文化理解，宜家已经在中国家具市场发展的热潮中获得大约7%的份额。2013年其在中国的销售额提高了17%。

过去十年间实现销售额翻番的宜家，计划在2020年之前每年开设20~25家新店，最终再次将销售额翻番，凭借深入理解各个市场的文化差异，并相应调整营销决策的能力，宜家的成功势不可挡。

资料来源：宜家中国官网，http：//www. ikea. com/ms/zh_CN/this-is-ikea/index. html；菲利普·科特勒，加里·阿姆斯特朗．市场营销原理（第 13 版）．楼尊，译．中国人民大学出版社，2010；王海珍．宜家品牌传播策略研究．对外经济贸易大学学位论文，2006.

案例讨论题：

1. 根据上述案例中宜家产品和服务沟通的战略，讨论宜家的全球战略。
2. 宜家的全球战略能否被复制？

【参考文献】

[1] 菲利普·科特勒，加里·阿姆斯特朗．市场营销原理（第 13 版）．楼尊，译．中国人民大学，2010.
[2] 甘碧群，曾伏娥．国际市场营销学（第 3 版）．高等教育出版社，2014.
[3] 甘碧群．市场营销学（第 3 版）．武汉大学出版社，2002.
[4] 徐子健，朱明侠．国际营销学（第 2 版）．对外经济贸易大学出版社，2007.
[5] 曹永峰．世界经济．清华大学出版社，2015.
[6] 江红艳，王海忠．原产国刻板印象逆转研究前沿探析．外国经济与管理，2011（7）.
[7] 汪涛，等．如何削弱产品来源国效应——产品信息呈现方式的影响研究．心理学报，2012（6）.
[8] Bless，H.，Schwarz，N.，Bodenhausen，G.，V.，et，al.．Personalized versus generalized benefits of stereotype disconfirmation：Trade-offs in the evaluation of atypical exemplars and their social groups. Journal of Experimental Social Psychology，2001，27（5）.
[9] Van Osselaer，S.，M.，J.，Janiszewski，C.．Two ways of learning brand associations. Journal of Consumer Research，2001，28（2）.
[10] 胡左浩．国际营销的两个流派：标准化观点对适应性观点．南开管理评论，2002，5（5）：29-35.
[11] 陆卫平．国际营销标准化与本土化研究的发展脉络及最新进展．经济经纬，2008（2）：132-135.
[12] 保罗·A. 郝比格．跨文化市场营销．芮建伟，等，译．机械工业出版社，2000.
[13] 沃伦·J. 基根．全球营销原理．傅慧芳，等，译．中国人民大学出版社，2002.

第八章 竞争者分析

【学习目标】学习本章后，应当掌握：

1. 市场竞争的四种基本战略
2. 明确竞争者的类别
3. 能够识别竞争对手的发展方向和目标
4. 能够评估竞争者的优势与劣势

【引例】

摩拜与 ofo 的较量

自 2016 年 9 月以来小黄车，摩拜单车似乎一夜之间遍布全国的各大城市的大街小巷。因为其方便、快捷、便宜，吸引了众多上班族、大学生、骑行爱好者……成功占领朋友圈。在“出行的最后一公里”领域，生长自北大校园的黄色“ofo 共享单车”，就这样遭遇了来自上海的橙色“摩拜单车”的强势挑战。随着 ofo 和摩拜巨额资金的到位，在迅速达到接近千万级的活跃用户规模之后，两家共享单车的“战争”就从资本战争、城市战争、模式战争转向运营战争，摩拜率先出击，通过以数据为核心的精细化运营，首创了将 GPS 定位模块、物联网芯片集成在车身智能锁上的模式，并通过新一代物联网、云计算和大数据技术，将超过百万量级的摩拜单车与用户手机上的摩拜 App 相连接，实现精准定位车辆位置、实时掌控车辆状态，对每一辆摩拜单车精细化管理。公开资料显示，截至 2017 年 3 月，摩拜注册用户超过 1 亿，已成为全球最大的智能共享单车平台和互联网出行平台，订单已突破 2000 万，摩拜单车已覆盖北上广深和新加坡等全球 50 多个城市，车辆总数超过 365 万辆，其中北、上、广、深、蓉五大城市的投放量均已分别超过 20 万辆，日骑行人次超过 2000 万，平台累计已完成超过 4 亿人次骑行。当 ofo 掀起共享单车的风潮时，诸如骑呗、酷骑、小鸣单车和小蓝等众多竞争者开始出现，然而为何只有摩拜迅速成长并与 ofo 平分秋色呢？这不是偶然，而是对竞争对手进行充分的分析，运用有效的挑战竞争者战略，值得当今企业学习借鉴。

资料来源：http：//www. jiemian. com/article/1411371. html.

第一节　市场竞争者识别

企业参与市场竞争，不仅要了解谁是自己的顾客，而且还要弄清谁是自己的竞争对手。从表面上看，识别竞争者是一项非常简单的工作，但是，由于需求的复杂性、层次性、易变性，技术的快速发展和演进、产业的发展使得市场竞争中的企业面临复杂的竞争形势，一个企业可能会被新出现的竞争对手打败，或者由于新技术的出现和需求的变化而被淘汰。企业必须密切关注竞争环境的变化，了解自己的竞争地位及彼此的优劣势，只有知己知彼，方能百战不殆。

一、影响竞争的五种力量

行业竞争结构特点受到来自新进入者的威胁、现有企业间的对抗、替代产品的威胁、原材料供应商以及产品购买者五种力量的影响。这些力量的特点如下：

（一）来自新进入者的威胁

一种产品的开发成功，会引来许多企业的加入。这些新进入者既可给行业注入新的活力，促进市场竞争，也会给原有企业造成压力，威胁它们的市场地位。一般行业内原有企业都会想法设一些障碍，以抵制潜在竞争对手的加入。潜在竞争者也要做好利弊分析，做出是否进入新行业的正确决策。一般而言，当行业具有较高的投资回报时，就会吸引很多的潜在加入者。新加入者的竞争将导致整个行业内平均利润的下降，除非行业市场正处在迅速扩张时期。潜在加入者是否会真的采取行动加入行业中来，取决于加入者对行业障碍的认识，包括进入障碍和退出障碍。进入障碍就是企业为进入某一个新行业所要克服的困难（或风险）；退出障碍就是企业要退出某一个行业所要承担的损失。行业内的企业捷足先登之利可以对新加入者形成一定的进入障碍，但究竟能否阻止新加入者的进入，还取决于进入与退出障碍的高低。进入障碍主要包括：

（1）行业内企业的规模经济性。规模经济性指的是由于大规模生产经营而形成的成本优势。通常情况下，老企业比新加入者的规模大，这将给那些产量低、成本高的新加入者进入该行业造成很大的障碍。例如，一家新公司想加入造纸行业是非常困难的。因为造纸企业要想实现高效生产，必须达到一定的产量要求。对一个刚起步的造纸企业来说，很难达到这个产量，这势必使之处于高成本的劣势中。

（2）学习或经验效应。学习效应，也称学习或经验曲线效应，指的是由于重复做某件事情（某项活动）次数的增加，人们可以从中找到（学到）更加具有效率的做事方法，从而可以降低成本。这些成本下降主要来自于员工对工作的改进、生产布局的合理化、专门设备和工艺的开发、经营管理的控制等方面。学习效应对于那些以知识为基础的企业更为重要。某种意义上，对学习或经验加以管理与其他规模经济与学习效应时常同时发生，但从管理的角度看，两者具有本质的差别，不能混为一谈。规模经济性指的是某一时刻的产量对成本的影响状态。而学习效应指的是产量的积累量对成本的影响状态。

（3）行业内企业已经建立的其他优势。这些优势与企业的规模大小没有关系，包括行业内企业拥有专有（或专利）技术，已占据最佳的地理位置，已控制了最佳或主要的原材料来源，已形成较为丰富的学习效应。

（4）产品差异。如果顾客已经对行业产品形成了独特的认识、信念或偏爱，已成为行业内企业的“忠诚顾客”，那么新加入者要想占领市场，就必须克服消费者对这种老品牌的忠诚。

（5）进入分销渠道的难易程度。好的分销渠道已被行业内企业瓜分完毕。新加入者面临挤入已有分销渠道或建立新的分销渠道的压力，进入分销渠道的难易程度与企业分销渠道的类型、宽度、广度关系密切，同时也与渠道分销管理方案有着直接的关联，两者相互影响和渗透。

（6）预期的市场增长率。随着增长机会的不断缩减，进入一个新市场的诱惑力也不断减弱。处于快速增长市场中的企业，对新加入者的抵制不很强烈，因为市场提供了足够多的机会。但在一个增长缓慢的市场中，老企业就要拼命抵制新加入者，因为新加入者会掠夺老企业的市场份额。

（7）退出障碍。最后，新加入者还要考虑退出障碍，包括经济上的、战略上和感情上的退出障碍。虽然这是一个普遍的分析新加入者的因素，但在不同的行业，阻碍新加入者的因素也不同。在啤酒行业，产品差异是最大的进入障碍；在重工业行业，最大的进入障碍是大量的资金需求；由于不能建立广泛的销售渠道，美国的农产品在日本及其邻近国家很难拓展市场。在商业软件行业，虽然可以从新加入者那里得到更好的产品，但转换成本、习惯等会迫使顾客继续使用原先的产品。

（二）现有企业间的对抗

多家企业生产相同的产品，必然会采取各种竞争措施争夺用户，从而形成市场竞争。这就会直接影响到本企业的市场占有率，影响到企业的行业排名，影响到行业竞争格局。所以，研究现有企业竞争对手的动态是十分重要的。

行业内的企业并不都是竞争对手。通常的情况是既有竞争又有合作。理解这一点非常重要。广告战、价格战、服务战等竞争方式比比皆是，但技术合作、委托制造、合资联盟，甚至各种暗地里的卡特尔也随处可见。行业内企业的竞争程度取决于很多因素，主要有：

（1）行业内企业的数量和力量对比。当数量较多而且力量比较均衡的时候，总会有企业自以为是地采取某些竞争手段，引发行业的动荡。而当企业数量多而且力量不平衡时，中小企业则要以龙头老大的领导者所建立的游戏规则行事，这样的行业比较稳定。而当企业数量少而规模大时，行业表面比较平静，竞争潜流在深处涌动，直到发生引发行业结构变化的大地震。

（2）行业市场的增长速度。行业市场增长迅速时期，竞争强度弱一些，行业内企业都在忙着收获。而当行业市场增长放缓或衰退时，由于市场资源有限，各个企业之间的市场份额之争就非常激烈。

（3）行业内企业的差别化与转换成本。当行业内企业营销战略差别化较高时，即每个企业都服务于一个差别化的细分市场时，竞争程度较低。而当差别度低时，竞争较为激烈。这也是战略管理非常强调定位的主要原因。如果一个企业可以轻易地转换到另一个企业的细分市场上，行业竞争就会激烈，会有很多的模仿者。反之，一个企业能够形成别的企业无法模仿的差别化，竞争压力就会相对弱些。

（4）行业规则。在许多传统行业，由于历史的原因，沉淀了各自的行规——游戏规则，企业只在游戏规则的范围内竞争，很少越雷池而动。例如，巧克力已成为一个全球性的行业，但在这个行业中大家都遵守一个共同的原则：无论原料价格涨落与否，最终产品的价格不变。你可以改变包装的大小，但标价不能有大的改变。而在计算机、信息技术等新兴行业，则没有这么多规矩，因此，竞争就更激烈，位次变动更频繁。

（5）行业的分散与集中程度。分散与集中，指的是行业销售额在行业内企业的分配比例。当少数几家企业控制了行业销售额的很大一部分的时候，我们称这个行业具有较高的集中程度，反之则成为分散的。有些行业“天生”就是集中的，如石油化工。因为它需要大量初始投资。也有的行业恐怕“永远”都是分散的，如修鞋行业。但绝大部分行业，都有一个由分散到集中的发展过程。分散行业竞争较弱，而集中的行业则具有较高强度的竞争，尤其是在由分散向集中过渡的时期。国内彩电行业的竞争就是最好的例子。

（三）替代产品的威胁

一些外观形状、内部结构以及物理性能等都有很大差异的产品，它们的使用价值或功能相同，能满足消费者的相同需求，在使用过程中可以互相替代，生产这些产品的企业之间就可能形成竞争。替代品生产厂家经营得好，会抢夺原行业企业的客户，甚至会威胁到原行业的生存。所以，研究替代品生产厂家的动态，也是非常重要的。

替代品给行业产品的价格界定了一个上限。因为当一种产品的相对价格高于替代品的相对价格时，人们就转向购买替代品。例如，零售商店不仅同其他的零售商店竞争，而且还同邮购商店竞争。因此，管理者必须密切关注那些质量有所改进或价格有所下降的替代品。放松管制和科技进步为一大批替代品从传统产品那里抢夺市场份额提供了可乘之机。例如，金融业的放松管制使很多原来只能由银行从事的业务变得可以由许多非银行机构来经营。同样，光碟机技术的发展产生了传统铅印书籍的替代品。现在，光盘版本书籍的销量已经超过了铅印版本书籍的销量。同时，那些只依靠传统印刷技术，而不发展电子版本书籍的出版商，将会发现他们的生存空间在缩小。

（四）产品购买者

用户在两个方面影响着行业内企业的经营。其一，用户对产品的需求决定着行业的市场潜力，从而影响着行业内企业的发展边界；其二，不同用户的讨价还价能力会诱发企业之间的价格竞争，从而影响企业的获利能力。所以，企业要重视用户，设法争取用户，以维护自己的市场地位。

（1）行业内企业的产品的差别化程度。如果行业内企业的产品是差别化的，那么行业内企业在与买方的交易中就占有优势；反之，如果行业产品是标准化或差别很小的，那么买方在交易中就占有优势，而且会迫使行业产品价格下降。

（2）买方对价格的敏感程度。如果客户对价格很敏感，那么客户就会对行业形成较大的成本压力。在以下几种情况下，客户可能会对价格很敏感：一是原材料占产品成本的比例很大；二是原材料对产品整体质量无关紧要；三是边际利润已经很低。

（3）买方拥有行业内企业成本结构信息的程度。客户拥有供应商成本信息越准确，讨价还价能力越强。一些大的客户强烈要求获得供应商的成本数据。当供应商的生产成本下降后，客户也就要求同比例地减价。

（4）买方行业与供应商行业的集中程度。如果买方行业的集中程度大，供方只能将产品卖给很少几个客户，此外别无市场，那么买方就拥有较大的谈判优势；反之，供方的行业越集中，买方除了可以在少数几家供方企业买到这种产品，除此别无选择，那么供方就会越主动。

（5）买方的采购量的大小。像沃尔玛这样的大型连锁超市具有很强的砍价能力，它们往往可以不按商业惯例行事。例如，生产商愿意为 15 天内付款提供 2%的折扣，这是一项商业惯例。然而由于沃尔玛的采购量大，常常是大多数供应商销售量的一半，使得供应商不得不接受沃尔玛 30 天后付款却仍然享受 2%折扣的待遇，而且折扣额是以总票额（包括运费等）为基数，而不是以净票额为基数。也正是由于这种有点霸道的做法，一些生产商尽量避免与巨型连锁超市打交道。

（6）买方的转换成本。如果转向购买替代品而产生的转换成本很小，买方对行业内企业的压力就比较大，反之，买方就比较容易被行业内的企业“套牢”。

（7）购买者向上游一体化的可能性。向上游一体化即购买者也开始从事原材料的制造和销售，也就是说，进入供应商的经营领域。啤酒和软饮料生产厂商威胁采取向上游一体化战略——从事“易拉罐”的生产，可能会从“易拉罐”生产厂商那里取得一系列优惠条件。

（五）原材料供应商

供应商在两个方面制约着企业的经营：其一，供应商能否根据企业的要求按时、按质、按量提供生产要素，影响着企业生产规模的维持和扩大；其二，供应商提供货物时所要求的价格决定着企业的生产成本，影响着企业的利润水平。企业要维持并提升自己在行业中的地位，必须和供应商建立双赢关系。

供应商对行业的影响也比较明显。例如，他们可以通过提价来转嫁不断上升的成本，或降低所提供商品或服务的质量来降低成本。但要使这样的变动长期有效，供应商应该比他们的顾客更具有讨价还价的能力。

二、竞争者的分类和识别

识别竞争者看起来是非常简单的工作。百事可乐明白可口可乐的 Daam 瓶装水是其 Aquafina 品牌的竞争对手；花旗集团懂得美国银行是其主要的银行竞争对手；PetSmart. com 知道其在线宠物食物和供应商的主要竞争对手是 Petco. com。然而，一家公司潜在的竞争对手范围比实际的看起来更广。与当前的竞争对手相比，公司更有可能受损于新出现的竞争对手或者新技术。

譬如近年来，许多“新兴巨头”逐渐从发展中国家崛起，这些机智的竞争者不仅在本土市场与跨国公司竞争，同时也凭借其自身实力成为全球力量。它们利用当地生产要素（资金和人才）以及供应链的知识，获得了竞争优势，目标是成为世界级的企业。例如印度的软件服务公司，塔塔（Tata）咨询服务、印孚瑟斯科技、威普罗（Wipro）以及萨特雅姆（Satayam）计算机服务，所有这些印度公司都成功地满足了为软件及其服务的全球需求，甚至打败诸如埃森哲（Accentur）、EDS 这类跨国软件服务提供商。因员工技术水平和教育质量相差迥异，这些跨国公司在各地人才挑选方面困难重重。但印度公司了解人力资源市场，能够雇用到受过良好教育、技术娴熟的工程师，以及技术类的大学毕业生，他们的工资却比发达市场的类似员工低得多。即使这样的人才在班加罗尔、德里等城市中心日渐稀少，印度公司也能够知道如何在二线城市找到合格的员工来保持竞争优势。

我们可以从不同的角度来划分竞争者的类型。

（一）从行业的角度对企业的竞争者分类

（1）现有厂商。现有厂商是指本行业内现有的与企业生产同样产品的其他厂家，这些厂家是企业的直接竞争者，同时也是企业的主要竞争者，并且现有厂商所拥有的市场资源具有较大优势。

（2）潜在加入者。当某一行业前景乐观、有利可图时，会引来新的竞争企业，使该行业增加新的生产能力，并要求重新瓜分市场份额和主要资源。另外，某些多元化经营的大型企业还经常利用其资源优势从一个行业进入另一个行业。新企业的加入，将可能导致产品价格下降，利润减少。

（3）替代品厂商。与某一产品具有相同功能、能满足同一需求的不同性质的其他产品，属于替代品。随着科学技术的发展，替代品将越来越多，某一行业的所有企业都将面临与生产替代品的其他行业的企业进行竞争。

（二）从市场方面对企业的竞争者分类

（1）品牌竞争者。企业把同一行业中以相似的价格向相同的顾客提供类似产品或服务的其他企业称为品牌竞争者。如家用空调市场中，生产格力空调、海尔空调、三菱空调等厂家之间的关系。品牌竞争者之间的产品相互替代性较高，因而竞争非常激烈，各企业均以培养顾客品牌忠诚度作为争夺顾客的重要手段。

（2）行业竞争者。企业把提供同种或同类产品，但规格、型号、款式不同的企业称为行业竞争者。所有同行业的企业之间存在彼此争夺市场的竞争关系。如家用空调与中央空调的厂家、生产高档汽车与生产中档汽车的厂家之间的关系。

（3）需要竞争者。提供不同种类的产品，但满足和实现消费者同种需要的企业称为需要竞争者。如航空公司、铁路客运、长途客运汽车公司都可以满足消费者外出旅行的需要，当火车票价上涨时，乘飞机、坐汽车的旅客就可能增加，相互之间争夺满足消费者的同一需要。

（4）消费竞争者。提供不同产品，满足消费者的不同愿望，但目标消费者相同的企业称为消费竞争者。如很多消费者收入水平提高后，可以把钱用于旅游，也可用于购买汽车或购置房产，因而这些企业间存在相互争夺消费者购买力的竞争关系，消费支出结构的变化，对企业的竞争有很大影响。

（三）从企业所处的竞争地位对企业的竞争者分类

（1）市场领导者。指在某一行业的产品市场上占有最大市场份额的企业。如柯达公司是摄影市场的领导者，宝洁公司是日化用品市场的领导者，可口可乐公司是软饮料市场的领导者等。市场领导者通常在产品开发、价格变动、分销渠道、促销力量等方面处于主宰地位。市场领导者的地位是在竞争中形成的，但不是固定不变的。

（2）市场挑战者。指在行业中处于次要地位（第二、第三甚至更低地位）的企业。

如富士是摄影市场的挑战者，高露洁是日化用品市场的挑战者，百事可乐是软饮料市场的挑战者等。市场挑战者往往试图通过主动竞争扩大市场份额，提高市场地位。

（3）市场追随者。指在行业中居于次要地位，并安于次要地位，在战略上追随市场领导者的企业。在现实市场中存在大量的追随者。市场追随者的最主要特点是跟随。在技术方面，它不做新技术的开拓者和率先使用者，而是做学习者和改进者。在营销方面，不做市场培育的开路者，而是搭便车，以减少风险和降低成本。市场追随者通过观察、学习、借鉴、模仿市场领导者的行为，不断提高自身技能，不断发展壮大。

（4）市场利基者。多是行业中相对较弱小的一些中、小企业，它们专注于市场上被大企业忽略的某些细小部分，在这些小市场上通过专业化经营来获取最大限度的收益，在大企业的夹缝中求得生存和发展。市场利基者通过生产和提供某种具有特色的产品和服务，赢得发展的空间，甚至可能发展成为“小市场中的巨人”。

综上所述，企业应从不同的角度，识别自己的竞争对手，关注竞争形势的变化，以更好地适应和赢得竞争。

第二节　竞争者分析与选择

一、分析竞争者战略与目标

（一）确定竞争者的目标

在识别了主要竞争者之后，企业经营者接着应回答的问题是：每个竞争者在市场上寻求什么？什么是竞争者行动的动力？根据理性假设，所有的竞争者都追求利润最大化，并以此为出发点采取各种行动。但是，这种假设过于简单。不同的企业对长期利益与短期利益各有侧重。有些竞争者更趋向于获得“满意”的利润而不是“最大利润”。尽管有时通过一些其他的战略可能使它们取得更多利润，但它们有自己的利润目标，只要达到既定目标就满足了。

也就是说，竞争者虽然无一例外关心其企业的利润，但它们往往并不把利润作为唯一的或首要的目标。在利润目标的背后，竞争者的目标是一系列目标的组合，对这些目标竞争者各有侧重。所以，我们应该了解竞争者对盈利的可能性、市场占有率的增长、资金流动、技术领先、服务领先和其他目标所给予的重要性权数。了解了竞争者的这种加权目标组合，我们就可以了解竞争者对财力状况是否满意，对各种类型的竞争性攻击会作出什么样的反应等。如一个追求低成本领先的竞争者对于它的竞争对手因技术性突破而使成本降低所作出的反应，比对同一位竞争对手增加广告宣传所作出的反应强烈得多。

企业必须跟踪了解竞争者进入新的产品细分市场的目标。若发现竞争者开拓了一个新的细分市场，这对企业来说可能是一个发展机遇；若企业发现竞争者开始进入本公司经营的细分市场，这意味着企业将面临新的竞争与挑战。对于这些市场竞争动态，企业若了如指掌，就可以争取主动，有备无患。

（二）确定竞争者的战略

各企业采取的战略越相似，它们之间的竞争就越激烈。在多数行业中，根据所采取的主要战略不同、可将竞争者划分为不同的战略群体。例如，在美国的主要电气行业中，通用电气公司、惠普公司和施乐公司都提供中等价格的各种电器，因此可将它们划分为一个战略群体。

根据战略群体的划分，可以归纳出两点：一是进入各个战略群体的难易程度不同。一般小型企业适于进入投资和声誉都较低的群体，因为这类群体较易打入；而实力雄厚的大型企业则可考虑进入竞争性强的群体。二是当企业决定进入某一战略群体时，首先要明确谁是主要的竞争对手，然后决定自己的竞争战略。

除了在一个战略群体内存在激烈竞争外，在不同战略群体之间也存在竞争。因为：（1）某些战略群体可能具有相同的目标客户；（2）顾客可能分不清不同战略群体的产品的区别，如分不清高档货和中档货的区别；（3）属于某个战略群体的企业可能改变战略，进入另一个战略群体，如提供高档住宅的企业可能转而开发普通住宅。

二、分析竞争者的优劣势

在市场竞争中，企业需要分析竞争者的优势与劣势，做到知己知彼，才能有针对性地制定正确的市场竞争战略，以避其锋芒、攻其弱点、出其不意，利用竞争者的劣势来争取市场竞争的优势，从而实现企业营销目标。竞争者优劣势分析主要有以下内容。

（一）产品

在产品方面，我们首先要分析竞争企业产品在市场上的地位，根据竞争企业产品目前市场上的定位确定自身产品的定位选择；其次我们要分析产品的适销性，以便于确定市场规模和目标市场；另外我们还要分析产品系列的宽度与深度，有利于企业潜在产品的开发。

（二）销售渠道

在市场上“渠道为王”，也就是说企业的渠道能力至关重要，因此我们有必要分析竞争企业销售渠道的广度与深度、销售渠道的效率与实力、销售渠道的服务能力。知己知彼，我们才能确定企业的渠道规划，有利于产品市场开发。

（三）生产与经营

生产与经营包括了企业的所有，在竞争对手分析中应着重关注竞争企业的生产规模与生产成本、设施与设备的技术先进性与灵活性、专利与专有技术、生产能力、质量控制与成本控制、区位优势、员工状况、原材料的来源与成本、纵向整合程度。

（四）研发能力

包括：竞争企业内部在产品、工艺、基础研究、仿制等方面所具有的研究与开发能力；研究与开发人员的创造性、可靠性、简化能力等方面的素质与技能。

（五）资金实力

在竞争企业的资金实力方面，分析竞争企业的资金结构、筹资能力、现金流量、资信度、财务比率、财务管理能力，有利于我们根据其资金实力预测竞争企业的市场战略方向。

（六）组织和管理

包括：竞争企业组织成员价值观的一致性与目标的明确；组织结构与企业策略的一致

性；组织结构与信息传递的有效性；组织对环境因素变化的适应性与反应程度；组织成员的素质。竞争企业管理者的领导素质与激励能力；协调能力；管理者的专业知识；管理决策的灵活性、适应性、前瞻性。

三、竞争者反应模式分析

企业进行市场定位的主要目的就是在竞争中取得有利地位，为了搞好市场定位就必须了解竞争者的优势与劣势以及竞争者各种既定战略的执行情况，就需要搜集竞争者的有关信息和资料，如销售额、市场占有率、边际利润、投资收益、现金流量、发展战略等。

在寻找竞争者的劣势时，要注意发现竞争者对自己、对市场等方面的错误判断。例如，有些竞争者错误地认为它们的产品是第一流的，有些竞争者错误地认为产品线越齐全越好、营业推广是最重要的促销方式、顾客最看重价格等。这些不符合实际的认识或观念都会导致竞争者采取错误的战略。企业发现竞争者的劣势，有利于出其不意、攻其不备，迅速地取得市场竞争的优势。

竞争者的目标、战略、优势和劣势决定了它对降价、促销、推出新产品等市场竞争战略的反应，此外，每个竞争者都有一定的经营哲学和指导思想，因此，为了估计竞争者的反应及可能采取的行动，企业的市场营销管理人员要深入了解竞争者的思想和信念。当企业采取某些措施和行动之后，竞争者会有不同的反应，主要有以下反应模式。

（一）从容不迫型竞争者

一些竞争者反应不强烈，行动迟缓，其原因可能是认为客户忠实于自己的产品；也可能重视不够，没有发现对手的新措施；也可能是过于自信，认为其业务会取得很好的成绩；还可能是因缺乏资金，无法作出适当的反应。

（二）选择型竞争者

一些竞争者可能会在某些方面反应强烈，对构成威胁的竞争行为做出迅速反应，以表明对手是枉费心机的；对于认为不构成威胁的行为，不做任何反应。如对降价竞销总是强烈反击，但对其他方面（如增加广告预算、加强促销活动等）却不予理会，因为它们认为这对自己威胁不大。

（三）凶猛型竞争者

一些竞争者对任何方面的进攻都迅速、强烈地作出反应，一旦受到挑战就会立即发起猛烈的全面反击，对这样的企业，同行都避免与它直接交锋。

（四）随机型竞争者

有些企业的反应模式难以捉摸，对竞争的反应具有随机性，这类竞争者不表露可预见的反应模式，它们在特定场合可能采取也可能不采取行动，并且无法预料它们将会采取什么行动。

四、竞争对手的选择

选择竞争对手是一个战略性问题，它取决于你对未来市场趋势格局的预判以及你即将占据的“心智位置”。你要选择的竞争对手就是处于你“占位”的“相反面”的角色。

基于清晰可见的企业和品牌愿景，可以根据不同阶段的实力以及自身特点，选择当下最适合的攻击对象，从而步步为营赢得最终胜利。

本质上，我们要选择的竞争对手应当是一个“竞争品类”，而不只是一个竞争品牌。比如九芝堂的“治肾亏，不含糖”所设定的竞争品类是“含糖的六味地黄丸”，而不仅是同仁堂六味地黄丸或仲景六味地黄丸等中药的某个品牌。值得注意的是，这个对手品类可以是已经存在的，也可以是企业创造出来的“虚拟品类”。这个品类的目的是让我们有的放矢，有一个适合攻击的目标，从而顺利地推出我们创造的新品类来。比如上述案例中的竞争品类“含糖的六味地黄丸”就是九芝堂为了推出“不含糖的六味地黄丸”而创造出来的虚拟竞争品类。竞争品类的确定并非凭空想象而来，而是与产品特色、市场参与者角色考察、消费者认知研究等工作息息相关的。

通过对参与者的心智占位研究，我们能发现当前市场的核心需求及被满足情况；通过核心需求与本方产品特殊属性的配对研究，我们能找到本方产品可能可以攻击的核心方向，或者通过多个属性的整合打造新的卖点或概念；经过调研、测试与论证，确定本方产品可以占据的目标品类；为目标品类设定竞争品类，可能是已经存在的品类，也可能是“有所指”的创造出来的竞争品类。

为了更明确地选择竞争对手，我们可以将企业的竞争者做出如下分类：

（一）强竞争者与弱竞争者

很多公司喜欢把进攻目标瞄准较弱的竞争者，这样就不需要花费太多的时间和资源。但相应的，企业也不会有很大的成效。因此企业也应当同强有力的对手进行竞争，以赶超目前的工艺水平，增强企业整体实力。此外，即使再强的竞争者也有弱点，只要企业策略的选择与实施得当就能获得成功。但是与强竞争者对抗的不利之处在于开支较大且风险大。

（二）近的竞争者和远的竞争者

大多数公司会与那些跟它们极相似的对手竞争，主要优点是熟悉且方便操作，如日产要与本田竞争。但是，公司应当避免“摧毁”相邻的竞争者，因为公司损害了其他邻近的对手取得了成功，会引来更难对付的竞争者，如案例 8-1 所述。对远的竞争者，如可口可乐认识到它的头号竞争对手是纯净水而非百事可乐，这样的优点是不容易遭到竞争者的报复性反击，而不利之处在于花费的成本高。

营销实例 8-1

博士伦公司

在 20 世纪 80 年代末期，博士伦（Bamch & Iomb）向其他的软性隐形眼镜（Soft Contact Lens）制造商发起激烈的攻击，并获得巨大的成功。但是，这迫使弱竞争者把公司卖给了诸如 Revlen 和强生公司这样的大公司。因此，博士伦现在面对的是强大得多的竞争者。强生公司收购了 Vistakon，一个年销售额仅有 2 000 万美元的小公司。以强生公司雄厚的资金为支持，小而敏捷的 Vistakon 研制并向市场引入了它的创新产品——Acuvue 方便性隐形眼镜。以 Vistakon 作为开路先锋，现在强生公司是美国最大的隐形眼镜制造商。但是博士伦公司还在挣扎之中。在这个例子中，成功地打垮一个近竞争者却造就了更强大的竞争者。有时，公司可能会避免摧毁一个近竞争者。

资料来源：http：//3y. uu456. com/bp-94s8f0fbf70scc17ss270988-3. html.

(三)“好”的竞争者和“坏”的竞争者

每个行业部有“好”的与“坏”的竞争者，一个公司应当明智地去支持好的竞争者并攻击坏的竞争者。好的竞争者遵守行业规则，希望有一个稳定而健康的行业；它们对行业的增长潜力所提出的设想切合实际，它们合理地制定价格，推动其他企业降低成本或提高产品差异化；它们将自己限定在行业的某个细分市场中，接受正常水平的市场份额和利润。坏的竞争者违反规则，它们试图花钱购买而不是靠自己努力去赢得市场份额；它们喜欢冒风险，在生产能力过剩时仍继续投资；通常，它们打破了行业均衡。

学术智库 8-1

竞争战略：分析行业和竞争对手的技巧

本文提供了全面的结构框架和分析技术帮助企业分析其行业的发展演进，了解其竞争对手及其自身立场，并将其转化为竞争战略，企业更有效地进行市场竞争，加强其市场地位。竞争战略的基本要素是识别和准确阅读市场信号，企业绩效（盈利能力）的差异可以为竞争战略提供指导，并预测行业发展，行业集中度、行业成熟度状况以及国际竞争力的差异决定了企业的竞争战略背景和战略选择的可替代方案。另外，本文还利用分析框架研究了在单一行业中竞争企业面临的重要类型的战略决策，首先是垂直整合，主要是产能扩张和新业务进入，另外基于经济理论考虑，管理和激励有助于公司做出关键决策，并深入了解竞争对手、客户、供应商和潜在参与者如何制定竞争战略决策。同时本文还提供了一种创造和分配现有和潜在行业参与者之间价值的方法，证明总体成本优势、差异化优势和核心技术优势三个竞争力在分配价值中占据重要的位置。因此本研究对企业的竞争对手分析以及竞争战略选择提供了理论支持。

资料来源：Porter M. E. . Competitive strategy：Techniques for analyzing industries and competitors. Social Science Electronic Publishing，1980（2）：86-87.

第三节　市场竞争的基本战略

一、市场领先者战略

市场领先者是指在相关产品的市场上占有率最高的企业。一般来说，大多数行业有一家企业被认为是市场领先者，它在价格变动、新产品开发、分销渠道的宽度和促销力量等方面处于主宰地位，为同业者所公认。它是市场竞争的先导者，也是其他企业挑战、效仿或回避的对象，如电脑软件市场的微软公司、照相机行业的尼康公司、推土机行业的卡特彼勒公司、软饮料市场的可口可乐公司、剃须刀行业的吉列公司以及快餐市场的麦当劳公司。快时尚品牌如 ZARA、HM、ASOBIO、UR、马克华菲等均是其行业的市场领先者。它们的地位是在竞争中自然形成的，但不是固定不变的。这些市场上的领先者不断受到其他企业的挑战，为了保持领先地位有三种领先者战略可供选择：

（一）扩大市场需求

处于市场主导地位的领先企业，其营销战略首先是扩大总市场，即增加总体产品需求数量。通常可以运用三条途径：首先，发现和培养新的顾客，通过发现新用户来扩大市场需求量，其产品必须具有能够吸引新的顾客、增加购买者数量的竞争潜力。其次，开发新产品，通过开辟旧产品的新用途扩大市场需求量。领先者往往最有能力根据市场需求动态，通过每年的时尚潮流风向和导向，设计和开发年度新款和爆款使之成为畅销款，增加顾客的选择，以达到扩大市场需求额目标。

（二）保持现有市场份额

领先者必须防备竞争对手的进攻和挑战，保护现有的市场阵地。最佳的战略方案是不断创新，以壮大自己的实力。还应抓住竞争对手的弱点主动出击。当市场领先者不准备或不具备条件组织或发起进攻时，至少也应使用防御力量，坚守重要的市场阵地。防御战略的目标是使市场领先者在某些事关企业领导地位的重大机会或威胁中采取最佳的战略决策。可以选择采用六种防御战略：

（1）阵地防御。市场领先者在其现有的市场周围建造一些牢固的防卫工事。以各种有效战略、战术防止竞争对手侵入自己的市场阵地。这是一种静态的、被动的防御，阵地防御是最基本的防御形式。

（2）侧翼防御。市场领先者建立一些作为防御的辅助性基地。对挑战者的侧翼进攻要准确判断，改变营销战略战术。用以保卫自己较弱的侧翼，防止竞争对手乘虚而入。

（3）先发制人防御。在竞争对手尚未动作之前，先主动攻击，并挫败竞争对手，在竞争中掌握主动地位。具体做法是当某一竞争者的市场占有率达到对本企业可能形成威胁的某一危险高度时，就主动出击，对它发动攻击，必要时还需采取连续不断的正面攻击。

（4）反攻防御。面对竞争对手发动的降价或促销攻势，主动反攻入侵者的主要市场阵地。可实行正面回击战略，也可以向进攻者实行“侧翼包抄”或“钳形攻势”，以切断进攻者的后路。

（5）运动防御。市场领先者把自己的势力范围扩展到新的领域中去，而这些新扩展的领域可能成为未来防御和进攻的中心。市场扩展可通过两种方式实现：①市场扩大化；②市场多角化。

（6）收缩防御。市场领先者逐步放弃某些对企业不重要的、疲软的市场，把力量集中用于主要的、能获取较高收益的市场。

二、市场挑战者战略

市场挑战者是指那些相对于市场领先者来说在行业中处于第二阵营的企业。大多数市场挑战者的战略目标是提高市场占有率，进而提高投资收益率和利润率。在市场竞争中，挑战者企业在战略和策略上具有相当大的主动性，可以采取以下几种途径：

（一）明确战略目标

市场挑战者一般可以从三种企业中选择攻击对象，并制定相应的战略目标：首先，攻击市场领导者，若挑战者进攻的目标是市场领导者，其目的可能是要争夺市场占有率，而不在于马上打垮领导者。其次，攻击与本企业规模相当，但经营不善资金不足的企业。最后攻击当地的区域性小型企业，它们的经营状况较差，挑战者企业可以通过吞并这样的小企业而扩大自己的势力。

（二）选择进攻策略

在明确竞争对手与战略目标以后，就应选择有效的进攻策略，市场挑战者可以采取的进攻策略包括：

（1）正面进攻。在提供的商品（或劳务）、广告、价格等主要方面大大超过竞争对手，可以集中优势兵力向竞争对手的主要市场阵地正面发动进攻，进攻竞争对手的强项而不是它的弱点。在完全正面攻击中，挑战者要与竞争者在产品、广告、价格等方面进行全面较量。只有在实力明显超过竞争对手时才有获胜可能。挑战者也可以不采取全面进攻，而是略加变化的正面进攻。最常用的方法是实行降价，即在产品其他方面与竞争者不相上下的同时，通过较低的价格打击竞争者。应用这种策略应特别注意防止被卷入单纯的“价格大战”中，同时还应使顾客不至于因价格降低而怀疑产品的质量。此外，为使这个价格的进攻有一个坚固的基础，企业可以在研究与开发方面投入足够的资金以便降低成本，持续全面进攻策略，直至大获全胜。

（2）侧翼进攻。集中优势力量攻击竞争对手的弱点。只要认真观察，就可以发现，再强大的竞争对手也总有一些未加防备的侧面，这可以成为挑战者攻击的目标。特别是那些资源比竞争对手少，不能用强力击败对手的挑战者可以采用这种“集中兵力攻敌弱点”的侧翼进攻策略。侧翼进攻的一种做法是，向竞争对手在全国乃至全世界经营不善地区发动攻击，另一种做法是，寻找竞争者的产品尚无供应的市场缺口，并且迅速填补这个空缺，将其发展成为强大的细分市场。这种进攻战略与现代市场营销的目的“发展需求且满足它们”相吻合，它成功的概率比正面攻击更大。

（3）围堵进攻。围堵进攻是指企业在几条战线发动全面攻击，迫使对手在正面、侧翼和背面同时全面防御。这种策略只有在攻击者的资源比竞争对手更丰富，能向市场提供比竞争对手更多的质量更优、价格更廉的产品，并确认能完全包围对手，开展全方位、大规模的进攻，迅速击垮对方的抵抗意志时方能奏效。

（4）迂回进攻。市场挑战者完全避开竞争对手现有的市场阵地而迂回进攻。这是一种间接进攻策略，指绕过竞争对手，向较易进入的市场发动攻击，扩大自己的资源基地。常用的方法有多元化经营不相关产品；将现有产品打入新地区市场来开展多元化经营；蛙跳式进入新技术领域以替代现有产品。

（5）游击进攻。该策略是指在不同地区向竞争对手发动小规模的、断断续续的攻击，目的在于骚扰对方，使之疲于应付，使竞争对手的士气衰落，不断削弱其力量，向较大竞争对手市场的某些角落发动游击式的促销或价格攻势，逐渐削弱对手的实力，而最终在市场上站稳脚跟，常用的方法有选择性地降价，爆发式促销行动，偶尔也可采用法律行为。该策略尤其适用于资金短缺的小企业，这是它们用来对付大公司的常见策略。应当注意，这种游击战严格说来只是一种“准备战”，进攻者若希望“打败”对手，最终仍需有强大的进攻作为后盾。

三、市场追随者战略

市场追随者是指安于次要地位，不热衷于挑战的企业。在大多数情况下，企业更愿意采用市场跟随者战略。在资本密集的同质性产品的行业中，如钢铁、原油和化工行业中，市场跟随者策略是大多数企业的选择。其主要是由行业和产品的特点所决定的。这些行业的主要特点是：产品的同质程度高，产品差异化和定位差异化的机会较低；服务质量和服务标准的趋同；消费者对价格的敏感程度高；行业中任何价格挑衅都可能引发价格大战；大多数企业准备在此行业中长期经营下去。

一个市场追随者必须知道如何保持现有的和如何争取有新顾客参加的令人满意的市场份额，每一个追随者要努力给它的目标市场——地点、服务、融资——带来有特色的优势。因此，市场追随者必须保持它的低制造成本和高产品质量或服务。追随者必须确定一条不会引起竞争性报复的成长路线。追随战略可以分为三类：

（一）紧紧跟随

追随者在尽可能多的细分市场和营销组合领域中模仿领先者。追随者在没有采取激进手段阻碍领先者的时候，直接冲突不会发生。有些追随者甚至可能被说成是寄生者，它们在刺激市场方面很少动作，只希望靠市场领先者的投资生活。

（二）保持一段距离的跟随

追随者保持某些距离，但又在主要市场和产品创新、一般价格水平和分销上追随领先者。市场领先者十分欢迎这种追随者，因为领先者发现它们对它的市场计划很少干预，而且乐意让它们占有一些市场份额，以便使自己免遭独占市场的指责。

（三）有选择的跟随

这类公司在有些方面紧跟领先者，但有时又走自己的路。这类公司可能具有完全的创新性，但它又避免直接的竞争，并在有明显好处时追随领先者的策略。这类公司常能成长为未来的挑战者。

市场追随者虽然占有的市场份额比领先者低，它们成功的关键在主动地细分和集中市场；有效地研究和开发；着重于盈利而不着重市场份额；有良好的管理措施。

四、市场利基者战略

在现代市场经济条件下，每个行业几乎都有些小企业，它们专心关注市场上被大企业忽略的某些细小部分，在这些小市场上通过专业化经营来获取最大限度的收益，也就是在大企业的夹缝中求得生存和发展。这种有利的市场位置在西方称为“Niche”，即利基市场。

（一）利基市场的特征

一个最好的“利基市场”应具有以下特征：有足够的市场潜量和购买力；利润有增长的潜力；对主要竞争者不具有吸引力；企业具备占有此利基市场所必要的能力；企业既有的信誉足以对抗竞争者。

（二）市场利基者战略

那么，一个企业如何取得利基市场呢？进取利基市场的主要战略是专业化市场营销。可供选择的方案有以下 10 种：

（1）按最终用户专业化。专门致力于为某类最终用户服务，如计算机行业有些小企业专门针对某一类用户（如诊疗所、银行等）进行市场营销。

（2）按垂直层面专业化。专门致力于分销渠道中的某些层面，如制铝厂可专门生产铝锭、铝制品或铝质零部件。

（3）按顾客规模专业化。专门为某一种规模（大、中、小）的客户服务，如有些小企业专门为那些被大企业忽略的小客户服务。

（4）按特定顾客专业化。只对一个或几个主要客户服务，如美国有些企业专门为西尔斯公司或通用汽车公司供货。

（5）按地理区域专业化。专为国内外某一地区或地点服务。

（6）按产品或产品线专业化。只生产一大类产品，如美国的绿箭（Wrigley）公司专门生产口香糖一种产品，现已发展成为一家世界著名的跨国公司。

（7）按客户订单专业化。专门按客户订单生产预订的产品。

（8）按质量和价格专业化。专门生产经营某种质量和价格的产品，如专门生产高质高价产品或低质低价产品。

（9）按服务项目专业化。专门提供某一种或几种其他企业没有的服务项目，如美国有一家银行专门承办电话贷款业务，并为客户送款上门。

（10）按分销渠道专业化。专门服务于某一类分销渠道，如专门生产适于超级市场销售的产品；或专门为航空公司的旅客提供食品。

作为市场利基者要完成三个任务：创造利基市场、扩大利基市场、保护利基市场。例如著名的运动鞋生产商耐克公司，不断开发适合不同运动项目的特殊运动鞋，如登山鞋、旅游鞋、自行车鞋、冲浪鞋等，这样就开辟了无数的利基市场。每当开辟出这样的特殊市场后，耐克公司就继续为这种鞋开发出不同的款式和品牌，以扩大市场占有率，如耐克充气乔丹（Jordan）鞋、耐克哈罗克（Huaraches）鞋。最后，如果有新的竞争者闻声而来的话，耐克公司还要全力以赴保住其在该市场的领先地位。选择利基市场时，多重利基市场比单一利基市场更能减少风险，增加保险系数。

☞【小结】

影响行业竞争的五种力量分别是：行业内部竞争；现有竞争者的威胁；买方的议价能力，供应商的议价能力和替代品的威胁。要制定一个有效的营销战略，公司要了解行业竞争的情况，辨认竞争者的战略、目标、优势、劣势和反应模式，确认要攻击和回避的竞争者。竞争者的反应模式可以概括为：从容不迫型、选择型、凶猛型和随机型。竞争者策略主要包括市场领导者策略、市场挑战者策略、市场追随者策略和市场利基者策略。

☞【思考题】

1. 竞争者的反应模式有哪些？
2. 从市场方面来看，竞争者分为哪几类？
3. 市场竞争的基本战略有几种？分别是什么？
4. 市场挑战者可以选择哪几种挑战方式？
5. 竞争者分析包括哪几个方面？

☞【课后案例】

王老吉的“突围”

我国茶饮料市场起步后发展迅速，目前，生产茶饮料并在我国销售的企业已经有近万家，有近50个产品种类，市场品牌达到100多个。茶饮料在我国饮料消费市场中的份额不断扩大，已经超过了果汁饮料，并大有赶超碳酸饮料的趋势。2015年国家统计局发布的报告显示，在整个饮料市场中，碳酸饮料的份额已经下降到了21.9%，而饮用水的市场份额则是25.7%，果汁饮料的市场份额也高于碳酸饮料，为22.2%。而据王老吉大健康部门调研，茶饮料市场份额却在迅速提升，达到了400亿元的市场容量。

“今年上半年，我们再度实现了两位数增长，完成了销售计划。”王老吉大健康市场总监张为民称，在一个呈现萎缩的市场中，王老吉的发展不会有压力。在我国茶饮料市场中康师傅、统一两巨头凭借雄厚的资金实力和强大的分销渠道始终占据着垄断地位。这使得众多大有来头的企业作为市场挑战者进退两难，在这样的环境中，王老吉给自己确定了一个独特的品牌定位，那就是预防上火的饮料，这时的市场还没有这样明确定位为祛火的饮料，如菊花茶、清凉茶等由于缺乏品牌推广，并没有很强大的竞争力，而一般的碳酸饮料、果汁、水等却明显不具备预防上火的功能。而红色王老吉作为第一个预防上火的饮料被推向市场，使人们通过它知道和接受了这种新型饮料，红色王老吉成为预防上火的饮料的代表，这使它具有了其他产品所没有的优势。在销售渠道上，王老吉大胆创新，不仅进入传统的商超等，还进入餐饮店、酒吧、网吧等场所。在一些地区，王老吉还选择火锅店、湘菜馆、川菜馆作为“王老吉诚意合作店”，提供尝品，进行公关营销。同时，王老吉的广告宣传也尤为重视从消费者的情感出发，王老吉公司运用各种媒体让产品形象、品牌定位真正进入人心，从而持久、有力地影响消费者的购买决策。最终王老吉通过一系列的营销策略成功在茶饮料市场中占据一席之地，并成为凉茶饮料中的领先者。

资料来源：http：//www.senn.com.cn/sp/2015/10/12/82061.html.

案例讨论题：

试具体分析王老吉在“突围”过程中采用的市场竞争策略。

【参考文献】

[1] 戴维·赫西，珀·詹斯特．竞争对手分析．高文瑾，等，译．经济科学出版社，2004.

[2] 菲利普·科特勒，加里·阿姆斯特朗．市场营销原理（第14版）．郭国庆，译．清华大学出版社，2013.

[3] 弗朗西斯·布拉星顿，史蒂芬·佩提特，FrancesBrassington，等．市场营销学精要（第3版）．曾伏娥，等，译．清华大学出版社，2015.

[4] 甘碧群，曾伏娥．国际市场营销学（第3版）．高等教育出版社，2014.

[5] Armstrong，Gary. Marketing：an introduction（9th ed）．中国人民大学出版社，2010.

[6] Kotler，Philip. Marketing management. Prentice Hall，2007：99-99.

[7] Pride W. M.. Marketing principles. Cengage Learning，2012.

[8] Hauser J. R.，Shugan S. M.. Defensive marketing strategies. INFORMS，2008.

[9] Kotler，Philip. Principles of marketing a global perspective. 机械工业出版社，2012.

[10] Porter，Michael E.. Competitive strategy：Techniques for analyzing industries and competitors：with a new introduct. Free Press，1980.

[11] Daft R. L.，Sormunen J.，Parks D.. Chief executive scanning，environmental characteristics，and company performance：An empirical study. Strategic Management Journal，1988，9（2）：123-139.

[12] Pauwels K.. How dynamic consumer response，competitor response，company support，and company inertia shape long-term marketing effectiveness. INFORMS，2004.

[13] Dess G. G.. Consensus on strategy formulation and organizational performance：Competitors in a fragmented industry. Strategic Management Journal，1987，8（3）：259 - 277.

[14] Ghoshal S.，Westney D. E.. Organizing competitor analysis systems. Strategic Management Journal，2010，12（1）：17-31.

[15] Makadok R.，Barney J. B.. Strategic factor market intelligence：An application of information economics to strategy formulation and competitor intelligence. INFORMS，2001.

[16] Mordacq C.. Competitor analysis and interfirm rivalry：Toward a theoretical integration. Academy of Management Review，1996，21（1）：100-134.

[17] Clark B. H.，Montgomery D. B.. Managerial identification of competitors. Journal of Marketing，1999，63（3）：67-83.

[18] Bruce H. Clark. Managerial identification of competitors：Accuracy and performance consequences. Journal of Strategic Marketing，2011，19（3）：209-227.

[19] Slater S. F.，Hult G. T. M.，Olson E. M.. On the importance of matching strategic

behavior and target market selection to business strategy in high-tech markets. Journal of the Academy of Marketing Science, 2007, 35 (1): 5-17.

[20] Wu J., Olk P.. Technological advantage, alliances with customers, local knowledge and competitor identification. Journal of Business Research, 2014, 67 (10): 2106-2114.

第九章　STP 战略

【学习目标】 学习本章后，应当掌握：

1. 市场细分、目标市场选择、市场定位战略的含义及其联系
2. 市场细分的一般步骤及细分方法
3. 市场定位战略及方法
4. 灵活运用市场细分和市场定位方法分析企业目标市场营销中存在的问题
5. 消费者市场和产业市场细分的区别与联系

【引例】

iPone 手机的成功启示

苹果公司（Apple Inc.）是美国的一家高科技公司，其生产的 iPhone 风靡全球，市场份额不断扩大，取得诸多成就，除了产品自身因素，也离不开公司对市场的分析和把控。首先，苹果公司依据消费者的年龄、职业和行为习惯将产品市场细分为商务型、娱乐型和开发型，其中商务型市场的用户年龄主要集中在 30~45 岁，用户稳定，具备对各价位手机的购买能力，娱乐型市场以学生群体和年轻的上班族为主，开发型市场是手机市场中比例较小的消费者群体，多为 IT 相关行业工作者或手机发烧友。其次，iPhone 采用密集式市场差异性营销策略。从 iPhone 的现有外观和功能看，苹果公司一直将时尚一族的年轻人作为主要的目标顾客，在不同时间用同一款产品征服了追求时尚、对科技高度敏感的群体。最后，iPhone 将自己定位于凝聚高科技的时尚智能通信产品，在通信市场上代表了科技的最前沿，而 iPhone 不断创新的特性，更是能一直吸引对苹果有品牌忠诚的消费群体，另外，苹果公司充分利用差异化定位，立足于产品差异化并创造出不一样的产品形象，与其他品牌不同，苹果并没有邀请大牌明星作为品牌代言人，而以公司 CEO 乔布斯作为品牌代言人，公司强调让消费者参与到营销活动中，通过设计产品体验使消费者感受到服务差异化。

资料来源：http：//www. docin. com/p-949839581. html.

第一节　市 场 细 分

一、市场细分

（一）市场细分的概念

所谓市场细分，也称市场细分化（Market Segmentation），是指企业根据市场需求的多

样性和消费者行为的差异性，把整体市场划分为若干具有某种相似特征的消费者群体，从而确定自己的目标市场的活动过程。在这里，一个需求特点大体相同的消费者群就是一个细分市场，也称“子市场”。显然，分属不同细分市场的消费者对同一产品的需求存在着明显差异，而属同一细分市场的消费者，他们的需求则极为相似。例如，针对皮包这种产品，有的消费者追求经济实惠、结实耐用；有的消费者要求样式美观大方、价格适中；有的消费者要求用料讲究、做工精细、款式新颖，而对价格和是否结实不太在意。这样，皮包的消费者就可以划分为三类，即三个消费者群，皮包市场也就被细分为三个子市场。如果再考虑到男性和女性消费者对皮包款式和功能的不同要求，则皮包市场至少又可以进一步细分为六个子市场。消费者在需求方面所表现出的差异性和相似性，奠定了市场细分的必要基础和可能基础。

市场细分是一种求同存异的市场分类方法。它不是对产品进行分类而是对需求各异的消费者进行分类，是识别具有不用需求的消费者并将其归类的过程。此概念是由美国市场营销学家温德尔·史密斯（Wendell Smith）于 1956 年提出来的一个新概念。它适应了第二次世界大战后美国许多产品的市场由“卖方市场”转向“买方市场”这一新的环境，是企业营销思想的新发展，是市场营销观念的必然产物。同时，又是市场营销理论的一大创新。

（二）市场细分的客观依据

企业进行市场细分的目的是通过对顾客需求差异予以定位，来取得较大的经济效益。众所周知，产品的差异化必然导致生产成本和推销费用的相应增长，所以，企业必须在市场细分所得收益与市场细分所增成本之间做一权衡。由此，我们得出有效的细分市场必须具备以下特征：

（1）可衡量性。可衡量性是指用来细分市场的标准，即细分后的市场是可以识别和衡量的，也就是有明显的区别，有合理的范围。如果某些细分变数或购买者的需求和特点很难衡量，细分市场后无法界定，难以描述，那么市场细分就失去了意义。

（2）可进入性。可进入性是指企业能够进入所选定的市场部分，能进行有效的促销和分销，实际上就是考虑营销活动的可行性。一是企业能够通过一定的广告媒体把产品的信息传递到该市场众多的消费者中去，二是产品能通过一定的销售渠道抵达该市场。

（3）可盈利性（规模性）。可盈利性是指细分市场的规模要大到能够使企业足够获利的程度，使企业值得为它设计一套营销规划方案，以便顺利地实现其营销目标，并且有可拓展的潜力，以保证按计划能获得理想的经济效益和社会服务效益。如一个普通大学的餐馆，如果专门开设一个西餐馆满足少数师生酷爱西餐的要求，可能由于这个细分市场太小而得不偿失。

（4）相对稳定性。相对稳定性指细分后的市场能否在一定时间内保持相对稳定，直接关系到企业生产营销的稳定性。特别是大中型企业以及投资周期长、转产慢的企业，缺乏稳定性更容易造成经营困难，严重影响企业的经营效益。

（5）差异性（可区分性）。差异性指细分市场在观念上能被区别并对不同的营销组合因素和方案有不同的反应。此外，市场细分的基础是顾客需求的差异性，所以凡是使顾客需求产生差异的因素都可以作为市场细分的标准。

二、市场细分原因

市场细分被现代企业誉为具有创造性的新概念，把它作为从事市场营销的重要手段，其对企业的营销实践有着重要的意义。

（一）有利于企业发现新的营销机会

通过市场细分，企业可以易于发现未被满足的消费需求，寻找到市场的空白点。如果企业能够满足这些消费需求，就可以把它作为自己的目标市场，这就是市场细分给予企业的营销机会。日本钟表企业在美国钟表市场发现营销机会是通过市场细分，发现高档手表市场已被瑞士的名牌手表所占领，且竞争激烈；而中低档市场顾客需求并未得到很好满足，于是决定开发中低档手表，满足这一层次顾客的需求。实践证明这一决策是正确的。

（二）有利于企业巩固现有的市场

通过市场细分，企业可以了解现有市场各类顾客的不同消费需求和变化趋势，可以有针对性地开展营销活动，最大限度地满足市场需求，从而达到让现有顾客满意、巩固现有市场的效果。蒙牛和伊利通过市场细分，开发了有机牛奶、高端牛奶、低脂牛奶和脱脂牛奶等各种细分产品，可以供不同顾客选择，使公司一直处于乳制品行业的领先地位。

（三）有利于企业正确制定营销战略和策略

市场细分是企业制定营销战略和策略的前提条件。一个企业的营销战略和策略都是具体的，都是针对自己的目标市场而制定的。市场细分后的子市场比较具体，比较容易了解消费者的需求，企业可以根据自己的经营思想、方针及生产技术和营销力量，确定自己的服务对象，即目标市场。针对具体的目标市场，便于制定针对性强的营销策略。同时，在细分的市场上，信息容易了解和反馈，一旦消费者的需求发生变化，企业可迅速改变营销策略，制定相应的对策，以适应市场需求的变化，提高企业的应变能力和竞争力。

联想的产品细分策略，正是基于产品的明确区分，联想打破了传统的“一揽子”促销方案，围绕“锋行”“天骄”“家悦”三个品牌面向的不同用户群需求，推出不同的“细分”促销方案。选择“天骄”的用户，可优惠购买可以使数据随身移动的魔盘、可精彩打印数码照片的 3110 打印机、SOHO 好伴侣的 M700 多功能机，以及让人尽享数码音乐的 MP3；选择“锋行”的用户，可以优惠购买“数据特区”双启动魔盘、性格鲜明的打印机以及“新歌任我选”MP3 播放器；钟情于“家悦”的用户，则可以优惠购买“电子小书包”魔盘、完成学习打印的打印机、名师导学的网校卡，以及成就电脑高手的 XP 电脑教程。

（四）有利于企业有效地利用营销资源

任何一个企业的资源、人力、物力、资金都是有限的。通过细分市场，选择适合自己的目标市场，企业可以集中人、财、物及资源，去争取局部市场上的优势，然后再占领自己的目标市场，这一点对于中小企业特别重要。通过市场细分，可以抓住大企业留下的市场空缺，集中企业营销资源，选择最适合自己经营的细分市场，发挥营销优势和特色，在竞争激烈的市场中得以发展。浙江著名企业家鲁冠球，就是选择生产“万向节”这个小产品，走小而精、小而专的道路，逐步成长为全球性公司。

学术智库 9-1

基于消费者-产品关系的国际市场细分

随着全球市场竞争日益激烈，市场细分已经成为跨国开发、定位、销售产品的一个很重要的课题。本文提出了一种基于方法-目的链理论来确定跨国市场细分的方法，该方法通过将产品特征与消费者利益和价值观联系起来，提供了整合产品开发和沟通策略的可能性。为此，作者开发了一个用于识别消费者和产品在分段级别关系的模型，从而增加了细分市场的可操作性和响应能力。该模型考虑到跨国家和国家内部不同的市场反应趋势，这往往阻碍了跨国市场的细分。蒙特卡罗研究表明，该模型实证数据参数表现良好，市场细分模型适用于在欧盟 11 个国家收集的酸奶的消费者数据，最终模型发现国际市场细分与消费者社会人口统计变量、消费模式、媒体消费和个性有关。研究表明，该模型具有较高的预测有效性，优于传统上在国际市场细分中使用的标准聚类方法，因此本研究为国际市场细分提供了理论指导。

资料来源：FT Hofstede，M Wedel. International market segmentation based on consumer—product relations. Journal of Marketing Research（JMR），1999，36（1）：1-17.

三、细分市场评估

企业在划分好细分市场之后，可以进入既定市场中的一个或多个细分市场。在确定细分市场之前，企业必须对细分市场进行评估，只有经过对细分市场的评估，才能知道细分市场的规模，需求变化趋势等信息，从而为产品定位、产量控制、用户需求满足等工作打下良好基础并创造较好的前提条件。那么，企业应该如何选择细分市场呢？本书为企业确定细分市场提供了以下选择标准。

（一）有一定的规模和发展潜力

企业进入某一市场是期望能够有利可图，如果市场规模狭小或者趋于萎缩状态，企业进入后难以获得发展，此时，应审慎考虑，不宜轻易进入。当然，企业也不宜以市场吸引力作为唯一取舍，特别是应力求避免“多数谬误”，即与竞争企业遵循同一思维逻辑，将规模最大、吸引力最大的市场作为目标市场。大家共同争夺同一个顾客群的结果是，造成过度竞争和社会资源的无端浪费，同时使消费者的一些本应得到满足的需求遭受冷落和忽视。现在国内很多企业动辄将城市尤其是大中城市作为其首选市场，而对小城镇和农村市场不屑一顾，很可能就步入误区，如果转换一下思维角度，一些目前经营尚不理想的企业说不定会出现“柳暗花明”的局面。

（二）细分市场结构的吸引力

细分市场可能具备理想的规模和发展特征，然而从赢利的观点来看，它未必有吸引力。波特认为有五种力量决定整个市场或其中任何一个细分市场的长期的内在吸引力。这五个群体是：同行业竞争者、潜在的新参加的竞争者、替代产品、购买者和供应商。他们具有如下五种威胁性：

（1）细分市场内激烈竞争的威胁。如果某个细分市场已经有了众多的、强大的或者竞争意识强烈的竞争者，那么该细分市场就会失去吸引力。如果该细分市场处于稳定或者衰退期，生产能力不断大幅度扩大，固定成本过高，撤出市场的壁垒过高，竞争者投资很大，那么情况就会更糟。这些情况常常会导致价格战、广告争夺战，新产品推出，公司要参与竞争就必须付出高昂的代价。

（2）新竞争者的威胁。如果某个细分市场可能吸引会增加新的生产能力和大量资源并争夺市场份额的新的竞争者，那么该细分市场就会缺乏吸引力。问题的关键是新的竞争者能否轻易地进入这个细分市场。如果进入这个细分市场时遇到森严的壁垒，并且遭受到细分市场内原来的公司的强烈报复，新的竞争者便很难进入。保护细分市场的壁垒越低，原来占领细分市场的公司的报复心理越弱，这个细分市场就越缺乏吸引力。

（3）替代产品的威胁。如果某个细分市场存在着替代产品或者潜在替代产品，那么该细分市场就失去吸引力。替代产品会限制细分市场内价格和利润的增长。公司应密切注意替代产品的价格趋向。如果在这些替代产品行业中技术有所发展，或者竞争日趋激烈，这个细分市场的价格和利润就可能会下降。

（4）购买者讨价还价能力加强的威胁。如果某个细分市场中购买者的讨价还价能力很强或正在加强，该细分市场就缺乏吸引力。购买者讨价还价能力强，便会设法压低价格，对产品质量和服务提出更高的要求，并且使竞争者互相斗争，所有这些都会使销售商的利润受到损失。如果购买者比较集中或者有组织，或者该产品在购买者的成本中占较大比重，或者产品无法实行差别化，或者顾客的转换成本较低，或者由于购买者的利益较低而对价格敏感，或者顾客能够向后实行联合，购买者的讨价还价能力就会加强。

（5）供应商讨价还价能力加强的威胁。如果公司的供应商——原材料和设备供应商、公用事业、银行、公会等，能够提价或者降低产品和服务的质量，或减少供应数量，那么该公司所在的细分市场吸引力就会降低。如果供应商集中或有组织，或者替代产品少，或者供应的产品是重要的投入要素，或者转换成本高，或者供应商可以向前实行联合，那么供应商的讨价还价能力就会较强大。

（三）符合企业目标和能力

某些细分市场虽然有较大吸引力，但不能推动企业实现发展目标，甚至分散企业的精力，使之无法完成其主要目标，这样的市场应考虑放弃。此外，还应考虑企业的资源条件是否适合在某一细分市场经营。只有选择那些企业有条件进入、能充分发挥其资源优势的市场作为目标市场，企业才会立于不败之地。

第二节 消费者市场的细分变量

消费者细分市场的依据有地理因素、人口因素、心理因素、行为因素等，每种因素又

可以从多个方面去分析（如表 9-1 所示）

表 9-1 消费者市场细分依据

地理因素	人口因素	心理因素	行为因素
地理位置 气候条件 城镇规模 人口密度	年龄 性别 家庭 收入 职业 受教育程度 宗教信仰	生活方式 社会阶层 个性	购买时机 追求利益 使用数量 品牌忠诚程度 最终用途

一、行为变量

根据购买者对产品的了解程度、态度、使用情况及反应等将他们划分成不同的群体，叫行为细分。许多人认为，行为变量能更直接地反映消费者的需求差异，因而成为市场细分的最佳起点。按行为变量细分市场主要包括：

（一）购买时机

许多产品的消费具有时间性，烟花爆竹的消费主要在春节期间，月饼的消费主要在中秋节以前，旅游点在旅游旺季生意最兴隆。因此，企业可以根据消费者产生需要、购买或使用产品的时间进行市场细分，如航空公司、旅行社在寒暑假期间大做广告，实行优惠票价，以吸引师生乘坐飞机外出旅游；商家在酷热的夏季大做空调广告，以有效增加销量；双休日商店的营业额大增，而在元旦、春节期间，销售额更大等。因此，企业可根据购买时机进行细分，在适当的时候加大促销力度，采取优惠价格，以促进产品的销售。

（二）追求利益

消费者购买某种产品总是为了解决某类问题，满足某种需要。然而，产品提供的利益往往并不是单一的，而是多方面的。消费者对这些利益的追求时有侧重，如对购买手表有的追求经济实惠、价格低廉，有的追求耐用可靠和使用维修的方便，还有的则偏向于显示出社会地位等。

（三）使用数量

根据消费者使用某一产品的数量大小细分市场。通常可分为大量使用者、中度使用者和轻度使用者。大量使用者人数可能并不很多，但他们的消费量在全部消费量中占很大的比重。美国一家公司发现，美国啤酒的 80%是被 50%的顾客消费掉的，另外一半的顾客的消耗量只占消耗总量的 12%。因此，啤酒公司宁愿吸引重度饮用啤酒者，而放弃轻度饮用啤酒者，并把重度饮用啤酒者作为目标市场。

（四）品牌忠诚程度

和使用数量一样，品牌忠诚程度也是一个有效的识别机制，它不仅可以提供细分市场的更多细节，还能更好地理解细分市场。有些消费者经常变换品牌，另外一些消费者则在较长时期内专注于某一或少数几个品牌。通过了解消费者品牌忠诚情况和品牌忠诚者与品牌转换者的各种行为与心理特征，不仅可为企业细分市场提供一个基础，同时也有助于企业了解为什么有些消费者忠诚于本企业产品，而另外一些消费者则忠诚于竞争企业的产品，从而为企业选择目标市场提供启示。

（五）最终用途

这个产品是用来做什么的？这个问题的答案对营销方式的选择至关重要。例如，对于消费者而言，酒是一种多功能产品，具有一系列潜在用途，并且市场上有各种各样的产品品牌和产品线，每一种酒迎合不同的细分用途，消费者可能会采购两三种不同品牌的酒，因为要用于不同的预期用途（如烹饪、待客或者送礼等不同用途）。在这一点上，如果产品的实用性对消费者非常重要的话，其他变量则会成为购买选择的次要影响因素。

二、人口统计学变量

按人口统计变量，如年龄、性别、家庭规模、家庭生命周期、收入、职业、教育程度、宗教、种族、国籍等为基础细分市场。消费者需求、偏好与人口统计变量有着很密切的关系，比如，只有收入水平很高的消费者才可能成为高档服装、名贵化妆品、高级珠宝等的经常买主。人口统计变量比较容易衡量，有关数据相对容易获取，由此构成了企业经常以它作为市场细分依据的重要原因。

（一）性别

由于生理上的差别，男性与女性在产品需求与偏好上有很大不同，如在服饰、发型、生活必需品等方面均有差别。像美国的一些汽车制造商，过去一直是迎合男性要求设计汽车，现在，随着越来越多的女性参加工作和拥有自己的汽车，这些汽车制造商正在研究市场机会，设计具有吸引女性消费者特点的汽车。

（二）年龄

不同年龄的消费者有不同的需求特点，如青年人与老年人对服饰的需求差异较大。青年人需要鲜艳、时髦的服装，老年人需要端庄、素雅的服饰。

（三）收入

高收入消费者与低收入消费者在产品选择、休闲时间的安排、社会交际与交往等方面都会有所不同。比如，同是外出旅游，在交通工具以及食宿地点的选择上，高收入者与低收入者会有很大的不同。正因为收入是引起需求差别的一个直接而重要的因素，在诸如服装、化妆品、旅游服务等领域根据收入细分市场相当普遍。

（四）职业与教育

指按消费者职业的不同、所受教育的不同以及由此引起的需求差别细分市场。比如，农民购买自行车偏好载重自行车，而学生、教师则是喜欢轻型的、样式美观的自行车；又如，消费者所受教育水平的差异引起审美观具有很大的差异，如不同消费者对居室装修用品的品种、颜色等会有不同的偏好。

（五）家庭数量和生命周期

一个家庭，按年龄、婚姻和子女状况，可分为单身、新婚、满巢、空巢和孤独五个阶段。在不同阶段，家庭购买力、家庭成员对商品的兴趣与偏好也会有很大的差别，同样地，家庭成员的数量也会影响消费者的购买选择。

除了上述诸方面，经常用于市场细分的人口变数还有国籍、种族、宗教等，不同国家、种族和宗教由于文化背景的差异，消费者的消费行为和消费习惯也存在较大的差异，因此也可作为市场细分的依据。实际上，大多数公司通常是采用两个或两个以上人口统计变量来细分市场。

三、地理位置变量

人必须生活在一定的地域范围，处在不同的地理位置的消费者，会产生不同的需要和爱好，并对企业的同一产品及市场营销手段产生不同反应。这是一种传统的市场细分标准，使用已久。早期由于产量有限以及交通条件和运输成本的限制，许多企业只需也只能以其所在地区的消费者为服务对象。现代市场营销理论依然把地理因素作为市场细分的重要标准，但是赋予了它新的内容，地理环境会对消费者需求产生重要影响。较为重要的地理因素有：

（一）地理区域

不同地区消费者的消费习惯和购买行为，由于长期受不同的自然条件和社会经济条件等的影响，往往有着较为明显的差异。如我国的饮食习惯，素有南甜北咸、东辣西酸之说；我国南方人喜欢吃大米，北方人喜欢吃面食等。

（二）气候

气候的差异也会引起人们需求的差异。如气温的高低对人们的衣着以及部分日用品的消费就有很大的影响，北方人衣着厚重，皮棉衣物居多；南方人衣着轻薄，单衣量大。北方人多需暖气设施，南方人多需降温设施等。气候的干湿对人们的消费需求也有很大的影响，气候干燥的地区多需抗旱设施，气候湿润的地区多需雨具及防涝设施等。

（三）人口密度

城市、郊区及乡村的人口密度是不一样的。例如，由于人口密度的差异，我国城市消费者喜欢小巧玲珑、较为轻便的自行车，农村顾客则喜欢结实耐用的载重型自行车。

（四）城镇规模

城镇规模分为特大型城市、大型城市、中型城市、小型城市、县城与乡镇等。

一般来说，地理因素具有较大的稳定性，与其他因素相比，容易辨别和分析。然而地理因素毕竟是静态因素，不容易划分得很详细，原因是生活在同一地理位置的消费者仍然会存在很大的需求差异。因此，进行市场细分时还必须同时综合考虑其他因素，方能选准目标市场。

四、心理学变量

根据购买者所处的社会阶层、生活方式、个性特点等心理因素细分市场就叫心理细分。

（一）社会阶层

社会阶层是指在某一社会中具有相对同质性和持久性的群体。处于同一阶层的成员具有类似的价值观、兴趣爱好和行为方式，不同阶层的成员则在上述方面存在较大的差异。

很显然，识别不同社会阶层的消费者所具有的不同的特点，对于很多产品的市场细分将提供重要的依据。

（二）生活方式

通俗地讲，生活方式是指一个人怎样生活。人们追求的生活方式各不相同，如有的追求新潮时髦，有的追求恬静、简朴；有的追求刺激、冒险，有的追求稳定、安逸。西方的一些服装生产企业，为“简朴的妇女”、“时髦的妇女”和“有男子气的妇女”分别设计不同的服装。生活方式也可以用在百货商店、购物中心、超级市场中的商品摆放方上。商品的传统摆放法已让位于有组织、有创意的摆放方法，商品不再根据其类型摆放，而是按照生活方式进行摆放。著名的法国拉法耶特百货商店就做到了这一点。其管理者认为这样的摆放对消费者更具视觉刺激，更能激发购买欲望，更能使消费者在店中保持一种持久的兴奋感和冲动感。

（三）个性

个性是指一个人比较稳定的心理倾向与心理特征，它会导致一个人对其所处环境作出相对一致和持续不断的反应。俗语说：“人心不同，各如其面”，每个人的个性都会有所不同。通常，个性会通过自信、自主、支配、顺从、保守、适应等性格特征表现出来。因此，个性可以按这些性格特征进行分类，从而为企业细分市场提供依据。在西方国家，对诸如化妆品、香烟、啤酒、保险之类的产品，有些企业以个性特征为基础进行市场细分并取得了成功。

第三节　企业市场的细分变量

消费品市场的细分标准有很多都适用于企业市场的细分，如地理环境、气候条件、交通运输、追求利益、对品牌的忠诚度等。但由于企业市场有它自身的特点，企业还应采用其他一些标准和变数来进行细分，最常用的有：最终用户要求、用户规模、用户地理位置等变量。

一、按用户的要求细分

产品用户的要求是生产资料市场细分量常用的标准。不同的用户对同一产品有不同的需求，如晶体管厂可根据晶体管的用户不同将市场细分为军工市场、工业市场和商业市场，军工市场特别注重产品质量；工业用户要求有高质量的产品和服务；商业市场主要用于转卖，除要求保证质量外，还要求价格合理和交货及时：飞机制造公司对所需轮胎要求的安全性比一般汽车生产厂商要高许多：同是钢材，有的用于生产机器，有的用于造船，有的用于建筑等。因此，企业应针对不同用户的需求，提供不同的产品，设计不同的市场营销组合策略，以满足用户的不同要求。

二、按用户经营规模细分

用户经营规模也是细分生产资料市场的重要标准。用户经营规模决定其购买能力的大小。按用户经营规模划分，可分为大用户、中用户、小用户。大用户户数虽少，但其生产规模、购买数量大，注重质量、交货时间等；小客户数量多，分散面广，购买数量有限，注重信贷条件等。许多时候，和一个大客户的交易量相当于与许多小客户的交易量之和，失去一个大客户，往往会给企业造成严重的后果。因此，企业应按照用户经营规模建立相应联系机制和确定恰当的接待制度。

三、按用户地理位置细分

每个国家或地区大多在一定程度上受自然资源、气候条件和历史传统等因素影响，形成若干工业区，例如江浙两省的丝绸工业区，以山西为中心的煤炭工业区，东南沿海的加工工业区等。这就决定了生产资料市场往往比消费品市场在区域上更为集中，地理位置因此成为细分生产资料市场的重要标准。企业按用户的地理位置细分市场，选择客户较为集中的地区作为目标，有利于节省推销人员往返于不同客户之间的时间，而且可以合理规划运输路线，节约运输费用，也能更加充分地利用销售力量，降低推销成本。

第四节 目标市场选择

一、选择目标市场

众所周知，任何规模的企业都不可能满足所有消费者的整体需求。每一个企业为了使自己的市场营销活动获得成功，就必须对自己的市场规划一定的范围和目标，在细分市场的基础上，确定本企业究竟为满足哪一类消费者的哪一类需求而从事生产和销售，有的放矢地运用产品、定价、供销渠道等市场营销组合，成功开拓市场。

企业要从不同的细分市场中选择市场，首先要考虑企业本身的经营能力和开拓市场的能力与什么样的细分市场构成最佳组合；企业是否具备生产满足目标市场需求产品的条件或优势；企业的技术、设备、资金能否保证企业成功地开拓和占领目标市场；企业所运用的市场营销组合是否能有效地对目标市场产生影响。其次，为了使企业的人力、物力、财力在市场营销中获得最佳效益，企业在选择目标市场时还得考虑目标市场规模的大小。如果市场规模太大，企业对此力不从心，很容易招来竞争者，使企业的市场机会减少，竞争成本增大；如果目标市场规模过小，则会造成企业人财物的闲置浪费。除此之外，选择目标市场，是为了在该市场中占有主要份额，获得经营利润，因此企业在选择市场时需对目标市场的销售潜力做出估算，判断目标市场的消费人数规模以及消费购买力。最后，在很大程度上，选择目标市场就是选择企业能与之竞争抗衡的对手，所以在选择目标市场时，企业需对现实中的竞争者进行对比分析，仔细权衡与它们竞争带来的后果以及企业本身的应变能力。有时不妨急流勇退，另辟蹊径，以免两败俱伤。面对那些竞争尚不激烈，企业占有明显的优势，或者还是空白地带的细分市场，企业应抓住机会，将其作为自己的目标市场，迅速占领。

二、目标市场选择策略

目标市场选择策略是指企业决定选择哪些细分市场为目标市场，然后据以制定企业营销策略。目标市场选择策略主要有以下三种：

（一）无差异型市场策略

无差异型营销策略是指企业将产品的整个市场视为一个目标市场，用单一的营销策略开拓市场，即用一种产品和一套营销方案吸引尽可能多的购买者。无差异型营销策略只考虑消费者或用户在需求上的共同点，而不关心他们在需求上的差异性。可口可乐公司在20世纪60年代以前曾以单一口味的品种、统一的价格和瓶装、同一广告主题将产品面向所有顾客，就是采取的这种策略。

无差异型营销的理论基础是成本的经济性，这种策略对于需求广泛、市场同质性高且能大量生产、大量销售的产品比较合适。对于大多数产品，无差异型市场营销策略并不一定合适。首先，消费者需求客观上千差万别并不断变化，一种产品长期为所有消费者和用户所接受非常罕见。其次，当众多企业如法炮制，都采用这一策略时，会造成市场竞争异常激烈，同时在一些小的细分市场上消费者需求得不到满足，这对企业和消费者都是不利的。最后，易于受到竞争企业的攻击。正由于这些原因，世界上一些曾经长期实行无差异型营销策略的大企业最后也被迫改弦更张，转而实行差异性营销策略。被视为实行无差异型营销典范的可口可乐公司，面对百事可乐等企业的强劲攻势，也不得不改变原来的策略，一方面向非可乐饮料市场进军，另一方面针对顾客的不同需要推出多种类型的新可乐。

（二）差异型市场策略

差异型市场营销策略是将整体市场划分为若干细分市场，针对每一细分市场制订一套独立的营销方案。比如，服装生产企业针对不同性别、不同收入水平的消费者推出不同品牌、不同价格的产品，并采用不同的广告主题来宣传这些产品，就是采用的差异型营销策略。

差异型营销策略的优点是：小批量、多品种，生产机动灵活、针对性强，使消费者需求更好地得到满足，由此促进产品销售。另外，由于企业是在多个细分市场上经营，在一定程度上可以减少经营风险；一旦企业在几个细分市场上获得成功，有助于提高企业的形象及提高市场占有率。

差异型营销策略的不足之处：一是增加营销成本。由于产品品种多，管理和存货成本将增加；由于公司必须针对不同的细分市场发展独立的营销计划，会增加企业在市场调研、促销和渠道管理等方面的营销成本。二是可能使企业的资源配置不能有效集中，顾此失彼，甚至在企业内部出现彼此争夺资源的现象，使拳头产品难以形成优势。

（三）密集型市场策略

密集型市场策略则是集中力量进入一个或少数几个细分市场，实行专业化生产和销售。企业运用此策略是遵循“与其四面出击，不如一点突破”的原则。例如，生产空调器的企业不是生产各种型号和款式、面向不同顾客和用户的空调机，而是专门生产安装在汽车内的空调机，又如汽车轮胎制造企业只生产用于换胎业务的轮胎，均是采用此策略。

密集型市场策略的指导思想是：与其四处出击收效甚微，不如突破一点取得成功。这一策略特别适合于资源力量有限的中小企业。中小企业由于受财力、技术等方面因素制约，在整体市场可能无力与大企业抗衡，因此集中资源于大企业尚未顾及或尚未建立绝对优势的市场。

营销实例 9-1

Little Dish 公司采用了集中战略，它在婴幼儿食品市场中创造了一种全新的产品类别：手工儿童辅食。它生产“新鲜、天然的食物”，如意大利面、肉丸、鱼派、鸡肉以及南瓜派等，这些产品的原材料可以轻而易举从厨房的橱柜中找到，而且这些儿童辅食不含添加剂。该公司产品针对的目标市场是广大中产阶级，很有可能是在职母亲，她们平时工作忙碌缺少制作食物的时间，加之十分关注孩子的营养状况，因此会优先选购 Little Dish 的儿童辅食。和那些给所有顾客提供相同产品的公司不同，Little Dish 把儿童营养福利放在第一位，这也许是它能取得成功的重要原因。Little Dish 每周为 10 万个孩子提供辅食，仅在 2010 年，就创造了高达 700 万英镑的销售额。

资料来源：弗朗西斯·布拉星顿，史蒂芬·佩提特．市场营销学精要（第 3 版）．曾伏娥，袁靖波，郑欣，译．清华大学出版社，2015.

第五节　市场定位战略

一、市场定位的概念

市场定位（Marketing Positioning），也称作“营销定位”，是指根据竞争者现有产品在市场上所处的位置，针对消费者或用户对该种产品的某种特征、属性和核心利益的重视程度，强有力地塑造出本企业产品与众不同的、令人印象深刻的、鲜明的个性或形象，并通过一套特定的市场营销组合把这种形象迅速、准确而又生动地传递给顾客，影响顾客对该产品的总体感觉，从而使该产品在市场上确定适当的位置。简而言之，就是在目标客户心目中树立产品独特的形象。

市场定位并不是你对一件产品本身做些什么，而是你在潜在消费者的心目中做些什么。市场定位的实质是使本企业与其他企业严格区分开来，使顾客明显感觉和认识到这种差别，从而在顾客心目中占有特殊的位置。而市场定位的目的是使企业的产品和形象在目标顾客的心里占据一个独特、有价值的位置。

市场定位可分为对现有产品的再定位和对潜在产品的预定位。对现有产品的再定位可能导致产品名称、价格和包装的改变，但是这些外表变化的目的是为了保证产品在潜在消费者的心目中留下值得购买的形象。对潜在产品的预定位，要求营销者必须从零开始，使产品特色确实符合所选择的目标市场。

二、市场定位的原则

（一）个性化原则

消费者在购买产品时，在理性上会考虑产品的实用功能，同时也会评估不同产品所表现出来的独特个性。如果产品个性正好与他们的需求和喜好相吻合，他们就会关注或毫不犹豫地选择购买这一产品。个性化市场定位最显著的特点就是创意新颖或标新立异或让人浮想联翩，即使这种个性与产品本身并无关联，是人为地赋予上去的，但只要得到消费者认同，它就是成功营销的利器，会获得不可思议的成功。例如英国的 Innocentdrinks 公司，Innocent 的意思是真幼稚，也就是说公司的中文名是真幼稚饮料公司。Innocent（总结所有的词典，它包含的意思有：不谙世故的、涉世未深的、天真无邪的、幼稚无知的、清白无罪的……）这个词汇，包含着所有老气横秋、高高在上的人对年轻人的指责和批评，但同时也包含着所有年轻人对心理和行为上保持自然、放松、纯真的一种自我肯定。

真幼稚的产品从生产到包装、物流、运营、活动等都在竭尽全力体现他们的思想，让客户强烈地感受到他们的主张，产生心理上的共鸣。比方说，真幼稚产品瓶上印的提醒文字里，不会采用“截止使用日期”这样大众化的字眼，而是采用“截止享用日期”。为了让顾客感觉到真幼稚产品与自然的贴近性、原料的纯正性（例如牛奶原料），它将自家的送货车改装成草皮覆盖，有的车直接就画上母牛的外观，而且边送货还边放出母牛“哞哞”的叫声。真幼稚每个星期都会在内部会议上天马行空地做一次这方面的创意。这些小细节给客户带来的印象极其深刻，也大大增加了竞争者模仿的成本，通过产品的个性化定位冲击传统饮料市场，最终获得巨大的成功。

（二）简单化原则

越简单明了越能留下深刻印象，越单一越容易被识别与接收。如“农夫山泉有点甜”“非常可乐，非常选择”“怕上火喝王老吉”等都是因为它们的广告简单明了、朗朗上口而被消费者熟记于心。每种产品都各有特色，关键在于预先筹划好你最想让消费者牢记的特色是什么。一句话，突破这道屏障的方法就是定位要简单明了，集中力量于一个重点并将其清楚地印在消费者的脑海中。如 M&M 巧克力的“只溶在口，不溶在手”就是一句响亮、简单明了且突破产品特征的口号。

（三）不断调整原则

不断调整原则就是要求企业在不断发展中随竞争环境的变化而不断调整定位策略。摒弃那种一成不变以静制动的定位思路，要对周围市场环境保持高度关注，及时调整市场定位策略，不断挖掘和满足消费者新的需求或空白市场，或对原有的定位进行重新定位，以打造市场竞争优势。公司应当依据本行业的变化，不断调整自身的战略定位。调整定位的目的是获取整个行业自然发展而形成的最大边界利润。决定行业利润分配的因素包括议价能力、技术控制、价值增值过程和相对竞争优势等。由于所有这些因素都是在不断地变化的，所以要求公司要根据环境的变化不断地调整自身的经营活动定位。

三、市场定位的战略和方式

（一）市场定位的战略

营销商可以遵循以下几个定位战略：

（1）根据具体产品特点进行定位。随着经济的发展，市场上同类产品越来越多而且差异较小，因此可以采用突出产品特点的定位。如瑞士雷达表既有走时准确的好处，又有外表美观的优点，还有永不磨损的长处，最终广告定位于“永不磨损”，而瑞士伯特莱表则突出它的美观与独特；格力空调着重宣传它的品质，而美的空调则是突出它的节电效果。

（2）根据产品所满足的需要以及产品使用对产品进行定位。营销商可以根据消费者如何及何时使用产品予以定位，例如 Coors 啤酒公司举办年轻成年人夏季都市活动，该公司的定位为夏季欢乐时光、团体活动场所饮用的啤酒。后来又将此定位转换为“Coors 在都市庆祝夏季的来临”，并向歌手 John Sebastian 购得《都市之夏》（*Summer in City*）这首歌的版权。另一家啤酒公司 Michelob 根据啤酒使用场合为自己定位，然后扩大啤酒的饮用场合，将原来周末饮用的啤酒，定位为每天晚上饮用的啤酒，即将“周末为 Michelob 而设”，改为属于“Michelob 的夜晚”。

（3）直接针对竞争者的产品进行定位。这种定位法是直接针对某一特定竞争者，而不是针对某一产品类别，例如 Avis 挑战 Hertz 的做法——“因为我们名列第二，所以必须更努力”。速食零售业中，Burger King 把自己定位为汉堡口味远胜于麦当劳，温娣则以“牛肉在哪里?”向麦当劳挑战；除了直接指出竞争者的潜在弱点，为自己寻求更有利的定位外，企业也可以采取回避竞争者的定位。

（4）根据消费者的特色定位。消费者需求不同，所面对的市场也是不一样的，因此也可以根据不同子市场消费者的不同需求定位。例如，主要面对男性消费者的市场，抑或主要面对女性消费者的市场；主要面对婴幼儿的市场，或主要面对青少年的市场；主要面对拥有巨额财产“大款”的市场，或主要面对工薪阶层消费者的市场。

（二）市场定位的方式

（1）避强定位。避强定位策略是指企业力图避免与实力最强的或较强的其他企业直接竞争，而将自己的产品定位于另一市场区域内，使自己的产品在某些特征或属性方面与最强或较强的对手有比较显著的区别。避强定位策略的主要优点是能使企业较快地在市场上站稳脚跟，并能在消费者或用户中树立形象，风险小。而缺点是避强往往意味着企业必须放弃某个最佳的市场位置，很可能使企业处于最差的市场位置。

营销实例 9-2

江中健胃消食片定位在“日常助消化用药”，避免了与吗丁啉的直接竞争，向无人防御且市场容量巨大的消化酶领域夺取市场（从权威机构的全国统计数据来看，酵母片、乳酶生片、多酶片的销售数量与销售额排名靠前，三者合计数超过吗丁啉），同时也填补了“吗丁啉”的空白市场，从而满足江中药业现实发展的需要。由于“日常助消化用药”的定位，占据的是一个“空白市场”，而且市场上并未出现以年龄划分的专业品牌，所以江中放弃过去对助消化市场进行年龄细分的做法，全力开拓整个日常助消化药的品类市场，用一个产品覆盖所有的目标人群。明确定位后江中将诉求准确的定位广告迅速、大力度传播出去，完全确立了“日常助消化用药”市场的领导地位。

资料来源：https：//wenku. baidu. com/view/1bba48355a8102d276a22fe7. html.

（2）迎头定位。迎头定位策略是指企业根据自身的实力，为占据较佳的市场位置，不惜与市场上占支配地位的、实力最强或较强的竞争对手正面竞争，而使自己的产品进入与对手相同的市场位置。迎头定位策略的主要优点是竞争过程中往往相当引人注目，甚至产生所谓轰动效应，企业及其产品可以较快地为消费者或用户所了解，易于达到树立市场形象的目的。缺点就是具有较大的风险性，面对实力较强的竞争对手通常处于劣势，因此在与对手正面竞争过程中企业风险较大。

（3）创新定位。寻找新的尚未被占领但有潜在市场需求的位置，填补市场上的空缺，生产市场上没有的、具备某种特色的产品。如第一代 iPhone 于 2007 年发布，2008 年 7 月 11 日，苹果公司推出 iPhone 3G。自此，智能手机的发展开启了新的时代，苹果公司不断地创新，最终 iPhone 成为引领业界的标杆产品。采用这种定位方式时，公司应明确创新定位所需的产品在技术上、经济上是否可行，有无足够的市场容量，能否为公司带来合理而持续的盈利。

（4）重新定位。重新定位是指企业为已在某市场销售的产品重新确定某种形象，以改变消费者原有的认识，争取有利的市场地位的活动。如某日化厂生产婴儿洗发剂，以强调该洗发剂不刺激眼睛来吸引有婴儿的家庭。但随着出生率的下降，销售量减少。为了增加销售，该企业将产品重新定位，强调使用该洗发剂能使头发松软有光泽，以吸引更多、更广泛的购买者。重新定位对于企业适应市场环境、调整市场营销战略是必不可少的，可以视为企业的战略转移。重新定位可能导致产品的名称、价格、包装和品牌的更改，也可能导致产品用途和功能上的变动，企业必须考虑定位转移的成本和新定位的收益问题。

四、市场定位的步骤

市场定位的关键是企业要设法在自己的产品上找出比竞争者更具有竞争优势的特性。例如价格竞争优势和偏好竞争优势，价格竞争优势就是在同样的条件下比竞争者定出更低的价格，这就要求企业采取一切努力来降低单位成本。偏好竞争优势即能提供确定的特色来满足顾客的特定偏好，这就要求企业采取一切努力在产品特色上下功夫。因此，企业市场定位的全过程可以通过以下三大步骤来完成：

（一）分析企业自身潜在的竞争优势

这一步骤的中心任务是要回答以下三个问题：一是竞争对手产品定位如何？二是目标市场上顾客欲望满足程度如何以及确实还需要什么？三是针对竞争者的市场定位和潜在顾客的真正需要的利益要求企业应该及能够做什么？要回答这三个问题，企业市场营销人员必须通过一切调研手段，系统地设计、搜索、分析并报告有关上述问题的资料和研究结果。通过回答上述三个问题，企业就可以把握和确定自己的潜在竞争优势在哪里。

（二）准确选择竞争优势

竞争优势表明企业能够胜过竞争对手的能力。这种能力既可以是现有的，也可以是潜在的。选择竞争优势实际上就是一个企业与竞争者各方面实力相比较的过程。比较的指标应是一个完整的体系，只有这样，才能准确地选择相对竞争优势。通常的方法是分析、比较企业与竞争者在经营管理、技术开发、采购、生产、市场营销、财务和产品七个方面究竟哪些是强项，哪些是弱项。借此选出最适合本企业的优势项目，以初步确定企业在目标市场上所处的位置。

（三）显示独特的竞争优势

这一步骤的主要任务是企业要通过一系列的宣传促销活动，将其独特的竞争优势准确传播给潜在顾客，并在顾客心目中留下深刻印象。为此，企业首先应使目标顾客了解、知道、熟悉、认同、喜欢和偏爱本企业的市场定位，在顾客心目中建立与该定位相一致的形象。其次，企业通过各种努力强化目标顾客形象，保持目标顾客的了解，稳定目标顾客的态度和加深目标顾客的感情来巩固与市场相一致的形象。最后，企业应注意目标顾客对其市场定位理解出现的偏差或由于企业市场定位宣传上的失误而造成的目标顾客模糊、混乱和误会，及时纠正与市场定位不一致的形象。企业的产品在市场上的定位即使很恰当，但在下列情况下，还应考虑重新定位：（1）竞争者推出的新产品定位于本企业产品附近，侵占了本企业产品的部分市场，使本企业产品的市场占有率下降。（2）消费者的需求或偏好发生了变化，使本企业产品销售量骤减。

☞【小结】

市场细分是指企业根据市场需求的多样性和顾客行为的差异性，把整体市场划分为若干具有某种相似特征的顾客群体，从而确定自己的目标市场的活动过程。市场细分是从事市场营销的重要手段，对企业的营销实践有着重要的意义。目标市场选择策略是指企业决定选择哪些细分市场为目标市场，然后据以制定企业营销策略，主要有无差异型市场策略、差异型市场策略和密集型市场策略三种策略。市场定位就是在目标客户心目中树立产品独特的形象，在此过程中，企业要依据个性化、简单化、不断调整的原则进行适当的市场定位。

☞【思考题】

1. 什么是细分市场？
2. 企业为什么要进行市场细分？
3. 目标市场营销策略包括哪些？
4. 企业应如何进行市场定位？
5. 整合营销的意义是什么？

☞【课后案例】

不拘一格的“品牌领先者”

中兴通讯广州分公司曾经面临极大的机遇与挑战，如在传统交换机产品市场以及新兴的无线码分多址（CDM A［13］）、小灵通（PHS［14］）产品市场上取得市场突破，进入广东电信广州公司。它正是通过各种分析策划，为后来的成功奠定了坚实的基础。在有线通信和无线通信的交界处，存在着一个重叠的需要空间，在这个需要的空间，存在着一批有重要市场价值的顾客群体，而且这一群体的需要没有得到满足。因而他们将通信产品市场细分为三个细分市场。

公司开拓广州电信产品市场时，分别有三个目标市场：PHS 产品市场、CDMA 产品市场、交换机产品市场。其中 PHS 产品市场和 CDMA 产品市场是潜在的市场，并且两者具有排他性和替代性，即 PHS 产品市场诞生，则 CDMA 产品市场隐退。CDMA 产品市场诞生，则 PHS 产品市场隐退。当直接开拓这三个产品市场遇到困难时，中兴通信广州公司对产品市场进行了细分，并对细分的产品市场吸引力进行波特五力模型比较分析，重新确定了目标市场。通过市场细分和确定目标市场，中兴通信广州公司找到了差异化的市场定位。按照有线和无线划分通信市场产品的标准，在有线和无线的交叠处，找到了与有线通信产品和无线通信产品相区别的差异化产品——有线无线一体化产品。这种差异可在电信设备运营商及通信消费者中产生和树立与众不同的心理影响及心理地位。

通过市场细分，中兴通讯广州公司找到了有线无线一体化产品市场需求，提出了有线（ZXJ10）无线（PHS）一体化解决方案。通过努力，中兴通讯有线（ZXJ10）无线（PHS）一体化解决方案进入了广东电信广州公司，并站稳了脚跟，从而为中兴通讯广州公司下一步进入广东电信广州公司交换机产品市场及 PHS 产品市场打好了基础。中兴通讯广州公司分析了公司现有的产品和技术优势，将新价值定位的产品观念具体化，转变为 ZXJ10 和 ZXPCS 一体化产品及实现的一号双机、混群业务，通过研发和产品商用试验，获得新产品和新技术优势，满足了新需求，进入了市场，实现了公司在市场开拓、产品和技术发展上的进步，最终取得巨大成功。

资料来源：张湘湘，程宗钰．STP 战略应用分析实例．全国商情·理论研究，2011（4）：23-24.

案例讨论题：

试分析中兴通讯广州分公司是如何利用 STP 战略取得成功的，在此过程中运用了哪种竞争策略。

【参考文献】

[1] 菲利普·科特勒，加里·阿姆斯特朗．市场营销原理（第 14 版）．郭国庆，译．清华大学出版社，2013.
[2] 亚瑟·A. 汤姆森，A. J. 斯迪克兰迪．战略管理（第 10 版）．段盛华，译．北京大学出版社，2001.
[3] 弗朗西斯·布拉星顿，史蒂芬·佩提特，等．市场营销学精要（第 3 版）．曾伏娥，等，译．清华大学出版社，2015.
[4] 甘碧群，曾伏娥．国际市场营销学（第 3 版）．高等教育出版社，2014.
[5] Kotler，Philip. Principles of marketing a global perspective. 机械工业出版社，2012.
[6] Armstrong，Gary. Marketing：An introduction（9th ed）. 中国人民大学出版社，2010.
[7] Hauser J. R.，Shugan S. M.. Defensive marketing strategies. INFORMS，2008.
[8] Kotler，Philip. Marketing management. Prentice Hall，2007：99-99.
[9] Olson，Jerry C.. Consumer behavior and marketingstrategy. 东北财经大学出版社，1996.
[10] 阿尔·里斯，杰克·特劳特．定位：有史以来对美国营销影响最大的观念：The

battle for your mind. 谢伟山，苑爱冬，译. 机械工业出版社，2011.

[11] Cavusgil S. T. , Zou S. . Marketing strategy-performance relationship: An investigation of the empirical link in export market ventures. Journal of Marketing, 1994, 58 (1): 1-21.

[12] Wedel M. , Kamakura W. A. . Market segmentation: Conceptual and methodological foundations. Journal of Marketing Research, 1997, 37 (1): 135-136.

[13] Smith W. R. . Product differentiation and market segmentation as alternative marketing strategies. Journal of Marketing, 1956, 21 (1): 3-8.

[14] Slater S. F. , Hult G. T. M. , Olson E. M. . On the importance of matching strategic behavior and target market selection to business strategy in high-tech markets. Journal of the Academy of Marketing Science, 2007, 35 (1): 5-17.

[15] Morgan R. E. , Strong C. A. , Mcguinness T. . Product-market positioning and prospector strategy: An analysis of strategic patterns from the resource-based perspective. European Journal of Marketing, 2003, 37 (10): 1409 - 1439.

[16] Schultz D. E. . Integrated marketing communications: Maybe definition is in the point of view. Marketing News, 1993 (2): 17.

[17] Errunza V. R. , Miller D. P. . Market segmentation and the cost of capital in international equity markets. Journal of Financial & Quantitative Analysis, 2000, 35 (4): 577-600.

[18] Kadlec G. B. , Mcconnell J. J. . The effect of market segmentation and illiquidity on asset prices: Evidence from exchange listings. Journal of Finance, 1994, 49 (2): 611-636.

[19] Pride W. M. . Marketing principles. Cengage Learning, 2012.

[20] Booms B. H. , Bitner M. J. . Marketing strategies and organization structures for service firms. Marketing of Services, 1981, 25 (3): 47-52.

[21] Parrish E. D. , Cassill N. L. , Oxenham W. . Niche market strategy for a mature marketplace. Marketing Intelligence & Planning, 2006, 24 (7): 694-707.

第十章　产品策略

【学习目标】学习本章后，应当掌握：

1. 了解产品特征和营销者是如何对产品进行分类的
2. 了解企业是如何建立和管理产品组合和产品线的
3. 了解产品的生命周期的概念以及产品在生命周期的各个阶段应该实施怎样的营销战略

【引例】

茅台悠蜜领先时代新变革

自从2012年酒行业遭遇深度调整以来，酒类产品结构也将出现大幅度的变化，今后整个酒行业将呈现高端转型、中端崛起、低端升级的产业结构。

茅台在稳固白酒市场的同时，开发新酒产品，努力探索年轻消费者市场需求。茅台女性专属时尚酒悠蜜应运而生。悠蜜是由茅台集团历时3年研发出的一款女性专属时尚酒，产品既承续了茅台集团一贯的高品质的品牌风格，又紧跟时代的发展趋势和潮流，通过耳目一新的包装设计、独特的市场定位、创新的社会营销等手段实现了创新性突破，被视为茅台集团“做好酒文章，走出酒天地”的标杆产品。

新产品悠蜜对于茅台集团突破时代发展意义重大是毋庸置疑的。悠蜜有望突破茅台集团现有的效益模式，为茅台集团创造不小的经济效益，争取3年时间内，实现10亿~15亿元的销售收入，将成为茅台集团新的经济增长点。另外，悠蜜作为茅台集团乃至整个酒行业的超级新品，无论是在“无添加”的产品层面，还是在“女性专属时尚”“互联网社群”的营销层面上，其所承载的与时俱进的精神与品牌“智造”的创新方式，对中国酒业尤其是中国的区域名酒企业的发展都具有一定的榜样作用。

资料来源：http：//www. u-meet. com/news/read/id/95.

第一节　产品与产品组合

一、产品内涵与产品层次

（一）产品内涵

从一般意义上解释，产品只是具有一定使用价值和消费意义的加工品。然而所有具有使用价值和消费意义的加工品都能具有理想的交换价值，或者说，都能卖得出去。其前提是必须能满足一定的消费需求，而且还必须能较好地予以满足。

因此，从市场营销学的角度来认识，产品就应当是能够满足一定消费需求并能通过交换实现其价值的物品和服务。在这里，我们把服务也作为一种产品，因为它具有产品的基本属性，通过劳动而产生，能满足一定的消费需求，能被用来交换并实现价值。只不过它并不像物质的产品那样具有固有的形态。所以人们也常把它称作“无形产品”，同物质产品，即“有形产品”一起构成产品的范畴。目前，一些营销学者已将产品的内涵扩展到更为广泛的领域，包括一切有价值的人物、场所、组织、技术乃至思想，只要人们对其有愿意支付代价的需求，就可纳入产品的范畴。

（二）产品层次

产品整体概念就是在这样的认识基础上产生的，产品整体概念根据消费需求的发展，将产品的含义分为三个层次（见图 10-1）。

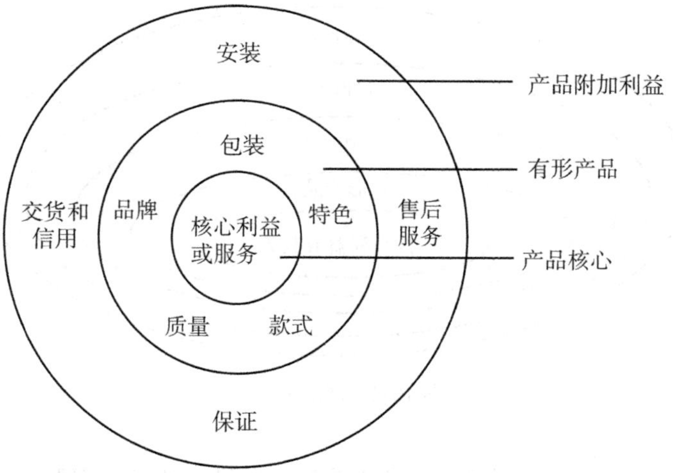

图 10-1　产品层次图

第一个层次：产品核心，主要是指产品的基本效用或基本功能。如手表的计时功能，电灯的照明功能，汽车的运输功能等。其必须能满足消费者对该产品的基本需要。消费者购买某种产品，并不是为了占有或获得产品本身，而是为了获得能满足某种需要的效用或利益。手表若不能计时，不管它还会有多少其他方面的功能，人们也不会认为它是“手表”。产品核心确定了产品的本质内涵。

第二个层次：有形产品，主要是指产品外观形态及其主要特征，是消费者得以识别和选择的主要依据。它是产品核心借以实现的形式，即向市场提供的实体和服务的形象，一般表现为产品的质量、式样、特色、包装及品牌等。由于同类产品的基本效用都是一样的，因此企业要获取竞争优势，吸引消费者购买自己的产品，就必须在产品的形态上动脑筋，满足人们对于产品除基本需要之外的延伸需要。如通过提高质量来满足经济性的需要，通过改良外观来满足审美观念的需要，通过创立名牌来满足炫耀性的需要等。产品形态确定了产品的差异特征。

第三个层次：产品附加利益，主要是指在产品的售中售后及使用过程中企业提供给消费者的一些相关的服务或承诺，如免费送货、免费安装、免费维修，以及承诺退换等。这些本来并不包含在产品的内涵之中，但是由于它们是消费者在购买和使用产品时所产生的一些附加需求，企业若能很好地给予满足，就能吸引更多的消费者前来购买自己的产品，从而增加产品的市场竞争力。因此，将其视作产品内涵的组成部分，会有助于提高企业对消费者的服务意识，将其作为一种应尽责任而不是额外的负担，产品附加利益增强了产品的竞争能力。

20 世纪 90 年代以来，菲利普·科特勒将产品概念的内涵由三层次结构说扩展为五层次结构说，认为五个层次的表述方式能够更深刻、更准确地表述产品整体概念的含义。产品整体概念要求营销人员在规划市场供应物时，要考虑到能提供顾客价值的五个层次，将产品的整体概念不断扩展，层次不断深化。产品整体概念的五个基本层次如图 10-2 所示。

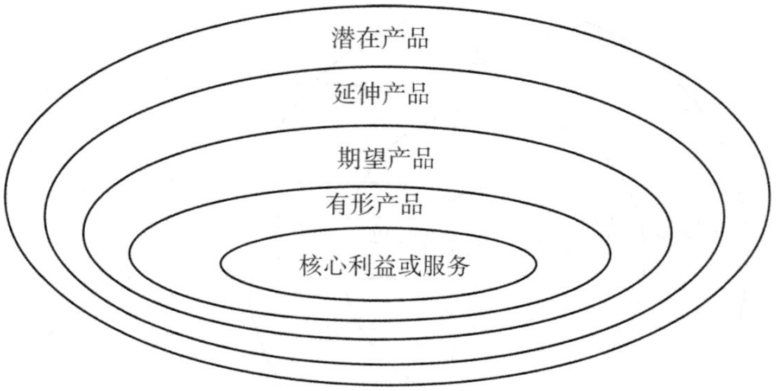

图 10-2　产品五层次

第一是核心利益或服务，即消费者利用该产品所满足的基本需要，如消费者对于旅馆的基本需要是“休息和睡觉”。能提供“休息和睡觉”场所的地方就能被消费者接受和购买。

第二是有形产品，即满足消费者核心利益的实质性产品，如旅馆必须有房间和床位，这是满足消费者需要的起码的条件。

第三是期望产品，即消费者对于其需要满足程度的某些特定要求，如要求能提供“安静舒适”的房间和“干净整洁的床铺”等。企业如果能在这些要求上满足得比较好，其产品就会有较强的竞争力。

第四是延伸产品，即消费者在核心利益需要得到满足的前提下所产生的关联性需要的满足，其表现为对需求满足程度的进一步提高，如在旅馆的房间里配置电视机、空调机、冰箱及其他附属设备，或给居住的旅客提供各种必要的服务和娱乐条件等，这些将会使旅馆对顾客产生更大的吸引力。

第五是潜在产品，主要是指对于消费者可能产生的对某些产品新的需求的满足，这会促使企业对现有产品不断地进行更新与改造，并努力开发出新的产品，如果能根据不同消费者的需要，开发出专供学者著书立说用的书斋式旅馆，供全家度假用的家庭式旅馆，或供人们扩大社会接触面的社交式旅馆等，就有可能诱发人们潜在的需求和欲望，从而使企业的市场面得到进一步扩大。

当然在对每一层次的需求给予进一步满足的同时，必须考虑投入的成本和消费者接受这一满足时所愿意支付的代价。只有在预期的总收益大于总投入的情况下，企业才应当开发。

产品的概念具有丰富和深刻的内涵。这是由于从市场营销的角度来看，产品概念是以需要的满足为核心的，并随着需要的扩展和变化而发展，顾客需要的层次性、复杂性和多变性就决定了产品概念也是不断发展和变化的，只有从这样的角度去认识产品的概念，才能使企业真正掌握市场的主动权。

二、产品分类以及对购买的影响

产品依据销售的目标对象（购买者的身份）及他们对产品的用途大致被分成两大类：消费品和工业品。

（一）消费品

以消费者个人为销售目标对象的产品是消费品。对消费品进一步分类的话，从不同的角度出发，可以多种多样。比如，从商品的价格来划分的话，可以分成低档品、中档品、高档品；从商品的性质来划分的话，则可以分成纺织品、食品、家电产品等。市场营销学把消费品分成三种类型。这三种类型是根据消费者购买产品时的购买行为特征来划分的。市场营销的核心是消费者，企业的一切经济活动要以消费者的需求为前提，因此，以消费者的购买行为为特征来划分产品的类型是符合现代营销观念的，也是合理的。

（1）便利品（Convenient Goods）又称“日用品”，这是指价格低廉，消费者要经常购买的产品。消费者在购买此类产品时的购买特征是：希望花费的时间越少越好，消费者对这些产品几乎不作任何比较，希望就近、即刻买到。肥皂、洗衣粉、手纸、牙膏、毛巾、饮料等就属于此类商品。对于生产经营此类商品的企业来说，尽量增加销售此类商品的网点，特别是把网点延伸到居民住宅区的附近就显得特别重要。

（2）选购品（Shopping Goods）。选购品指消费者愿意花费比较多的时间去购买的商品。在购买之前，消费者要进行反复比较，比较注重产品的品牌与特色。选购品占到产品的大多数，价格一般也要高于便利品，消费者往往对选购品缺乏专门的知识，所以在购买时间上的花费也就比较长。服装、皮鞋、农具、家电产品等是典型的选购品。

根据消费者的购买行为，经营选购品的企业要赋予自己的产品以特色，并且不断地向消费者传达有关商品的信息，帮助消费者了解有关产品的专门知识。对选购品来说，并不要求销售网点越多越好，也用不着一定要在居民住宅区附近开设网点。在一些有名的商业中心或者声誉卓著的商店内设立销售点销售选购品能获得比较理想的销售效果，因为消费者愿意花时间去寻找这些商品。

（3）特殊品（Special Goods）。这是指那些具有独特的品质特色或拥有著名商标的产品。消费者对这类产品注重它的商标与信誉，而不注重它的价格，在购买时，愿意努力去搜寻。像哈雷摩托车、劳力士手表等即属此类产品。因为消费者会不顾远道去购买，所以特殊品的销售并不要求有很多的网点，也不用考虑购买者是否方便，只要使消费者知道在什么地方能买到就行。

学术智库 10-1

享乐品和实用品中的消费者选择

在这篇文章中，作者研究了享乐品和实用品之间的消费者选择如何受到决策任务的性质的影响。作者在阐述研究的基础上，提出与得到哪些东西（获得选择）相比，当消费者决定放弃哪些项目（丧失选择）时，享乐维度相对显著。在两个选择实验中支持了所得到的假设，即享乐品在丧失选择中相对于相同的实用品更受偏好。在随后的实验中，这些发现扩展到假设选择，其中通过操纵初始属性级参考状态而不是所有权来创建获取和丧失条件。最后，与实验结果一致，一项实地调查显示，相对于市场价格，相对享乐的汽车拥有者比拥有相对实用车的拥有者更看重他们的车辆。作者讨论了这些参考依赖偏好不对称的理论影响，并探讨了营销经理和其他决策者的后果。

资料来源：Wertenbroch K.，Dhar R.. Consumer choice between hedonic and utilitarian goods. Journal of Marketing Research，2000，37（1）：60-71.

（二）工业品

工业品的分类是依据产品在进入生产过程的重要程度来划分。国际上通常运用麦卡锡的分类法来进行。

（1）原材料和零部件。这是指最终要完全转化到生产者所生产的成品中去的产品。

①原材料。这是农、林、渔、畜、矿产等部门提供的产品，构成了产品的物质实体。如：粮食、羊毛、牛奶、石油、铜、铁矿石等。这些产品的销售一般有国家的专门销售渠道，按照标准价来成交，并且往往要订立长期的销售合同。

②零部件和半成品。零部件是被用来进行整件组装的制成品。如汽车的电瓶、轮胎、服装上的纽扣、自行车的坐垫等。这些产品在不改变其原来形态的情况下可以直接成为最终产品的一部分。半成品是经过加工处理的原材料，被用来再次加工。如钢板、电线、水泥、白坯布、面粉等。

零部件和半成品一般由产需双方订立合同，由供方直接交给需方。产品的价格、品质、数量等由供需双方共同确定。

（2）生产设备。这是指直接参与生产过程的生产资料。可以分成两大类。

①装备。由建筑物、地权和固定设备所组成。建筑物主要指厂房、办公楼、仓库等。地权是矿山开采权、森林采伐权、土地耕种权等。固定设备指发动机、锅炉、机床、电子计算机、牵引车等主要的生产设备。

②附属设备。这种设备比装备的金额要小，耐用期也相对要短，是非主要生产设备，如各种工具、夹具、模具、办公打字机等。购买者对此类产品的通用化、标准化的要求比较高，一般通过中间商来购买。

（3）供应品。供应品并不直接参与生产过程，而是为生产过程的顺利实现提供帮助，这相当于生产者市场中的方便品。可以分成两类。

①作业用品。此类产品消耗大，企业要经常购买，如打字纸、铅笔、墨水、机器润滑油等。

②维修用品。主要有扫除用具、油漆、铁钉、螺栓、螺帽等。

供应品主要是标准品，并且消费量大，购买者分布比较分散，所以往往要通过中间商来销售，购买者对此类产品也无特别的品牌偏好，价格与服务是购买时考虑的主要因素。

（4）商业服务。这种服务有助于生产过程的顺利进行，使作业简易化。主要包括维修服务和咨询服务，前者如清扫、刷油漆、修理办公用具等，后者主要是业务咨询，法律咨询、委托广告等。

三、产品组合概念及产品组合决策

产品都有由成长到衰退的过程。因此，企业不能仅仅经营单一的产品，世界上很多企业经营的产品往往种类繁多，如美国通用电气公司经营的产品多达 25 万种。当然，并不是经营的产品越多越好。一个企业应该生产和经营哪些产品才是有利的？这些产品之间应该有些什么配合关系？这就是产品组合问题。

（一）产品组合概念

产品组合，也称“产品的各色品种集合”（product assortment），是指一个企业所经营的全部产品线的组合方式。一个产品组合包含多条产品线。如米其林就含有轮胎、地图和餐饮评级服务三条产品线。

产品项目是产品线中的一个明确的产品单位，它可以依尺寸、价格、外形等属性来区分，也可以依品牌来区分，因此，有的时候一个产品项目就是一个品牌。

（二）产品组合决策

产品组合包括四个因素：产品系列的宽度、长度、深度和关联性。这四个因素的不同，构成了不同的产品组合。这些概念可以用表 10-1 中欧莱雅公司的部分消费品来具体说明。

表 10-1　**欧莱雅公司产品组合的宽度和产品线长度**

	产品组合的宽度			
	护肤品	美发	香水	药妆
产品组合的长度	碧欧泉	欧莱雅	兰蔻	薇姿
	赫莲娜	美奇丝		理肤泉
	兰蔻	卡诗		修丽可
	小护士			
	羽西			
	……			

资料来源：http：//www. lorealchina. com/%E5%93%81%E7%89%8C.

1. 产品组合的广度

产品组合的广度（又可称为产品组合的宽度）是指产品线的总量。产品线越多意味着企业的产品组合的广度就越宽。假设某家用电器公司的产品组合广度就是六条产品线。如果另一家企业的产品线是八条，那么，具有八条产品线的企业的产品组合广度就要宽于拥有六条产品线的某家电公司。产品组合的广度表明了一个企业经营的产品种类的多少及经营范围的大小。

2. 产品组合的深度

产品组合的深度是指在某一产品线中产品项目的多少，其表示在某类产品中产品开发的深度。如某家电公司所生产的电视机有6个品种，其电视机生产线的深度就是6。若录音机有8个品种，则录音机产品线的深度比电视机产品线要深。产品组合的深度往往反映了一个企业产品开发能力的强弱。

3. 产品组合的长度

产品组合的长度是指企业产品项目的总和，即所有产品线中的产品项目相加之和。再以上述某家电器公司为例，此公司的电视机产品线有6个产品项目；录音机产品线有8个产品项目；洗衣机有3个产品项目；吸尘器有4个产品项目，电冰箱有6个产品项目；空调机有4个产品项目。这家公司的产品组合长度就是：6+8+3+4+6+4=31（个）。一般情况下，产品组合的长度越长，说明企业的产品品种、规格越多，由于有时候一个产品项目就是一个品牌，因此，产品组合的长度越长，企业所拥有的产品品牌也可能越多。

4. 产品组合的相关度

所谓产品组合的相关度是指各个产品线在最终用途方面、生产技术方面、销售方式方面以及其他方面的相互关联程度。最终用途相关度高即为消费关联性（或称市场关联性）组合。如企业同时经营电脑、打印纸、电脑台就属于消费关联性组合。生产技术的相关度是指所经营的各种产品在生产设备、原材料或工艺流程等方面具有较强的关联性，可称为生产关联性组合。如企业同时生产电视机、电冰箱、洗衣机等就属生产关联性组合。销售方式的相关度一般是指各种产品在销售渠道、仓储运输、广告促销等方面相互关联，或称销售关联性组合。产品组合的相关度与企业开展多角化经营有密切关系。相关度大的产品组合有利于企业的经营管理，容易取得好的经济效益；而产品组合的关联度较小，说明企业主要是投资型企业，风险比较分散，但管理上的难度较大。

企业在进行产品组合时，涉及三个层次的问题需要做出抉择，即：

①是否增加、修改或剔除产品项目。

②是否扩展、填充和删除产品线。

③哪些产品线需要增设、加强、简化或淘汰（以此来确定最佳的产品组合）。

三个层次问题的抉择应该遵循既有利于促进销售，又有利于增加企业的总利润这个基本原则。

第二节 产品线管理

产品线是指企业经营的产品核心内容相同的一组密切相关的产品。密切相关是指产品都是针对具有同质需求的顾客，通过同一种渠道被销售出去。如果能够确定产品线的最佳长度，就能为企业带来最大的利润。

一、产品线分析

（一）产品的销售量和利润分析

这一分析重要的是就产品线上每一个项目对总销售量与利润的贡献程度进行确定。一般可以通过计算每一个项目占产品线的销售额与利润额的百分比来分析。

比如，有一企业某条产品线上项目 A 占产品线的总销售量的 50%，占总利润的 40%；项目 B 占总销售量的 30%，占总利润的 30%；项目 C 占总销售量与总利润的比重分别是 10%与 10%；项目 D 占总销售量与总利润的比重分别是 5%和 15%；项目 E 占总销售量与总利润的比重分别是 5%和 5%。对于企业来说，要重点经营利润比重大的产品项目，利润比重很小的产品项目可以不作为经营的重点。在上面这个例子中，项目 A、项目 B 与项目 D 的利润要占到产品线的利润总额的 85%，所以在其他环境因素允许的情况下，就可以将这三个项目列为企业经营的重点。

产品线的利润太集中在少数几个项目上，意味着这条产品线的弹性较差，遇到强有力的竞争对手的挑战，往往会受到很大的影响，因此，企业要尽可能地把利润均匀地分散到多个项目中去。

（二）产品项目定位

产品项目定位是指确定本企业的产品项目与竞争对手的产品项目在市场竞争中的位置。一般可以通过产品项目定位来分。这是一个电视机产品的项目定位图（见图 10-3）。产品项目定位图的作用主要有两个。一是了解竞争对手的产品项目与自己企业的产品项目的竞争状况。比如，竞争对手 C、D 就与自己企业的项目#竞争激烈。二是为新的产品项目定位提供帮助，在这张图中，在高价 21 吋处及低价 25 吋以上处是两档空缺，企业可以发展这两档的产品。

二、产品线拓展

产品线扩展指企业现有的产品线使用同一品牌，当增加该产品线的产品时，仍沿用原有的品牌。产品线扩展可以从以下两个方面进行：

（1）向产品项目定位图中的空当发展。增加项目数可以通过发掘尚未被满足的那一部分需求来进行，由于竞争对手不存在，抢先占领市场的可能性很大。

（2）向产品项目定位图中的薄弱环节扩展。寻找竞争对手的不稳定项目，然后对症下药，开发新的项目。

产品线拓展可以向上扩展、向下扩展或者双向扩展。如奔驰可以向下扩展，成功推出 3 万美元的 C 级汽车；而丰田也可以向上扩展，推出高端车型雷克萨斯；而定位中档的企业则有可能向两个方向扩展产品线。

产品线扩展的原因是多方面的，如可以充分利用过剩的生产能力；满足新的消费者的需要；率先成为产品线全满的公司以填补市场的空隙，与竞争者推出的新产品竞争或为了得到更多的货架位置。产品线扩展的不利有：随着产品线的不断加长，会淡化品牌原有的

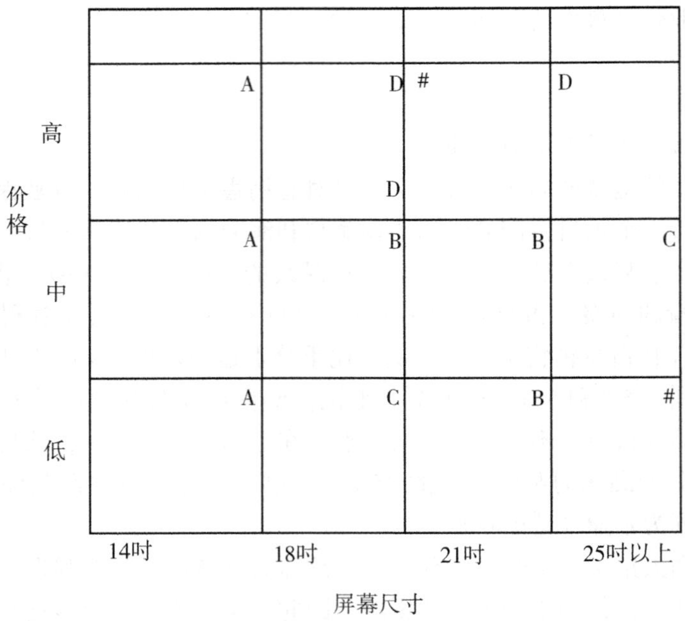

图 10-3　产品项目定位图

个性和形象，增加消费者认识和选择的难度；有时因为原来的品牌过于强大，致使产品线扩展造成混乱；如果消费者未能在心目中区别出各种产品，会造成同一产品线中新老产品自相残杀的局面。

三、产品线填补

产品线填充策略是在现有产品线的经营范围以内增加新的产品项目，从而延长产品线。采取产品线填充决策有这样几个动机：获取增量利润；满足那些经常抱怨由于产品线不足而使销售额下降的经销商；充分利用剩余的生产能力；争取成为领先的产品线全满的公司；设法填充市场空隙，防止竞争者的侵入。

如果产品线的填充导致新旧产品自相残杀，以及在消费者中造成混乱的话，那就说明是搞过头了。所以产品线中的项目也不可过多，否则会造成产品项目之间的互相冲突，顾客选购时也难以作出决策。因此公司必须使消费者能在心目中区分出每一个产品项目。每一个产品项目必须具备显著差异，差异程度以能引起顾客的注意为限。

营销实例 10-1

宝马公司的产品线填补

宝马公司在 4 年内从拥有 1 个品牌、5 种车型的汽车制造商转变为一个拥有 3 个品牌、14 个系列以及约 30 种不同车型的汽车业佼佼者。宝马不仅向下扩展产品线，生产了 MINI Cooperhe Compact 1 系列型号，而且还向上扩展产品线，生产了劳斯莱斯，填补了 X3、X5 和 X6 运动型多功能车、Z4 敞篷车和 6 系列轿车之间的市场空隙。宝马通过产品线填补，成功地提升了产品对富有者、超级富翁和想成为富有者的消费者的吸引力，而且没有背离其纯粹的溢价定位。

四、产品线削减

有时候缩短产品线的长度反而会使产品线的总利润上升，这是因为削减了占利润比重很小的项目，可以节约成本，集中优势发展占利润比重大的项目。

削减利润很低或者亏损的项目是为了集中精力经营好利润比重高的品种，削减竞争处于劣势的产品项目是因为发现竞争对手在相同的项目中占有很大的优势，企业的项目不断地走下坡路而企业通过努力又无法与之抗衡。这样可以避免无益的投入。

削减的情况有两种：一种是产品线中有使利润减少的卖不掉的陈货。可以通过销售额和成本的分析来识别疲软的项目。许多公司都对产品线作过重大削减，以取得丰厚的长期利润。新加坡时尚百货店经营本地设计师的产品，但由于其经营的品牌达 45 种之多，其中许多的设计和质量都很差，而濒临倒闭。该公司的管理层希望开设一家较小的商店，并只经营原来一半的品牌。产品线削减的另一种情况是，公司缺乏使所有项目都达到期望数量的生产能力，经理必须集中生产利润较高的项目。当需求紧迫时，公司通常缩短产品线；而在需求松缓时，则拉长产品线。

第三节　产品生命周期管理

一、产品生命周期概念

（一）产品生命周期内涵

产品生命周期是指产品从进入市场到退出市场的周期性变化过程。产品的生命周期不是指产品的使用寿命，而是指产品的市场寿命。一种产品进入市场后，它的销售量和利润都会随时间推移而改变，呈现一个由少到多、由多到少的过程，就如同人的生命一样，由诞生、成长到成熟，最终走向衰亡，这就是产品的生命周期现象。所谓产品生命周期，是指产品从进入市场开始，直到最终退出市场为止所经历的市场生命循环过程。产品生命周期可以分为四个阶段，以一条曲线把它表示出来，如图 10-4 所示。

导入期：是指新产品刚进入市场的时期。此时，顾客对产品还不了解，只有少数追求新奇的顾客可能购买，销售量很低往往表现为销售量增长缓慢，由于销售量小，产品的开发成本又高，所以新产品在导入期只是一个成本回收的过程，利润一般是负的。

成长期：是产品已开始为大批购买者所接受的时期。往往表现为销售量的急速上升。由于销售量的上升和扩大，规模效应开始显现，产品的单位成本下降，于是新产品的销售利润也就开始不断增加。

成熟期：由于该产品的市场已趋于饱和，潜在顾客很少，或已出现强有力的替代产品

【销售曲线】

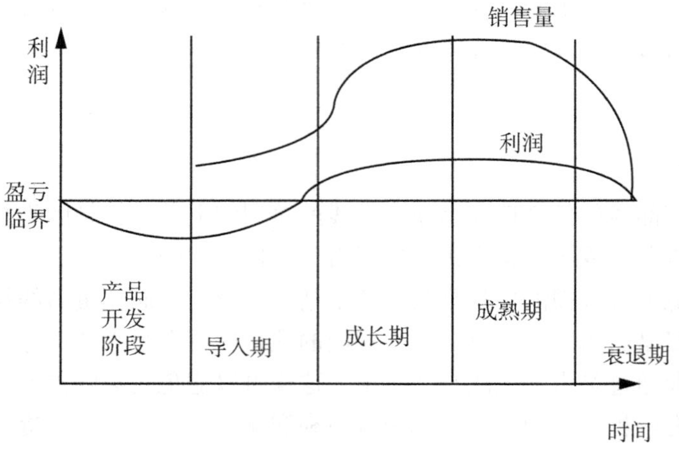

图 10-4　产品生命周期

的竞争，销售量增速开始趋缓，并逐步趋于下降。由于此时产品为维持市场而投放的销售费用开始上升，产品的利润也开始随之下降。

衰退期：由于消费者的兴趣转移，或替代产品已逐步开始占领市场，产品的销售量开始迅速下降，直至最终退出市场。

产品生命周期是一个很重要的概念，它和企业制定产品策略以及营销策略有着直接的联系。管理者要想使他的产品有一个较长的销售周期，以便赚取足够的利润来补偿在推出该产品时所做出的一切努力和经受的一切风险，就必须认真研究和运用产品的生命周期理论，此外，产品生命周期也是营销人员用来描述产品和市场运作方法的有力工具。但是，在开发市场营销战略的过程中，产品生命周期却显得有点力不从心，因为战略既是产品生命周期的原因又是其结果，产品现状可以使人想到最好的营销战略，此外，在预测产品性能时产品生命周期的运用也受到限制。

（二）特殊产品生命周期

产品生命周期的规律是否适用于所有产品，在理论上是有争议的。有人认为，有一些产品是不存在生命周期的，如水、电、粮食等基本生活资料，从出现在市场上开始就一直为人们所消费，直至现在销售量不仅没有下降，甚至仍在上升。但也有人认为从一个相当长的时期来看，产品生命周期的原理对任何产品都是适用的。如原来人们饮用自来水，现在人们则普遍开始饮用处理过的净水或矿泉水；未来如果太阳能能得到有效的开发，也许人们对电的消费量就会下降。所以产品生命周期基本上对所有产品都适用，只是在不同产品上表现的形式不同。

特殊的产品生命周期包括风格型产品生命周期、时尚型产品生命周期、热潮型产品生命周期、扇贝型产品生命周期四种特殊的类型，它们的产品生命周期曲线并非通常的S形。

风格（Style）型：是一种在人类生活中基本但特点突出的表现方式。风格一旦产生，可能会延续数代，根据人们对它的兴趣而呈现出一种回圈再回圈的模式，时而流行，时而又可能并不流行。

时尚（Fashion）型：是指在某一领域里，目前为大家所接受且欢迎的风格。时尚型的产品生命周期特点是，刚上市时很少有人接纳（称为独特阶段），但接纳人数随着时间慢慢增长（模仿阶段），终于被广泛接受（大量流行阶段），最后缓慢衰退（衰退阶段），消费者开始将注意力转向另一种更吸引他们的时尚。

热潮（Fad）型：是一种来势汹汹且很快就吸引大众注意的时尚，俗称时髦。热潮型产品的生命周期往往快速成长又快速衰退，主要是因为它只是满足人们一时的好奇心或需求，所吸引的只限于少数寻求刺激、标新立异的人，通常无法满足更强烈的需求。

扇贝型产品生命周期主要指产品生命周期不断地延伸再延伸，这往往是因为产品创新或不时发现新的用途。

以上四种特殊生命周期的图示如图 10-5 所示。

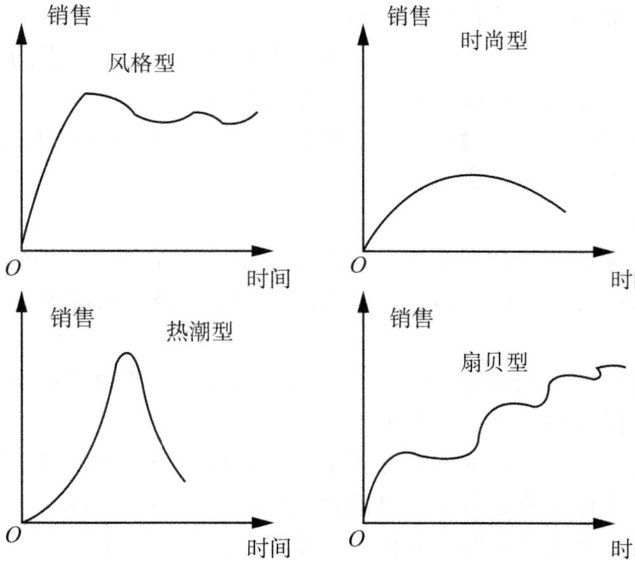

图 10-5 不同类型的产品生命周期

二、产品生命周期的营销策略

（一）导入期的营销策略

新产品在刚刚推出市场时，销售量增长缓慢，往往可能无利甚至亏损，其原因是：生产能力未全部形成，工人生产操作尚不熟练，次品、废品率高，增加了成本。加上消费者对新产品有一个认识过程，不会立刻都接受它。企业应努力做到：投入市场的产品要有针对性；进入市场的时机要合适；设法把销售力量直接投向最有可能的购买者，使市场尽快接受该产品，以缩短介绍期，更快地进入成长期。具体操作上一般可选择以下几种策略：

1. 快速撇取策略

企业以高价格高促销的方式推广新产品。高价是为了迅速使企业收回成本并获取高的利润。高促销是为了尽快打开销路，使更多的人知晓新产品的存在。高促销就是要通过各种促销手段，增强刺激强度。除了大规模的广告宣传外，也可以利用特殊手段，诱使消费者试用。如通过赠送样品，将新产品附在老产品中免费赠送等。

快速撇取策略适用的市场环境是：绝大部分的消费者还没有意识到该新产品；知道它的人有强烈的购买欲望而不大在乎价格；产品存在着潜在的竞争对手；企业想提高产品的声誉。

2. 缓慢撇取策略

企业以高价格低促销的方式推广新产品。主要目的是为了撇取最大的利润。高价可迅速收回成本加大利润，低促销又可减少营销成本。

缓慢撇取策略适用的市场环境：市场规模有限；消费者的大多数已对该产品有所了解；购买者对价格不是很敏感；潜在的竞争对手少。

3. 快速渗透策略

企业以低价格高促销的方式推广新产品。这一策略的目的是获得最高的市场份额。所以，新产品的定价在一个低水平上确定，以求获得尽可能多的消费者的认可。同时，通过大规模的促销活动把信息传给可能多的人，刺激起他们的购买欲望。

快速渗透策略适用的市场环境：市场规模大；消费者对该产品知之甚少；购买者对价格敏感；潜在竞争对手多且竞争激烈。

4. 缓慢渗透策略

企业用低价格低促销的方式推广新产品。使用该策略的目的一方面是以低价避免竞争，促使消费者尽快接受新产品；另一方面以较低的促销费用来降低经营成本，确保企业的利润。

缓慢渗透策略适用的市场环境：产品的市场相当庞大，消费者对价格比较敏感，产品的知名度已经较高，潜在的竞争压力较大。

以上导入阶段可以使用的四种策略并不是说企业只能选择其中的一种。企业应该从整个生命周期过程中的总体战略去考虑，灵活地交替使用。同时，在实施上述策略时，还要配合一些其他策略，如渠道策略等一并使用，才能取得好的效果。

（二）成长阶段的营销策略

新产品经受住了市场的严峻考验，就进入了成长阶段，这一阶段的特点是：销售量直线上升，利润也迅速增加。由于产品已基本定型，废品、次品率大大降低，销售渠道也已疏通，所以产品经营成本也急剧下降。产品的销售呈现出光明的前景。在这一阶段的后期，由于产品表现了高额的利润，促使竞争对手逐步加入，竞争趋于激烈化。企业为维持市场的继续成长，需要保持或稍微增加促销费用，但由于销量增加，平均促销费用有所下降。针对成长期的特点，企业为维持其市场增长率，延长获取最大利润的时间，可以采取下面几种策略：

1. 改进产品品质

从质量、性能、式样、包装等方面努力加以改进，以对抗竞争产品，还可以从拓展产品的新用途着手以巩固自己的竞争地位。

2. 扩展新市场

使产品进一步向尚未涉足的市场进军。在分析销售实绩的基础上，仔细寻找出产品尚未到达的领域，作重点努力，同时，扩大销售网点，方便消费者的购买。

3. 加强企业与产品的地位

广告宣传由建立产品知名度逐渐转向建立产品信赖度，增加宣传产品的特色，使其在消费者心目中产生与众不同的感觉。

4. 调整产品的售价

产品在适当的时候降价或推出折扣价格，这样既可以吸引更多的购买者参加进来，又可以阻止竞争对手的进入。

在这一阶段，企业往往会面临高市场占有率和高利润的抉择。两者似乎是矛盾的，要获取高的市场占有率势必要改良产品、降低价格、增加营销费用，这会使企业的利润减少。但是如果企业能够维持住高的市场占有率，在竞争中处于有利的地位，将会有利于今后的发展，放弃了眼前的利润，将可望在成熟期阶段得到补偿。

（三）成熟期阶段的营销策略

产品的销售增长速度在达到了顶点后，会放慢下来，并进入一个相对的稳定时期，这一阶段的特点是产品的销量大、利润大、时间长。在成熟期的后半期，销量达到顶峰后开始下跌，利润也逐渐下滑。这一阶段的基本策略是突出一个“优”字。应避免消极的防御，而要采取积极的进攻策略，突出建立和宣传产品的特定优势，以增加或稳定产品的销售，使成熟期延长，或使产品生命周期出现再循环。具体做法有：

1. 扩大市场

市场销售量=某产品使用人数×每个使用者的使用率

从此公式可以知道，要增加销售量就在两个乘数上下功夫。（1）扩大使用人数。企业可以通过下列两种方法来增加它的值：争取尚未使用者，争取竞争对手的顾客。（2）提高使用率。企业同样可以用两种方法来增加它的值：促使使用者增加使用次数，增加产品每次的使用量。

2. 改进产品

改进产品是为了吸引新的购买者和扩大现有的使用者的队伍。企业通过对产品的改良，使顾客对产品产生新鲜感，从而带动产品的销售。改进产品也是对付竞争对手的一个有效措施。产品的改进主要仍然在质量、性能、特色、式样上下功夫。

3. 改进营销组合

企业的营销组合不是一成不变的东西，它应该随着企业的内外部环境的变化而作出相应的调整。产品的生命周期到了成熟阶段，各种内外部条件发生了重大的变化，因而营销组合也就要有一个大的调整。这是为了延长产品的成熟期，避免衰退期的早日到来。实际上，企业要使上述前面两个策略取得成功，不依靠营销组合的改进也是很难做到的，所以，改进营销组合是和扩大市场、改进产品策略相辅相成的。

（四）衰退期阶段的营销策略

衰退期是指商品逐渐老化，转入商品更新换代的时期。这一阶段的特征是销售额和利润额开始快速下降，企业往往会处于一个微利甚至于无利的境地。在衰退阶段，企业的策略应建立在“转”的基础上。当商品进入衰退期时，企业不能简单地一弃了之，也不应该恋恋不舍，一味维持原有的生产和销售规模。企业必须研究商品在市场的真实地位，然后决定是继续经营下去还是放弃经营。

1. 维持策略

即企业在目标市场、价格、销售渠道、促销等方面维持现状。由于这一阶段很多企业会现行退出市场，因此，对一些有条件的企业来说，并不一定会减少销售量和利润。使用这一策略的企业可配以商品延长寿命的策略，企业延长产品寿命周期的途径是多方面的，最主要的有以下几种：

①通过价值分析，降低产品成本，以利于进一步降低产品价格；

②通过科学研究，增加产品功能，开辟新的用途；

③加强市场调查研究，开拓新的市场，创造新的内容；

④ 改进产品设计，以提高产品性能、质量、包装、外观等，从而使产品寿命周期不断实现再回圈。

2. 缩减策略

即企业仍然留在原来的目标上继续经营，但是根据市场变动的情况和行业退出障碍水平在规模上做出适当的收缩。如果把所有的营销力量集中到一个或者少数几个细分市场上，以加强这几个细分市场的营销力量，也可以大幅度降低市场营销的费用，以增加当前的利润。

3. 撤退利润

即企业决定放弃经营某种商品以撤出该目标市场。在撤出目标市场时，企业应该主动考虑以下几个问题：

①将进入哪一个新区划，经营哪一种新产品，可以利用以前的哪些资源。

②品牌及生产设备等残余资源如何转让或者出卖。

③保留多少零件存货和服务以便在今后为过去的顾客服务。

三、产品生命周期各阶段特征与策略汇总

产品生命周期各阶段特征与策略汇总如表 10-2 所示。

表 10-2

阶段		引进期	成长期	成熟期	衰退期
特征	销售额	低	快速增长	缓慢增长	衰退
	利润	易变动	顶峰	下降	低或无
	现金流量	负数	适度	高	低
	顾客	创新使用者	大多数人	大多数人	落后者
	竞争者	稀少	渐多	最多	渐少

续表

阶段		引进期	成长期	成熟期	衰退期
策略	策略重心	扩张市场	渗透市场	保持市场占有率	提高生产率
	营销支出	高	高（但百分比下降）	下降	低
	营销重点	产品知晓	品牌偏好	品牌忠诚度	选择性
	营销目的	提高产品知名度及产品试用	追求最大市场占有率	追求最大利润及保持市场占有率	减少支出及增加利润回收
	分销方式	选择性的分销	密集式	更加密集式	排除不合适、效率差的渠道
	价格	成本加成法策略	渗透性价格策略	竞争性价格策略	削价策略
	产品	基本型为主	改进品，增加产品种类及服务保证	差异化，多样化的产品及品牌	剔除弱势产品项目
	广告	争取早期使用者，建立产品知名度	大量营销	建立品牌差异及利益	维持品牌忠诚度
	销售追踪	大量促销及产品试用	利用消费者需求增加	鼓励改变采用公司品牌	将支出降至最低

☞【小结】

1. 从市场营销学的角度来认识，产品应当是能够满足一定消费需求并能通过交换实现其价值的物品和服务。产品整体概念根据消费需求的发展，将产品的含义分为产品核心、产品形态、产品附加利益三个层次；同时，还可以根据需求发展的不同程度，将产品分为核心利益或服务、基本产品、期望产品、扩展产品、潜在产品五个层次。根据产品概念涵盖面的大小，我们可将产品分为需要类型、产品门类、产品种类、产品线、产品类型、产品品牌以及产品项目七个层级。这样的划分有利于企业根据不同层次上的需求差异进行产品创新，获取竞争优势。

2. 产品有消费品和工业品两大门类。消费品根据购买行为特征又可分为便利品、选购品和特殊品三种类型；工业品则有原材料和零部件、生产设备、供应品和商业服务等分类。

3. 产品组合是企业的产品花色品种的配备，包括所有的产品线和产品项目。产品线是指企业经营的产品核心内容相同的一组密切相关的产品，产品项目是产品线中的一个明确的产品单位。

4. 产品生命周期是产品从进入市场到退出市场的周期性变化过程，可分为导入期、成长期、成熟期、衰退期四个阶段。这种周期性变化是由消费者接受新产品的过程差异所造成的，企业应根据各阶段的特征灵活调整营销策略。

☞【思考题】

1. 什么是产品整体概念？如何理解产品整体概念反映了市场营销的本质特征？
2. 什么是产品组合、产品线和产品项目？
3. 企业为何要经常进行产品组合的调整？主要可采取哪些做法？
4. 如何理解产品生命周期及各阶段的主要特征？
5. 企业根据产品生命周期各阶段可相应采用哪些策略？

☞【课后案例】

雀 巢 公 司

雀巢是世界上最大的食品饮料公司，拥有2000多个品牌，从全球知名品牌，到各地最受欢迎的本土产品，业务遍布全球191个国家。

雀巢公司的历史可追溯到1867年。

19世纪60年代，从事药剂师工作的瑞士籍人亨利·内斯特尔（Henri Nestle）为不能享用母乳的婴儿配置了婴儿食品，发明了一种育儿用乳制品，即把果糖和营养剂加入奶粉中，是当时很优秀的育儿食品，但产量很少，它能起到代替母乳的作用，可以挽救不能食用母乳及其他代用品的婴儿，于是一传十、十传百，逐渐被一些妈妈、助产士以及医生们所知晓。内斯特尔顺势在1867年创立了育儿奶粉公司，以他的名字Nestle为其产品的品牌名称，并以鸟巢图案作为商标图形。1905年，雀巢育儿奶粉公司与美国人办的另一家食品公司合并，取名雀巢英瑞炼乳公司；1949年为另一家瑞士公司购进，改为现名雀巢食品公司。

雀巢育儿奶粉的销路一直很好。进入20世纪初，公司开始实行多样化生产，主要产品为速溶咖啡、炼乳、奶粉、婴儿食品、乳酪、巧克力制品、糖果、速饮茶等数十种。成为世界规模最大的食品制造商。其分支机构开设在美国、日本、德国等20多个国家，已有1200多家工厂、商号，总部设在瑞士的韦维，公司1990年销售额达333亿美元。其产品的雀巢咖啡销量最大，主要是因为产品质量过硬，再就是品牌名称使得消费者在饮用时也确实体会到“舒适”、“依偎”的感觉。1991年，据美国兰通公司的调查结果，雀巢咖啡这一品牌被列为世界10大著名品牌之一，其品牌价值1994年被确定为115.49亿美元。

雀巢公司2016年销售额达到895亿瑞士法郎，盈利85亿瑞士法郎。雀巢可谓世界上最大的食品制造商，也是最大的跨国公司之一。雀巢的承诺是要打造一家“营养、健康、美好生活”的公司。公司以生产巧克力棒和速溶咖啡闻名遐迩，拥有适合当地市场与文化的丰富的产品系列。同时雀巢也会耐心和务实地构建雀巢健康科学以及雀巢皮肤科学两大新事业。

资料来源：https：//baike. baidu. com/item/%E9%9B%80%E5%B7%A2%E5%85%AC%E5%8F%B8/9632000? fr=aladdin&fromid=466166&fromtitle=%E9%9B%80%E5%B7%A2.

案例讨论题：

1. 分析雀巢公司的产品组合，它是如何进行产品线管理的？
2. 对于我国的企业扩张有什么启示？

【参考文献】

[1] 菲利普·科特勒．营销管理（第11版）．梅清豪，等，译．上海人民出版社，2003.
[2] 甘碧群．市场营销学（第3版）．武汉大学出版社，2002.
[3] Wertenbroch K.，Dhar R.. Consumer choice between hedonic and utilitarian goods. Journal of Marketing Research，2000，37（1）：60-71.
[4] Wasson C. R.，Books C.. Dynamic competitive strategy and product life cycles. Marketing News，1974，8（3）.
[5] Swan J. E.，Rink D. R.. Fitting market strategy to varying product life cycles. Business Horizons，1982，25（1）：72-76.

第十一章　服务策略

【**学习目标**】学习本章后，应当掌握：

1. 了解产品与服务的区别
2. 了解拓展的服务营销组合策略有哪些要素
3. 了解服务剧场组合策略
4. 了解服务营销管理整合框架包含的内容

【**引例**】

海尔的“三全服务”创造中国彩电服务新概念

海尔全天候24小时服务做到了以诚待客的典范：24小时电话咨询服务、24小时服务到位、365天服务等。全方位登门服务成为同行业无微不至的楷模：售前详尽咨询服务、售中全部送货上门、售后全部建档回访、上门调试各类问题，这种温馨的服务举措看似举手之劳，却充分展示了名牌企业处处为消费者着想的求实精神。全免费义务服务做到了一诺千金的表率：保修期内全免费维修费等，使海尔特色的服务美誉深深扎根于用户心中。

海尔是中国第一家推出“三全”服务的彩电生产企业，它几乎囊括了服务方面的所有内容。这种服务策略的推出，对整个家电行业的服务都起到了规范和推动作用。

资料来源：中国营销传播网，http：//www. emkt. com. cn/article/62/6251-3. html.

第一节　服务的本质

一、服务的定义

服务营销研究领域的三位著名学者泽丝曼尔、比特纳和格兰姆勒将服务描述为：“服务是包括所有产出为非有形产品的全部经济活动，通常在生产时被消费，并以便捷、愉悦、省时、舒适或健康的形式提供附加价值，这正是其第一购买者必要的关注所在。”

简单而言，服务是由服务商向顾客提供或与顾客合作生产的一种行动、过程和表现。IBM为顾客提供或合作生产的服务并不是能够接触到、看得到或者感觉得到的有形产品，而是一种无形的行为和绩效。比如，IBM 为设备提供维修和维护服务，为信息技术和电子商务应用提供咨询服务、培训服务、网页设计和其他服务。这些服务通过问题分析活动、与顾客会见、进一步的电话联系和报告等一系列行动、过程和行为，把整个服务展示给顾客。

二、产品与服务的关系

过去的企业将服务看作营销活动中的一项费用支出，此时服务被纯粹地看作产品的附属物。如今，服务的提供变成了一种有意识的和明确的商业战略。企业向顾客提供集成的方案，而服务成为其中主要的价值主张，产品缩减为方案中很小的一部分。

服务与产品之间的区分并不一定是清晰的。事实上，许多服务至少含有一些产品元素，比如银行服务中的结算单、4S 店修理服务中的汽车零件、餐饮服务中的菜品等。菲利浦·科特勒区分了从纯商品变化到纯服务的 4 种分类：纯有形商品，如香皂、牙膏、盐；附带服务的有形商品，如计算机；附带少量商品的主要服务，如航空旅行的头等舱；纯服务，如照顾小孩和心理治疗。

对于任何一家企业而言，过窄地将自己的经营领域限定在有形产品或无形服务，将会导致典型的营销近视症。事实上，将服务元素添加到产品中可以使商品从一种产品升华为一种体验，而将产品元素增加到无形服务中也可以使令人感到服务的传递更加可靠。这些都将极大地增加企业生产的利润收入。事实上，对于那些兼营产品和服务的厂商来说，产品与服务之间的界限更加模糊了。通用汽车公司是“产品制造业”的巨人，但是其收入的 20%却来自金融和保险业务。

三、服务的特性

尽管产品与服务的区别并不是严格的泾渭分明，但人们普遍认为产品与服务之间存在一些内在的区别。

（一）无形性：看不见也摸不着

和有形产品不同，服务往往是不可见、不可感知、不可品尝或触摸的，因为它是一种行为，而不是具体的实物。比如，教育服务帮助被教育者获得知识和信息，在整个过程中，尽管可以看到或接触到某些有形部分（如教室、书本），但被教育者理解、吸收和转化知识和信息的过程往往是无形的。

（二）异质性：服务因人而异

服务的异质性主要是由人们之间的相互作用（员工和顾客之间）以及伴随这一过程的所有变化的因素导致的。首先，多数服务是由人表现出来的一系列行为，没有两种服务会完全一致。这不仅表现为同一企业的不同服务人员在服务传递中的表现可能不一致，即使对同一位服务人员而言，在不同的疲劳程度与心理状态下，其服务表现也可能有显著差异。其次，服务通常是与顾客合作生产和创造的，由于没有两位顾客会完全一样，每位顾客都会有独特的需求，或者以一种独特的方式体验服务，因此会使他们对同一项服务的感知存在差异性。

（三）不可分离性：生产与消费的同步性

大多数商品是先由工人生产出来，然后再销售给顾客，由顾客进行消费，而大部分服务却是先销售，然后同时进行生产和消费。例如，一辆汽车可以在某家汽车制造厂先生产，然后再运到某个城市被卖掉，在数年内被其购买者消费。而对于汽车修理服务而言，在受损汽车开到修理厂之前，修理人员是无法提前修理的，修理的过程即是服务的生产过程，也是服务的消费过程。服务生产和消费的同步性反映了服务提供者、享受服务的顾客和共享顾客体验的其他顾客之间的相互关系。与产品生产不同，服务生产的过程中，服务提供者与顾客密切接触和互动，除此之外，还受到其他在场顾客的影响。

（四）易逝性：服务不能储存

易逝性指服务不能被储存、转售或退回。当天未售完的产品可以留待以后再销售，而对于服务而言，譬如电影院里当天的一个座位、会计当天的一个小时工作时间，如果未被使用或购买，也无法被重新收回以重新出售。

（五）缺乏所有权：只可使用，不可所有

有形产品具有完整的权利结构，它可以清楚地界定与“占有”相关的所有权利，当顾客购买了产品后，其所有权就发生了转移；服务不具有完整的权利结构，顾客在对它进行消费后，不能获得对它的所有权，或者说只拥有使用权。比如，对于服务营销课程而言，其服务内容（课程知识）的所有权实质上属于教授者，而学生上课获得的是使用这些知识的权利。

第二节　服务营销组合策略

一、拓展的服务营销组合策略

与产品时代不同，在服务时代，人员对服务质量有着不可避免的影响，员工的服务质量以及员工与顾客之间的互动是服务生产过程中不可缺少的一环。此外，相比产品可以通过不同感官进行判断，服务的无形性增加了消费者的不确定性，他们更倾向于借助有形线索来理解服务体验。因此，人员、有形展示、过程这三个因素与传统的4Ps（即产品、价格、分销和促销）一起构成了新的服务营销组合，即7Ps。

（一）人员（Personnel）

一提起人员，大家想到的通常是服务人员。的确，一线服务人员通过管理关键事件影响着服务接触的效果，决定了顾客对整体服务的满意程度。但人员的概念却不局限于一线服务人员。确切地说，人员要素应该是参与者，即参与到服务过程中并对服务结果产生影响的所有人员，包括企业的员工、顾客和处于服务环境中的其他人员。

其中，一线服务人员的着装、仪表、态度和行为会对消费者的服务感知产生影响。例如，我们更愿意光顾那些服务热情的餐厅，而不愿去那些服务态度冷漠的地方消费。

跨边界扩展（Boundary Spanning）理论认为，一线服务人员作为连接服务组织与其顾客的桥梁和纽带，使得服务组织的边界从组织扩展到顾客。

由于服务的过程性，顾客自身也会参与到服务过程中，对服务质量和服务感知产生重要影响，他们的态度也会影响其他顾客对服务质量和服务过程的感知。比如，那些不配合服务人员，在车厢内吸烟的人，会严重影响服务质量，也会影响其他顾客对服务的感知。

此外，处于服务环境外的其他人员也会影响服务生产和消费过程。例如，其他人对消费者发型的称赞，会促进美发店的消费。

营销实例 11-1

"双十一"期间，阿里的员工都在干什么?

2014 年"双十一"期间，一网友在知乎上发问题："在阿里巴巴或小微金服现场经历 2014 年'双十一'是一番怎样的感受?"

这个问题得到了不少阿里各岗位员工的"以身说法"。比如，署名为"支付宝技术研发工程师储晓颖"的员工从技术的角度进行了详细解答。阿里各岗位员工的回答被整理成名为《此时此刻，阿里巴巴一线的工作人员都在干嘛?》的知乎文章，在朋友圈里不断转发传播。虽然消费者作为技术外行，对一些专业术语不甚了解，但从文章的字里行间能感受到为了确保"双十一"狂欢的广大消费者能够买得欢心，阿里的员工付出了很多努力。

资料来源：https：//www. zhihu. com/question/26559542.

（二）有形展示（Physical Evidence）

在无形物的消费中，有形展示的呈现是多方面的，可分为外部设施、内部设施和其他有形物。外部设施包括外部设计、标牌、停车场、风景和周围的环境；内部设施包括内部设计、直接用于服务顾客的或用于企业经营的设备、标牌、设计图、空气质量和温度；其他有形物包括名片、信纸、账单结算表、报告、员工外表等。

作为刺激物，有形展示的这些不同要素会对消费者的情绪产生重要影响，进而影响消费者的体验和满意度，刺激消费者表现出接近行为或逃避行为。例如醒目的招牌方便了顾客对服务提供商的识别，可以降低消费者在寻找服务提供商过程中的成本，提高消费者服务体验过程的流畅性，增加顾客满意度。同样，便利的交通、令人舒适的外部环境、场所内部的设备、光亮程度都会对顾客满意度产生影响。

在对有形展示的管理过程中，管理人员应该明确有形展示的目的在于使服务变得更加便利，提高服务质量和服务生产率，或弥补服务的无形性缺陷，从而做出合理的布局安排。比如，一些咖啡馆为了给顾客带来阅读的便利，会在咖啡馆内设置一个小书架，提供各种类型的书籍供顾客阅读。再比如京港地铁在欧洲杯打响时，将 24 支球队的铭牌分别贴到了 24 个地铁站上（如西单站对应西班牙）。这样一旦地铁站上的铭牌消失，旅客就能清楚地知道淘汰的是哪支队伍。相比其他布满商业广告的地铁线，京港地铁的这种有形展示方法反而更能引起乘客的共鸣，调动消费者的积极情绪，提高消费者的满意度。

（三）过程（Process）

过程是用来实际传递服务的操作系统或者方法。由于服务具有不可分离性，顾客在服务过程中或多或少地会参与其中。因此，服务过程是顾客感知服务质量的关键所在，也是顾客评估服务质量的重要过程。

在服务过程中，服务任务流程、服务时间进度、标准化和定制化都会影响消费者的服务质量感知。因此，在服务设计过程中，企业应该注意考虑以下五种因素：

第一，对一种方法保持承诺，不要经常更换。服务具有无形性，它不像产品那样可以通过视觉等感官获得初步的判断，而只能在服务的过程中感受。这就意味着相比产品，消费者在服务消费中会面临更大的风险。为了降低这种风险，在服务消费过程中，消费者往往更倾向于选择那些尝试过且比较满意的服务，而不愿冒险去尝试新的服务。

第二，区分标准化服务和定制化服务。在服务设计过程中，企业需要考虑哪种服务是适合自己的，才能更好地管理服务。对于快餐店来说，为了提高生产和服务效率，一般会采取标准化的服务，比如肯德基、麦当劳。而对于美发店来说，个性化的服务更受欢迎。因此，在服务设计中是选择标准化还是定制化的服务设计，企业首先需要根据自己的需求加以区分。

第三，创建灵活生产能力。服务企业设计过程中的灵活生产能力主要涉及企业短时间内执行任务的能力，包括短时间内的新产品开发、生产、服务客户的能力等。为了满足顾客需求、提升顾客满意度，企业有必要在服务设计过程中考虑创建灵活生产能力。

第四，增加顾客参与量。服务的不可分离性意味着服务发生时，顾客必须在场，但服务情况不同，顾客在服务生产过程中的参与程度也有所不同。

第五，平滑需求的峰谷差异。服务具有易逝性，这就意味着服务是不可储存的，一旦生产出来不能及时消费就会造成浪费，不能像产品那样可以放入库存。因此，在服务设计过程中，企业需要考虑平滑需求的峰谷差异，以适应供需的变化。

二、服务剧场组合策略

1959 年，美国社会学家 Goffman 观察到整个社会就是一个大舞台，每个人都是整个舞台上的一个角色，日常生活中的社会情景就是剧场，互动过程就是表演。在表演过程中，通过有意识地控制身体的言行、举止、仪表等，向他人展示一个良好的自我形象，这就是印象管理。具体情境不同，在前台、后台等不同的生活舞台上，在理想化表演、神秘化表演和补救表演中，演员的表现也不同。Goffman 认为人际传播的过程就是人们表演“自我”的过程，但这个“自我”并非真实的自我，而是经符号乔装打扮了的“自我”。1992 年，在 Goffman 的基础上，Grove、Fisk 和 Bitner 将服务接触描述为戏剧，初步提出服务剧场由四个戏剧要素组成即演员、观众、设施或实体环境、表演。因此，服务组合包括对服务过程中的这四个重要因素进行管理。

（一）最大化员工产出

在服务接触中，将服务传递给顾客的员工十分重要。一方面，员工的沟通方式、表情都会影响顾客对服务的感知。比如，看房时，有两个房屋中介人员，一个你不问他不说，态度高冷；而另一个则十分热情，恨不得把他所知道的关于这个房子的一切都告诉你，那么对于这两个人，你会选哪个为你介绍？大多数情况下，大家都会选择热情的那位，因为服务人员热情的情绪会带动顾客的积极情绪，而顾客也会从热情的服务人员那里得到更多信息。另一方面，前台的服务人员是消费者在不确定服务情况下的重要信息来源，有助于消费者形成对服务接触的认知框架。此外，后台的服务人员也很重要。比如餐厅厨房里的那些工作人员，他们的服务质量也会对顾客满意度产生影响。

因此，在管理过程中，服务企业管理者应该将前台人员和后台人员相结合，促进他们的优化配合，提高他们的服务质量，从而提高顾客满意度。例如，为了提高服务效率，鼎泰丰不仅将后台的服务标准化，如小笼包的重量都限制在 21 克，打褶也要求有 18 次；而对于前台服务人员，管理人员更是从衣着、态度等小处着手对其严格要求。也正因为如此，鼎泰丰才会有那么多的座上宾，包括苏菲·玛索、成龙、巩俐等。

（二）管理顾客参与

顾客在服务生产中扮演着越来越重要的角色。服务具有不可分离性，这就要求顾客接受服务的时候必须在场，比如理发店、航空运输。而顾客在场会对服务传递的质量或结果产生影响。比如，顾客不愿意在服务生产过程中合作，或者是其他顾客不适当的破坏性的行为（例如分享不愉快的服务经验），都会对服务效果产生影响。因此，在服务过程中，管理人员应该加强对顾客的重视。尤其是随着企业模式的不断发展，越来越多的顾客参与到企业中来。有时候，消费者不仅是观众，也是一个表演者，企业管理者更应该注重对顾客参与的管理。

在顾客参与管理过程中，有两点需要注意。一方面，服务企业在顾客自我服务的操作方面应该做到简单明了，比如 ATM 机的界面，除了用界面文字说明介绍操作流程，还会有语音提示，这不仅有助于避免顾客因不会使用而造成的不满情绪和时间上的浪费，也有助于企业节省人力资源，提高服务效率；另一方面，要注重与顾客的沟通，这不仅有利于企业了解顾客在自我服务中存在的问题，进一步完善服务，也有利于企业得到顾客有价值的想法和建议，从而促进新产品/服务的开发，同时也能保持顾客的忠诚度。例如小米在开展手机业务的时候，依靠在论坛、微博上的宣传积累了大量的“米粉”。在随后的管理过程中，小米也尤其注重顾客的参与。不仅每一场发布会，都会有小米粉丝的参与，甚至在小米手机 MIUI 的改进中，也有小米粉丝的参与。

（三）构建技术平台

就像剧场中布景、灯光、小道具等对观众认知的影响，服务的场景也在消费者的服务印象中产生着重要作用。服务场景的重要作用主要体现在服务组织的定位和特定顾客的吸引。

在实际管理过程中，管理者也可以通过构建技术平台，让消费者感受到更好的服务。淘宝的技术平台就是一个优秀的案例，不仅界面简单明了，还为卖家提供免费的基础服务，淘宝旺旺和社区论坛的建立更是为消费者和商家提供了良好的沟通平台。

（四）管理互动过程

服务剧场中的表演，需要演员和观众的互动，也离不开那些背后的服务人员以及前区场景的设置。也就是说，服务剧场中的表演需要所有不同参与者的协同努力。

在对服务表演的管理过程中，最重要的是对互动过程的管理。因为一线服务人员与消费者直接接触，所以他们的情绪、行为、沟通方式都会对企业形象甚至是消费者的服务感知产生很重要的影响。例如，电信公司会对其电话投诉平台的服务人员进行培训，确保其在与顾客互动过程中更有技巧性地应对顾客的投诉和咨询。

第三节 服务营销管理的整合框架

一、服务营销管理整合框架

服务营销管理的整合框架（见图 11-1）概括了服务营销管理活动中的主要内容。首先，服务营销管理的所有活动应统领于企业的服务营销战略之下，服务营销战略明确了企业自身对服务的理解，确定了发展服务在公司整体发展中的战略地位。服务战略确定后，企业根据服务战略来开发和设计（新）服务，并且将服务以品牌化的形式进行管理。为了生产、传递服务，以及传播服务品牌，需要通过外部营销和内部营销两条路径。外部营销指以消费者为受众的营销活动，内部营销则是以企业内部员工为受众的营销活动。外部营销与内部营销活动共同影响了服务人员与顾客的接触与互动过程，而服务的价值正是在这种接触和互动中被员工和顾客共同创造出来。企业需要对这些共创的服务价值进行管理，包括优质的服务质量、良好的顾客体验以及亲密持久的顾客关系。服务营销管理以服务营销战略为出发点，通过外部营销和内部营销两种途径，对所有可能影响服务过程和服务结果的因素进行管理，以实现顾客-企业的服务价值共创。

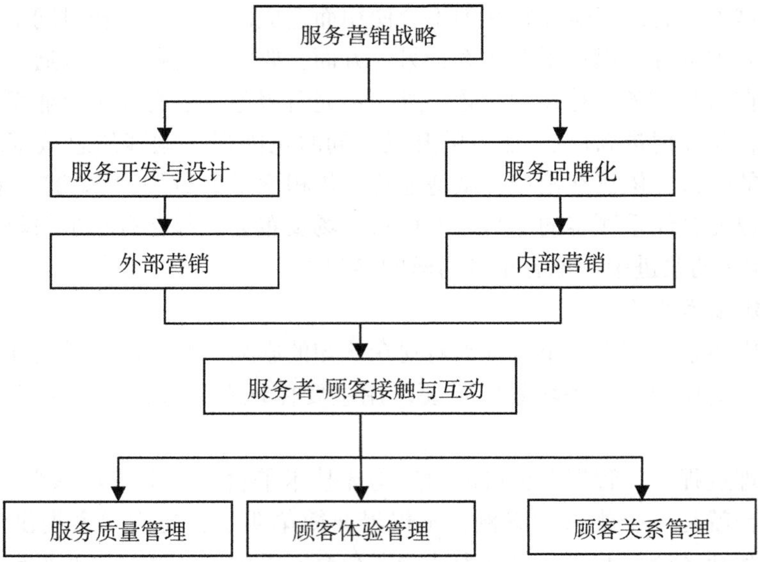

图 11-1 服务营销管理整合框架

二、服务营销管理的内容

（一）服务营销战略

服务营销战略明确了公司在服务领域的定位与发展方向，比如一家公司究竟将自己看成是在做产品还是做服务的公司，是将服务看作为产品服务的提供物，还是将服务看作包含产品以及其他内容的整体解决方案（比如由物品、服务、支持、自我服务和知识的集合），这些反映了公司的服务战略。

随着企业从以产品为主导向以服务为主导的营销逻辑发生转变，大量企业经历了制造业服务化的转型过程，从传统的制造商（公司仅仅提供作为产品的附加的服务）变身为服务提供者（公司把服务作为它们价值创造过程的主要部分）。在这一转型过程中，企业随着时间发展重新界定它服务中公司中的定位，寻求在不同层次的“服务介入”中获得独特机会和挑战。

以服务为主导的营销战略的一个关键特征是强烈的顾客聚焦。一方面，企业不只是向顾客提供自己生产的产品，还包括整合其他企业向顾客提供更广阔的、更加量身定制的“解决方案”。以顾客的问题解决需要为导向，而不是以企业的产品目标为导向，是服务营销战略的一个特征。另一方面，顾客不只是产品的接受者，还应成为产品的设计者和开发者。让顾客参与到产品的生产和传递之中，鼓励他们进行自我服务和互助服务，也是服务营销战略的特征。

聚焦顾客的观念包括两个元素：第一，服务提供从产品导向服务转移到“使用者过程导向服务”，比如从侧重于保证产品的合适功能转移到追求与产品相关的终端使用者在使用过程获得效率和有效性，第二，从基于交易的顾客互动本质转移到基于关系的顾客互动本质。比如从销售产品转移到与顾客建立和维持一种特定的、专属的关系。

学术智库 11-1

营销思想流派的发展

2004 年，Vargo 和 Lusch 提出的将营销逻辑从以产品为主导向以服务为主导进行转变的思想，成为服务营销理论发展史上的一个里程碑。Vargo 和 Lusch 的观点很快得到了学界众多学者们的响应，服务在企业经营中的位置被重新定义。

根据 Vargo 和 Lusch 对营销思想流派发展的回顾，营销学在 20 世纪初从逐渐古典经济学和新古典经济学中脱离出来，发展成一门独立的学科。早期的营销学关注产品的商品属性、营销机构和营销职能，并在此基础上形成了以商品学派、机构学派和职能学派为主的三大营销流派。

20 世纪 50 年代初，职能学派开始转变成营销管理学派。相对于早期的三大学派而言，营销管理学派将营销描绘成一个决策活动，强调通过选择和瞄准一个目标市场，对营销组合或 4P 做出最佳决策，使得企业在满足顾客需求的同时也实现盈利。

20 世纪 80 年代后，一些新的理论框架开始出现，这些框架试图挑战传统营销理论的交换范式。Day 和 Montgomery（1999）认为，4P 现在仅仅是一种方便的框架，因为人们对 4P 概念的有效性或有用性持有越来越多的保留意见，并且 4P 框架无法使营销成为一种创新的力量。随着关系营销、质量管理、市场导向和社会网络等理论的出现，以 4P 为主要框架的营销管理学派已经无法统一这些新兴的理论思想。

21 世纪之后，以服务为主导的营销逻辑逐渐形成。该逻辑跳出了营销管理学派所持有的以产品为主导的理论范式，将营销看作一个持续的社会和经济过程。正如Vargo和Lusch（2004）所认为的，新的营销逻辑把其主导逻辑学的很多部分从有形物品的交换（制造品）转移到了无形产品、专业化的技能、知识和过程的交换，从而把营销指向了一个更加全面和综合的主导逻辑学。这种整合了产品和服务的营销逻辑为营销思想和实践的发展提供了更为殷实的基础。

资料来源：Stephen L. Vargo，Robert F. Lusch. Evolving to a new dominant logic for marketing. Journal of Marketing，2004，68（1）：1-17.

（二）服务开发与设计

与新产品开发相比，新服务开发的一个显著特点就是消费者需要积极参与创新过程。同时，新服务开发的过程包含了许多部门和员工的参与，其中部门与部门、部门与员工以及员工与员工之间都存在着较为复杂的交互作用。消费者和其他行为主体的参与使得新服务开发的过程更为复杂。此外，由于新服务开发的实施过程较为灵活，既可以根据需要跳过某些阶段和步骤，又可以几个阶段和步骤同时进行，这也使得新服务开发的过程更为复杂。

技术只是新服务开发中的一个维度，除了技术创新之外，新服务开发更多的是非技术创新，如在组织上和结构上的创新。新服务开发还包括了新知识和信息的产生、处理事物的新途径和方法、服务员工的新行为、新的组织形式以及新的市场开发等。

服务企业不仅可以根据消费者需求采用“定制化”的生产方式提供新的服务产品，还可以根据新服务产品的特性采用“标准化”的生产方式提高效率和扩大规模。除此之外，越来越多的服务企业开始将“标准化”与“定制化”整合进一个模块中，采用“模块化”的方式进行新服务的开发和生产。因此，相较于新产品的生产，新服务的开发和生产呈现出多样化的特点。

营销实例 11-2

招行信用卡微信公众号

2013年3月，招商银行推出信用卡微信客服，并在7月初推出全新概念的首家“微信银行”，从单一信用卡服务拓展为集借记卡、信用卡业务为一体的综合服务平台。

招行卡中心之所以重视微信，是看到了它与用户的“强关系”特征和高成长性。在人群结构上，招行的用户群和微信用户群的重合度也很高。从一开始，微信就被招行定义为持卡人服务平台，给持卡人提供“好”的用户体验。微信是比较方便实用的一个渠道，能直观解决用户的一些功能、服务需求。

按照这个理念，招行信用卡微信公众号的功能分成了三层：简单的查询功能都在微信框里完成，比如查询余额、用卡常识等；复杂功能通过微信引导至WAP页面操作，保证整个交易的安全性，比如查询明细、修改密码、调整额度等；而以上无法解决的持卡人需求则会转接到微信人工客服解答。

招行信用卡负责人刘加隆表示，微信上的很多体验需要企业和客户、微信一起来创造："目前这件事情才刚刚开始，我觉得将来我们可以和微信、和客户共同创造一个非常牛的世界级产品。"

资料来源：http：//www.cmbchina.com/cmbinfo/news.

(三) 服务品牌化

服务品牌是企业个性化服务的标志，由服务品牌商标、品牌项目、品牌企业构成，其核心是提供这种优质服务的企业。出色的服务品牌能起到展示服务内涵、质量和价值的作用。

定义服务品牌时应更侧重于服务的过程、在此过程中消费者的感受以及消费者基于这种感受对企业品牌形象的认知。

服务品牌所包含的品牌要素主要有无形服务、服务环境、员工形象、品牌名称、价格和情感等。产品品牌与消费者的接触点主要是产品本身，以及广告和促销这类基本营销活动。而服务品牌则与顾客有更多的接触点。除了广告和促销的基本营销活动之外，服务环境、员工形象和服务设施等有形展示都是消费者的品牌接触点，因此保证服务品牌沟通的一致性对于服务型企业来说尤为重要。消费者在购买之前无法感知和评价服务的质量，因此服务品牌沟通实际上就是一种品牌承诺，而这种品牌承诺会影响消费者对服务的期望。如果服务品牌承诺与顾客实际感知的服务质量无法取得一致，就会引起消费者的不满。因此，除了增强品牌的沟通之外，服务企业还需要提供与客户期望相一致的服务，把握品牌沟通的一致性和适宜性，这也是服务企业品牌管理的关键。

(四) 外部营销

外部营销通过向企业的外部顾客、供应链伙伴、社会大众等传递与服务相关的信息，促进人们对服务产品的接受和采用。虽然服务是无形的，但如果能将相关的有形事物与所提供的服务关联在一起，建立两者之间的内在联系，就能让消费者更容易理解。在服务产品沟通中，需要将注意力集中在有形的事物上，以便提供关于无形服务的性质和质量的信息。这些有形的事物包括提供服务的员工、服务传递的场所、服务的相关有形设施等。例如，麦当劳广告中所呈现的干净整洁的餐厅和服务人员亲切的微笑等。

相较于有形产品而言，服务产品具有较高的不确定性，因此消费者会更多地依赖个人来源的信息，而不是非个人来源的信息，以减少可能的风险。因此，服务企业需要建立口碑营销网络，让满意的消费者将该服务及服务品牌推荐给其他亲友。此外，病毒营销也是在互联网时代特别适用于服务产品传播沟通的一种营销策略和工具。病毒营销具有精准性，能够嵌入消费者喜欢的内容中，引起目标人群的共鸣，内容有趣独特，传播方式简单，人人都是接受者，人人也都是传播者。服务企业能够通过病毒营销，快速传播品牌体验和品牌利益。

(五) 内部营销

内部营销是指企业把传统的营销概念引入企业内部，认为企业只有将员工视为企业的内部顾客，使组织成员具备顾客导向和服务意识，才有可能更好地在外部市场服务外部客户。内部影响理论要求企业的管理者将员工视为自己的顾客，重视员工的需求，积极与员工进行沟通，为员工塑造良好的服务范围，并通过相互协调的方法促使内部员工为顾客更好地服务。

内部营销的主要手段有做好服务人员的招聘工作、提供服务人员良好的发展环境、提供内部支持和服务以及留住服务人才等。企业能够通过内部营销影响员工的态度和行为，员工的态度和行为又会影响到员工对顾客的外部营销行为，从而影响到外部顾客。

（六）服务者-顾客接触与互动

由于服务的生产与消费同步发生，因此服务价值往往由顾客与服务提供者之间的接触与双向互动共同创造。除了人际互动之外，服务接触还包括服务交付时顾客与实体环境和服务设施的互动。随着互联网技术的发展，公司网站及线上服务等无形服务也是服务接触的重要组成部分。

服务者-顾客的接触与互动促进了顾客参与，增进了顾客与企业之间的感情，从而使顾客与服务提供者之间信息不对称的问题得到解决，并且降低了顾客在服务过程中的风险感知，增加其对结果的控制感。然而，服务者-顾客的接触与互动也可能增加了一线服务员工的工作压力，使服务过程的不确定性程度提高，从而对服务管理活动提出了挑战。

（七）服务质量管理

由于服务具有无形性、不可分离性等特点，那些对产品质量管理的传统方法不再适用，企业需要针对产品质量和服务质量的差异，建立特有的服务质量管理体系。在评价服务质量时，技术质量和功能质量具有同等重要的意义，两者共同构成顾客评价服务质量的两个重要维度。技术质量是顾客通过服务得到的东西，即服务结果的质量。服务结果的质量对于顾客而言，是容易感知也易于评价的。例如，一位顾客通过手机打车软件购买交通服务，其服务结果是顾客在空间上的位移，顾客很容易根据位移目标的准确性来判断服务结果的质量。然而，这并不代表着企业只需关注服务结果的质量，服务过程质量同样重要。由于服务本身具有不可分离性、同时性等特性，顾客会亲自参与服务的整个过程，并在过程中与服务提供者产生互动。因此，顾客与服务提供者接触的每一个环节都将影响顾客对服务质量的评价，顾客对服务质量的感知不仅仅体现在服务结果上，还需要考虑服务质量的功能方面，即服务过程质量。同样以打车服务为例，从顾客决定用手机软件打车开始，软件的订单处理速度、车辆的整洁程度、司机的驾驶技术，甚至司机说话的语气等，几乎在服务过程中所有的细节都可能影响顾客对于整个服务过程的感知。

对服务质量进行测量时，企业不仅需要从服务本身的特性和特征来考虑，更需要从顾客的角度出发，以顾客的主观感受作为主要的衡量指标。目前对服务质量的测量方法，如SERVQUAL、关键事件技术等，都是以顾客对服务的主观评价作为测量服务质量主要依据。

（八）顾客体验管理

消费者体验是“消费者对与公司直接或间接接触的内在和主观的反应”。它具有以下几个特征：第一，消费者体验是一种主观的感知，它更多的是一种心理学上的概念；第二，消费者体验来自于顾客与企业、产品、人员、品牌等的接触，是营销活动中的重要变量；第三，消费者体验是对刺激物有意识或者无意识的内在反应，这种体验严格上是个人的，表明顾客以不同水平或方式参与到接触过程中。

消费者体验是对服务过程中的社会互动的感知，它并不是由服务组织单方面创造和影响的，而是由顾客与服务提供者合作创造的。企业为顾客提供的是一种“使用中的价值”，该价值不仅依靠具体的产品或者服务来传递利益点，也与服务中的各种社会互动，如顾客-服务人员互动、顾客-组织互动、顾客-同伴互动等体验有关。

除了有形的社会互动，探索建立在符号互动上的消费者体验，也是顾客体验管理的内容之一。符号化体验更多关注品牌符号的象征意义与其外在表现的结合所形成的整体体验感知。比如研究者发现消费者在思考苹果电脑时会比他们思考 IBM 时表现出更多具有创造性的行为，由此为不同品牌体验在符号表征上存在的差异提供了证据。符号化的品牌体验可以被理解为消费者在参与品牌互动过程中所单独形成或者与他人共同形成的感觉、思想和行为。通过对哈雷-戴维森摩托车的消费者进行调查，可以发现消费者的个人体验嵌入在品牌社区的集体社会活动中，并通过集体活动来共同建构该品牌的一种后现代主义自由观的符号意义。

（九）顾客关系管理

顾客关系管理是指企业通过与顾客建立良好的关系来达到不断增加顾客价值的最终目的。通常顾客关系管理是建立在与单个顾客建立和发展关系的基础上。顾客关系管理采用先进的数据库和其他信息技术来获取顾客数据，分析顾客行为和偏好，积累和共享顾客知识，有针对性地为顾客提供个性化的产品或服务，发展和管理顾客关系，培养顾客的长期忠诚，以实现顾客价值最大化和企业收益最大化之间的平衡。企业有效地进行顾客关系管理有助于提高顾客忠诚度、满意度，最大化顾客保留，并且能够提高企业的利润率。

☞【小结】

服务是由服务商向顾客提供或与顾客合作生产的一种行动、过程和表现。尽管产品与服务的区别并不是严格的泾渭分明，但人们普遍认为产品与服务之间存在一些内在的区别。服务有无形性、异质性、不可分离性、易逝性、缺乏所有权等特点。

新的服务营销组合，即 7Ps，由人员、有形展示、过程这三个因素与传统的 4Ps（即产品、价格、分销和促销）一起构成。

服务接触也被描述为剧场，服务剧场由四个戏剧要素组成，即演员、观众、设施或实体环境、表演。服务组合包括对服务过程中的这四个重要因素进行管理：最大化员工产出、管理顾客参与、构建技术平台、管理互动过程。

服务营销战略明确了企业自身对服务的理解，确定了发展服务在公司整体发展中的战略地位。服务战略确定后，企业根据服务战略来开发和设计（新）服务，并且将服务以品牌化的形式进行管理。为了生产、传递服务，以及传播服务品牌，需要通过外部营销和内部营销两条路径。外部营销与内部营销活动共同影响了服务人员与顾客的接触与互动过程，而服务的价值正是在这种接触和互动中被员工和顾客共同创造出来。服务营销管理以服务营销战略为出发点，通过外部营销和内部营销两种途径，对所有可能影响服务过程和服务结果的因素进行管理，从而实现顾客-企业的服务价值共创。

☞【思考题】

1. 什么是服务？请结合实例说明你对服务的理解。
2. 请阐述你如何理解产品与服务的关系。
3. 服务具有哪些不同于产品的特性？如何利用这些特性来开展营销？
4. 扩展的服务营销组合策略相对于传统的4Ps策略而言，增加了哪些内容？
5. 服务剧场组合策略包括哪些内容？
6. 请简要阐述服务营销管理包括哪些内容。
7. 请结合实例说明如何理解以服务为主导的营销战略。

☞【课后案例】

联邦快递的服务营销管理实践

每月两次，总有许多世界各地商业人士愿付250美元、花几个小时去参观联邦快递公司的营业中心，目的是为了亲身体会一下联邦快递如何在短短23年间从零开始，发展为拥有100亿美元、占据大量市场份额的行业领袖。

以下是联邦快递之所以能取得史无前例成就的11项管理原则：

（1）倾心尽力为员工。

公司创始人总监弗雷德创建的扁平式管理结构，不仅得以向员工授权赋能，而且扩大了员工的职责范围。联邦快递的员工敢于向管理层提出质疑。他们可以求助于公司的保证公平待遇程序。公司还耗资数百万美元建立了联邦快递电视网络，使世界各地的管理层和员工可建立即时联系。

（2）倾情投入。

20世纪90年代初，联邦快递准备建立一个服务亚洲的超级中心站。联邦快递在美国的主要法律顾问马斯特逊和政府事务副总裁多约尔联手，获得政府部门的支持。与此同时，联邦快递在日本发起了一场大胆而又广泛的公关活动。这次耗费巨大的行动十分成功，使日本人接受了联邦快递的超级中心站计划。

（3）奖励至关重要。

联邦快递经常让员工和客户对工作做评估，以便恰当表彰员工的卓越业绩。

祖鲁奖：奖励超出标准的卓越表现。

开拓奖：给每日与客户接触、给公司带来新客户的员工额外奖金。

最佳业绩奖：对员工的贡献超出公司目标的团队一笔现金。

金鹰奖：奖给客户和公司管理层提名表彰的员工。

明星/超级明星奖：这是公司的最佳工作表现奖，相当于受奖人薪水2%～3%的支票。

（4）融合多元文化。

联邦快递有自己的大文化，同时也有各种局域文化。在超级中心站，它的文化在于其时间观念；而在软件开发实验室和后勤服务部门，它们的文化则在于创新和创意；在一线现场，它强调的是顾客满意的企业文化。

(5) 激励胜于控制。

联邦快递的经理会领导属下按工作要求作出适当个人调整，创造一流业绩。通过引入最佳业绩奖使50000名员工专注于提高生产效率和在服务客户的同时将成本降到最低水平。

(6) 首要规则是改变规则。

联邦快递选择了固定价格体系来取代按邮区划定的路程和运量定价体系，在货运业引起了巨大轰动。这一改变不仅简化了联邦快递的业务程序，也使客户能够准确预测自己的运输费用。在说服国会解除对航空快运的限制后，使整个行业的利润增加了10倍。

(7) 问题也有好的一面。

联邦快递把客户的问题当作对自己的挑战和潜在的商业机会。联邦快递巨大的超级中心之所以能以这样大的规模存在，正是因为有各种公司不断请求它们帮助。

(8) 积极利用技术软件。

公司的百威发运系统，可以接订单、跟踪包裹、收集信息和开账单。公司约2/3的运输都是通过这个系统或者联邦快递发运电子运输系统来完成的。为帮助客户把自己的生意上网，联邦快运提供了专门的软件联邦快递发运系统，使运输过程自动化。联邦快运还创建了自己的企业内部网，供公司内部专用。

(9) 犹豫就会失败（但必须看准才动）。

尽管公司顾问担心隔天下午送货业务可能会影响到公司的其他服务项目，如优先服务和经济送货，而管理层认为新的服务会带来利润，还能消除优先服务和经济送货间的闲置期。

(10) 该放手时就放手。

联邦快递采用最新技术，通过卫星相连，传真处理文件，然后送货上门的新尝试因低成本的传真机充斥商业市场而宣告失败就是一个教训。联邦快递从一开始就把冒险作为公司的制度了。因此，其他一些看上去不那么合理的举措还是获得了成功。如第一个辐射式发运系统、专用运输机队、联邦快递技术的电视广告等。

(11) 努力决定形象。

公众现在已经把“交给联邦快递”这句话同遵守诺言等同起来，这可以说是联邦快递的成绩之一。想到联邦快递就会想到创新。联邦快递总是在寻找各种独特的方法来满足或预测顾客的需求。联邦快递激励员工去树立公司形象，努力塑造一种既为客户也为员工着想的企业形象。公司精心建立起来的形象有利于保持并扩大其市场份额。联邦快递从不为自己找借口。成功的广告节目加强了公司的声誉，员工以自己的工作自豪的信心同样使公司声誉倍增。

资料来源：http：//www. chinawuliu. com. cn/xsyj/200409/06/132069. shtml.

案例讨论题：

1. 结合服务的特质，谈一谈联邦快递公司的业务有哪些特点？在营销中应当注意哪些问题？

2. 联邦快递是如何构建企业的服务营销管理框架的？你还有何建议？

【参考文献】

[1] Vargo，Stephen L.，Robert F. Lusch. Evolving to a new dominant logic for marketing. Journal of Marketing，2004，68（1）：1-17.
[2] 徐岚．服务营销．北京大学出版社，2017.
[3] K. 道格拉斯·霍夫曼，约翰·E. G. 贝特森．服务营销精要概念、战略和案例（中文改编版）．范秀成，译．北京大学出版社，2008.
[4] 瓦拉瑞尔·A. 泽丝曼尔，玛丽·乔·比特纳，德韦恩·D. 格兰姆勒．服务营销（第6版）．张金成，白长虹，译．机械工业出版社，2015.
[5] 贝恩特·施密特．顾客体验管理——实施体验经济的工具．冯玲，邱礼新，译．机械工业出版社，2004.

第十二章　品牌决策

【学习目标】 学习本章后，应当掌握：

1. 理解品牌的内涵
2. 了解品牌资产的概念和构成要素
3. 掌握品牌设计的主要过程
4. 掌握对品牌系统进行管理的多种策略

【引例】

世上还有哪家公司能让公众和媒体都屏息等待每一个新产品发布？不管苹果发布什么新产品，消费者都相信它肯定具有高度智能化与时尚感，将会改善我们通信、工作或闲暇时的娱乐生活。更重要的是，购买过程令人非常愉悦。一直以创造力和表现力而闻名于世的同时，苹果品牌通过产品专卖店培养起消费者和销售人员的零距离互动，成功提高了品牌的感情分。苹果的品牌哲学并不是一句挂在口头的口号，而是通过店内宽大的台面、开放式空间、明亮的玻璃墙和受过良好训练的员工（苹果最大的品牌宣传队伍）展现在消费者面前。在苹果专卖店，每位员工都配备了手持条码扫描仪，让顾客免除了排队结账之苦。苹果品牌得分虽高，但消费者对苹果公司的感情却低于平均值，还认为它不重视消费者的贡献，对忠实消费者缺乏回报。不过，这些缺憾可能只是苹果专注核心业务的结果。这种专注是苹果公司在创新和产品开发方面如此出色的原因，让他们将竞争对手远远甩在后面。

资料来源：二十个品牌策划经典案例分析．先知中国，http：//www. xianzhi. net/ppdwcl/34420. html.

第一节　品牌概述

一、品牌是什么

直接意义上的品牌就是一个名称，如苹果、谷歌、百度等。但不同名称的品牌带来的是截然不同的市场份额。品牌已成为企业最有价值的无形资产之一。

目前对于品牌的定义主要聚焦于生产者和消费者两个视角。生产者视角将品牌定义为一种名称、术语、标记、符号或设计，或者是它们的组合运用，其目的是借以辨认某个销售者，或某群销售者的产品及服务，并使之与竞争对手的产品和服务区别开来。该定义从生产者视角强调品牌是一种产品区别于其他产品的标志。消费者视角将品牌定义为扎根于顾客脑海中对某些动态的感知实体（Perceptual Entity），根源于现实，却反映某种感知，甚至反映顾客的独特性。该定义从消费者视角来诠释品牌是消费者的，借助品牌可将消费者区分开来。消费者视角的品牌内涵认知深入剖析了品牌内在的机理，即说明真正的品牌一定是人性化的。例如苹果手机不只是手机上的名称和标志，而是苹果的名称和标志能够在消费者心中唤起对这一品牌手机所有的美好印象之和。这些印象既包括有形的，又包括无形的，例如社会的或心理的效应。

品牌已成为一种强有力的武器，不仅能改变一个企业的前景，一些强势品牌甚至能深深植根于整个民族的心智，成为民族文化的一部分。

学术智库 12-1

品牌之爱

本文运用了扎根理论研究方法，阐明了品牌之爱的本质和品牌之爱的结果。作者强调，对品牌之爱的研究必须建立在理解消费者是如何经历这种品牌之爱的现象的，从而对消费者的经历进行观察、归纳与总结，并得出一系列的理论，研究表明，品牌之爱有七个核心要素：自我品牌连接（将品牌与自我进行连接，不分彼此）、激情驱动行为（对品牌的热爱产生一系列行为）、积极的感情连接（对品牌有积极的感情）、长期关系（与品牌的关系持久）、积极的总体态度（对品牌有积极的评价）、态度确定程度与强度（确定自己喜欢这个品牌并且有很强的喜爱程度）、分离的痛苦（与自己喜爱的品牌分离之后的痛苦）。研究还表明质量信念（信任品牌的质量）是品牌之爱和品牌忠诚的前因，品牌之爱会带来消费者更多的口碑传播及消费者拒绝消极信息等结果。对于营销管理者而言，应该促进激情驱动行为的产生，建立品牌自我连接，创造积极的情感连接，并具有长期品牌意识。

资料来源：Rajeev Batra，Aaron Ahuvia，Richard P. Boggzoi. Brand love. Journal of Marketing，2012，76（1）：1-16.

二、品牌资产的构成

品牌资产（Brand Equity）这一概念诞生于20世纪80年代的美国广告界，并日益成为广泛流行的概念。日趋激烈的竞争格局促使企业认识到了品牌的巨大价值，并将品牌资产视为企业资产的重要组成部分。理论者最初对品牌资产的研究起因于当时一些有影响的企业并购案，当时一些有影响的企业并购案中，最后的成交价都远远超过了被并购方的有形资产价值，从而引发了人们对品牌这项无形资产的重视和研究。

（一）品牌资产的概念

目前对品牌资产概念的讨论大致可以分为两个视角：从企业出发和从消费者出发。戴维·阿克（David Aaker）的观点是企业导向的品牌资产定义的典型，他认为品牌资产能够为企业和顾客提供超越产品和服务本身的利益之外的价值；同时，品牌资产又是与某一特定的品牌联系在一起的，如果对品牌文字、图形进行改变，附属于品牌之上的资产将会部分或全部丧失。而凯勒（Keller）赋予的定义是顾客导向的品牌资产定义的典型，他将基于顾客的品牌资产定义为品牌知识对品牌营销的消费者反应所产生的差异化效应。

从企业出发和消费者出发的两种视角并不矛盾，而是相辅相成的。因为品牌资产是一个连接过去和未来的概念，反映企业过去营销努力的沉淀，同时又预示品牌未来的收益能力。那些有助于增加消费者购买信心的记忆、体验和印象以及在此基础上形成的看法与偏好，是构成品牌资产的重要组成部分。我国实行新会计制度后，无形资产被正式列于企业的资产负债表中。品牌资产作为一项重要的无形资产，应该在企业的资产负债表中列示出来。

营销实例 12-1

2017 年中国 500 最具价值品牌

由世界品牌实验室（World Brand Lab）主办的第十四届“世界品牌大会”于 6 月 22 日在北京举行，会上发布了 2017 年《中国 500 最具价值品牌》分析报告。在这份基于财务数据、品牌强度和消费者行为分析的年度报告中，国家电网以 3298.87 亿元的品牌价值荣登本年度最具价值品牌榜首。占据榜单前五名的还有腾讯（3251.12 亿元）、海尔（2918.96 亿元）、中国人寿（2871.56 亿元）和华为（2859.82 亿元），它们既是中国的国民品牌，又是领跑中国品牌的国家队阵容，同时也都迈进了品牌阵营（见表 12-1）。

表 12-1 **2017 年《中国 500 最具价值品牌》前 10 名**

排名	品牌名称	品牌拥有机构	品牌价值（亿元人民币）	主营行业
1	国家电网	国家电网公司	3298.87	能源
2	腾讯	腾讯控股有限公司	3251.12	信息技术
3	海尔	海尔集团	2918.96	家电
4	中国人寿	中国人寿保险（集团）公司	2871.56	金融
5	华为	华为技术有限公司	2859.82	通信电子
6	工商银行	中国工商银行股份有限公司	2826.76	金融
7	中化	中国中化集团公司	2350.86	能源
8	CCTV	中国中央电视台	2322.72	传媒
9	中国一汽	中国第一汽车集团公司	2301.93	汽车
10	阿里巴巴	阿里巴巴（中国）网络技术有限公司	2234.84	信息技术

资料来源：世界品牌实验室（World Brand Lab）制表.

从这一届“中国500最具价值品牌”地区分布来看，北京有96个品牌入选，名列第一，主要原因是赢利能力强的央企总部集中在北京；广东和山东分别有88个和45个品牌入选，位居第二和第三。根据入选品牌影响力范围大小，按照区域性、全国性和世界性对品牌进行划分。榜单中具有全国范围影响力的品牌有441个，占88.20%；具有世界性影响力的品牌数为49个，这一数据比去年有所提高。

资料来源：世界品牌实验室发布2017年中国500最具价值品牌．中国经济网，http://district.ce.cn/newarea/hyzx/201706/27/t20170627_23894205.shtml，2017-06-27.

（二）品牌资产的构成

品牌资产是由品牌形象所驱动的资产，它形成的关键在于消费者看待品牌的方式而产生的消费行为，而要使消费者对品牌所标志的产品或服务进行购买和消费，则需要投资于品牌形象，取得消费者的认同和亲近，从而接受、购买这一品牌。因此，品牌资产有别于有形的实物资产，它是一个系统概念，由一系列因素构成。对于品牌资产的构成要素，各学派也有不同的观点。

1. 戴维·阿克的品牌资产模型

戴维·阿克在综合前人的基础上，指出品牌忠诚、品牌知名度、品牌认知度、品牌联想以及其他专属的品牌资产这五项资产是品牌价值构建的源头。

（1）品牌知名度。品牌知名度是指某品牌被公众知晓、了解的程度，它表明品牌为多少或多大比例的消费者所知晓，反映的是顾客关系的广度。品牌知名度是评价品牌社会影响大小的指标。品牌知名度的大小是相对而言的，名牌就是相对高知名度的品牌。

（2）品牌美誉度。品牌美誉度是指某品牌获得公众信任、支持和赞许的程度。相对于品牌知名度这个量的指标而言，品牌美誉度是一个质的指标，只有建立在美誉度基础上的品牌知名度才能真正形成品牌资产。

（3）品质认知。品质认知是指消费者对产品或服务的适应性和其他功能特性适合其使用目的的主观理解或整体反应，是消费者对产品客观品质的主观认识，它以客观品质为基础，但又不等同于产品的客观品质。不同产品的客观品质可能完全相同，但消费者对不同产品的品质认知却相差甚远。

（4）品牌联想。品牌联想是消费者在看到某一品牌时勾起的所有印象、联想和意义的总和，比如产品特点、使用场合、品牌个性、品牌形象等。比如，万宝路总是让人想起孤独而阳刚的牛仔、男子气概、神采飞扬的群马、自由奔放西部原野、新鲜的太阳与空气、男人的友谊，百事可乐则可以让人充分领略青春动感、活力无限。品牌联想可分为品牌属性联想、品牌利益联想、品牌态度三个层次。

（5）品牌忠诚。Oliver在1997年这样定义品牌忠诚：一种对偏爱的产品和服务的深深承诺，在未来都持续一致地重复购买和光顾，因此产生了反复购买同一个品牌或一个品牌系列的行为，无论情境和营销力量如何影响，都不会产生转换行为。这一定义包括了行为忠诚和态度忠诚两个方面，是目前被普遍接受的定义。品牌忠诚是品牌资产的重心，拥有一群忠诚的消费者，就像为自己的品牌打造了一道难以跨越的门槛，它能阻挡竞争对手的刻意模仿、破坏性的降价，品牌忠诚也是一个品牌所要追求的最终的目标。

（6）其他专属的品牌资产。与品牌资产相关的还有一些专门的特殊的财产，如专利、专有技术、分销系统等，这些专门财产如果很容易转移到其他产品或品牌上去，则它们对增加品牌资产所作的贡献就很小，反之则成为品牌资产的有机构成。专利竞争是国际企业竞争的战略制高点，既是企业的进攻手段，也能从长远的利益出发，阻止竞争对手的攻击。

2. 凯文·凯勒基于顾客的品牌资产模型

凯文·凯勒提出需要采用多种衡量指标以确保获得较为完整的品牌资产的观点，并由此提出了基于顾客的品牌资产模型（Customer-based Brand Equity，CBBE），指出品牌资产由品牌身份、品牌含义、品牌反应、品牌关系四个不同的层面所构成。

CBBE 模型采用了类似于金字塔式的结构，共包含六个模块：（1）品牌形象包含用户特征、购买使用场合、个性与价值、历史、渊源、经验等；（2）品牌象征是指品牌身份的认知；（3）品牌表现包含基本和次要特征、产品可靠性、维护性、耐用性、服务效率、移情、设计、风格、价格等；（4）品牌判断包含质量、可信、优越性等；（5）品牌情感包含温暖、快乐、兴奋、安全、社会认同、自尊等；（6）品牌共鸣包含忠诚、依恋、共同、承诺等。这个模型的要素很详尽、很具体，但可操作性不强，具体模型见图 12-1。

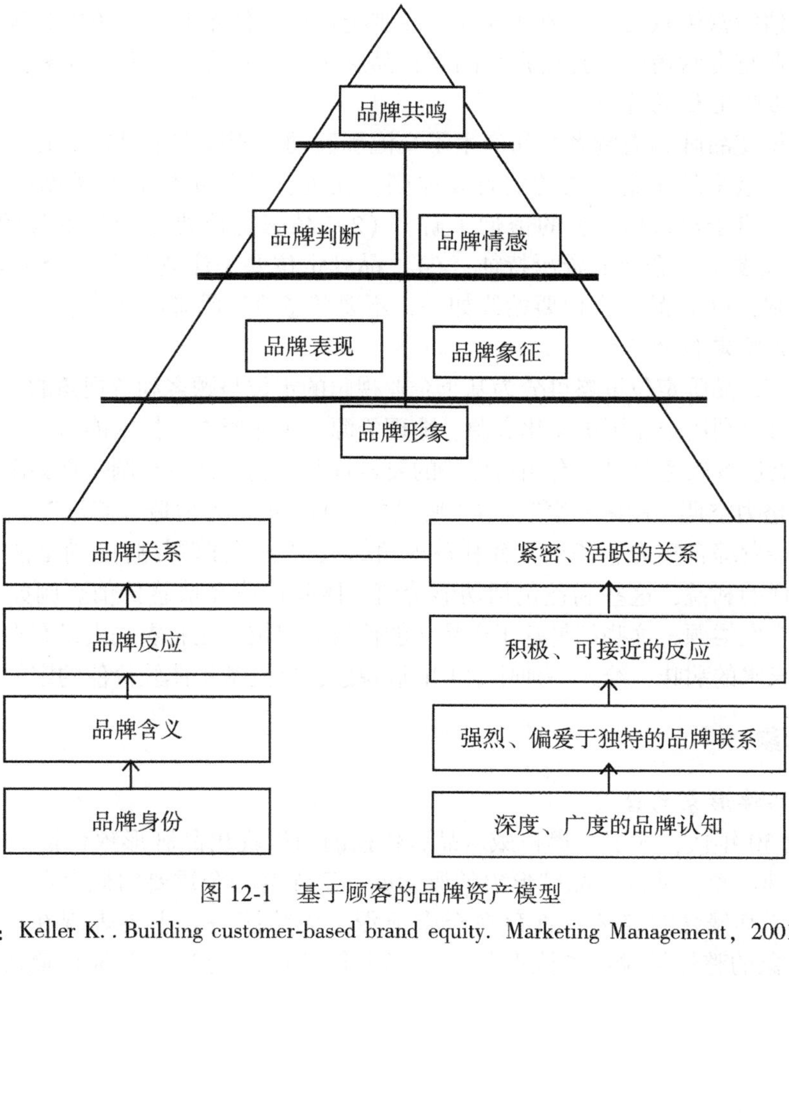

图 12-1 基于顾客的品牌资产模型

资料来源：Keller K.. Building customer-based brand equity. Marketing Management，2001，10（2）：15-19.

第二节　品牌战略

品牌战略是指公司将品牌作为核心竞争力，以获取差别利润与价值的企业经营战略。战略的本质是塑造出企业的核心专长，从而确保企业的长远发展。在科技高度发达、信息快速传播的今天，产品、技术及管理诀窍等容易被对手模仿，难以成为核心专长，而品牌一旦树立，则不但有价值，还不可模仿。本节主要从品牌定位、品牌形象和品牌个性三个角度阐述企业的品牌战略。

一、品牌定位

1969 年 A. 里斯（A. Rievs）和 J. 特劳特（Jack Trout）在美国营销杂志《广告时代》和《工业营销》上发表了一系列有关定位的文章，首次提出了定位这一概念。他们认为要在这样一个传播过度和产品越来越同质的时代里赢得顾客，有必要使自己的产品独树一帜。定位是一个从外向内的过程，即要从顾客的角度出发。因此，他们给定位下的定义是"如何在预期顾客的头脑里独树一帜"。品牌定位之所以受到企业的高度重视，是因为它具有不可低估的营销意义。主要体现在：品牌定位可以使企业在竞争中脱颖而出；品牌定位有助于企业整合营销资源打造强势品牌；品牌定位为顾客提供差别化利益。

（一）品牌定位的原则

品牌定位使品牌和消费者之间产生了交流和互动，所以它不可以随心所欲，而要遵循适当的原则，这是品牌定位成功的首要原则。在进行品牌定位时要遵循以下原则：（1）品牌定位要源自于对目标顾客的透彻了解；（2）品牌定位要与产品本身的特点相契合；（3）品牌定位要依据企业的资源特征；（4）品牌定位要关注竞争者；（5）品牌定位要遵循简单化原则；（6）品牌定位要始终如一，不要随意改变品牌的定位。

（二）品牌定位的策略

总体而言，品牌定位策略可分为基于企业视角的定位与顾客利益视角的定位。基于企业视角的定位可以利用企业历史文化资源、地理资源、企业资本、技术能力、领军人物、经营理念、企业态度等较竞争对手有相对优势的要素资源。例如格力空调一贯突出其强大的技术实力——"格力空调，制冷专家"，青岛啤酒的"110 年只为酿造好啤酒"向市场传达了其强大的企业经营综合实力。基于顾客利益视角的定位主要强调品牌能满足消费者怎样的需求，带来怎样的利益，这些利益包括功能价值、体验价值和情感价值。例如海飞丝去屑出众，飘柔使头发柔顺，这些都是基于产品功能价值的定位，还有农夫山泉有点甜的广告语强调了这种矿泉水的甜味，给人一种味觉上的愉悦感，这是基于体验价值的定位。

二、品牌形象

（一）品牌形象的含义

20 世纪 50 年代，大卫・奥格威从品牌传播的角度提出品牌形象传播的概念，倡导用广告梳理品牌形象。从此，品牌形象的概念就一直作为一个重要的概念在营销领域备受重视，但是关于其概念的定义一直存在众多流派，无法统一，主要表现在以下四个视角：（1）品牌形象的整体学说：该流派将品牌形象简单的界定为一个抽象概念的整体含义。

即消费者对品牌的一种感知。(2) 品牌形象象征意义说：该流派认为产品通过品牌形象表达象征意义，消费者据此来区别品牌，同时这些象征意义强化了消费者的自我认知。(3) 品牌形象的个性说：该流派认为品牌形象具有类似人的显著个性特征。(4) 品牌形象的认知心理说：该流派认为品牌形象的产生基于认知或心理过程。主要决定因素是精神因素，并用想法、感受、态度、心理构念、理解或期望等次来描述。

综合前人观点，我们可以这样定义品牌形象：品牌形象是消费者对品牌的整体印象和联想，品牌形象的形成主要来源于两个方面：一是消费者对从品牌传播过程中得到的信息进行选择加工，二是消费者在消费过程中积累的品牌知识所形成的品牌联想。可见，品牌形象取决于消费者对品牌的联想，是消费者对品牌所积累的记忆。

(二) 品牌形象的塑造

品牌形象的要点是立足于品牌带给消费者的利益点，将品牌精髓——价值、文化和个性传达到消费者，根据品牌形象塑造的循序渐进的过程，可以从消费者需求研究、品牌形象价值内化、品牌形象载体选择、品牌形象符号设计、品牌形象整合传播和品牌形象动态发展六个方面来进行品牌形象塑造。

(1) 消费者需求研究。品牌形象目标受众是品牌所指向的目标消费者。顾客导向的现代营销理论要求企业做任何决策时都不能离开顾客的需要和需求，进行品牌形象塑造决策也不例外，品牌形象最终是在消费者心理上产生一定的影响，研究消费者需求就成为品牌形象塑造的第一步，从消费者需求出发，研究消费者对该品牌所在行业、企业级其所覆盖的产品的理解、联想与期望，有利于品牌形象的建立及其长远发展。

(2) 品牌形象价值内化。品牌形象具有综合性，如果仅仅将其等同于名称、标志这些表面化的东西，就会忽略品牌形象更深层关键点——品牌形象的内涵。因此，品牌形象塑造的第一步是奠定一个品牌形象的坚实基础，将品牌的精髓内化到品牌形象中，以保证品牌形象的生命力。

(3) 品牌形象载体选择。品牌形象不同于企业形象，品牌所覆盖的不是一个企业所有的产品和服务，支撑品牌形象的只是该品牌所涵盖的那些品牌表现出品牌个性与价值的载体，找到这样的载体是品牌形象塑造的第三个关键步骤，载体的选择主要从产品和服务、提供者和使用者三个方面着手。

(4) 品牌形象符号设计。主要包括品牌名称、品牌标志和品牌包装的设计，其中品牌名称和品牌标志设计原则已在前面的章节中讲述。这里主要讲品牌包装设计，要遵循美观大方、注意对包装空间的利用、突出品牌个性、兼顾社会利益四个原则。

(5) 品牌形象整合传播。整合传播是品牌形象塑造过程中的重要一环，正是传播在消费者与品牌形象之间建立了联系，只有认识到要将品牌的核心价值传播给目标消费者，品牌形象的指向性才更明确，也只有品牌形象的核心价值传达到了消费者，消费者的大脑中才会建立起清晰的品牌形象。借助公共宣传、广告传播进行品牌形象的传播，同时企业要不断追求传播渠道与传播手段或者方法的创新，例如借助互联网的发展提升品牌形象传播效果。

(6) 品牌形象动态发展。市场在变化，消费者在变化，品牌形象也应该顺应时代，品牌形象的动态发展就是指企业根据市场和消费者的变化及时调整自己的企业形象，或者通过深化内涵，或者通过改变符号，或者设计全新的品牌形象来更接近消费者。

三、品牌个性

虽然品牌代表没有生命的物体，但是通过良好的营销策略，品牌也可以具有人性化的魅力，构成魅力中的一项要素——品牌个性，起到画龙点睛的作用。品牌个性和人的个性一样，具有连续性和一致性，是识别品牌的重要依据，是构成品牌竞争力的重要元素，决定了品牌的市场表现。

（一）品牌个性概述

关于品牌个性的定义，国外学者从不同的角度做出了阐述，目前大致形成了四个视角：（1）品牌个性的功能定义，这一视角主要描述品牌个性和自我的关系，品牌个性倾向于提供一个象征性的或者自我表达的功能。（2）品牌个性的表现定义，该定义认为品牌个性是指每个品牌向外展示的个性，也是品牌与现在和将来的消费者相联系的纽带，品牌有魅力，也能与消费者和潜在消费者进行感情方面的交流。（3）品牌个性的形成定义倾向于把品牌个性看成是一种独特的整体的联系方式，它淡化了品牌个性作为品牌的人性化特征的含义。（4）品牌个性的人性化特征定义，珍妮弗·阿克认为品牌个性是与品牌有关联的一整套人性化的特征。和产品相连的属性倾向于向消费者提供实用功能，而品牌个性倾向于向消费者提供象征性和自我表达的功能。

综上所述，可以从两个视角来解读品牌个性，对商家来说，通过营销组合对品牌名称和标志、品牌文化、使用者形象、产品本身等品牌要素的价值进行提炼，使品牌具有人性化的魅力。对消费者来说，品牌个性的感知、内化则建立在消费者自我概念的基础上。

（二）品牌个性的维度

美国斯坦福大学教授詹妮弗·阿克根据西方人格理论的大五模型，以个性心理学维度的研究方法为基础，以西方著名品牌为研究对象，建立了品牌个性维度量表（Brand Dimensions Scales，BDS）。该量表基于个体的代表性样本、广泛的特性列表和在不同的产品类别中系统地选择系列品牌，可以用来比较众多产品类别中品牌的个性。由此使研究者可以确定品牌个性的基准。在此量表中，品牌个性的五个维度为真诚（Sincerity）、刺激（Exciting）、称职（Reliable）、有教养（Sophisticated）和强壮（Ruggedness）（见表12-2）。

表 12-2　　**品牌个性量表**

五大个性要素	不同层面	描绘词语
真诚（如柯达）	淳朴	家庭为重的、小镇的、实在的
	诚实	诚心的、真实的、真诚的
	有益	健全的、原生的
	愉快	感情的、友善的、快乐的

续表

五大个性要素	不同层面	描绘词语
刺激（如保时捷）	大胆	极时髦的、刺激的、勇敢的
	有朝气	冷酷的、年轻的、英勇的、
	富于想象	独特的、有想象力的
	最新	独立的、现代的、时尚的
称职（如IBM）	可信赖	勤奋的、安全的、可靠的
	聪明	技术的、团体的。智能的
	成功	领导者的、有信心的、有成效的
有教养（如奔驰）	上层阶级	有魅力的、好看的、高贵的
	迷人	女性的、流畅的、可爱的
强壮（如万宝路）	户外	男子气概的、西部的、运动的
	强韧	粗野的、强壮的

（三）品牌个性的塑造

（1）了解目标顾客的心理特征。已有的研究表明品牌个性与消费者自我概念的一致性会影响消费者的品牌态度和品牌偏好，因此塑造一个独特的品牌个性的首要步骤在于充分了解目标顾客的心理。一般来说，消费者的自我与他选择的生活方式、人口统计特征、个性息息相关。要综合运用生活方式、人口统计特征、个性特征等变量来对消费者进行区分，从而对消费者有一个清晰的了解。

（2）结合产品类别与竞争者的品牌个性。首先，产品是品牌个性的载体，消费者是通过产品或服务来感知品牌个性的，因此要使品牌个性与消费者头脑中对产品的感知相匹配，同时要考虑到竞争对手的产品，实施差异化定位策略，形成独特的品牌个性。

（3）选择相互配合的品牌要素。一致性是品牌个性的内在特征，只有选择一致性的品牌要素，才能使消费者对品牌个性的感知一致。例如作为雅致的休闲场所，星巴克背景音乐的选择要能使消费者产生迷人的、高雅的联想，因此星巴克绝对不会选择《小苹果》作为其背景音乐。

（4）选择合适的营销组合。品牌个性的认知因素有价格、分销渠道、广告、事件营销等，所以在选择营销策略的时候要注意彼此间的配合，不能相互独立，甚至相互冲突。

第三节 品牌设计

品牌设计是文字、标志、符号、图案和颜色等要素或构成的组合，用以识别某个销售者的产品或服务，并使之与竞争对手的产品或者服务区别开来。品牌设计分为品牌名称设计和品牌标志设计。

一、品牌名称

品牌名称是品牌识别中可以用文字表达并能用语言进行传播与交流的部分。品牌名称提供了品牌联想，最大限度地激发消费者的“直接想象力”，这是成功品牌名称的基本特征之一。品牌名称作为品牌之魂，体现了品牌的个性和特色，使消费者自然而然地产生一种很具体、很独特的联想。一提到某一品牌名称，人们会很快对该品牌所代表的产品质量、形象、售后服务等产生一个总体的概念。好的品牌名称对提高品牌知名度、扩大产品名牌的市场份额，有着很重要的作用。

（一）品牌命名的原则

企业要确定一个有利于消费者认知、能传达品牌发展方向、价值和意义的名称，需在法律、营销及语言三个层面遵循以下原则：

（1）法律层面。主要表现在要具有法律的有效性。为品牌命名应遵循相关的法律条款，这样才能使品牌名称受到法律保护。企业首先应考虑该品牌名称是否有侵权行为，品牌设计者要通过有关部门，查询是否已有相同或者相近的名称被注册；其次，要向有关部门或专家咨询该品牌名称是否在商标法允许注册的范围以内。

（2）营销层面。主要是要暗示产品利益，从名称的字面可联想到品牌的利益。品牌名称应暗示产品的某种性能，含蓄地表达出其特征和用途，以便于消费者望文生义，了解商品的本质，加快认知过程，迎合消费者对商品实用的心理要求。如好记星牌英语电子学习工具，它与好记性同音，暗示英语学习记得牢、效率高。还有就是要具有促销、广告和说服的作用。一些品牌名称让消费者就是为了名字也要去购买，如蒙牛的随便雪糕、农夫山泉旗下的尖叫运动饮料、和路雪的绿舌头雪糕等。

（3）语言层面。语音易读、简洁，同时还可以启发积极的联想。难以发音或者音韵不好的字，是无法让消费者很快地熟悉品牌名称的，均不宜采用。例如吉普汽车的车身都带有 GP 标志，并标明是通用型越野车。Jeep 是通用型的英文 general purpose 的首字母缩写 GP 的发音，它不仅易于发音，而且节奏感强，朗朗上口。单纯、简介、明快的品牌名易于形成具有冲击力的印象，而且名字越短，就越有可能引起公众的遐想，含义更丰富。许多著名品牌多为 2~3 个字，常见的有微软、奔驰、家乐福、海尔、华为等。另外，可以赋予品牌名称相关的寓意，通过品牌名称与产品功能在意念上的联系，来启发人们丰富的想象力，让消费者从中得到愉悦的联想，这种方式对品牌营销和占领市场往往有很大帮助。像可口可乐、芬达这样音韵好听，同时还能反映出软性饮料带给人们的胜利感受的品牌名也是众人皆知的，一看到它们就会联想起饮用时自由畅快的感觉，这样的名称会博得消费者的广泛认同和接纳。

（二）品牌名称设计类型

纵观国内外的著名品牌，它们的名称既各具特色，又遵循着共同的规律，我们从这些命名的实践中提炼总结出品牌名称设计的一些基本类型：

（1）地域命名。这种命名方法以产品的出产地或所在地的名称作为品牌的名称，一般强调该地方生产此产品所具有的独特资源，由此形成独一无二、竞争品牌无法替代的产品品质。例如飞速发展的蒙牛乳业，就是以内蒙古的简称“蒙”字作为企业品牌的要素，消费者只要看到"蒙"字，就会联想起"风吹草低见牛羊"的壮观景象，进而对蒙牛产品产生信赖。

（2）人物命名。将产品的发明者、企业的创始人或者与商品相关的某个明星的名字作为品牌名称的命名方法。世界著名的"戴尔"电脑就是以其创始人戴尔的名字命名的品牌。

（3）目标顾客命名。这种命名方法就是将品牌与目标客户联系起来，明确指出该品牌是为某一针对性群体服务，进而使目标客户产生认同感。例如太子奶品牌，就使人马上联想到这是给孩子们消费的乳制品。

（4）利益价值命名。这种命名方法就是利用企业追求的价值来为品牌命名，使消费者看到产品品牌，就能感受到企业的价值观念，感受到消费者从品牌中获得的利益。例如飘柔洗发水，以产品致力于让使用者拥有飘逸柔顺的秀发而命名。

（5）数字命名。这是一种以数字或者数字与文字联合的方式进行命名的方法。例如三九药业的品牌含义就是"健康长久，事业恒久，友谊永久"。"7—11"是世界上最大的零售商和便利店特许商。该公司利用自己从1946年推出的深受消费者欢迎的早7点到晚11点开店时间的服务特色为企业命名，目前已成为世界著名品牌。

二、品牌标志

品牌标志是指品牌中可以被识别但不能用语言表达的视觉识别系统，即运用特定的造型、图案、文字色彩等视觉语言来表达或象征某一品牌的形象，构成一整套品牌视觉规范。品牌标志分为标志物、标志色、标志字、标志性包装等，它们同品牌名称等都是构成完整品牌概念的基本要素。事实上，几乎所有关于品牌的运作都涉及品牌标志设计，从产品的包装系统到品牌延伸、新产品开发管理，从营销网络的拓展到零售空间的管理等，一个成功的品牌标志设计所构建的稳定的、具有差异化价值的、简明易记的品牌视觉识别系统将为品牌带来潜在的传播价值。

（一）品牌标志设计的基本要素

品牌标志是由基本视觉识别系统和延伸视觉识别系统构成。其中基本视觉识别系统的要素包括标志物、标志色、标志字、标志性包装等，而延伸视觉识别系统包括辅助图形、吉祥物等。

（1）标志物。标志物作为非语言性的符号，以其直观、精练的形象诠释着品牌理念，传达着品牌风格，能够有效克服语言和文字的障碍。图形和图案作为标志设计的元素，都是采用象征寓意的手法，进行高度艺术化的概括提炼，形成具有象征性的形象。

（2）标志色。色彩在标志设计中通过刺激人的视觉而起着强化传达的感觉和传递不同的作用，比如可口可乐标志的红底白字给人以喜庆、快乐的感觉，雪碧的颜色则带给人们清爽、清凉及回归自然的遐想。有学者认为："销售商必须用蓝色或至少是以蓝色为主的容器，糖才能卖出去，坚决不能用绿色。因为蓝色代表甜蜜，绿色代表苦涩，谁愿意去买苦涩的糖呢？"

（3）标志字。标志字设计的文字样式在品牌传播中出镜率极高，它们不仅持续传递着品牌多方面的信息，更以鲜明的文字个性和美感，传达着品牌风格。标志字可以根据品牌传播的实际需要，选择手写字体、广告字体、印刷字体或者通用字体等。比如香飘世界的星巴克咖啡，其印刷文字采用手写字体，仿佛咖啡馆里人们的信手涂写，或者以粗线条的钢印字幕出现，令人联想起运送咖啡的粗麻布袋上的印刷文字，体现了一种独特的风格。

（二）品牌标志设计的原则

美国商标协会对一个好的商标标志的特征界定如下：简单、便于记忆、可运用于各种媒体形式、细致微妙、没有不健康的含义、构图具有美感。因此，在品牌标志设计中，我们必须考虑营销因素和消费者的认知、情感心理等。这些因素构成了品牌标志的基本原则。

（1）营销原则。品牌标志是对品牌内涵的外在显现，因此从营销的视角，品牌标志的设计要以产品特质为基础，准确传递产品信息，彰显品牌的利益，体现品牌价值和理念，传递品牌形象、企业形象的特征，成为消费者识别品牌的鉴别器。

（2）创意原则。从标志创意的视角，品牌标志设计必须做到新颖独特、一目了然，给消费者以强烈的视觉冲击。在信息爆炸的时代，复杂、大众化的信息让人过目即忘，因此，标新立异、匠心独运的品牌设计易于让消费者识别出其独特的品质、风格和经营理念。宝马（BMW）汽车以高雅的设计和卓越的功能著称于世，它的象征标志是一个圆，由蓝白两色将其分成四份，清晰、醒目且能够给消费者留下深刻的印象。

（3）设计原则。设计原则一般涉及平面工艺设计的美学原则，品牌标志的设计在线条及色彩搭配上应遵守对比鲜明、平衡对称的原则。另外，品牌标志的设计还要清晰明确、隐喻象征恰当，采用象征寓意的手法，进行高度艺术化的概括提炼，形成具有象征性的形象，比如百威啤酒标志采用斜体字和小皇冠装饰图设计，显得华美精致，突出了品牌的高贵气质。

学术智库 12-2

不完整标志引发的联想

该文研究了不完整的品牌标志设计是否影响消费者对该品牌的评价。不完整的品牌标志是指标志中部分内容被去除，成为镂空的标志。研究发现，不完整的标志会使消费者产生一种不确定的感觉，从而会降低消费者对品牌的信任感；但同时又会使消费者觉得有趣，使他们认为品牌有创新精神。研究还进一步发现，不完整标志对品牌信任感的负面影响只存在于防御聚焦型的消费者中（这类消费者关注安全，喜欢稳定，尽可能地回避风险），而不是促进聚焦型的消费者（这类消费者关注机会，乐于改变，尽可能地追求成就）中。因此，对营销经理而言，可以将不完整标志设计作为营销工具来对产品进行定位，表明品牌的创新性。尤其对于刚进入市场的新品牌或者打算重新定位的老品牌更为适用，然而，当品牌传递信任感更加重要时，那么应该避免使用不完整的标志设计。

资料来源：Hagtvedt，H.. The impact of incomplete typeface logos of the firm. Journal of Marketing，2011，75（4）：86-93.

（4）认知原则。从消费者对品牌标志的识别和认知视角来看，品牌标志在图形及色彩的运用上要做到简洁明了、通俗易懂、鲜明醒目、容易记忆，并符合消费者的风俗习惯和审美价值观。如奔驰的三叉星标志代表发动机的强劲马力和速度，所有喜爱汽车的人对这个标志产生的反应是：信赖、崇敬、自豪和满足。

（5）情感原则。如果一个品牌标志具有浓郁的现代气息极强的感染力、给人以美的享受、能让人产生丰富美好的联想，那么消费者看到它就有一种天然的亲近感。联合利华在2001年发布了具有中国特色的新的品牌标志，在原有商标的基础上增添了一个蓝色的小房子，并在上面加注了一个口号："有家，就有联合利华。"这一新标志不仅阐释了联合利华的经营理念，而且融入了中国人对家庭温情的感觉和期待，很容易得到消费者的信赖。

第四节　品牌化策略

随着市场环境的变化和企业的发展，在具备了一定的外界条件和自身条件后，企业必然会不断开发新产品，新产品与企业拥有的产品可能属于同一类，也可能属于不同的系列，如何选择合适的品牌化策略对于企业的发展至关重要。不同的品牌化策略决策取决于企业当时所面临的市场环境以及企业内部的各种条件。

一、单一品牌策略

所谓单一品牌策略，是指企业生产和经营的几种不同产品统一使用一个品牌名称。运用单一品牌策略的典型代表有美国的通用电气公司、飞利浦公司、佳能公司、TCL集团有限公司等。采用单一品牌策略，品牌的架构简单、清晰，企业品牌对产品的拖动力强，同时可以节省品牌传播的费用。但也有一定的风险，某一类产品呈现问题就会殃及其他，产生恶性连锁反应。

（一）单一品牌策略的种类

（1）产品线策略。这是一种局部单一品牌策略，企业赋予同一产品线上的产品同一品牌，因为它们面对的往往是同意顾客群体，生产技术上有本质的内在联系，在功能上相互补充，用来满足某一顾客群体的不同方面的需求。

（2）范围品牌策略。这也是一种局部范围内的单一品牌策略，但其范围比产品线品牌策略要大一些。这种品牌策略是企业对具有同等质量或者同等档次的不同产品使用同一品牌，这种不同的产品是跨越产品线的。

（3）伞形品牌策略。这是一种完全的单一品牌策略，是指企业生产的所有产品均使用一个品牌，而这些产品的目标市场和市场定位可能都不一样，产品宣传和组织活动单独进行。

（二）单一品牌策略的运用条件

（1）进行准确的品牌定位并界定品牌使用范围，使定位一次涵盖现在与未来。

（2）企业推出的新产品应在各同类产品中具有相当强的实力。

（3）企业在推出新产品时，必须考虑新推出的产品与该企业已有的成功品牌之间的关联度。

二、多品牌策略

多品牌策略，也称产品品牌策略，是指企业以其生产和经营的不同产品分别命名，不同产品使用不同的商标，如瑞士斯沃琪集团实施多品牌战略，旗下有20多个腕表品牌，各个品牌都有自己的特色和独特的目标市场。简单地说，是指企业同时经营两种或两种以上互相竞争的品牌以促进企业总销量的增加。这一策略由宝洁公司首创。

（一）多品牌策略的优点和缺点

（1）优点。具有较强的灵活性；能充分适应市场的差异性，有利于提高产品的市场占有率；能增加企业的抗风险能力。

（2）缺点。管理难度加大；营销成本增加；可能引起同一企业各品牌之间的竞争。

（二）多品牌策略的运用条件

实行多品牌策略，也并非越多越好。如果品牌使用过多，项目分散过细，可能导致每种品牌都只有很小的市场占有率，而没有一个特别获利的，因此，企业实施多品牌战略，必须注重运用多品牌的前提条件：（1）企业的规模和经营实力；（2）产品与行业特点；（3）各品牌之间的定位有明显的差异，可实施严格的市场隔离，开展品牌差异化营销，并协同对外；（4）每一品牌所面对的细分市场都应具有规模性。

三、主副品牌策略

主副品牌策略是用涵盖企业若干产品或全部产品的品牌作为主品牌，同时给各子品牌设计不同的副品牌，以副品牌来突出不同品牌的个性。例如格力为适应市场需求，采用主副品牌策略，推出了系列产品：格力-凉之静、格力-睡梦宝、格力-悦风、格力-蓝精灵等。

（一）主副品牌策略的优点和缺点

（1）优点。可以在同一时间，从整体上对公司或家族品牌的联想和态度加以利用；可以为产品创造具体的品牌个性；可以节省营销费用。

（2）缺点。副品牌由于直接表现产品特点，与某一具体产品相对应，大多选择内涵丰富的宣传词汇，因此适用面比较窄；副品牌可能失败并影响主品牌的形象；成功的副品牌也可能淡化企业主品牌的形象。

（二）主副品牌策略的运用条件

首先企业生产经营的是同一类型的产品，而且企业所处的行业市场竞争激烈，产品使用周期又较长；其次企业生产经营的产品生命周期较短，产品升级速度较快；另外主品牌是强势的。

四、联合品牌策略

联合品牌是指两个或多个品牌以某种方式结合，利用各自优势的营销资源协同营销活动。品牌联合能够触发高质量品牌对低质量品牌的正向影响，提高合作者的形象，暗示更好的产品质量，从而使消费者认为高质量的产品只会和其他高质量的产品合作。例如许多的电脑品牌都在和英特尔联合，还有熟悉的华晨宝马汽车公司。

（一）联合品牌策略的优点和缺点

（1）优点。能够实现优势互补与资源共享；降低品牌运营成本；提高品牌资产的价值。

（2）缺点。当产品、品牌及企业的形象不一致时，不仅不利于企业形成统一的运营策略，而且还会损害各自品牌的权益；相互合作的两个或多个企业中，如果其中任何一方出现危机，都会产生株连效应；容易破坏战略协调。

（二）品牌联合的方式

品牌联合的方式有很多，概括起来主要有以下五类联合品牌：（1）中间产品联合品牌；（2）合资联合品牌；（3）多持有人联合品牌；（4）地区联合品牌；（5）跨行业联合品牌。

五、品牌延伸策略

品牌延伸，是指企业利用已经成功的品牌，将品牌要素完全或者部分地延伸至相关的新产品，甚至不相关的行业、领域，以品牌优势快速切入新市场，节省市场进入的成本，以此来扩展活动半径，扩大生存空间，强化品牌价值。

（一）品牌延伸的优点和缺点

（1）优点。可以加快消费者度新产品的接受速度；有助于降低新产品的市场风险；有助于强化品牌效应；有助于扩宽消费者视野，增强其购买欲。

（2）缺点。会损害原有的品牌形象；有悖于消费心理；容易形成此消彼长的跷跷板现象。

（二）品牌延伸的策略

1. 产业延伸

（1）产业链品牌延伸。主要是指将一条已存在的产业链尽可能地采用同一品牌名称的品牌策略。向上进入基础产业环节和技术研发环节，向下拓展进入市场环节。

（2）相关性品牌延伸。根据延伸品牌下的产品与原有品牌在核心技术上的相关性来进行延伸，又可分为高相关性（上海庄臣延伸到蚊香片、蚊香水）、低相关性（伊利由奶制品延伸到雪糕等）和无相关性品牌延伸（雅马哈生产摩托车、钢琴等）。

2. 产品线延伸

（1）向上延伸。产品线上增加高档次的产品，使产品进入高档市场。

（2）向下延伸。在产品线中增加低档的产品，进入低档市场。

（3）双向延伸。原定位于中档产品市场的企业掌握了市场优势之后，决定向产品线的上下两个方向同时延伸，一方面增加高档产品，另一方面增加低档产品，扩大会场阵容。

营销实例 12-2

豆腐一年卖 6 亿元　跨界营销延伸品牌

2005 年，日本京都的伊藤信吾接手父亲的豆腐老店后，不满足于“三块豆腐 100

日元”的卖法，想要打破几十年卖“标准豆腐”的传统。于是，他和几个华裔、欧美人士创立了一种全新概念的豆腐品牌——男前豆腐。男前豆腐把传统豆腐造型进行改良，做成了水滴形等异形，将豆腐放入瘦长型或琵琶型的塑料容器里，并命名为男前豆腐店，意即“男子气概豆腐店”。差异化让男前豆腐迅速打响品牌。另外，男前豆腐店的高人气也让日本玩具大厂 BANDAI 找上门，将其 8 种豆腐产品制成扭蛋玩具，将豆腐店热潮再蔓延到玩具上。除了跟玩具厂商的结合外，“男前豆腐店”也从网站跨足到手机上，将该网站所出的 4 首独特歌曲《JOHNNY 联合》等变成可以下载的来电铃声跟来电歌曲，除此之外，“男前豆腐店”的商标图案也制成待机图案跟 Flash 游戏，甚至提供网站上 JOHNNY 的喊叫声变成手机来电声音。男前豆腐具有独特的可识别个性形象之后，伊藤信吾将“男前豆腐”的品牌符号物化，利用创意形成创意产业链，不断延伸其品牌价值，自己开发、生产、销售周边产品。从一块豆腐延伸到时尚网站、玩具、流行音乐，从产品单一的功能营养价值，上升为表达自我，追求时尚潮流的精神体验价值，实现了从低附加值、低关注度到高附加值、高关注度的跃升，开辟了“时尚豆腐”的流行潮流。2015 年，伊藤信吾的梦想是把男前豆腐做到 110 亿日元销售额的规模（约 6 亿元人民币），据了解，2010 年男前豆腐卖出 2 亿元人民币，2014 年卖出 4 亿元。2015 年上半年营收已经超过 3 亿元。

资料来源：豆腐一年卖 6 亿 跨界营销延伸品牌．中国经营网，http：//www.cb.com.cn/mbschool/2015_0917/1149203.html，2015-09-17.

☞【小结】

品牌是扎根于顾客脑海中对某些东西的感知实体，却反映某种感知，甚至反映顾客的独特性。品牌对消费者会产生功能价值、体验价值和象征价值的心理暗示，已成为企业最有价值的无形资产之一。

品牌资产是由品牌形象所驱动的资产，具体包括品牌知名度、品牌美誉度、品牌认知、品牌联想、品牌忠诚和附着在品牌上的其他资产。

品牌战略是指公司将品牌作为核心竞争力，以获取差别利润与价值的企业经营战略。品牌定位、品牌形象和品牌个性是品牌战略的重要组成部分。

品牌设计主要包括品牌名称和品牌标志的设计。

品牌化策略主要包括单一品牌策略、多品牌策略、主副品牌策略、联合品牌策略、品牌延伸策略。

☞【思考题】

1. 举例说明品牌的内涵。
2. 品牌资产包含哪些要素？
3. 品牌定位有哪些策略选择？分别举例说明。
4. 品牌形象的构成要素包括哪几个层面？

5. 简述品牌个性的维度。
6. 在全球化背景下，企业为品牌命名要注意哪些因素？
7. 试比较单一品牌策略和多品牌策略的异同。
8. 结合实际说明品牌延伸的利弊。

☞【课后案例】

麦当劳（中国）改名为“金拱门”

2017年10月25日晚间，麦当劳改名事件几乎引得全网“狂欢”。10月25日晚间8点10分左右发布的改名声明，转发、评论量均达到1万，而点赞数是4万。10月26日，麦当劳再一次发布了关于改名“金拱门”的更深层次解释，此微博转发量是2214条、评论1509条、赞是4239个。尽管麦当劳（中国）改名似乎转变成一个娱乐事件，但是麦当劳改名背后的原因更值得我们进一步思考。

据工商信息数据显示：自2017年10月12日起，麦当劳中国总部的企业名称变更为“金拱门（中国）有限公司”，麦当劳回应称，与中信及凯雷成为战略合作伙伴后，因业务发展需要而更名，麦当劳强调这一变更主要在证照层面，日常的业务不会受到任何影响。麦当劳将一如既往，热忱为消费者服务，麦当劳餐厅名称、食品安全标准、营运流程等保持不变。

麦当劳中国有限公司已完成更名，但其在上海、北京、广东、浙江、南京、沈阳等地的麦当劳食品有限公司依旧是用“麦当劳”，除了工商登记名更改外，目前麦当劳中国官方微博认证名依旧是麦当劳中国，但该账号基本信息中的公司名已更改为金拱门（中国）有限公司。

当然，麦当劳（中国）也不傻，“金拱门”也并非“一时兴起”的玩笑决定。“金拱门”名称的由来可追溯到麦当劳的发展史。除了形似大写字母M，麦当劳的Logo也可看作金色拱门的图案，而这个标志在西方有个著名的昵称——Golden Arch，直译就是“金拱门”。

而把麦当劳称为“金拱门”也并非是第一次。讲述麦当劳在亚洲故事的书籍就名为《东方金拱门》(*Golden Arches East*)。早在20年前，《纽约时报》专栏作家托马斯·弗里德曼（Thomas Friedman）更是提出了“预防冲突的金色拱门理论”。在托马斯看来，任何两个开设了麦当劳门店的国家都不会彼此开战，这个理论给结束冷战的世界描绘了一种建立在“经济人”基础上的前景——人类将用巨无霸和炸薯条取代对战争的欲望。可以说，麦当劳与金拱门一直是“水乳交融”，本次麦当劳（中国）决定改名，或许并未想到会引起网民的如此热议。

对于麦当劳中国公司改名，外界解读多是有两种，一是法律层面，业务交割完毕为避免混淆必须更名。此前，因业务交易更名的卡夫（现更名为“亿滋国际”）就是先例，2012年，美国卡夫食品有限公司拆分业务板块，将全球零食业务和北美杂货业务拆分成两个独立公司，其中，北美杂货业务继续沿用卡夫的名字，而面向全球市场的零食业务则被称为“亿滋国际”。2013年7月1日起，中国地区正式启用亿滋中国的名字，寓意为中国消费者奉上亿万好滋味。

此外，还有多数人认为麦当劳（中国）此举是其中国本土化的重要举措。日前，麦当劳（中国）公布了“愿景2022”加速发展计划，预计到2022年底，中国内地麦当劳餐厅将从2500家增加至4500家。届时，约45%的麦当劳餐厅将位于三四线城市。2016年起，麦当劳也在全国推进未来2.0餐厅体验升级。麦当劳（中国）内地和香港地区业务完成交割后，频频传来与地产公司合作的消息，8月15日、9月22日、9月25日，先后与恒大地产集团有限公司、碧桂园集团、中海地产签订战略合作协议。这些或许意味着，麦当劳终于在“求变”的路途中遇上拐点，其在华的扩张将要全力加速。然而，一切或许还会发生变化，本土化的同时也面临风险。

资料来源：黄芳芳．品牌餐厅更名原因多样，效果几家欢乐几家愁．南方都市报，2017-11-05；麦当劳（中国）更名为“金拱门”：2022年增至4500家餐厅．中国经济网，2017-10-26；神形兼备，麦当劳更名“金拱门”，官方回应和背后的故事来了．中国企业家杂志，2017（10）.

案例讨论题：

1. 结合案例分析你对麦当劳改名的认识和看法。
2. 结合本章所学内容，分析品牌更名给企业带来的影响。

第十三章　新产品开发

【学习目标】 学习本章后，应当掌握：

1. 全面认识新产品的含义
2. 认识新产品开发的重要意义
3. 了解新产品开发基本程序和主要环节
4. 了解产品构思的主要来源和基本方法
5. 了解新产品市场进入的主要方式

新产品开发决定了企业的未来。产品及服务的改进和更新对保持或增加企业的销售具有决定性影响。但是，新产品与新服务的低成功率却意味着更多的挑战。实际上，越来越多的企业不仅在谈论创新，而且在行动中实践着各种形式的“创新”。

【引例】

无人零售店

传统零售在线下“两高一降”（租金和人力成本升高，毛利空间持续下降）的痛点是无人零售受到追捧的一个核心原因。缤果盒子号称全球第一款真正意义上的可规模化复制的24小时无人值守便利店，消费者初次进入盒子购物需要用微信扫码关注“缤果盒子”，并通过手机短信完成验证后才能进入盒子购物。

结账时消费者只需要将选购的商品放置到收银台检测区扫描付款即可，目前缤果盒子支持App、支付宝及微信三种结算方式。如果没有购物需要可手动开启触控开门按钮离开。缤果盒子是今年6月在上海开设的第一家门店，地址位于欧尚超市上海杨浦总部门口，占地面积约为15平方米。该便利店内售卖的商品主要以饼干、薯片等速食食品、乳制品等为主，每件商品上面都贴上一张有磁性的贴纸，用于消费者在收银台扫码结账。

实际上，缤果盒子暂停运营的原因并不是偷盗问题，而是夏天的高温问题。据消费者反映，缤果盒子店内的温度超过40度，高于室外温度，高温导致了店内的甜甜圈的巧克力已经出现了融化，令部分消费者无心购物，目前该店货架已经清空并且暂停营业。

资料来源：http：//stock. jrj. com. cn/2017/07/12075922735492. shtml.

第一节　新产品开发概述

一、新产品的含义

市场营销意义上的新产品含义很广，除包含因科学技术在某一领域的重大发现所产生的新产品外，还包括：在生产销售方面，只要产品在功能或形态上发生改变，与原来的产品产生差异，甚至只是产品从原有市场进入新的市场，都可视为新产品；在消费者方面，则是指能进入市场给消费者提供新的利益或新的效用而被消费者认可的产品。按产品研究开发过程，新产品可分为全新产品、模仿型新产品、改进型新产品、形成系列型新产品、降低成本型新产品和重新定位型新产品。

（一）全新产品

这是指应用新原理、新技术、新材料，具有新结构、新功能的产品。该新产品在全世界首先开发，能开创全新的市场。全新产品往往表示了科学技术发展史上的一个新突破，并且对人类发展、社会进步、人们生产和生活方式都产生深远影响。比如，电话、飞机、尼龙、复印机、电视机、电脑等就是19世纪60年代到20世纪60代之间世界公认的最重要的新产品。这些新产品的诞生都是某种科学技术的新创造和新发明，因而极为难得，这也不是一般的企业能够胜任的。因为一个全新产品的出现，从理论到应用，从实验室试制到大批量生产不仅要很长的时间，而且要耗费大量的人力、物力及财力。它占新产品的比例为10%左右。

（二）改进型新产品

这是指在原有老产品的基础上进行改进，使产品在结构、功能、品质、花色、款式及包装上具有新的特点和新的突破，改进后的新产品，其结构更加合理，功能更加齐全，品质更加优质，能更多地满足消费者不断变化的需要。比如，手表从圆形到方形，又发展到各种艺术造型都是属于这种改进型新产品。由于改良新产品对于科技开发的要求并不很高，所以企业依靠自身力量比较容易开发，失败可能性相对较小。它占新产品的26%左右。

（三）模仿型新产品

企业对国内外市场上已有的产品进行模仿生产，成为本企业的新产品。模仿新产品在产品开发上仍然有着积极的意义，它能在一定的范围内满足消费者尚未满足的消费需求。它有利于企业技术水平的提高，对于企业竞争意识的增强，扩大销售收入也有很大的影响。特别是对先进国家已经推出市场而我国还没有生产的产品进行模仿研制，对于提高我国工业化、现代化发展的整体水平更具有重大意义。模仿型新产品约占新产品的20%左右。

（四）形成系列型新产品

这是指在原有的产品大类中开发出新的品种、花色、规格等，从而与企业原有产品形成系列，扩大产品的目标市场。这种新产品与原有大类产品的差别不大，所需开发投资不大，技术革新程度也不高。该类型新产品占新产品的26%左右。

（五）降低成本型新产品

这是以较低的成本提供同样性能的新产品，主要是指企业利用新科技，改进生产工艺或提高生产效率，削减原产品的成本，但保持原有功能不变的新产品。这种新产品的比重为11%左右。

（六）重新定位型新产品

这指企业的老产品进入新的市场而被称为该市场的新产品。该类新产品没有技术开发过程，主要集中在产品商业化运作的创新。该类新产品成功与否的关键在于市场营销组合策略的运用。这类新产品占全部新产品的7%左右。

大多数公司常开发改进型和形成系列型新产品，50%的公司不开发全新的产品，25%的公司不开发新品种型产品。虽然全新产品和新品种型产品（形成系列型新产品的一种）只占所有进入市场的新产品的30%，但成功率却达60%。

二、新产品开发的影响因素

新产品开发对顾客和营销者来说意义重大。然而有研究表明，新产品评估的失败率高达50%，在美国失败率甚至高达95%。本节基于新产品开发的要素研究，归纳出了影响企业新产品开发的四大因素：优秀的产品、开发人员的创造力、高效的情报与信息管理、组织环境的支持，试图将复杂的新产品开发创意因素予以单纯化、模式化，为企业的新产品开发提供有益的借鉴。

（一）优秀的产品

产品本身是影响新产品开发的重要因素。一个定义明确的产品概念是保证新产品开发成功的前提。卓越、与众不同是许多新产品成功的主要原因。卓越的产品是将独特的感受与产品价值传递给使用者，与不具备此特征的产品相比，此类产品的成功率是其5倍，市场份额和盈利能力是其4倍。而优秀的产品还包括以市场导向开发的新产品、面向世界的产品和市场吸引力大的产品。

（二）开发人员的创造力和技术性

产品开发人员直接参与新产品的开发，其创造力与人格特质是新产品开发的重要影响因素。产品开发人员的创造力会受到人格特质的影响。创造力与人格因子所具有的特质、强度有很密切的关系。国内外众多学者通过人格因素对于高创造者人格特质进行了实证性研究。通过归纳与比较，高创造力者的16种人格特质多半倾向于正向，如好奇心、专注力、幽默感、自信心、有毅力、开放性、具冒险性、富想象力、幻想性、独创性、变通性等。

产品开发人员除了创造力，还必须具备新产品开发的技术知识。清楚地了解新产品开发流程的关键步骤和具备完成关键任务的技巧影响了项目的执行质量，从而对新产品开发具有重要影响。

（三）高效的信息管理和科学的项目评估体系

情报技术与信息管理是企业内部应日积月累、不断进行的作业，情报技术与信息管理是整个企业经营必备的管理技术，用以提供数据分析与决策支持。企业新产品开发也需要借助情报技术与信息管理的应用开展工作。新产品的设计开发，必须掌握情报，谁能掌握情报，谁就成功了一半。不论主动或被动的方式，所收集的情报应再进一步筛选、整理，而一般新产品设计、开发时，所需的各式情报，可应用计算机科技协助，收集信息时，能快速又简便，大量提高信息收集的效率，更可使用数据库检索到想要的数据。

而科学的项目评估体系是最容易被忽视的一个环节。在新产品开发中，许多公司对项目的评估非常薄弱，许多公司甚至没有评估。构思筛选是新产品开发流程中做得最差的活动。因此构建一套新产品项目的评估体系将是新产品管理中非常重要的内容。

（四）组织环境的支持

有效的组织安排与设计，可以在很大的程度上保障新产品开发。为员工提供宽松的环境，提供交流的途径和空间，并能够承受相应的风险，接受新的构想和做事方式，同时给创新者以奖励，都是有效的组织的具体表现。这在很大程度上激发了员工的创造力。同时，投入恰当的资源是组织保障新产品开发成功的重要因素。成功项目在市场营销活动中的花费是失败项目的 2 倍。失败项目中投入前期准备工作中的资源也是严重不足，只有 7%的资金和 16%的努力投入新产品开发的前期工作中。成功的项目在新产品开发活动前期阶段投入的资金超过失败项目的 2 倍多，人力资源的投入达到失败项目的 1.75 倍。另外，领导人的职责也是不可忽视的环节，他们需要定位组织的文化、策略，需要参与创新，又要保持开放而怀疑的态度等，他们无时无刻不在主导着企业的创意的产生和创造。高层管理者的投入不仅可以节省开发时间，更为重要的是在新产品进行市场定位时将起到关键作用。高层管理者的投入传递了一个强烈而清晰的信息，那就是夜以继日的工作是值得的，这个新产品开发是受到重视的。所以，优秀的组织和环境以及卓越的领导者也是影响创意产生的十分重要的因素。

三、新产品开发的组织

新产品的开发是关系企业生死存亡的一项重要任务，所以企业必须认真地组织好新产品的开发工作。而创新的特点决定了新产品开发组织与一般管理组织相比，具有高度的灵活性、充分的决策自主权、较高的管理职权等特点。

企业在新产品开发的组织方面，通常有以下一些主要形式：

（一）产品经理

最早的产品经理出现在 20 世纪 30 年代初的宝洁公司。之后这种把不同产品委派专门的经理进行管理的营销方式引起了众多公司的效仿。不少企业把新产品开发的任务主要交给它们的产品经理负责。这看来似乎很合理，但是产品经理们往往习惯于把主要精力放在现有产品的生产上，而缺乏相应的技能和知识去开发和评价新产品。产品经理可能会过分强调低风险的新产品，只对现有产品进行很小的改进，有可能会忽视重大的技术机会。产品经理制最适合通过改进产品获得增长而不是“突破性”的创新。所以仅依靠产品经理来组织新产品的开发看来是不够的。

（二）新产品经理

为了加强新产品的开发，一些企业特地设立了新产品经理一职，将其属于产品经理，专门负责新产品开发的工作。这将有利于新产品开发计划的制订和实施。这种组织形式主要适用于规模较大、资源丰富、新产品项目多、依靠新产品参与竞争的企业。但是由于隶属于某一产品经理，所以新产品的开发思路往往也只局限于某一产品领域，很难在更大的范围内得以拓展。对于一些大公司来说，采用这样的做法更有可能使新产品的开发缺乏整体观念，甚至出现相互排斥和互争资源的现象。

营销实例 13-1

Adobe 系统公司

Adobe 系统公司是一家图形设计与出版软件的开发商。Adobe 系统公司组建了一个任务团队，以便识别公司的创新者在努力开发新产品过程中所面对的全部困难。通过研究，这个任务团队发现，公司的组织层次阻碍了一些创意的产生和提炼，这些创意是那些需要新的销售渠道、新的商业模式或者新的包装的创意。同时，Adobe 系统公司的规模也随着公司的成长越来越大，结果分支机构所产生的创意无法得到公平对待。于是，该公司模仿风险资本模型，创建了新事业启动团队，对富有创意精神的员工提供支持并使其有公平的机会与他人分享创意。同时，该团队还负责每个季度进行一次公司最佳创意的评选。从中评选出大约 20 个产品经理和其他员工（除了高层经理人员，因为禁止他们参与），把他们作为潜在的员工创业者，由他们进行简短的展示汇报，并回答相关问题。然后，由公司内部创业者对这些创意进行鉴别，好的创意则会被给予首轮资金支持。不过，即使是一个遭到拒绝的创意，也可以在公司的讨论网站上通过头脑风暴的方式进行研讨。自这个新事业启动团队组建以来，上述活动已成为 Adobe 系统公司深受欢迎的一项活动——成为搜寻好创意的“美国偶像”。

资料来源：菲利普·科特勒，凯文·莱恩·凯勒. 营销管理（第 15 版）. 何佳讯，等，译. 格致出版社，2016.

（三）新产品开发部

一些大公司为了避免上述矛盾，也为了加强对新产品开发工作的指导，专门在公司层次成立新产品开发部，全权负责新产品的开发工作。新产品开发部除集中有关专家进行新产品的开发研究之外，还担任组织和筛选新产品构思，协调新产品的开发与试制，开展新产品试销和组织营销策略组合等职能。其优点是权力集中，建议集中，见解独立，有助于企业进行决策，并保持新产品开发的稳定性和管理的规划性。对于从总体上推进企业新产品开发可起到很好的作用。

（四）新产品开发项目组

一些企业在开发新产品时，成立了专门的新产品开发项目组，集中各方面的力量进行攻关，开发某一新产品。这种任务型的项目组的优点在于目标明确，并能调动各方面的力量集中攻关，不存在常设机构那种效率低下的情况，是进行新产品开发的良好组织形式。一般在新产品开发部领导之下，根据任务的需要，设立若干新产品开发项目组，应当是新产品开发最好的组织形式。

（五）新产品开发委员会

有些企业在其最高层次设立新产品开发委员会，统一协调企业的新产品开发工作。这不仅有利于对企业的新产品开发工作进行统筹规划，而且也能将新产品开发工作放在企业总体发展规划的角度来进行研究，使新产品的开发更具有全局意义。

（六）新事业团队

有些企业（如3M、通用磨坊）将新产品的开发工作分派给新事业团队来完成。这种团队由跨职能的员工组成，负责开发特定的产品和业务。这些“内部企业家”不受其他责任约束，企业给他们一定的预算、时间期限和场所。

（七）其他组织形式

除上述几种主要新产品开发形式以外，还有一些新型的新产品开发形式值得我们注意。

1. 基于网络的新产品开发组织形态

网络的发展衍生了许多新型组织形态。例如众包模式下的新产品开发，可在网上发布自己的产品需求和需要解决的问题，通过悬赏的模式吸引大家来帮助解决，典型代表如猪八戒网；再例如基于C2M模式的互联网的定制化新产品开发，借助互联网搭建起消费者与制造商的直接交互平台，去除了商场、渠道等中间环节，从产品定制、设计生产到物流售后，全过程依托数据驱动和网络运作。

营销实例 13-2

红领集团

红领集团创建于1995年，是青岛市一家生产经营高档西服、裤子、衬衣、休闲服及服饰系列产品为主的大型企业。红领集团成立之初，依靠批量生产、贴牌代工、商场销售的传统模式，日子还算好过。可是，随着劳动力等要素成本越来越高，商场等流通环节占用的费用越来越多，OEM的利润越来越少，企业的盈利空间不断被挤压。2003年，当成衣销售依然态势喜人的时候，红领集团已经开始研究定制化转型。

C2M“大规模定制”模式由青岛红领集团最先在国内服装业提出并践行。红领集团花费12年时间，投入2.6亿元，把3000人的服装厂当作实验室，在传统量身定制服装的工艺流程基础上，通过大量的数据采集和软件开发，研制出个性化定制智能平台（RCMTM）。通过这个平台可以实现无需试衣，在7个工作日之内即可交付用户所需求的产品。依靠这套西服定制系统，红领集团在中国服装制造业订单快速下滑、大批品牌服装企业遭遇高库存和零售疲软、连锁实体店大规模关闭的情况下，实现年利润增长超过150%，年营收超过20亿元的业界奇迹。

资料来源：http：//www. xzbu. com/9/view-6936334. htm.

2. 基于参与和合作的新产品开发组织形态

基于参与和合作的新产品开发组织形态包括基于社会化客户关系管理（SCRM）的新产品开发（例如小米模式）；顾客与企业的共创式新产品开发（UGC 等）和生态合作创新（例如，阿里巴巴的数据盈利模式）等形式。

学术智库 13-1

审查 SCRM 方法及其在促进隐性知识共享与创造方面的作用，并探索其整合效应

本研究的主要目标是调查社会客户关系管理（SCRM）方法及其在促进隐性知识共享中的作用。基于文献综述，深入访谈（定性方法）和数据分析，本研究回顾和解释了 SCRM 方法的概念，并探讨了 SCRM 方法存在的关键推动因素。本研究采用 Nonaka 的“组织知识转换动态理论”并调查 SCRM 方法是否以及如何有助于 SECI 模型（微观层面分析）中的所有四种模式——社会化、外部化、组合和内部化。本研究还研究了在 SCRM 方法下实施的在线协作平台或“在线空间”，有助于隐性知识共享和创建。同时，本研究探讨了在线空间与 BA 的关系，知识创造的共同背景（微观层面分析）。本研究采用“协调机制”来研究社会媒体对研发部门结构的影响。它还描述了新产品开发（NPD）流程（中层分析）中集成的新流程。将 SECI 知识创造模式与 BA 融合在 SCRM 环境中对于学术界和实践者都是有用的。这项研究增加了现有的文献，认为社会媒体可以促进默认的知识共享和创造，并帮助从业人员了解通过社交媒体产生客户知识的重要性，而不是依靠历史和交易数据。

资料来源：Caimi A., Artusi E.. The impact of clockspeed and supply chain characteristics in defining supply chain risk mitigation strategies. POLITesi, 2013.

3. 基于内部和外部竞争的新产品开发组织形态

基于内部和外部竞争的新产品开发组织形态包括内部竞争模式的新产品开发（例如，腾讯）和阿米巴组织模式的新产品开发模式。阿米巴组织模式指将企业划分为不同小集体，就是以各个小集体的领导为核心，让其自行制订各自的计划，并依靠全体成员的智慧和努力来完成目标。

4. 基于政府主导的新产品开发组织形态

除了企业主导的新产品开发，还有政府主导的新产品开发组织形态。其中主要包括政府导向的新产品开发形态（中国、日本等东亚的集中开发模式，例如，高性能计算机、高铁）和国有企业与私营企业混合的新产品开发组织形态，如混血组织（Hybrid Organization）。

第二节　新产品开发流程

企业开发新产品要承担很大的风险，为了减少风险，新产品的开发就必须按照一定的科学程序来进行。通过这些程序对各种新产品的构思和创意进行层层筛选和试制，就能使新产品的开发效益得到比较可靠的保证。新产品开发的各个阶段如图13-1所示。许多公司有一系列并行的项目处于这个过程的不同阶段。这个过程就像一个漏斗：最初往往存在许多新产品的创意和概念，经过步步筛选，仅有几种有潜力的产品进入最终的开发。

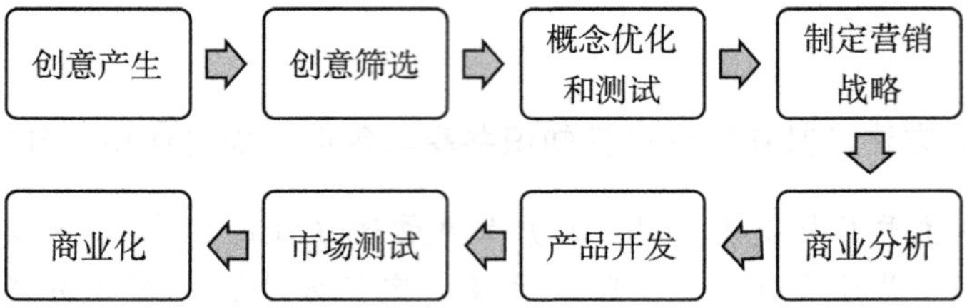

图13-1　新产品开发基本步骤

一、新产品构思与筛选

（一）新产品构思

新产品开发过程从搜索创意开始。产生创意是指系统地寻找新产品开发的设想。从营销观念的角度出发，新产品构思主要来源于对市场上未满足的消费需求的研究。实际上新产品创意可能来源于不同团体之间的互动交流，也可能是因为运用了激发创意产生的技术。新产品创意主要分为内部创意来源和外部创意来源，如消费者、竞争者、经销商或供应商等。

1. 内部创意来源

通过内部创意来源，企业可以通过正式的研发获得创意。员工是改进生产、产品和服务的创意的一个来源。企业可以通过充分与员工互动，鼓励员工提出新产品创意。丰田公司声称它们的员工每年都会提出200万个创意（平均每人35个），超过85%的创意得到实施。在当今快速变化、竞争激烈的环境中，企业应该改变传统 的自上而下的创新方式，充分激励每位雇员提出新产品创意。当然高层管理者也可以成为另一个重要的创意来源。一些公司领导，如英特尔前任首席执行官安迪·格罗夫就亲自负责公司的技术创新工作。受到高度关注的新产品创意往往是产品开发牵头人所提出的创意。

2. 外部创意来源

企业还可以通过一系列外部来源获得优秀的产品创意。在开放创新运动的鼓励下，很多企业正在寻找外部的创意来源，包括经销商和供应商、顾客、大学和企业的实验室、行业顾问和行业出版物，甚至竞争对手。

经销商位于市场第一线，可以发现市场机会；供应商能够向企业提供新概念、新技术和新材料帮助企业开发新产品；顾客的需求是寻求新产品构思的起点，事实上，通过对消费者的调查，了解消费者对现有产品的不满意之处，了解消费者新的消费欲望，就可能掌握消费者对新产品的期望，就可以产生某些新产品的构思；企业可以通过研究竞争对手或者其他公司的产品和服务找到好的创意，也可以将竞争对手的有缺陷的产品进行改进，从而获得更好的产品；同时，越来越多的公司日益趋向于采用众包的方式实现新创意，众包的一种形式就是邀请在线社区的理论帮助创造内容或者软件，这种邀请通常用现金奖励或者重要的荣誉给予奖励。

3. 采用创意技巧

创造力主要是以不明显的方式制造联系。这里有一些技术可帮助个体或组织激发创造力。构思的方法很多，归纳起来，常用的方法有这样几种：

一是垂直思维法，或称“传统思维法”。主要是指根据本行业产品设计的传统思路来进行产品的构思，其比较侧重于对以前经验的继承和运用。垂直思考法的合理性在于其比较尊重事物发展的逻辑规律，但也可能由于因循守旧而使构思难以有所突破。

二是水平思维法，或称“破格思维法”。主要是指用打破传统思维的方式进行构思和创意。有时创意者会从人们认为不可思议的角度去寻求新的构思，有时则比较注重对某些跨行业、跨学科知识的借鉴和运用。水平思维法的优点在于比较容易打破常规，增加构思的新颖性；其问题在于由于缺乏现有经验，往往会增加新产品开发的风险和操作难度。

三是联想思维法。主要是指受到某些客观因素的启发而形成的创意和构思。如人们会从动物的某些动作和习性上构思出适应人们需要的一些产品；会由自然界的某些现象诱发出新的创意，仿生学实际上就是一种联想思维的方式。联想思维要能得到很好运用，关键在于构思者要有强烈的创造意识，以及对于周围事物敏锐的观察能力和理解能力。

四是会商思维法，又称“头脑风暴法”。其主要是指一种进行群体创意的思维方法。它是一种特殊的聚会，在这种聚会上与会者可以就某一创意目标任意地发表意见，提出自己的构思。由于这种类型的聚会有一个共同的规则：对于任何人的意见不得反驳，不得讥笑，所以在这种会上人们的思路是最为活跃的，平时不敢轻易发表的意见可以毫无顾虑地在会上发表，一些成功的构思往往就会产生在这样的会上。

（二）创意筛选

好的构思对于发展新产品十分重要，但有了构思并不一定能付诸实施，这要根据企业的目标和能力来进行选择。筛选的主要目的是在尽可能早的时间内发现和排除不合理的构思。所谓“不合理”的构思一方面是指缺乏科学依据和可操作性的；另一方面是指同企业的基本目标不相吻合或企业一时无能力进行开发的构思。在筛选阶段，企业必须避免犯两种错误。一是误舍错误（Drop-error），是指公司放弃或错过了好的创意，如日本在个人电脑（PC 机）的开发上实际上是同美国差不多同时起步的，但他们却忽视了这一具有极大潜在市场的产品，结果在个人电脑市场上就远远落伍了。另一错误为误用错误（Go-error），即企业允许一个错误的创意投入开发和进行商业化批量生产。

营销实例 13-3

《老友记》差点无缘观众

NBC 的情景喜剧《老友记》经历了 10 年（1994—2004 年）的热播，已成为每年电视剧收视率排行榜上的常青树。但就是这部喜剧，曾经一度差点被扼杀了。根据一份 NBC 的内部研究报告，该剧试播时所得到的评价是“无趣、愚笨、毫无创意”，评价等级为不及格，在实施百分制的情况下只得了41分。但具有讽刺意味的是：更早一些播出的情景喜剧《宋飞正传》（*Seinfeld*），也曾被评价为较差，而医院剧《急诊室的故事》得了91分。康特妮·考克斯（Courtney Cox）扮演的莫妮卡（Monica）是《老友记》中获得测试观众打分最高的人物，而丽莎·库卓（Lisa Kudrow）和马修·佩里（Matthew Perry）却只获得刚刚及格的分数。瑞秋（Rachel）、罗斯（Ross）和乔伊（Joey）这些人物获得的分数则更低。在被采访的35岁以上的成年人观众中，多把这些人物描述成“自满、肤浅和过于专注自身利益”。

资料来源：http：//www.ic98.com/service/baike/3079.html.

构思的筛选，一般可分为两个阶段。先是由企业自己进行初选，淘汰那些明显不合理的构思；然后再对剩余构思进行认真的评价和筛选。这一阶段的筛选通常是由一批专家利用构思评分表法来进行的（见表13-1）。其中，表中第一列表示把产品成功导入市场所必需的要素；第二列给出了相对重要性的权重；第三列是运用0~1.0的数值对产品创意进行打分（1.0是最高分）。最后一步是把每一个成功因素的权重和产品得分相乘，从而得到产品评价总分。

表13-1

产品成功的必要因素	相对权重（a）	产品得分（b）	产品评价（$c=a\times b$）
产品的独特优点	0.40	0.8	0.32
高绩效—成本比率	0.30	0.6	0.18
高营销资金支持	0.20	0.7	0.14
没有激励的竞争	0.10	0.5	0.05
合计	1.0		0.69

注：在产品评价量表中，0.00~0.30为较差；0.31~0.60为一般；0.61~0.80为较好。可接受的最低产品评价水平为0.61。

二、新产品概念的形成与测试

（一）新产品概念的形成

经过严格筛选后保留下来的新产品创意应转化为新产品的概念方能真正成为新产品实体开发的指导。产品构思是企业创新者希望提供给市场的一些可能新产品的设想，如一种新的化妆品；而新产品概念是指用消费者语言描述的、更为详细的产品创意，即产品构思具体化。消费者不会购买新产品构思，而是购买新产品概念。

任何一种产品构思都可转化为几种产品概念。新产品概念的形成来源于针对新产品构思提出问题的回答，通过对以下三个问题的回答，一般可形成不同的新产品概念，即：谁使用该产品？该产品提供的主要利益是什么？该产品适用于什么场合？下面以添加了粉状物的牛奶为例。

首先要考虑的是这种添加了粉状物的牛奶的目标群众是谁。是婴儿、儿童、少年、青年、中年还是老年人？其次这种产品的主要益处是什么？口味、营养、提神，还是强身健体？人们什么时候消费这种产品？早餐、上午点心、午餐、下午茶点、晚餐，还是夜宵？根据对这些问题的回答，可以得到以下几个新产品概念：

➢ 概念 1：一种速食早餐饮料，使成年人在不需要任何准备的情况下很快得到营养

➢ 概念 2：一种可口的餐间饮料，供孩子们中午饮用提神

➢ 概念 3：一种健康补品，适合老年人夜间睡觉前饮用

（二）新概念测试

新产品概念一旦形成，就必须在大量消费者中进行新产品概念测试，这些消费者应该代表未来新产品的目标市场。概念测试时指通过符号或实体产品形式向目标消费者展示产品概念，并观察他们的反应。测试的产品概念与最终的 产品相似，概念测试的可靠性则越高。某些产品测试只用图片或文字描述即可，现在企业可借助快速成型技术制作模型或者采用虚拟现实技术来增加概念测试的可靠性。

概念测试是指向消费者展示详尽的产品概念。下面是我们的牛奶例子对概念 1 的详尽描述：

我们的产品概念是往牛奶里面添加粉末物，从而制成速食早餐。它不仅能为消费者提供一天的营养，而且美味可口，操作简便。这种产品主要有三种口味（巧克力味、香草味和草莓味），包装成小袋，每盒六包，每盒售价 15 元。

然后研究者让消费者回答表中问题来测量产品可传播性和可信度、需求水平、差距水平、感知价值、购买意愿、用户目标、购买场合和购买频率（见表 13-2）。

表 13-2　　**产品概念测试问项**

1. 你是否已经了解该产品的概念并相信它所带来的利益？
2. 你是否认为该产品解决了自己的某个问题，满足了某个需要？
3. 目前是否有其他产品可以满足你这一需求，并使你满意？
4. 相对价值而言，该产品价格是否合理？
5. 你是否会购买该产品？（肯定、可能、可能不、肯定不）
6. 谁可能会使用该产品？
7. 你会在什么情况下使用该产品？
8. 你隔多久会再次购买该产品？

三、新产品的商品化分析

一旦确立产品概念及营销战略，企业就可以对新产品策划进行商品化分析。商品化分析是指企业检查新产品的销售额、成本和利润表现，以查明这些因素是否达到企业目标。商业分析就是产品开发的效益分析，通过分析来确定新产品的开发价值。新产品的开发归根结底是为了给企业带来好的经济效益，如果一件新产品的投资开发最终要亏本或无利可

图，那么这件新产品是不值得去开发的。所以企业在产品概念形成后必须对新产品的投资效益和开发价值进行认真的分析。

商业分析实际上也有两个角度。一是其绝对价值，即产品上市后的预期收益与产品开发成本之间的比较，只要预期收益大于开发成本，就应具有开发的价值；二是相对价值，即不仅是指新产品开发的绝对成本，而且也必须考虑企业因开发这一产品而放弃其他投资所形成的机会成本，这样才能比较客观地分析出企业在新产品开发方面的效益与风险。

对销售总量的估计是商业分析中很重要的方面，因为销售量的大小不仅影响企业投资回报期的长短，还会直接影响产品的成本和利润。在估计销售量时必须注意该产品的性质与购买特点，即该产品是属于一次性购买商品（如结婚戒指），还是非经常性购买商品（如汽车、家具），或是经常性购买商品（如日常消费用品）。如果是一次性购买商品，其销售总量比较容易估计，一般只要能了解需求者的大体数量、购买意愿和购买能力，以及企业的市场占有概率就能够大体上测定出来；而经常性购买商品相对就难以估计，因为还必须了解顾客的重购频率以及回头率等不可控的数据；非经常购买商品介于两者之间，估计时也会有一定的难度。

商业分析的方法有很多，很难一一列举，常用的有：盈亏平衡分析法（量、本、利分析法）、投资回收期法、投资报酬率（资金利润率）法、净现值法、内部收益率法等。必须指出的是，任何数量分析的模型和方法都是有局限性的，最终还必须参照实际情况对数量分析的结果进行修正。因此，对于各种环境信息必须及时掌握，这样才能使商业分析更为准确。

商品化分析还包括市场分析。新产品市场机会的大小是新产品成功与否的关键因素。新产品的市场机会是指潜在消费者心中未实现的需求。只有对那些市场前景比较好，营销渠道比较通畅的产品才能积极地加以开发。对新产品的市场分析首先是对产品市场容量的分析，看有多少消费者可能成为新产品的买主。当然还必须注意到竞争者产品以及替代产品的分流因素。其次是要分析消费者的购买能力和可能接受的价位，看能否达到保证企业经济效益的水平。再次是可能利用的销售渠道及控制能力，以及同中间商的利益分配方式。最后还必须注意到产品进入市场的物流条件是否具备以及物流成本的高低。这些都影响着新产品开发的成功概率及企业的经济效益，是在产品正式开发之前必须搞清楚的。

第三节　新产品的采用与扩散

一、基于顾客的新产品采用过程

新产品成功与否的标志是新产品投入市场后是否被消费者迅速采用。采用是使个人成为某个产品固定使用者的个人决策，跟随其后的是消费者忠诚过程。许多新产品营销者把目标瞄准那些早起采用者，并使用创新扩散和消费者采用理论来识别他们。迄今为止，有关过程研究首推埃弗雷特·罗杰斯，他将创新扩散过程定义为：“一个新的观念从它的发明创造者那里扩散到最终的用户或采用者的传播过程。”而消费者采用过程指的是个人从第一次听到一种创新到最后采用的心理过程。该过程往往经历下列5个阶段：

（一）知晓阶段

消费者对该产品有所察觉，但对新产品的功能、提供的利益、新产品实体、新产品价格等缺乏了解。了解新产品的途径可能是企业的广告宣传，也可能是其他渠道。

（二）兴趣阶段

潜在消费者开始收集新产品的更多信息，消费者对新产品的兴趣既可以是主动的，也可以是被动的。按常理，消费者对新产品的兴趣越大，新产品的市场前景越看好。一种新产品有较多消费者对其表现出兴趣，说明该新产品的概念是具有市场潜力的，如果投放市场后售后不理想，则应主要从营销方面找原因。

（三）评价阶段

消费者根据新产品的信息对新产品进行评价，考虑是否适用。该阶段是消费者决定采用与否的关键。

（四）试用阶段

消费者小规模地试用新产品，为最后的正式采用进一步了解新产品。新产品采用过程的试用阶段是许多新产品要经历试销的理论依据。

（五）采用阶段

消费者决定全面和经常使用该创新产品。

新产品营销人员应该帮助消费者通过这些阶段。一个新风系统制造商可能发现许多消费者只停留在"兴趣"阶段。由于对产品的不确定性以及需要大量的投资资本，所以他们不愿意购买。这时制造商就可以考虑为消费者提供一个试用计划并让消费者有选择是否购买的机会。

二、影响新产品采用的因素

营销人员认识到采用过程具有以下特点：产品特征会影响消费者采用过程；个人试用新产品的意愿存在差异；个人影响在采用过程中发生作用；组织试用新产品的意愿存在差异。

（一）产品特征

有些产品能迅速走红（如旱冰鞋），而有些产品则需要经过很长时间才会被接受（如火车）。产品的特征对创新采用率具有重要影响。

（1）相对优势：新产品优于现行产品的程度。创新产品的相对优越性越多，如功能性、可靠性、便利性、新颖性等方面比原有产品的优势越大，就越容易被消费者采用。应该着重指出的是，相对优越性是指消费者个人对创新产品的认知程度，而不是产品的实际状况。如在炎热的夏天，空调比电扇给人们带来的功效要大，则空调能被消费者采用。

（2）适用性：新产品与社会中个人价值和经验相吻合的程度。当创新产品与消费者的需求结构、价值观、信仰和经验相适应或较为接近时，就较容易被迅速采用。如化妆品能满足女性爱美的天性，故新型的美容产品总能引起女性消费者的欲望。相反，男性美容产品采用过程就要长得多。

（3）复杂性：了解和使用新产品的困难程度。现代智能手机简单方便的操作让小孩也能熟练地操作。

（4）可试性：新产品在有限基础上可能被试用的程度。试用一种香水比冰箱过程要短得多，所以冰箱的采用过程自然比香水的采用过程要长。

（5）可传播性：新产品使用结果和利益能被观察到或向其他人转述的程度。创新产品的消费行为越容易被感知，其明确性就越强，采用率也就越高。

（二）个人影响

个人影响是指个人改变其他人的态度或购买可能的能力，它对某些场合和某些人的意义更大。在采用过程中的评估阶段，个人影响非常重要。而采用者由于他们所处的环境不尽相同，对创新性能认识程度也有差别。特别是采用者对风险的态度及偏好结构的差异，必将使采用者的行为各不相同。

罗杰斯将采用者按其采用时间的先后划分为五大部分：创新者、早期采用者、早期大众、后期大众和落伍者，并用正态曲线近似描述采纳者的分类情况（见图 13-2）。

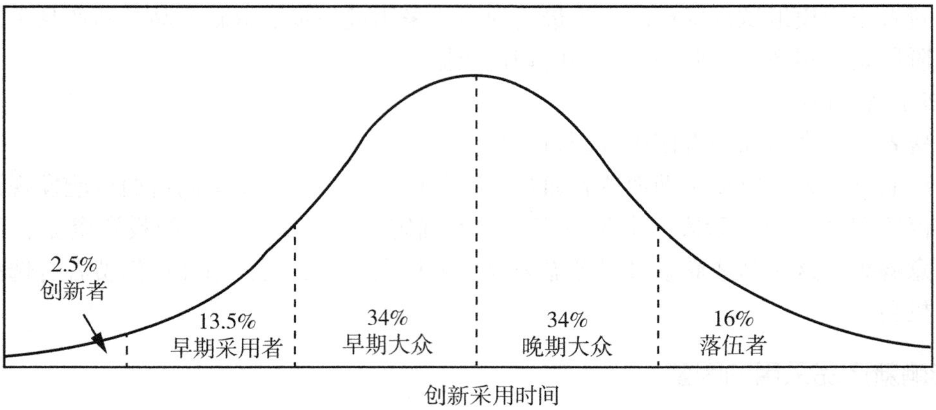

图 13-2　基于创新者采用的相对时间的采用者分类

- 创新者：创新者是第一批接受新产品的人，通常占购买者的 2. 5%。他们是技术的热衷者，他们愿意冒风险试用新创意，喜欢研究新产品并掌握他们的复杂性。显然创新者对新产品扩散起着重要作用。在扩散研究中一个重要共识是创新者身份受到产品种类和使用经验的严重影响。
- 早期采用者：早期采用者是第二类采用创新的群体，约占全部潜在采用者的 13. 5%。他们是意见领袖，仔细寻求新技术，以便能够给他们自己带来竞争性优势。他们对价格不那么敏感，如果给予他们个性化的解决方案和好的服务支持，会比较乐意接受新产品。
- 早期大众：早期大众是在创新者和早期采用者使用后，根据前者经验采用新产品的消费者，这类人占购买人数的 34%左右。与前两类相比，早期大众是深思熟虑的实用主义者，当他们发现新产品被大量采用，而且事实证明这种创新会带来某种利益，就会采用这种新产品。他们构成了市场的主流。
- 晚期大众：晚期大众是在大多数人购买了新产品后才被动去采用的一部分消费者，这类人占购买人数的 34%左右。晚期大众是持怀疑态度的保守派，他们厌恶风险，抵制新技术，并且对价格敏感。他们比早期采用者更容易放弃新产品。他们的信息多来自周围的同事和朋友，很少借助宣传媒体收集所需要的信息。显然，对这类采用者进行市场扩散是极为困难的。

➢ 落伍者：落伍者是新产品最后的采用者，占购买人数的16%左右。落伍者是受传统束缚、拒绝一切创新的人，直到发现无法维持现状了，他们才会使用新产品。他们与其他的晚期大众关系密切，极少借助宣传媒体，其社会地位和收入水平最低。因此，他们在产品进入成熟期后期乃至进入衰退期时才会采用。

如果公司想要推动其创新，完成整个产品生命周期，需要针对不同的采用者采取不同的营销方式。公司经常以产品展示的方式吸引创新者和早期采用者。而早期大众和晚期大众是新产品从成长期到成熟期的中坚力量，是新产品利润的主要来源，这时口碑传播在吸引这些消费者采用新产品上有着关键作用。

（三）组织的创新采用意愿

实际上，组织采用与各种组织的环境（社区进步、社区收入）、组织本身（规模、利润、变革压力）以及管理者（受教育水平、年龄、经验）等因素有着密切联系。就好比一种新教学法的发明者需要去识别富有创造性的学校才能发挥作用。有时，一种反传统或创新产品可能会被 持反对意见的公众扼杀。

三、新产品扩散过程管理

所谓新产品扩散，是指新产品上市后随着时间的推移不断地被越来越多的消费者所采用的过程。也就是说，新产品上市后逐渐地扩张到其潜在市场的各个部分。扩散与采用的区别，仅仅在于看问题的角度不同。采用过程是从微观角度考察消费者个人由接受创新产品到成为重复购买者的各个心理阶段，而扩散过程则是从宏观角度分析创新产品如何在市场上传播并被市场所采用的更为广泛的问题。

新产品扩散过程管理是指企业通过采取措施使新产品扩散过程符合既定市场营销目标的一系列活动。企业之所以能对扩散过程进行管理，是因为扩散过程除受到外部不可控制因素（如竞争者行为、消费者行为、经济形势等）的影响外，还要受企业市场营销活动（产品质量、人员推销、广告水平、价格策略等）的制约。

（一）管理的目标

（1）介绍期销售额迅速起飞。

（2）成长期销售额快速增长。

（3）成熟期产品渗透最大化。

（4）尽可能维持一定水平的销售额。

（二）管理的策略

根据产品生命周期曲线，典型的产品扩散模式通常是介绍期销售额增长缓慢，成长期的增长率也较低，而且产品进入成熟期不长时间后，销售额就开始下降。为了使产品扩散过程达到其管理目标，要求企业市场营销管理部门采取一些措施和策略。

（1）实现迅速起飞，需要：派出销售队伍，主动加强推销；开展广告攻势，使目标市场很快熟悉创新产品；开展促销活动，鼓励消费者试用新产品。

(2) 实现快速增长，需要：保证产品质量，促进口头沟通；继续加强广告攻势，影响后期采用者；推销人员向中间商提供各种支持；创造性地运用促销手段使消费者重复购买。

(3) 实现渗透最大化，需要：继续采用快速增长的各种策略；更新产品设计和广告策略，以适应后期采用者的需要。

(4) 要想长时间维持一定水平的销售额，需要：使处于衰退期的产品继续满足市场需要；扩展分销渠道；加强广告推销。

☞【小结】

营销学中新产品的含义比较广泛，包括全部采用新原理、新材料、新技术制成的具有全新功能的完全新产品；对产品性能有重大突破性改进的换代新产品；在产品的某些方面做出局部改进的改良新产品，以及对其他地方已有的产品进行仿制，并在本地区首先出现的模仿新产品。

企业通常以产品经理、新产品经理、新产品开发部、新产品开发项目组以及新产品开发委员会等形式组织企业的新产品开发工作。新产品的开发必须按照一定的科学程序来进行。这一科学程序一般可以分成构思、筛选、产品概念、商业分析、市场分析、产品试制、市场试销和批量上市八个阶段。在这八个阶段中直接与产品有关的是构思、产品概念、产品试制和批量上市四个阶段，构成了设想—设计—实体—商品几个主要节点。而能否由一个节点发展到另一个节点则必须通过筛选、商业分析、市场分析和市场试销等主要环节，这样才能最大限度地避免因盲目开发而形成的风险。

消费者的采用过程是顾客对新产品的认识、试用、采用和拒绝的过程。在当今的市场环境下，许多营销者都把目标锁定在新产品的重度使用者和早期采用者身上。之所以这样做，主要是可以通过特定的媒体接触到这两类群体，而且他们往往是意见领袖。在实践中，消费者的采用过程往往会受到许多因素的影响——超出了营销者的控制范围。其中包括消费者和组织对新产品的试用意愿、个人影响以及新产品或创新的特征等。

☞【思考题】

1. 什么是新产品？包含哪些主要类型？
2. 新产品开发需要经过哪些主要环节？同产品直接有关的环节是哪几个？
3. 新产品的构思一般可从哪些方面得到启发？主要可采用哪些思维方法？
4. 新产品的市场进入方式有哪些？
5. 顾客新产品的采用过程分为哪几个阶段？

☞【课后案例】

本章案例：苹果公司

在全球消费电子行业里，苹果公司（Apple Inc.）已经成为传奇的代名词。苹果公司也已经成为创新产品的投放的领先者，它真正改变了人们 听音乐、玩游戏甚至阅读的方式。苹果公司不断演进的创新产品包括 iPod、iMac、iPhone、iPad。正是这些产品，使苹果公司连续 6 年成为全球最有价值品牌，2016 年品牌价值高达 1541 亿美元。

2000 年推出的消费者电子产品 iPod 是苹果最重要的创新之一。iPod 搭配其在线音乐商店 iTunes，因为因特网技术崛起，为当时盗版盛行的音乐市场开启了一个全新的商业模式。同时 iPod 也依靠其绝佳的工业设计接口，成为全球占有率第一的携带型音乐播放器。iPod 的成功，带起了一股时尚风潮，让使用苹果公司的产品成为时尚与地位的象征，因而带动了苹果计算机其他产品的销售。iPod 的流行也带起一股工业设计风，其他厂商开始在产品中加入更多工业设计的元素。如微软开始推出类似的产品，同时也成立类似 iTunes 的在线音乐商店。

站在 iPod 的成功浪潮上，苹果计算机在 2007 年 1 月 9 日推出的智能型手机 iPhone，开始让苹果计算机大放异彩，同时公司名称也由苹果计算机拿掉计算机三字改称苹果。这代表苹果不再只是计算机公司，更显示苹果公司积极进入消费者电子市场的企图。苹果公司在 iPhone 的设计中创意地引进了 Multi-touch 触控屏幕、重力传感器、电子罗盘，搭配 GPS 与相机，加上其独特的使用接口设计，让 iPhone 一举在操作界面上大幅领先其他品牌手机。在之后推出的在线软件商店 App Store，更让手机脱离传统单调应用的刻板印象，透过外部的创意，让手机的应用可以无限延伸。

2010 年 4 月，苹果公司推出了 10 寸的平板计算机 iPad，iPad 被苹果定位为介于智能型手机和笔记本电脑之间的产品，成为平板电脑市场上唯一一款产品，苹果建立了强大的先行者优势。iPad 迅速获得“果粉”的欢迎，同时也打开了一个全新的市场。未来随着系统效能的逐步增强，加上苹果现有的强大品牌与市场力量，很可能会对现有上网本，甚至笔记本计算机市场构成威胁。

苹果公司持续增加每年的研发费用预算，2015 年苹果的研发投资为 86 亿美元，比 2014 年研发投资同期增长了近 30%。苹果公司在创造、生产并持续投放新产品方面非常认真、非常谨慎。在创造性营销的支持下，顾客翘首以盼苹果公司最新产品新闻。

资料来源：https：//wenku. baidu. com/view/f0b6790c7cd184254b3535a6. html.

案例讨论题：

1. 苹果公司创造了如此多成功的新产品，请问它如此擅长创新的原因可能是什么？
2. 试讨论 iPhone 和 iPad 的市场投放对苹果公司新产品开发战略的重要意义。

【参考文献】

[1] 菲利普·科特勒．营销管理（第 11 版）．梅清豪，等，译．上海人民出版社，2003.

[2] 甘碧群．市场营销学（第 3 版）．武汉大学出版社，2002.

[3] Caimi A. , Artusi E. . The impact of clockspeed and supply chain characteristics in defining supply chain risk mitigation strategies. POLITesi, 2013.

[4] Dahan E. , Hauser J. R. . Product development-managing a dispersed process. Handbook of Marketing, 2001, 43 (1): 7-9.

[5] Ylirenko H. , Janakiraman R. . How customer portfolio affects new product development in technology-based entrepreneurial firms. Journal of Marketing, 2008, 72 (5): págs. 131-148.

[6] Donna L. Hoffman, Praveen K. Kopalle, Thomas P. Novak. The "Right" consumers for better concepts: Identifying consumers high in emergent nature to develop new product concepts. Journal of Marketing Research, 2010, 47 (5): 854-865.

第十四章　定价策略

【学习目标】 学习本章后，应当掌握：

1. 确定影响公司定价的各种因素。
2. 识别三种主要的定价方法。
3. 了解常用的定价策略。
4. 讨论有关发起和应对价格调整的主要问题。

【引例】

美刊：聪明的定价策略让小米“超越”苹果

2013年前后，中国的手机市场给消费者提供了一个毫无吸引力的选择：要么购买一部高质量的进口手机（例如iPhone或者三星Galaxy手机），要么就勉强接受一部价低质次的国产手机。鉴于当时中国很少有人愿意买一部昂贵的iPhone，中国的山寨手机市场如此强大也就丝毫不令人奇怪了。

美国《大西洋》月刊网站2013年10月24日发文称，在这样的背景下，小米出现了。这家建立仅3年的公司制造了时髦、诱人的智能手机，功能与iPhone类似，价格却只有后者的一部分。例如，颇受欢迎的小米3手机仅售327美元；相比之下，苹果iPhone 5S的零售价为866美元。

文章指出，消费者的反响很好。小米公司在2012年售出了700万部手机，并且有望在2013年把这一数字增加2倍。它在中国的市场份额保持在5%左右，超过了苹果公司。最近的一次评估显示，该公司价值约为100亿美元，大约是黑莓公司的两倍。总的说来，对于一个在中国以外地区鲜为人知的公司来说，这已经不错了。

小米能做到这一点，最简单的解释是聪明的定价策略：小米手机不贵，也不太便宜。这是一件好事。关注中国技术产业的博客作家查理·卡斯特说：“小米手机的价格恰到好处——它足够便宜，让目标受众的大部分人都能买得起，又足够贵，让人们知道它并非一文不值。”

资料来源：参考消息，http：//finance.cankaoxiaoxi.com/2013/1028/292695.shtml.

在营销组合中，价格是影响消费者需求的重要因素，也是唯一能产生收入的要素。价格策略直接决定着企业的销售数量、销售收入、市场份额的大小以及盈利率的高低。价格往往也是营销经理所能控制的最敏感的一个变量，相对于产品和渠道等其他营销要素而言，它的变化可能更为迅速，并且其变化将直接影响到生产者、经销商、消费者等多方面的利益。因此价格策略是企业市场营销组合中的一个重要部分。本章首先讨论影响定价的一些因素，随后介绍常用的定价方法和分析企业在不同环境下的定价策略，最后探讨在价格波动的情况下，企业、竞争者及消费者各方可能做出的反应。

第一节　影响定价的因素

企业的定价会受到内部因素和外部环境的影响。内部因素包括企业的定价目标和成本费用，外部因素则可能包括市场特征、消费者的需求状况、竞争者的战略、法律和政策等宏观环境。以下就这些因素展开较详细的讨论。

一、定价目标

定价目标是指企业通过制定及实施价格策略所希望达到的目的。定价目标应当在企业整体营销战略目标的指导下来确定，并且应当被明确地表述出来，因为它直接影响着定价方法的选择及价格政策的制定。企业通常可选择的定价目标有：

（一）持续经营目标

选择此类目标的企业在确定价格时，主要是为了使收入能弥补其经营成本，并保证正常的生产经营能够持续下去，据此制定的价格一般会处于较低水平。企业在遇到生产大量过剩、竞争过度激烈等特殊情况时，可能会选择这一定价目标。非营利组织也常根据此目标定价。

（二）当期利润最大化

以此为目标的企业希望在某个相对较短的时期内尽可能地获取最大利润。值得注意的是，当期利润最大化并不一定就意味着制定高价。选择该定价目标的企业最好能够较准确地确定需求及成本函数，以据此确定恰当的价格。

（三）市场份额最大化

选择这一目标的企业往往会制定一个较低的价格，因为通常情况下，低价格更容易吸引顾客购买，而市场份额的增加可能会降低单位成本，从而进一步支撑企业的低价策略。

（四）稳定价格目标

满足于当前市场份额和利润的企业，也可能会采用稳定价格目标来指导定价。这些企业希望市场价格在一个较长的时期内相对稳定，以减少企业的经营风险以及由于价格竞争而导致的损失。

除了以上介绍的几种常用定价目标，有些企业还会根据自身的实际情况选用其他定价目标，例如最大当期收入、最快现金周转速度、最高销售增长率、最高边际利润等。

二、成本费用

企业的最终目的是追求利润，从长远来看，商品的价格只有高于成本费用才能产生利润，成本费用的高低直接影响着价格的高低，一般来说，它是企业定价的最低底线，以成本为导向的定价方法至今仍被很多企业采用。在制定价格时，我们必须了解一些重要的成本概念并对它们进行估算，熟练掌握成本因素往往是定价策略获得成功的重要保证。

三、市场特征

处于不同类型市场的企业，在定价时所考虑的因素是不同的。划分市场类型的一个重要依据是市场竞争状况，企业通常所面临的是以下几种类型的竞争市场，每一种竞争市场的性质都直接影响到该市场中企业的定价决策。

（一）完全竞争市场

这一市场由众多进行同质商品交易的购买者和销售者构成，如小麦、铜、金融证券等市场，没有哪个购买者或销售者有能力来影响现行的市场价格。因此企业不可能将价格定在高于或低于市场价格的水平上，只能按现行市场价格来出售商品，此时企业无需在定价策略上花过多精力。

（二）垄断竞争市场

这一市场中存在众多的销售者，但是他们的商品或多或少都有一定的差异，这些差异可能体现在商品质量上，也可能体现在品牌、广告及销售手段等其他方面。而正是差异性的存在，使得消费者愿意以不同的价格购买不同厂商的商品。在现实生活中，大部分生产消费品的厂商都是处于这样一个市场，它们投入大量的精力于商品的差异化工作，以便减少消费者对本企业产品的需求价格弹性，从而在定价中获得更高的自由度。同时也正是由于在同一类产品市场中的竞争者众多，所以相对于竞争者数量较少的寡头竞争市场而言，这一市场中的厂商较少受到竞争者营销战略的影响。

（三）寡头竞争市场

市场由几个大的卖方组成，它们对彼此的定价和营销战略高度敏感，产品可能均质（如钢、铝）或非均质（电脑、汽车）。由于市场中的销售者都已经具备了较高的垄断能力，使得市场的进入壁垒很高，新的竞争者很难进入。市场中现有的竞争者之间却保持着高度的警觉，一旦有任何一家厂商降低价格或改变其他营销策略，其余的厂商都会做出积极的反应。所以处在这一市场中的厂商一般为了维持现有的市场份额及利润，都有一个相对稳定的价格政策，而不愿意轻易对价格政策进行调整。

（四）完全垄断市场

这一类市场中只有一个销售者，定价的自由度相对较高。但是它的定价决策仍然受到来自其他方面的限制，如政府设立的“公平收益”率、替代品价格的威胁、潜在的进入者等。

四、市场需求状况

处在不同类型竞争市场的企业面临的一个共同问题是都需要关注价格对消费者需求的影响。企业设定的每一种价格都会导致不同层次的需求，因此应该去认真研究价格与需求之间的关系。这一关系我们通常用需求曲线以及需求的价格弹性来反映。如果需求曲线横轴为需求量，纵轴为价格，一般商品的需求曲线都呈现为单调递减趋势。但是部分商品例外，例如奢侈轿车、艺术品、高档酒等。

需求的价格弹性是指价格的变化率导致的需求变化率，它反映需求对价格变化的敏感程度。如果价格的细小变化会导致需求的较大变化，我们就称之为需求有弹性（如图14-1（b）），反之则说需求无弹性（如 14-1（a））。了解本企业产品的需求价格弹性的特点非常重要，在一个需求弹性较大的市场中，降价较容易产生更多的收益，而在一个需求弹性缺乏的市场，企业适当地升高价格不会导致销量的过多下降。

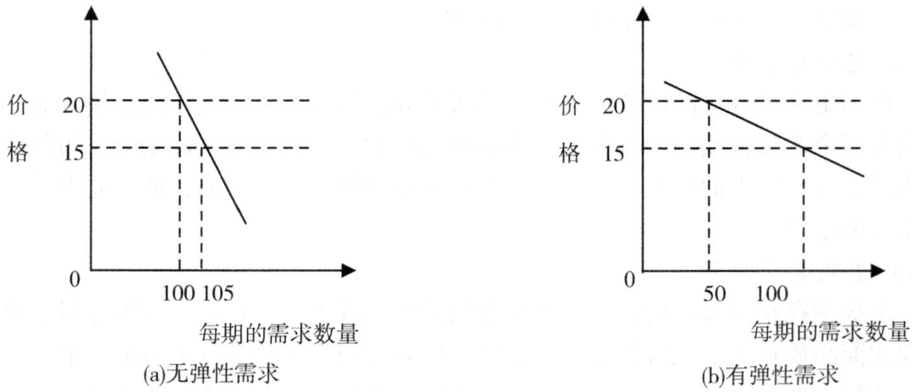

图 14-1

五、竞争者的营销战略

企业在做出定价决策时，常常会考虑竞争者的营销战略，特别是处在寡头竞争市场的企业，对竞争者的营销活动更是时时保持着警惕。竞争者的营销战略包括竞争者提供的产品及服务、竞争者的价格策略及其变动、竞争者的反应、竞争者的促销手段等诸多内容。无论其中的哪一项发生变化，都可能对企业的定价策略产生一定的影响。企业特别应当分析竞争者的提供物的特性及价格，并且可以利用竞争者的价格作为制定自己价格的一个参考点。此外，企业还必须关注竞争者对本企业的提供物及价格的反应，以动态的眼光看待竞争者的营销战略。

六、法律及政策限制

国家法律和政策对价格的影响，往往至关重要。政府和立法部门往往从全局出发，为了维护国家、社会和消费者的利益，制定一系列的经济法规，来约束和规范企业的价格行为。这种约束和规范，无论是从目的还是手段来看，都是多方面的。例如中国政府为了保护消费者的利益不受到侵害，设立了专门的物价机构来审查企业产品的定价是否合理，特别是对一些关系到国计民生的重要产品的价格（如汽油价格、铁路运输费、水费、电费等）制定了最高上限，而且近年来还特别举行了专门的听证会来确定这些产品价格调整的合理性。所以企业在制定价格策略时，一个首要的前提是必须清楚相应的法律和政策以便加以遵守。

第二节 定价方法

在企业的定价过程中，定价方法的选择是最终价格形成的重要步骤，按一定的定价方法确定的初始价格，是制定价格策略的基础。常用的定价方法有三大类，分别是成本导向定价法、需求导向定价法和竞争导向定价法。每一大类中又有许多具体方法，企业应根据不同的定价目标、不同的成本、需求及不同的竞争环境，择优选用，有时需要同时比较几种具体的定价方法来制定价格。定价方法的选择适当与否，直接关系到定价目标能否实现以及定价策略的成败。

一、成本导向定价法

成本导向的定价法是一类主要以成本为依据来制定价格的方法。这一类方法的主要特点就是简单易操作，在实际工作中得到了较为广泛的运用。常用的具体定价方法主要有以下几种：

（一）成本加成定价法

这种方法以商品的单位总成本为基础，按照一定的比例加成，得到商品的单价，加成的比例通常选用企业的目标利润率。其计算公式可表示为：

$$P = c \cdot (1 + r)$$

其中，P 为商品的单价；c 为商品的单位总成本；r 为商品的目标利润率。

在使用这一方法计算价格时，关键要素就是确定商品的目标利润率和商品的单位总成本。确定目标利润率一般可先确定同行业或同类商品的平均利润率，然后根据企业的具体情况略作调整后再加以选用。

（二）目标收益定价法

为了避免产品的积压，现代企业大多遵循“以销定产”的原则，即按照预计销量来生产。在这种情况下，单位固定成本应该等于总固定成本与预计销量之商，又由于单位变动成本是一个常量，所以商品的单位总成本可用下式表示：

$$\begin{aligned}\text{单位总成本} &= \text{单位变动成本}+\text{单位固定成本}\\ &= \text{单位变动成本}+\frac{\text{总固定成本}}{\text{预计销量}}\\ &= \frac{\text{总变动成本}+\text{总固定成本}}{\text{预计销量}}\\ &= \frac{\text{总成本}}{\text{预计销量}}\end{aligned}$$

根据成本加成公式，则：

$$\begin{aligned}\text{商品的单价} &= \text{单位总成本}\times(1+\text{目标利润率})\\ &= \frac{\text{总成本}+\text{总成本}\times\text{目标利润率}}{\text{预计销量}}\\ &= \frac{\text{总成本}+\text{目标收益}}{\text{预计销量}}\end{aligned}$$

这实际上就是以成本为基础的目标收益定价法。在这一方法中，我们看到，企业是通过预计销量来确定价格，但是价格本身恰恰是影响销售量的主要原因，也就是说在价格是未知的情况下，做出的销量预计具有很大的不确定性，而在不准确的销量预测基础上制定的价格，往往是不科学的。所以要制定较为准确的价格，必须了解价格与需求量的关系，也就是了解该商品的需求曲线，下面介绍的边际成本定价法正是考虑了需求曲线的以成本为基础的定价方法。

（三）盈亏平衡分析定价

企业如果处于一个需求稳定的市场时，使用成本加成法或目标收益法来定价可以获得较好的效果。但是，一旦市场需求受到一些意外因素的影响不再稳定时，企业会因为使用过于简单的定价方法而付出代价。所以即使是处于稳定需求市场的企业也要对环境的变化保持足够的警惕。通过盈亏平衡分析得到企业在即定价格下的保本点销售量或销售额，可以时时提醒企业，当市场需求降到某一点以下时，企业必须对现行的价格政策采取一定的行动。盈亏平衡点销售量及销售额的计算可通过下列公式得到：

$$\text{盈亏平衡点销售量}=\frac{\text{固定成本}}{\text{单价}-\text{单位变动成本}}$$

$$\text{盈亏平衡点销售额}=\frac{\text{固定成本}}{1-\text{单位变动成本率}}$$

其中单位变动成本率是单位变动成本与单价的比值。

定价方法示例 14-1

某企业只生产一种产品，企业的固定成本为 1200 万元，产品单价为 60 元，产品的单位变动成本为 20 元，则此产品的盈亏平衡点的销售量 Q 为：

$$Q=\frac{1200}{60-20}=30(\text{万件})$$

如果在 60 元的价格下，企业发现市场需求可能降到 30 万件以下，此时应当对价格政策做一定的调整，以免企业陷入亏损的困境。

由上例可以看出，盈亏平衡分析为企业提供了一个简单、便捷的预警指标，提醒企业在市场需求变动到何处时，应该调整价格。但是我们也可以看到，在这一分析过程中，它并没有告诉我们应该如何对价格采取行动。由于盈亏平衡分析主要是建立在成本分析的基础上的，它与其他成本导向的定价方法有着同样的局限性，并未考虑到价格对顾客需求量的影响，即需求曲线。因此，我们在下面的介绍中引入需求曲线，并使用边际分析方法这一工具来制定最优价格。

（四）使用边际分析来制定价格

通过边际分析定价法，我们可以计算出使企业利润最大的价格。在微观经济学中我们知道，只有当边际成本与边际收入相等时，企业才可获得最大利润，所以企业运用边际分析来定价时，必须首先预测商品需求曲线和成本曲线。尽管准确的预测需求及成本的数据是困难的，但是边际分析仍然是至关重要的，它能够了解使企业存在利润时的价格范围。

即使是建立在一个粗略的需求估计基础上的边际分析，也能为企业提供一个制定价格的粗略范围以及在此范围内的利润变动情况，它能给企业制定价格提供一个很好的参考。更为重要的是，这一价格参考在开始时可能出现较大的误差，但是它可以在以后的营销实践中得到不断的修正，从而使企业的定价更加准确、科学。一个有经验的企业甚至可能描绘出其产品的市场需求曲线的方程，利用它与成本曲线方程，可以更简便地算出最佳定价和企业的可能获利范围。

定价方法示例 14-2

某企业的一个产品的需求曲线在一定时期可表示为：$P = 55 - 2Q$，成本曲线可表示为：$C = 100 - 5Q + Q^2$，其中 P 为体格，Q 为产销量，C 为总成本。

根据以上数据可以得出该产品的利润函数为 $R = -3Q^2 + 60Q - 100$，则边际利润 $R' = -6Q + 60$，当 R' 为 0 时，Q 为 10，此时产品的定价应为 35 元。同时也可以计算出产品获利时的定价范围，当 $R > 0$ 时，即 $3Q^2 - 60Q + 100 < 0$，此时 Q 的取值约为 2 到 18 之间，则产品的获得定价范围为：19 元与 51 元之间。

确定地说，利用边际分析来制定价格并不是单纯的成本导向的定价方法，需求曲线在其中起到了很大的作用，所以它可以被看作成本导向与需求导向相结合的一种定价方法。

二、需求导向定价法

需求导向定价法是指根据市场需求状况和消费者对产品的感觉差异来确定价格的定价方法，它的特点是企业的定价随需求的变化而变化，与成本因素关系不大。这一方法符合现代市场营销中以消费者需求为中心的营销理念，它主要包括认知价值定价法、价值定价法和逆向定价法，此外，在下节内容中介绍到的需求差异定价也是典型的以需求为导向的定价策略。

（一）认知价值定价法

认知价值定价法是指根据消费者对企业提供的商品价值的主观评判来制定价格的方法。通俗地说，也就是企业提供的商品在消费者心目中值多少钱。如果企业对商品的定价高于消费者对商品的评价，企业将面临商品滞销的风险，反之，如果企业对商品的定价低于消费者对商品的评价，即使有可能促使消费者的大量购买，但是却会使企业失去到手的利润，何况在有些时候，消费者也会认为商品的价格没有达到一定水平，可能质量也不能达到他们的需求，这样即使降低价格也不一定会引起销售增加太多。所以企业大多希望能使商品的定价与消费者心中的尺度尽量地吻合，以最大限度地获取消费者剩余，达到利润最大化的目标。

（二）价值定价法

价值定价是指尽量让产品的价格反映产品的实际价值，以合理的定价提供恰好合适的质量和良好的服务组合。这种方法兴起于 20 世纪 90 年代，被麦卡锡称为是市场导向的战略计划中最好的定价方法。价值定价与认知价值定价是有区别的，消费者对企业产品的认知价值是主观的感知，并不等于企业产品的客观的真实价值，有时两者之间甚至会有较大的偏离。企业价值定价的目标就是尽量缩小这一差距，而不是通过营销手段使这一差距向有利于企业的方向扩大。企业要让顾客在物有所值的感觉中购买商品，以长期保持顾客对企业产品的忠诚。

在零售业中，沃尔玛被认为是实施价值定价法的成功典范。它的“天天低价”策略比传统零售商的“高-低”定价策略（即平时的定价较高，但频繁地进行促销，使选定商品的价格有时会低于沃尔玛的价格）更加受顾客青睐。值得强调的是，所谓的低价是相对于商品的质量及服务而言的，任何以牺牲质量为代价的低价正是价值定价法所反对的。此外，价值定价不仅仅涉及定价决策，如果企业无法让消费者在现有的价格下感觉到物有所值，企业就必须对产品重新设计、重新包装、重新定位以及在保证有满意利润的前提下重新定价。

（三）逆向定价法

这种定价方法不以实际成本为主要依据，而是以市场需求为定价的出发点。它是指依据消费者能够接受的最终销售价格，考虑中间商的成本及正常利润后，逆向推算出中间商的批发价和生产企业的出厂价格。可以通过以下公式计算价格：

$$\text{批发价}=\frac{\text{零售价格}}{1+\text{零售商毛利率}}$$

$$\text{出厂价}=\frac{\text{批发价格}}{1+\text{批发商毛利率}}$$

显然这一方法仍然是建立在最终消费者对商品认知价值的基础上的，它的特点是：价格能反映市场需求情况；有利于加强与中间商的良好关系，保证中间商的正常利润，使产品迅速向市场渗透；并可根据市场供求情况及时调整，定价比较简单、灵活。这种定价方法特别适用于需求价格弹性大、花色品种多、产品更新快、市场竞争激烈的商品。

三、竞争导向定价法

企业在制定价格决策时，主要以同类竞争对手的定价为依据，而不是过多地考虑成本及市场需求因素，这就是通常所说的竞争导向定价法。使用这种方法定价的企业往往对竞争对手的价格变动较为敏感，一旦竞争对手采取降价策略，他们会积极地反击。竞争导向的定价主要包括随行就市定价法、产品差别定价法、密封投标定价法。

（一）随行就市定价法

大多数以竞争为导向定价的企业采用随行就市定价法。企业往往按同行业的市场平均价格或市场流行的价格来制定自己定价。在完全竞争市场中，由于任何企业都无法独立影响市场价格，他们定价时只能随行就市；在垄断竞争市场中，一些产品没有显著差异的中小企业经常根据在市场中担任“价格领袖”的大企业的产品价格来定价，他们没有实力用价格手段与大企业竞争，只能充当市场追随者的角色；而在寡头垄断市场中，各竞争厂商相互比较了解，各企业在长期的互相试探中可能形成一定的价格默契，任何一家企业都不会贸然改变价格，以避免可能产生的恶性竞争。

（二）产品差别定价法

从根本上说，随行就市定价法是一种防御性的定价方法，它在避免价格竞争的同时，也抛弃了价格这一竞争武器。产品差别定价则与之形成了鲜明的对比，一些企业依据企业自身及产品的差异性，特意制定出高于或低于市场竞争者的价格，甚至直接利用“低价格”作为企业产品的差异特征。主动降价的企业一般处于进攻地位，这就要求他们必须具备真正的实力，不能以牺牲顾客价值和顾客满意为降价的代价。而实施高价战略的企业则必须保证本企业的产品具备真正有价值的差异性，才能使企业在长期竞争中立于不败之地。

（三）密封投标定价法

当多家供应商竞争企业的同一个采购项目时，企业经常采用招标的方式来决定选择哪一家供应商更合适。此时，企业不是以成本或需求为导向定价，而是采用投标者的预期价格，供应商对标的物的报价是决定竞标成功与否的关键。尽管各供应商在报价时会考虑产品的成本因素，但是预测竞争者的报价却是非常重要的，特别是在竞争者之间的实力不存在很大的差别的情况下。价格报得过高自然会得到更多的利润，但是却减少了中标的可能性，反之，则可能由于急于中标而失去可能得到的利润。很多企业在投标前往往会拟定几套方案，计算出各方案的利润并根据对竞争者的了解预测出各方案可能中标的概率，然后计算各方案的期望利润，选择期望值最大的投标方案。

第三节 定价策略

企业采用不同的定价方法，得出产品的基础价格后，还要根据不同的销售渠道、产品条件及消费者的具体情况，实行灵活多变的定价策略，以更好地实现企业的定价目标及总体营销目标。

一、新产品定价策略

很多企业会面临给新产品定价的问题，新产品定价正确与否，会直接关系到该产品能否顺利地进入市场、占领市场，取得较好的经济效益。常见的新产品定价策略，有两种截然不同的形式：撇脂定价和渗透定价。

（一）撇脂定价

撇脂定价是指在新产品上市时，尽可能地定高价，以希望在短期内获得丰厚的利润，迅速收回投资。使用撇脂战略的产品在市场导入阶段的目标市场通常是具有较高收入，对价格不太敏感的消费群体，但是一旦有竞争者进入，企业就会逐步降低价格，一方面是为对抗竞争者的挑战，另一方面也是为了吸引新的消费群体，扩大目标市场。例如，当英特尔率先研制出奔腾芯片时，单位定价约为 1000 美元。其结果是电脑制造商对它们的第一台奔腾 PC 机的定价达到了 3500 美元甚至更高，吸引的顾客仅仅是商业购买者和一些电脑“发烧友”。但是，在导入期后，面对来自 AMD 等公司的竞争，英特尔将奔腾芯片的价格每年削减 30%，最后使奔腾 PC 机的价格降到一般家用电脑购买者所能承受的范围之内。通过这种方法，英特尔从不同的细分市场中撇取了最大限度的收益。

对企业来说，撇脂定价具有一定的优点。企业除了可以通过撇脂定价获取较大利润，避免投资风险之外，还能利用顾客对新产品尚无理性认识的特点，制定较高的价格，来提高产品身份，在顾客心目中树立高价、优质、名牌的印象。此外开始制定高价，也使得企业具有较大的降价空间，不仅使企业具备了一定的竞争优势，由高到低的价格变动也比较符合大多数顾客的消费心理。

撇脂定价同时也具有不少缺点。一是入市初期产品价格过高，不利于占领和稳定市场，容易使新产品开发失败。二是高价导致的高利润会极大地促进新竞争者的进入，刺激替代品、仿制品的出现。此时若无其他有效策略相配合，企业苦心经营的高价优质形象可能会受到损害，失去一部分消费者。因此采用撇脂定价必须具备以下条件之一：

（1）新产品具有一定的垄断性，供给缺乏弹性。新产品或是具有一定的技术秘密，不易被仿制，或是受专利保护，使竞争者不能轻易地进入市场。

（2）新产品的需求价格弹性较弱。消费者对产品的需求强度不会因高价而受到抑制，例如一些特效药品，高技术的军事产品等。

（3）高价容易使消费者产生高档形象的产品。给这类产品定高价，会让顾客感觉到产品符合自己的身份，是一种地位的象征。例如手表、珠宝等。

（4）短期需求的产品以及对未来需求难以预测的产品。这类产品的寿命周期较短，必须用高价在短期内赚取足够的利润，否则企业就可能亏损。例如流行时装等时尚产品。

（5）新产品在市场上供不应求，企业给产品定一个高价，可以达到平衡供需的目的。随着生产能力的增强，供求格局的改变，价格再适当降低。

（二）渗透定价

渗透定价与撇脂定价恰恰相反，它是在新产品的导入期就将价格定得较低，以吸引大量购买者，扩大市场占有率。这一定价方法的主要优点是有利于新产品尽快被市场接受，并借助大批量的销售来降低成本，以低成本的竞争优势获得长期稳定的市场份额；另一个优点是，低价格情况下的微利，会使许多竞争者望而却步，减缓了市场竞争的激烈程度。例如可口可乐公司刚刚进入中国市场的时候就采取了渗透定价法，以低价快速占领了市场。后来虽然百事可乐也进入了中国市场，但是十余年间只能在价格上追随可口可乐，并不能很好的盈利。但是企业要实施渗透定价，仍然必须具备一些条件。

（1）产品的市场需求价格弹性要较强，降低价格能够较大地增加销售量；

（2）新产品存在规模经济效益，只有这样才能保证企业利用低成本竞争优势来维持低价格；

（3）产品要有较长的寿命周期，市场的需求潜量要足够大。如果产品在很短时期内就会被其他产品所取代，那么低价可能导致企业无法收回投资。

二、组合定价策略

企业往往经营的不只是一种产品而是一个产品组合。在产品组合中，可能会有若干条生产线，每条生产线内又可能包含了若干个产品项目，所以在实践中，一个企业面临的往往是同时对产品组合中的多个产品定价，而不只是对单一的产品定价。一个好的产品组合定价策略应该是从企业全局出发，根据产品的关联性为组合中的产品确定合适的价格结构，以实现企业经营的总体目标。

组合定价策略可以分为以下几种类型：

（一）产品线定价

产品线定价是指企业对属于同一产品线的某一大类产品进行定价。同一产品线中的各个产品之间都有较紧密的联系，它们都以类似的方式发挥产品的基本功能，往往有一定的相互替代性。在进行产品线定价时，要区分两种情况。一是同一产品线中的各个产品有大致相同的目标市场，这样它们之间的价格就应当有较大的关联性。企业首先应当考虑目标市场的购买力和需求，以及竞争者的定价来制定出一个基准价格，然后在这一基准价格的基础上根据产品的成本及特征的差异来决定它们的差价。产品的价格差距要与顾客对不同产品的认知价值的差距基本吻合，否则必然会影响到其中某一种产品的销售，导致产品线内部竞争；价格差距也不宜拉得太大，否则可能会影响到其他产品的形象以至整条产品线的定位。例如，宝洁公司在中国市场的洗发水产品线，包含了"飘柔""潘婷""海飞丝""润研"等多个品牌，它们的主要目标客户群体都是城市内中高收入的消费者。尽管使用了不同的品牌，宝洁公司仍然将这些产品的价格都定得比较接近，而不会将某一品牌的价格定得比其他品牌低很多，以保证宝洁产品的高品质的名牌形象。

二是相同产品线中的各项产品有不同的目标市场，这时各产品间价格的关联性相对较弱，企业只要针对不同目标市场的情况及产品的成本情况对相应的产品进行定价，而无须过多考虑各产品之间的价格差异。但是如果企业将购买力作为划分不同目标市场的标准时，此时不同产品的价格差距就必须与目标市场的差距相吻合。例如森达集团的皮鞋生产线同时提供"森达"和"好人缘"两个不同品牌，它们分别代表高档和中档两个不同的等级，使用"森达"品牌的皮鞋价格一般在250元以上，而使用"好人缘"品牌的皮鞋价格则在100至200元之间，两类产品的价格差距恰恰反映了不同目标市场特征。

（二）分部定价

企业经常将原本可以以整体形式销售的产品分拆开来出售，并对不同的产品组件单独定价，这些分拆开来的产品组件在功能上往往具有一定的互补性。例如吉列公司在销售剃须刀时将刀架和刀片分开定价，宝丽来公司在销售SX-70相机时，对相机和相机的专用胶卷单独定价。此外，还有一些汽车生产商，他们首先为消费者提供一种只具有基本设备的车型，同时还提供电动门窗、安全气囊、真皮座椅等可以提高汽车舒适度的选购设施，消费者如果希望安装这些设施，必须支付相应的额外价款。分部定价在服务行业也得到了较为广泛的运用，如很多游乐场和健身俱乐部，消费者不仅要支付一定的门票费或入会费，还要为他们所得到的服务项目付费，电信企业不但要收取电话的月租费，还要按通话时间向顾客收取费用。

成功的分部定价有一个重要的前提条件，这就是企业的产品要具备一定的垄断能力。如果消费者在以一个较低的价格购买了企业的第一部分产品之后却发现，市场上还存在大量与企业的其余部分产品功能基本相同，但是价格却更便宜的替代品，他们必然会转向从竞争者手中购买。所以我们可以看到，吉列剃须刀架使用专用的刀片，宝丽来相机有专用的胶卷，而汽车企业提供的选购品也只能安装在同一品牌的汽车上。

（三）捆绑定价

与分部定价相反的是，捆绑定价是将一些原本并没有多大联系的产品组合成一个整体，按一个统一的价格销售。合适的捆绑定价方法同样也能增加企业的销售和利润，成功使用这一定价方法需要满足一个条件，这就是所涉及的产品各自的需求具有一定的负相关性。商业企业由于经营的产品种类较多，比较容易找到满足这一条件的产品，所以捆绑定价是商业企业经常使用的一种组合定价方法。

三、心理定价策略

这一策略是指利用消费者在购买决策时的一些心理特点，通过制定迎合消费者心理需求的价格来促成消费者的购买行为。常用的心理定价策略有整数定价、尾数定价、声望定价和招徕定价。

（一）整数定价和尾数定价

整数定价是指商品的定价往往不保留零头，以整数的形式表现出来。而尾数定价恰恰相反，它是指给商品定价时，故意保留一个零头，而且往往以奇数作为价格的最后一位。

在很多消费者的心目中，以整数特别是以零结尾的价格代表一个更高的价格档次。例如，价格为1000元的产品，属于千元以上的商品，而定价为998.95元的产品，则属于千元以下的商品，尽管二者之间差价不到二元，但是有很多消费者在心里仍然会认为这两种商品属于两个不同的档次。所以，对于一些需求价格弹性较弱的商品，企业经常使用整数定价，以让顾客感觉到购买的是更高档次的商品；而对于需求价格弹性较强的日用品，企业则往往在定价时保持一个零头，这样不仅会给顾客造成一个“低价”的错觉，而且还会让顾客认为企业对商品定价非常认真、精确，无形中对商品及价格产生一种信任感。据美国消费心理学家的一项调查表明，在美国，49美分商品的销量远远超过了50美分商品的销量。

（二）声望定价

声望定价是指利用为产品制定高价格来树立产品及其品牌在消费者心目中的形象。因为在大众的目光中，高价总是与高质量联系在一起的，很多消费者在以高价购买了某一产品后，不但愿意相信产品具有高的质量，而且还会使他们的某些特殊欲望得到满足。例如，低价香水会被认为是劣质产品，而高价香水不但会被看成是质量高，还会是使用者身份的象征。

声望定价必须在企业的其他营销战略及策略的帮助下才能取得成功，与产品高价相适应的应该是产品实实在在的高质量及良好的服务保证，而不仅是消费者心目中的高质量。只有这样才能使企业的产品树立真正的名牌形象，而名牌形象的建立又能保证高价格的长期存在。此外，为了维持高价格，使声望定价获得成功，企业还需要一些其他营销手段。例如很多名牌产品都严格控制他们的产量，实行限量销售。如法国著名的箱包品牌路易·威登，他们生产的一个装硬币的小手袋可以卖到150欧元以上，但是他们的产品却经常限量销售，以至于一些地区的外国游客只能凭一本护照才能购买一件产品。这种行为并没有影响消费者购买的热情，至今在巴黎仍存在着一种地下职业，就是专门借用别人的护照帮助一些外国顾客购买路易·威登的箱包，当然护照的被借者会从中得到一定的报酬。

（三）招徕定价

企业常常利用消费者求廉的心理，故意降低几种商品的价格，以吸引顾客在购买“便宜货”的同时，购买其他正常价格的产品，这就是通常所说的招徕定价。使用招徕定价法的企业一般应该具有较多的商品品种，因为只有保证顾客有足够的选择余地才能确保招徕定价的成功。所以这种方法在现代超级市场中得到了广泛的运用，例如，家乐福每天都会推出几种特价商品，以吸引顾客的注意，而大多数顾客在购买特价商品时，往往都会或多或少地买几件正常价格的商品。尽管家乐福推出的特价商品的价格有时甚至会低于进货成本，但是由于正常商品销量增加导致的收益完全可以弥补特价商品造成的损失。

此外，还应当注意的是，招徕定价中使用的降价物品应该与残次、过时商品区别开来，它们的质量必须得到保证。因为企业在此时降价的目的并不是为了推销被降价商品，而是利用降价商品吸引顾客来购买正常价格的商品。

四、折扣定价策略

企业在运用各种定价方法制定了一个基本价格后，往往还会出于促销或是其他目的，直接或间接地给中间商及最终消费者一些价格优惠，即折扣。其中，直接折扣的形式有数量折扣、现金折扣、功能折扣、季节折扣，间接折扣的形式有返利和津贴。

（一）数量折扣

数量折扣的目的是鼓励消费者大量购买，它可以分为累积数量折扣和非累积数量折扣两种。累积数量折扣允许顾客在一定时期内，如果购买累积总量达到了一定的标准，就可以按总量得到一定的折扣。其目的在于鼓励单个顾客重复购买，建立企业与顾客之间的关系，保持顾客对企业产品及品牌的忠诚。

非累积数量折扣仅适用于一次性购物。如果顾客一次性购买的产品数量达到一定的标准，才能取得企业提供的折扣。非累积数量折扣是企业经常用的折扣方法，因为它不仅可以增加企业产品的销售量，而且可以将一些仓储功能转移给买方，从而减少仓储及运输成本。但是企业在设置这类折扣标准及折扣率时应当慎重，因为如果折扣过小则不足以吸引顾客大量购买，而折扣过高则可能导致灰色渠道的产生。

（二）现金折扣

现金折扣是在企业实施赊销政策的情况下产生的。这一折扣的直接目的并不是在于扩大销售，而是在于鼓励赊购的顾客尽早支付货款，以加速资金流转，减少财务风险。现金折扣政策往往以类似于“1/20，0.5/30，Net60”的形式表示。这一形式的含义是：正常付款期为60天，如买方能在20天内付款，则可取得总价款1%的折扣，如买方能在30天内付款，则可取得总价款0.5%的折扣。正常付款期也可被理解为免费信用期，在40至60天内付款时，按发票的全额面值付款，但超过60天以后付款，买方可能需交付一定的利息。

（三）功能折扣

功能折扣也被称为贸易折扣，是指企业给予承担一些营销功能的中间商的一些价格优惠。功能折扣的目的是对中间商在执行营销功能时所耗费的成本费用及所承担的风险进行补偿，以使中间商在经营中获得足够的利润。企业会根据中间商在销售渠道中的不同地位来设置不同的功能折扣标准，合理的功能折扣标准能使企业与中间商之间建立长期良好的合作关系。功能折扣的结果是形成购销差价和批零差价，它是在零售价目表的基础上计算出来的。例如，某企业产品的零售价格为500元，如给予零售商的折扣是25%，给予批发商的折扣是20%，则该批发商对零售商的销售价格为500×（1-25%）=375，企业对批发商的销售价格为375×（1-20%）=300元。

（四）季节折扣

有些商品的生产是连续的，但其消费却有明显的季节性。为了调节供需矛盾，这些商品的生产企业经常会采用季节折扣的方式，对在消费淡季购买商品的顾客给予一定的价格优惠，这样一方面可以加速企业资金的流转，另一方面可以使企业的生产和销售在一年中保持相对稳定。

（五）返利和津贴

返利是指购买者在按规定的价格将货款全部付给销售者后，销售者再按一定的比例将货款的一部分返还给购买者。津贴是指企业为促使渠道成员更好地执行营销职能而给予他们的一种补贴。常见的有广告补贴、仓储补贴以及直接给中间商销售员的促销奖金。

上述各种折扣价格策略增强了企业定价的灵活性，对于提高厂商收入及利润具有重要作用。但是在使用折扣策略时，要注意对符合同等条件的顾客使用同一折扣标准，避免引起价格歧视，否则在一些国家可能受到法律的制裁。

五、地区定价策略

商品的产地与消费者的购买地之间必然存在着一定的空间距离，在商品的交易过程中，为了完成商品的实体转移，或多或少地会发生一些费用，如运输、仓储、装卸、整理、保险等费用。这部分费用由谁承担以及如何承担，是企业销售过程中必须面对的一个问题，不同的费用处理方式会直接影响到企业的最终产品定价，也就形成了不同的地区定价策略。

（一）产地定价

产地定价是指企业按产品的生产地制定交货价格，由购买方支付运输过程中的大部分费用并承担风险，卖方只负担货物装上运输工具的费用，在进出口贸易中，这类定价方法也被称为FOB原产地定价。产地定价一般对生产者是有利的，它不仅减少了生产者运输费用和运输风险，还简化了生产者的定价工作。但是，由于离产地较远的购买者必须负担更多的费用与风险，这也就意味着，在离产地越远的地区，产品的零售价会越高。过高的地区差价就必然会促进了“就近购买”现象的出现，窄化了企业的市场范围。

（二）统一交货定价

这种定价方法与产地定价恰恰相反，购买者无论来自何方，都可以按同样的价格购货。但这并不意味着购买方无需承担运输过程中发生的费用，因为统一价格中包含卖方将销往各地的运输费用都平均化之后的运费。统一交货定价可以加强销售企业对最终产品售价的控制，有利于扩大企业的销售市场范围。

（三）运费免收定价

以上的各类地区定价方法中，与运输有关的各项费用主要还是由购买者承担，但是随着市场竞争的加剧，一些生产企业为了扩大销售范围，增加市场竞争力，提出了免收运费的定价。尽管扩大的销售量可能弥补由支付运费而带来的损失，但是实施这一定价方法仍然需要以企业的经济实力作为后盾，特别是当运费占销售价格的比重较大时。但是有不少企业在开拓国际市场时，会经常采用这一定价方式，因为他们仅将出口销售带来的利润看作是一种额外的收益。

六、差别定价策略

差别定价策略是指企业以不同的价格向不同的消费者销售相同或类似的产品。这些产品有时候是完全相同的，有时候产品的生产成本也可能存在一定的差异的，但它却远远小于价格的差别。常用的差别定价策略主要有三种形式：

（一）对不同顾客实行差别定价

购买力强的消费者对价格往往更不敏感，相对于低收入群体而言，他们在购买同一商品时愿意支付更高的价格。很多企业既希望以较高的价格将产品卖给高收入群体，又不希望因为价格太高而失去低收入消费者市场。为了更大限度的获取消费者剩余，企业往往针对不同购买力的消费群体制定不同的价格。

例如学生往往是购买力较弱的群体，中国的多家航空公司在向学生出售机票时可以在原价的基础上打 6 折。无形中，不同购买力的消费群体被他们自己区分开来，差别定价策略也得以顺利实施。

（二）根据产品形式不同实行差别定价

即使是非常富有的消费者，也不希望看到他们支付了更高的价格得到的却是完全相同的产品和服务，但是产品差异却可以为差别定价提供一个很好的理由。一些企业的产品差异是天然存在的，尽管它们耗费企业同样的成本。例如足球场或剧院，任何一个座位对服务提供者而言，成本都是相同的，但是对观众来说，不同的座位却会带来不同的观看效果。因此，我们可以看到足球场和剧院对不同的座位制定了不同的票价。有些企业却刻意地花费较低的成本来制造一些产品差异，以使支付高价的消费者感觉得到了更高价值的产品或服务。

（三）根据销售时间的不同实行差别定价

差别定价还经常用于削减高峰期需求，维持供需平衡。服务产品由于不能贮存，使很多服务性企业会在一段时期内产品供不应求，但在其他时间又会供大于求。例如电影院的电影票经常在节假日或者晚间等高峰时间段供不应求，但是在工作日白天电影院空座率较高。因此，电影院往往给工作日期间的电影票一定的折扣，吸引一些白天比较空闲且对价格比较敏感消费者。

第四节　价格调整

由于市场环境及企业内部因素在不断地变化，所以企业必须对已制定的价格策略进行不断的调整。价格调整可能影响到企业乃至行业的命运，它与企业的定价策略同样重要，所以企业都应当根据实际情况审慎实施价格调整。

一、发起价格调整

无论企业价格调整的动因来自何方，企业是主动调整还是被动调整，价格调整策略的形式不外乎降价和提价两种。

（一）降价策略

降低价格是企业在经营过程中经常采用的营销手段，导致企业降价的原因可能来自于宏观环境的变化，也可能来自于行业及企业内部条件的变化，它们主要有以下几个方面：（1）存货占用大量资金，企业需要尽快回笼资金；（2）行业及企业的生产能力过剩，形成了供大于求的市场局面；（3）应对价格挑战，保持市场份额；（4）成本优势；（5）宏观经济政策的影响。

降价最简单的方式是将产品的目录价格直接调低，但是企业更多地会采取一些间接手段来降低价格，因为通过间接手段降价，会为企业以后的价格调整提供了较大的活动空间。常用的间接降价的方式有以下几种：（1）实行价格折扣，如数量折扣、现金折扣、津贴等。（2）采用营业推广方式。此时产品的标价不变，只是在销售时赠送商品或购物券，或实行有奖销售、允许顾客分期付款或赊销等。（3）增加产品价值。在产品标价不变的情况下增加产品的附加价值，如提高产品质量、改进产品性能；提供免费送货及安装服务；延长产品的免费保修服务期；免费提供技术培训等等。

降价一般会受到消费者的欢迎，但是也可能会引起一些消费者的疑惑，他们可能会认为产品降价是因为质量、性能方面出了问题。所以企业在采取降价措施时，应当能提供一个令人信服的理由，尽量打消消费者的疑惑。另外值得注意的是，降价策略只适用于需求价格弹性较大的商品，对需求价格弹性较弱的产品降价并不能有效地提高产品的销量，反而会由于单位产品利润的下降使企业得不偿失。

（二）提价策略

虽然价格上涨会引起消费者、中间商和企业推销人员的不满，但是一次成功的提价活动却会导致企业利润大大地增加，所以企业只要有机会，可以适当采用提价策略。企业提价的原因主要来自于三个方面：（1）成本增加；（2）产品供不应求；（3）配合竞争者涨价。

企业的涨价有直接提价和间接提价两种方式，大多数企业更愿意选择间接提价。因为间接提价手段较为隐蔽，消费者的反映也可能会相对温和。常用的间接提价方式有以下几种：

（1）取消原有的价格折扣或是使获取价格折扣的条件更加苛刻；

（2）目录价格不变，减少产品分量以及附赠产品，或是降低产品质量、减少功能、简化包装等；

（3）目录价格不变但减少产品的附加服务或是对原来免费的服务收取服务费；

（4）在通货膨胀情况下可以推迟报价，等到产品制成或交货时再给出最后价格。工业建筑和重型设备制造企业经常采用这种方式；

（5）在产品组合中取消低利产品或增加高利润产品的比重。

企业在提价时，应当向顾客说明提价的原因并帮助顾客寻找节约的途径。

（三）购买者对调价的反应

企业的价格调整会直接涉及购买者的利益，直接影响到购买者的购买决策，因此分析他们对调价的反应，是企业在制定价格调整决策时应当关注的问题。

研究消费者对调价的反应，多是从消费者的价格意识入手进行定性分析。价格意识是指消费者对商品价格高低强弱的感觉程度，直接表现为顾客对价格敏感性的强弱，它不受价格本身影响，而受消费者的知识、经验、需求、兴趣、收入等个人因素影响。价格意识是掌握消费者态度的主要指标和重要依据，也是解释市场需求对价格变动反应的关键变量。

价格意识强弱的测定，往往以购买者对商品价格回忆的准确度为指标。研究表明，价格意识和收入呈负相关关系，即收入越低，价格意识越强，价格的高低和涨跌会直接影响到商品的购买量。此外，由于广告常使消费者注意价格的合理性，同时也给价格对比提供了方便，所以它对消费者的价格意识也起到了促进作用，使他们对价格高低更为敏感。

（四）竞争者对调价的反应

企业在设计定价策略时要考虑竞争对手的观点，并推断他们对你的行动大概会如何反应。这一点看起来很显然，但事实上甚至在最简单的竞争中，人们常常忽视或错误判断他们对手的立场及这些立场所意味着的理性反应。

当存在几个竞争者时，企业必须预测每个竞争者的可能反应。如果所有竞争者的行为很相似，就可以从中选取一个典型的竞争对手来分析。反之，如果竞争者的行为有较大的差异，则需要分别加以分析。

在实践中，为了减少因无法确知竞争者对价格变化的反应而带来的风险，企业在主动调价之前必须明确回答以下问题：

（1）本企业产品有何特点？本企业在行业中处于何种地位？

（2）主要竞争者是谁？竞争对手会怎么理解我方的价格调整？

（3）针对本企业的价格调整，竞争对手会采取什么对策？这些对策是价格性的还是非价格性的？它们是否会联合做出反应？

（4）针对竞争者可能的反应，企业应该如何应对？有无几种可行的应对方案？

在细致分析的基础上，企业方可确定价格调整的幅度和时机。

二、应对价格调整

企业同样也要对竞争者的调价行为做出反应。企业主动调价一般会经过深思熟虑，但是竞争对手准备实施调价行为时，企业却往往并不知晓。为了避免被竞争对手打个措手不及，企业不仅应当密切注视竞争者的行为，而且还应当平时就计划好对竞争者价格变动作出的反应，以便在受到价格攻击时尽快地做出决策。

企业在做出反应时，应该考虑以下问题：

（1）竞争者调价的目的是什么？

（2）竞争者调价是长期的还是短期的？

（3）竞争者调价将对本企业的市场占有率、销售量、利润、声誉等方面有何影响？

（4）同行业的其他企业对竞争者调价行动将会有何反应？

（5）企业有几种反应方案？竞争者对企业每一个可能的反应又会有何反应？

在回答以上问题的基础上，企业还必须结合所经营的产品特性确定对策。一般来说，在同质产品市场上，如果竞争削价，企业必须随之降价，否则必然会失去大部分的顾客；如果竞争者提价，本企业既可以跟进，也可以暂且观望。因为如果同行业中的大部分厂商都维持原价，率先涨价者的竞争者的目标很可能会失败。

在异质产品市场上，由于各企业的产品在质量、品牌、服务、包装等方面有明显不同，所以面对竞争者的调价策略，企业有更大的选择余地。对于竞争者的涨价行为，企业可以根据具体情况采取跟进或观望措施，而对于竞争者的降价行为，则可以在以下行为中选择。

（1）不采取任何反应，维持原价不变。企业可能由于自身产品具有较大的差异性而使得消费者对本企业产品的需求价格弹性较弱，此时企业完全可以利用差异性优势来维持原价不变。这样既不会过多的影响企业的市场份额，也不会减少企业利润。

（2）价格不变，但加强非价格竞争手段的投入。例如提高产品质量、强化售后服务、追加广告投入、增加销售网点，或者在包装、功能、用途等方面对产品进行改进。有些企业会在保持原品牌的产品价格不变的同时，专门推出一个低价品牌与竞争对手对抗。

（3）降低原来价格。企业往往为了维持原有的市场份额，不得不跟随竞争者降价甚至降价幅度超过竞争者，尽管这一行为可能会引起价格战的爆发而导致两败俱伤，但在市场中却屡见不鲜。

（4）跟随竞争者高低价格的同时，积极采取一些非价格竞争手段。企业经常使用价格手段与非价格手段相结合的方式进行竞争，非价格手段的投入可以增加企业产品的差异性，以避免产品的过度降价。

企业在对竞争者做出反应时，还要考虑本企业在行业中的定位，因为处于不同市场地位的企业在行业中所起的作用是不同的。例如市场领先者可以对中小企业的率先降价而置之不理，但一旦市场领先者主动降价，中小企业却不得不做出反应。

☞【小结】

价格是营销经理所能控制的最敏感的一个变量，影响定价主要有以下几个方面的因素：定价目标、成本费用、市场特征和需求状况、竞争者的营销战略以及法律和政策的限制。定价方法是企业制定基本价格的基础，现代企业的基本定价方法主要有成本导向，需求导向和竞争导向三大类。企业确定了产品的基础价格后，往往还会在不同时期，不同情况下实行灵活多变的定价策略。本书介绍了以撇脂定价和渗透定价为代表的新产品定价策略；生产多种产品的企业所需经常使用的组合定价策略；包括整数定价和尾数定价、声望定价、招徕定价等内容的心理定价策略；包括数量折扣、现金折扣、功能折扣季节折扣等内容的折扣定价策略；此外，还介绍了向不同地区销售产品的企业所使用的地区定价策略以及对不同销售者制定不同价格的差别定价策略。由于市场环境及企业内部因素在不断地变化，所以企业还必须对已制定的价格策略进行不断的调整。无论企业降价还是提价，都应当关注竞争者及消费者对企业调价行为的反应，以使价格调整有利于企业的经营。

☞【思考题】

1. 解释以下概念：定价目标、成本导向定价、需求导向定价、竞争导向定价、撇脂定价、渗透定价、心理定价、差别定价、组合定价

2. 目前影响中国企业定价的主要因素有哪些？

3. 以成本、需求、竞争为导向的几种定价方法有什么区别和联系？

4. 定价策略与其他营销策略的关系？

5. 企业应如何应对竞争者主动挑起的“价格战”？

☞【课后案例】

案例分析：“廉价”iPhone 5C 为何定价那么高

多年以来，有关 iPhone 手机在中国的传统智慧是这样的：尽管这种标志性的智能手机在中国十分受欢迎，它对于大多数人来说实在是太贵了。

美国《大西洋月刊》9 月 12 日报道称，刚刚推出的苹果 5S 手机在中国的售价为 5288 元人民币，约合 864 美元，比北京的人均月收入还要高。

因此，当有传言说，苹果将推出一部廉价版的 iPhone 以吸引新兴市场的消费者时，这一想法似乎很有道理。iPhone 已经在中国成为热门手机，如今又能让数百万人买得起。加上苹果公司即将与世界最大手机运营商、拥有 7 亿用户的中国移动公司签署协议，苹果公司针对中国市场的攻势似乎明白无误。该公司甚至历史上首次在北京举办了一场产品发布会。

对于中国的“果粉”来说，以上这些都是好消息。但是有一个问题：“廉价”iPhone 仍然非常昂贵。一部“非合约”的 5C 手机最低售价为 4488 元人民币，只比功能完整的 iPhone 5S 便宜 17%，让大多数中国民众难以承受。可以理解的是，想要购买这些手机的消费者感到非常失望。香港《南华早报》援引一名新浪微博用户的话说，他感到“被骗了”，而北京的几名潜在顾客在接受彭博社记者克里斯蒂娜·拉森采访时说，他们很可能不会再考虑购买新的 iPhone。这款手机糟糕的宣传攻势甚至让苹果公司的股价下跌了近 6%。

以上这些给人们提出了一个问题：苹果公司是不是搞砸了？它是不是误读了中国市场，不小心给新手机定了过高的价格，从而有可能被赶出世界上增长最快的智能手机市场？

报道认为，事实并非如此。分析人士在解读苹果公司对中国的兴趣时得出了一个简单的道理：中国有很大市场，但是苹果无法在中国开展价格战。与其他进口商品一样，iPhone 手机需要被征收进口关税，这推高了手机价格，无法与小米公司这样的国产手机制造商相抗衡，后者推出的智能手机价格仅为 100 美元。即使苹果公司推出一款售价 250 美元的智能手机——这一价格将大幅削减它的利润——大多数中国消费者仍然会选择更为廉价的品牌。

最重要的是，推出廉价手机有可能破坏苹果公司最重要的资产——它的品牌形

象。进口奢侈品在中国之所以如此受欢迎，部分原因是它们很贵；对于一名中国消费者来说，拥有一部 iPhone 手机能够彰显自己的地位，这是廉价智能手机无法办到的。博客主查理·卡斯特说："在中国推出廉价手机对苹果公司来说是一个糟糕的主意——这将摧毁它作为奢侈品的品牌形象。"如果更多的中国人突然间能够买得起 iPhone，这个产品将瞬间丧失中国精英群体的青睐——而这部分人的数量和影响力正在与日俱增。

资料来源：参考消息，http：//finance. cankaoxiaoxi. com/2013/0921/275078. shtml.

案例讨论题：

你如何看待 iPhone 5C 的价格策略？

第十五章　渠道策略

【学习目标】 学习本章后，应当掌握：

1. 分销渠道的内涵、功能和管理任务
2. 分销渠道权力、冲突与控制
3. 网络分销渠道的概念

【引例】

小米公司的渠道策略

小米最初作为一家互联网公司，一开始它的全部产品都采用电商模式进行销售。这种方式打破了传统手机的销售模式，大大降低了运营成本，也减少了销售过程中的环节，使得小米的产品价格具有很强的竞争优势。小米最初采用饥饿营销的方式打开市场，极大地刺激了消费者的购买欲，令小米公司大获成功。但是，饥饿营销也会让人“饱”，随着饥饿营销所带来的市场热度逐渐下降，随着竞争对手对互联网模式的复制和技术堆积，在互联网流量见顶之后，小米的增长受到遏制，其供应链也饱受质疑，巨大的互联网线下人群被有线下渠道经验的对手瓜分。自 2016 年起，小米公司开始调整渠道策略，第一，加强对供应链的控制；第二，开发线下渠道，触及互联网外人群。小米公司的掌舵人雷军称：“三年内将要开 1000 家零售店。”

小米公司利用互联网渠道成功成为了一个优秀的智能手机品牌，但随着智能手机行业进入成熟区，小米手机销售渠道策略也出现了一些问题，对小米厂商来说除了对渠道的控制外，还应该谋求渠道的创新，尝试构建新的渠道，寻求渠道的差异化，增强渠道竞争优势。

资料来源：根据孙誉娜（2016）相关资料整理。

第一节　渠道理论概述

一、分销渠道内涵、特征与功能

（一）分销渠道内涵

在平常的生活中，我们会在商场、超市、便利店和网店中接触和购买大量的商品。比如，我们可以在超市中购买到各个城市的特色产品，甚至可以购买到国外的进口产品。但是，这些商品是如何从生产企业来到我们手中，在此过程中，又经历了哪些阶段，是我们这章要探讨的问题。美国著名营销专家菲利普·科特勒对分销渠道作了以下定义："一条分销渠道是指某种货物或劳务从生产者向消费者转移时，取得这种货物和服务的所有权或帮助转移其所有权的所有企业和个人。"由此可见，分销渠道主要包含两方面的内容：商品从生产者手中转移到分销商手中，再从分销商手中转移到消费者手中。此外，我国学者认为分销渠道也称交易渠道或配销通路，是指某种产品或服务从生产者向消费者转移所经过的路径，包括帮助企业实现产品转移的所有企业和个人，如生产者、商人中间商、代理中间商、实体分配辅助商以及其他辅助商、消费者和用户等。

（二）分销渠道特征

概括地说，分销渠道具有以下几点特征：

第一，分销渠道是一系列通道。它是由商品的各种买者和卖者所组成的。企业选择分销渠道，相当于选择商品的买者。

第二，分销渠道是一条特定的流通通道。当生产者的商品转移到消费者手中时，所经过的通道是特定的。

第三，分销渠道一经确定，就具有相对稳定性。一方面，因为建立分销渠道要经历一个非常复杂的过程，通过大量的调查研究，以及投入大量的人力、物力和财力；另一方面，当生产者与某中间商建立了合作关系，并将商品卖给某个中间商后，很难马上改变或中断这种合作。所以，分销渠道具有稳定性的特点。

第四，分销渠道的起点和终点界限分明。在分销渠道系统中，无论是直接渠道还是间接渠道，其渠道的起点是生产者，终点是消费者。

第五，分销渠道成员的职责分工明确。在每个具体的分销渠道中，各渠道成员的职责是明确的，在"生产者—批发商—零售商—消费者"这一过程中，生产者的职责是负责生产商品，批发商的职责是将商品集中再分散，起着集散商品的作用，并为零售商服务，而零售商的任务是在适当的时间和地点为最终消费者服务。

（三）分销渠道功能

综上所述，分销渠道是连接商品和服务供应者与需求者的桥梁，将供需者之间的时间、空间和所有权相连接，将商品或服务从生产者转移到最终消费者手中。在此过程中，需要通过渠道成员的共同协作努力，才能完成商品的传递过程。因此，分销渠道的主要功能包括以下几个方面：

（1）调研：即搜集、分析和传递有关顾客、竞争者及相关的市场信息，制定分销渠道计划，帮助产品从生产者手中向消费者手中转移。

（2）促销：传递与商品相关的信息，并进行说服性的沟通。

（3）洽谈：渠道成员达成产品价格和其他条件的协议，共同实现商品所有权的转移。

（4）分类：协调生产者和消费者之间的矛盾，按消费者的要求整理产品，对产品进行分装、分级、调配等活动。

（5）寻找：为生产者寻找潜在的顾客，解决买卖双方的矛盾，并提供合适的服务。

（6）实体分配：提供商品的储存和运输，保证正常的供货。

（7）财务：补偿渠道的成本，收付货款，提供财务支持和消费信用。

（8）风险：在执行分销任务过程中，承担相关风险。

以上是分销渠道的功能，值得注意的是，在产品的转移过程中一定不能忽略分销渠道功能，要严格地履行各项功能。通常来讲，是需要一个或几个渠道成员共同承担执行的。此外，在渠道中，某些机构可以被代替或取消，但这些机构所执行的职能不能被取消，这些机构一旦被取消，它们的职能将向前一个环节或向后一个环节转移。

二、分销渠道的流程与作用

分销渠道一部分功能（实物、所有权和促销）属于从公司到消费者的向前的流程；一部分功能（下订单和付款）属于从顾客到公司的向后的流程；还有一部分功能（搜集信息、协商、融资和风险承担）则在两个方向上均可发生。图 15-1 说明了六种分销流程。

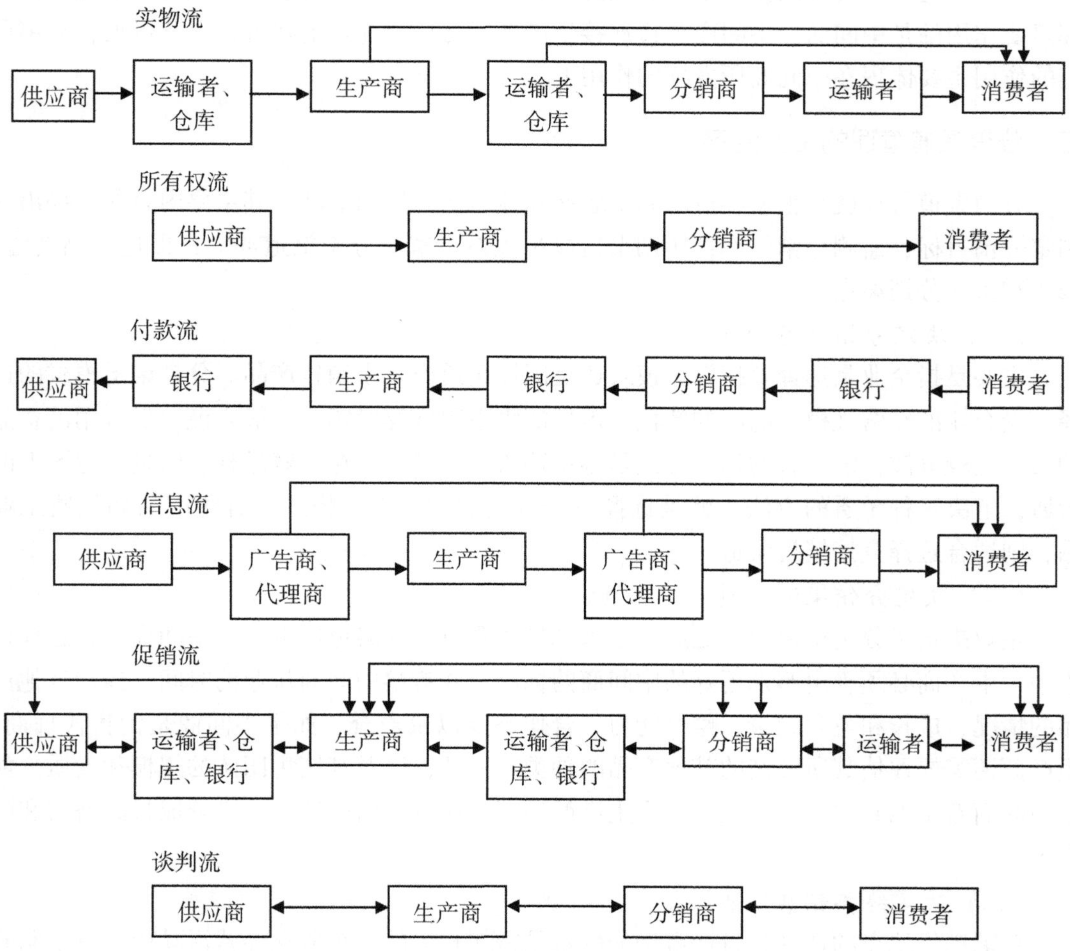

图 15-1　分销渠道流程

分销渠道流程是指商品从生产者向消费者转移过程中的实物流程、所有权流程、付款流程、信息流程、促销流程和谈判流程。

（1）实物流程：商品生产出来后，通过运输部门、仓储部门及分销商，转移到消费者手中，我们称这个过程为实物流程。

（2）所有权流程：是指商品的所有权从生产商手中转移到消费者手中的过程。

（3）付款流程：是指产品所有权在分销渠道成员内转移时，所发生的付款交付过程。

（4）促销流程：是指通过广告、人员推销、营业推广等促销活动的流程。

（5）信息流程：是指商品信息在渠道成员之间进行流动。信息流程始终贯穿在整个渠道过程中。

（6）谈判流程：是指产品在渠道转移过程中进行的谈判活动。谈判流程贯穿在整个渠道过程中。比如供应商、生产商、分销商之间为原材料、产品的种类、价格、促销条件等进行的谈判。

分销渠道的重要作用就是把商品从生产者手中转移到消费者手中。在这个过程中，发挥重要作用的是中间商，中间商一边连接生产者，另一边连接消费者，由此可见，分销渠道的作用主要体现在中间商所发挥的作用上。

三、分销渠道管理的主要内容

分销渠道管理就是根据渠道的基本职能和性质而开展的活动。其主要内容有：提出并制定分销目标；监测分销效率；协调渠道成员关系，解决分销渠道冲突；促进商品销售；修改和重建分销渠道。

（一）决定分销渠道的模式

主要是指企业是选择直接渠道模式还是间接渠道模式来销售产品。分销渠道模式的选择，受企业的经营规模、商品的特性、市场的集中程度等影响。一般来说，像日用消费品的市场比较分散，消费者的购买方式是零星购买，产销之间存在着品种、数量、地区上的矛盾，解决这种矛盾的方法，就是选择一个合适的中间渠道模式。有些产品如某些工业品，则适合选择直接销售渠道。

（二）决定分销渠道成员

企业决定了分销渠道模式之后，必须选择适合自己的渠道成员——中间商。在选择过程中，生产商必须确定鉴别更好的中间商的标准，并考察中间商从业的时间、经销其他产品的情况、成长和盈利记录、偿付能力、合作态度以及声誉。如果中间商是销售代理商，生产商还需要评估其所经销的其他产品的种类和特征，以及其销售团队的规模和素质。如果中间商希望拥有独家经销权，那么生产商还需要评价商店的地址、未来成长的潜力和顾客类型。

（三）决定终端销售地点

终端销售地点的选择和目标市场的确定是密切相关的。企业在经营活动中，有了明确的市场战略后，就应该按消费者的需要，及时地将产品送到消费者购买的地点，解决商品和消费者之间在空间上的矛盾。终端销售点的决策，涉及终端销售点的商场数量、详细地点、特点、交通状况、顾客的人数、当地的经济发展情况、竞争对手状况等内容。

（四）签订和执行销售合同

在企业经营中，与相关企业开展业务活动时，一定要按程序，签订销售合同，以明确双方的权利和义务，并监督执行。

（五）协调和解决渠道冲突

由于渠道在运行过程中，涉及各个利益主体，各渠道成员经常会因为目标不相容、信息不顺畅、沟通不及时发生冲突。而分销渠道管理就是要协调渠道成员之间的关系，及时解决成员间的冲突，报纸渠道的正常运行。

（六）提高分销效率

分销效率是分销渠道管理的最终目的，它通过分销渠道的设计、修改、重建，通过对中间商的管理和控制，达到分销渠道运行的最优状态。

第二节　分销渠道结构与设计

一、分销渠道层级与结构

（一）分销渠道层级

任何一个分销渠道都包括生产商和最终消费者。本书用中介机构的级数代表渠道的长短。分销渠道层级可以分为以下类型：

（1）零级渠道，又称直复营销渠道，是指生产商通过上门推销、互联网销售、邮寄、电话销售、电视直销和其他方式直接将产品销售给消费者。如下所示：

生产商→消费者

（2）一级渠道，是指只有一个中间商环节的分销渠道，如零售商。如下所示：

生产商→零售商→消费者

（3）二级渠道，是指有两个中间商环节的分销渠道，如批发商、零售商。如下所示：

生产商→批发商→零售商→消费者

（4）三级渠道，是指有三个中间商环节的分销渠道，如代理商、批发商和零售商。如下所示：

生产商→代理商→批发商→零售商→消费者

（二）分销渠道结构

根据分销渠道的自身特征、与企业之间的关系、与渠道成员之间的结合方式的不同，有不同的分销渠道结构，主要有以下几种类型：

（1）个别式分销渠道结构，即传统的分销渠道，由一个独立的生产者与批发商和零售商组成，其中每个成员都是以利润最大化为目标的独立实体，即使这个目标的实现是以损害系统的整体利益为代价，其中任何一个成员都不会对其他成员拥有全部或足够的控制权。

（2）垂直式分销渠道结构，由生产商、批发商和零售商形成的统一整体。既可由生产商，又可由批发商或零售商控制。主要依靠经营规模、议价能力和消除冗余服务来降低经济成本，具体来说有三种：

①所有权式垂直分销渠道结构，是指由同一投资系统，把相关的生产和销售单位联合起来，成为一个有效的分销渠道结构。希望获得较大的渠道控制权的企业一般会选择这种方式，如西尔斯公司出售的商品中，有50%来自它拥有部分或全部股权的公司。

②管理式垂直分销渠道结构，是指由于某企业规模大、实力强、声誉高而吸引了大批零售商合作而形成的渠道结构，这种结构不是以所有权为基础，而主要依赖于营销企业自身的资力及影响构成。如宝洁等公司就是这样在商品展示、货架空间、促销和价格政策等方面获得分销商的合作的。

③契约式垂直分销渠道结构，也称为"增加价值的伙伴关系"，是指处于生产和分销的不同层次的独立公司，为了获得单独经营所达不到的经济利益，以契约为基础实现的经济联合体，如自愿批发商联合组织、零售商合作组织、特许经营组织。

（3）水平式分销渠道结构，也称横向分销渠道结构，是由两个或两个以上的同级企业为了充分利用资源和规避风险所形成的短期或长期的联合营销渠道结构。

（4）复式渠道结构，是指生产企业通过不止一条渠道将产品转移到不同市场或相同市场的多渠道结构。

二、分销渠道设计与评估

分销渠道设计是还不存在的渠道和需要调整的渠道开发新渠道的动态设计过程。渠道设计是一项主动的任务而不是被动的任务，营销者通常会调整或改变现有渠道，即使某些新商品和客户细分市场可能需要全新的渠道。有效的分销渠道不是简单地进行演化，而是由管理层根据总体营销目标进行的精心设计。如图15-2所示，组织市场营销者通过渠道设计流程以达到吸引目标市场的顾客，获取利润，维持或增长销售以及市场份额增长率等目标。他们通过这些步骤，可以确定所有重要的渠道因素都经过了评估。

（一）关注终端用户：定义细分市场

分销渠道的首要目标是满足最终客户的需求，因此渠道设计流程从分析最终客户需求开始。第一步包括定义目标细分市场，识别各个细分市场中客户的购买与使用行为，例如，他们买什么，如何买，如何使用购买的产品。此外，营销战略制定者应该从客户的视角关注产品的重要性。就如，V. 卡斯图里·兰甘认为："农产品渠道的生产商应该关注农民而不是经销商。反之，汽车保险杠上用的工程塑料制品的制造商应该关注汽车制造商而不是客户，因为这是终端客户眼中的产品价值……而在客户的购买决策中，汽车的其他特征更加明显。"

（二）识别和排列细分市场中客户对渠道的需求

随后，企业识别和排列细分市场中客户对渠道的要求。这些信息可以直接从各个细分市场的现有客户和现在客户那里获得。而渠道功能对特定细分市场客户的重要程度不同。例如，信息技术产品的大客户可能会将产品定制化、产品质量保证和售后服务列为他们的三大首要需求。然而，小客户可能会更重视产品信息、不同种类的搭配和产品可得性。组织市场营销经理还应探索帮助企业制定战略的其他客户知识，如客户对2个小时服务反应和6个小时服务反应的时间的敏感度。

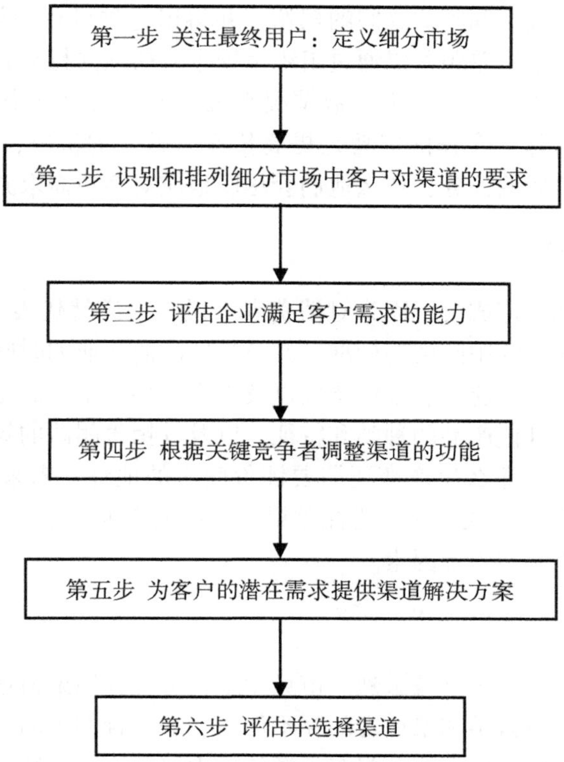

图 15-2　渠道设计流程

（三）评估企业满足客户需求的能力

一旦企业评估并排列了客户要求，企业应评估渠道的优势和劣势，评估目标是识别细分市场中客户需求和企业目前服务水平之间的差异。客户的渠道选择并不是基于单一元素，而是基于一些利益的集合（即渠道功能）。因此，组织市场营销者应该识别特定的渠道功能（如售后支持），并采取措施提升客户价值主张。

（四）根据关键竞争者调整渠道的功能

在设计渠道时，影响营销者消除渠道能力差距的是成本因素。企业了解竞争对手的渠道功能就可以选择清晰的战略。例如，某强势竞争对手组建了自己的客户经理团队，还聘请了擅长服务大企业客户的服务专家。但较小的竞争者仍然可以为中小规模客户制定特殊的渠道功能，也能找到无数的机会与大企业竞争。

（五）为客户的潜在需求提供渠道解决方案

通过对竞争对手商品进行评估，可以帮助营销者发现对客户有吸引力的新产品。“在另一些情况下客户的需求可能是潜在的，没有表达出来。渠道的职责是寻找这些需求，并让它们浮出水面。”基于此，一位信息技术设备供应商为中小规模的客户提供了全新的渠道选择。这个新渠道不仅负责销售设备，还为客户上门安装、升级和维护设备，从而收取服务费用。

（六）评估并选择渠道

渠道决策必须考虑成本和收益之间的权衡，并得出每种可行的渠道选择的盈利能力。在这个评估中发现饥饿渠道差距可以通过组织市场企业的独立行动和投资得以消除，例如增加服务支持员工或销售人员。对大多数情况来说，最大的改善来自于渠道成员（分销商或制造商代表）的合作。合作的宗旨是提高传递给顾客的价值，如果成员之间达成一致，并且完成各自调整后的任务，那么他们会尽职地应对客户需求并提高渠道绩效。

三、分销渠道成员选择

公司必须认真挑选渠道成员，因为对消费者来说，渠道就代表公司。在选择过程中，生产商必须确定鉴别更好的中间商的标准，并考察中间商从业的时间、经销其他产品的情况、成长和盈利记录、偿付能力、合作态度以及声誉。如果中间商是销售代理商，生产商还需要评价其所经销的其他产品的种类和特征，以及其销售团队的规模和素质。如果中间商希望拥有独家经销权，那么生产商还需要评价商店的地址、未来成长的潜力和顾客类型。例如，IT 厂商选择渠道成员时，更注重渠道成员的专业背景、从业人员的专业素养、行业行销经验、市场扩展能力等因素。

四、分销渠道整合

在现代市场环境中，面对日益激烈的市场竞争，传统分销渠道逐渐显露出体系结构不合理、类型单一、管理不科学和渠道之间互不沟通、缺乏合作等问题，严重影响了企业经济效益和竞争能力的提高。而企业要想在市场竞争中取胜，就必须对传统渠道体系进行创新。近年来全渠道管理模式的兴起，使越来越多的企业开始关注和开展"渠道整合"模式。其中一个整合模式就是分销渠道整合，即企业对其实体店、电话购物中心、店内查询机、网站、移动 App 等进行整合。在此整合过程中，企业必须具备采纳和利用新技术的能力，如用店内查询机、平板电脑或智能手机 App 为顾客提供跨渠道服务（店内线上下订单，送货到家等服务）。此外，企业进行分销渠道整合需要重新设计基本业务流程和信息系统（产品分类计划、库存管理和补给），因此企业应具备企业流程重组的能力。

最早对渠道整合的理解，是指从渠道系统的整体设计和目的需要出发，把渠道中的要素和资源按合理的程序和比例进行配置，整合各种分散的单元，将渠道系统建立成一种全面协调统一的运行机制，使各种渠道及其要素得以相容、适应、互动及调配，从而充分发挥总体功能。20 世纪 90 年代以来，渠道整合的理念被引入渠道管理之中，如美国学者舒尔茨等人对整合理论进行了初步概括，即整合营销要以综合协调为主要手段，制定出科学有效的渠道分销策略。

学习智库 15-1

渠道整合与多渠道管理的区别

多渠道管理，是指将商品或服务通过多条流通渠道从生产者传递到消费者的一系列管理活动，其中包括"通过渠道设计、分配和协调，有效的顾客获取、保留和发展，提高顾客价值”。例如，某一零售商既有网站又有实体店，虽然可以为顾客提供在线订购商品等服务，但是在线订购的商品并不能退还到实体店中。多渠道之间不是相互联系的，每条渠道是独立的，并有不同的团队进行管理，每条渠道拥有自己的目标和议程安排。因此，多渠道管理不存在渠道整合，渠道之间也没有数据交换，多渠道管理聚焦的是每条渠道的独立运营。

渠道整合，是指渠道之间的整合，顾客可以在渠道之间进行转移。跨渠道策略不只限于渠道管理，同时还考虑到“触点”，触点是指任何能够联系顾客和企业的点，是能与一个品牌或企业的直接或间接联系的节点，其中主要包括TV、收音机或广告牌。与多渠道相比，所有渠道和触点之间没有互动、转移的障碍，顾客可以在所有联系的触点和渠道之间自由转移。

资料来源：根据Mirsch等（2016）文献整理.

企业开展渠道整合活动，其目的可以分为短期的、中期的和长期的。

1. 短期目的——降低交易成本

渠道竞争和渠道的多元化使得企业的交易成本节节攀升，企业的盈利空间越来越小。渠道整合首要的目的就是尽快降低企业的销售成本，获取更大的价格竞争优势或盈利空间。这往往需要企业准确地将销售过程中的任务——分配给能以较低成本较好完成该任务的渠道，使销售过程中渠道实现科学分工。比如呼叫中心通常在接待顾客询问、确认顾客身份、接受顾客回访和抱怨等方面比区域销售代理更有效，成本更低廉。基于这种考察，企业可以将销售过程中的一些前期活动（如潜在顾客的寻找、潜在顾客身份的确认等）、后期活动（如售后访问）和简单重复的交易活动交给低成本的电话营销渠道，而将复杂的交易移交给区域销售代理。如果采用这种方式，将极大地降低销售成本，同时也使得销售代理有更多的时间寻求更多更大的商业机会。

2. 中期目的——扩大市场覆盖和市场份额

渠道整合的中期目的就是要在市场上充分发挥渠道整合的作用。从市场战略的角度来看，扩大企业产品的市场覆盖率和提高企业的盈利水平，这两个目标在短期内是矛盾的，因为提高产品的市场覆盖率必然引起成本上升和投入增加（如产品研发R&D投入增加、广告费用上升、折扣增多等），而短期内增加投入所带来的收效并不明显，所以短期内高的市场覆盖率不一定会导致高的盈利率，结果多半是恰恰相反的。但从长远来看，这两个目标是一致的，先前投入在获得市场认可后，导致了更高的重复使用率或更多的购买者，甚至是更多的忠诚顾客，最终实现企业利润的增加。

3. 长期目的——培养企业的核心竞争力

通过渠道整合，减少冲突，共同增长，形成企业与渠道之间和谐、健康、稳定的合作关系；通过提供个性化服务，满足个性化需求，形成企业与顾客之间良好、持久的交换关系，是培养企业核心竞争能力的重要环节。

在21世纪，市场格局发生了巨大变化——买方市场出现。买方市场的出现使市场竞争发生了改变，一方面，竞争的主要表现从买方之间的竞争转向卖方之间和买方与卖方之间的竞争；另一方面，卖方之间的激烈竞争使得潜在市场开发难度增大，而且多数已开发的市场已处在饱和状态，所以彼此之间争夺现有客户资源成为竞争的一个重点。因此，重视、保持现有顾客成为企业生存和发展的关键。

由于并不是所有的客户对企业都是有价值的，因此，企业应该根据不同的顾客价值，采取区别化的对待方式，这也是企业进行客户关系管理的基准原则。客户关系管理的目的是实现顾客价值最大化与企业收益最大化之间的平衡。渠道整合遵循了企业客户关系管理商业化的准则。渠道整合也应该朝着促进这个准则实现的方向前进。针对不同价值的客户提供不同的渠道，将低价值的客户引入低成本的渠道中来，把更多的精力和资源投入为高价值客户服务的活动中去。丰富的优质客户资源就是企业最核心的竞争能力。

第三节 分销渠道权力、冲突与控制

一、分销渠道权力

分销渠道权力（以下称“渠道权力”）是渠道管理的重要内容，如何运用渠道权力，加强对渠道成员的控制和管理，是企业非常重视的问题。

（一）渠道权力的概念

大多数的渠道研究者都是基于社会学中的“权力”概念来定义渠道权力的。如斯特恩和艾·安萨利（1977）将渠道权力定义为，某个渠道成员所具有的让其他渠道成员必须进行某种行为的能力，并进一步将渠道权力解释为“某个渠道成员 A 对另一个渠道成员 B 的权力是指 B 在 A 的干预下的行为概率要大于没有 A 干预下的行为概率”。斯特恩将渠道权力进一步定义为“一个渠道成员 A 使另一个渠道成员 B 去做它原本不会做的事情的一种能力”。罗森布罗姆则将渠道权力定义为，“一特定渠道成员控制或影响另一成员行为的能力”。综上所述，虽然不同学者对渠道权力有不同的解释，但意思基本一致，即渠道权力是一个渠道成员对另一个渠道成员行为的控制力和影响力。

与此同时，在渠道内还存在着一种观点，即“权力是假想的，具有投机性的，并且不可能精确证明。任何未经使用的能力都很容易被忽略，且没有人能够说清楚在正常的进程中会发生什么事”。也就是说，有些渠道成员无法确认其他渠道成员对自己是否有权力以及到底拥有多大的权力，所以不必太在意渠道中的权力。但实际上渠道成员的受影响者可能处在影响者的影响力之下而毫无察觉，甚至不承认这一点。因此，弄清楚一个渠道成员是否拥有潜在影响力和拥有多大的潜在影响力，对权力的真正理解就显得至关重要。

（二）渠道权力的来源与分类

渠道权力的来源是指渠道权力赖以产生的源泉或基础，根据其权力来源有不同的渠道权力分类，其中最重要的是将权力分为强制性权力和非强制性权力。Hunt 将社会学中的“五种权力基础”引入渠道权力的来源中，并以“是否带有强制性”为标准，将惩罚权归为强制性权力，而奖励权、专长权、认同权、合法权和信息权归类于非强制性权力。

（1）惩罚权。来源于强制的权力是指某个渠道成员通过行使某种强制性的措施而对其他渠道成员产生影响的权力。强制权行使的前提是渠道权力客体如果没有遵从权力主体的要求就会遭受某种惩罚的心理预期。

（2）奖励权。来自奖励的权力是指某个渠道成员通过向其他渠道成员提供某种利益而对其产生的权力。奖励权的有效行使取决于渠道权力主体拥有权力客体认可的资源，以及权力客体的一种信念，即它如果遵从权力主体的要求，就会获得某些报酬。

（3）专长权。来自专业知识的权力是某个渠道成员通过某种专业知识而产生的对其他渠道成员的影响力。渠道系统内的专业分工使渠道系统内的每个成员都具有一定的专长权。

（4）合法权。来自合法性的权力是某个渠道成员通过渠道系统中的权力与义务关系的合法性而产生的对其他渠道成员的影响力。合法权的重要特点是渠道权力客体感到无论从道德、社会或者法律的角度出发他都应该同权力主体保持一致，或者它有义务去遵从权力主体的要求。这种责任感和职责感有两种来源：法律和传统或者价值观，前者产生了法律上的合法权，后者产生了传统的合法权。

（5）认同权。来源于参照与认同的权力是某个渠道成员作为其他渠道成员参照与认同的对象而对它们产生的影响力。来源于参照与认同的感召权本质上是渠道权力客体对权力主体的一种心理认同这种权力的深层来源是权力主体的声望与地位。

（6）信息权。来源于渠道成员提供某一类信息的能力。信息权和专长权有些类似，两者在提供出去后都不能再收回。两者的区别在于：专长权是长期经验累积或专业训练的结果，而信息权则只是由于一个渠道成员容易接触到某一类信息而对于某一事物具有更多的知识，是建立在真实的信息资料的基础之上的，任何渠道成员都有可能因为及时得到了真实可靠的信息资料而具备这种能力。最明显的一个例子是零售商具有的对于各种商品销售情况的信息，这样零售商对其他渠道成员便拥有信息权。

（三）渠道权力的特性与作用机理

由于渠道成员在功能上是相互依赖的，因而渠道系统中的每一个成员都有一定的渠道权力，但这种 权力在渠道成员间的分配却不是均等的。但是，权力的对抗性特征使得权力关系内部存在着一种促使权力趋向平衡的动力机制，即权力主体行使权力总是会诱发抵消性的权力与之对抗，从而削弱权力主体的影响力。然而从渠道权力的工具性出发，渠道权力主体受利益的驱动总是致力于保持或加大这种权力的非均衡状态。渠道权力正是在这两种力量的作用下在均衡与非均衡之间运动变化的，如图 15-3 所示。

（四）渠道权力的使用效果

渠道权力的使用效果可分为短期的、中期的、长期的三类。

1. 短期效果——经济绩效、屈从

在交易营销的观念下，使用渠道权力正是为了获得即期效果，比如让渠道成员屈从或获得经济绩效。如美国某一工业特制工具企业，使用非强制性权力更容易让渠道成员屈从自己，然而使用强制性权力则没有效果。在我国，使用非强制性权力更能获得经济绩效，而强制性权力虽然能使渠道成员在短期内屈从，但对经济绩效却效果不佳。

2. 中期效果——合作、冲突

合作是指渠道成员为了达到共同目标采取的互利性行为，冲突是指一个渠道成员意识

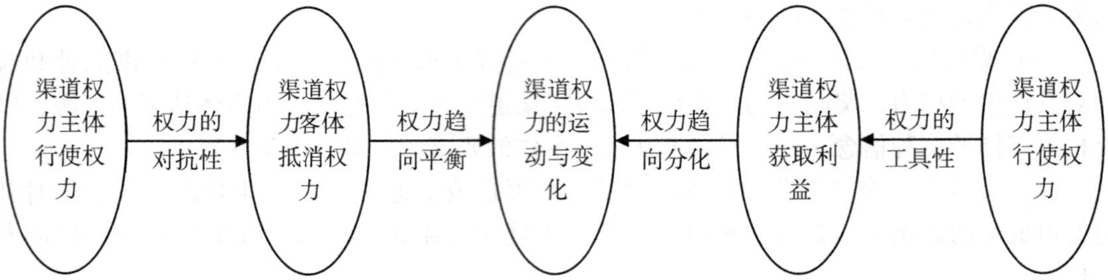

图 15-3 渠道权力的作用机理示意图

到另一个渠道成员正在从事损害自己利益以获取稀缺资源，它们也是渠道问题中重要的变量，目前关于渠道权力与合作、冲突关系的研究存在较大的争议。一部分学者认为，使用强制性权力不利于合作而增加冲突，而非强制性权力则有相反的效果；但也有不少学者认为，强制性、非强制性权力的使用与渠道成员间的合作、冲突水平的关系并不是那么简单，他们的研究确实发现了不同的结论，比如强制性权力与合作的关系并非线性，非强制性权力与冲突水平也有正向的关系等。

3. 长期效果——满意、信任、承诺

普遍来说，强制性权力包含了很多非善意的因素，不利于渠道成员间的关系，而非强制性权力则体现了关系的友好。因此，强制性权力会降低渠道成员之间的满意度、信任、承诺，而非强制性权力则会提高满意度、信任和承诺。

二、分销渠道冲突及管理

“冲突”这个词来自于拉丁语中的“confligere”，译为“碰撞”，是指敌对者清除、伤害或抵制竞争者的行为，以及围绕能力、价值、资源和地位而开展的争夺。

无论渠道设计和渠道管理多么出色，渠道冲突都是无法避免的。一般来说，渠道冲突是因为渠道中某个成员的做法阻碍了渠道实现其目标而造成的。综上所述，本书将渠道冲突定义为：一个渠道成员意识到另一个渠道成员正在阻挠或干扰他实现自己的目标或有效运作；或一个渠道成员意识到另一个渠道成员正在从事某种会伤害、威胁其利益，或者以损害其利益为代价获取稀缺资源的活动。

（一）渠道冲突的来源与类型

渠道冲突为什么会爆发？一个主要原因是目标不一致，例如，生产商希望通过低价迅速扩大市场，而分销商则总希望销售毛利高的产品以提高短期盈利能力。有时，权利和义务不明确也会造成渠道冲突。这正是惠普公司的特性经营商在向大客户推销该公司的个人计算机，而同时惠普公司自己的销售团队也在进行同样的工作原因。销售区域划分和赊销条款往往是导致冲突产生的原因。

渠道冲突产也可能源于对环境的不同看法，例如，生产商十分看好短期经济形势，希望分销商购买更多的产品，但是分销商却对未来持悲观态度。此外，如果中间商对生产商依赖性很高，也可能产生渠道冲突。排他性分销商（如汽车经销商）的业务发展与生产商的产品和定价政策之间存在着密切关系，这就很有可能引起冲突。

营销实例 15-1

满 记 甜 品

小姑娘爱吃的香港满记甜品，以后再难在武汉吃到了。因长沙满记甜品有限公司与香港满记甜品集团就专营权合约出现纠纷，香港满记甜品取消了湖北、湖南两省内13家“满记甜品”店的专营店资格，所有门店都将变身“净果甜品”。

香港满记甜品在官网上发布了《终止湖南省及湖北省“香港满记甜品”店专营权的公告》，公告中称：因营办商“长沙满记甜品有限公司”严重违反了有关专营权合约，香港满记甜品决定自2011年9月15日起即时终止及取消与其合作的关系，并谨此声明现有湖南省及湖北省内所有“香港满记甜品”店或“满记甜品”店均不再是香港满记甜品合法授权的专营店。并在声明中表示对此类店铺所生产、销售的食品及产品，销售行为等再不承担任何责任。

资料来源：改编自邹茂，林实生，黄欣洲．专营权纠纷武汉满记甜品更名．长江商报，2011-09-28.

（二）渠道冲突的管理

渠道冲突在渠道关系中是不可避免的，但有些渠道冲突是良性的，它们可能会提高渠道在不断变化的环境中的应变能力，而大量的冲突对渠道的正常运行具有负面影响，因此，渠道成员面临的挑战不是消除冲突，而是更好地管理冲突。渠道冲突的管理方式大体上可概括为三类：

1. 制度化管理与过程化管理

制度化管理是指一些用来解决冲突的政策手段。例如：贸易组织联合委员会、分销商理事会、管理层交流、调停和仲裁等。

所谓过程化管理，是指用来解决冲突的具体行为。可以通过问题解决、说服、谈判、政治手段等方式管理冲突。其中，“问题解决”是指通过整合双方的需求而解决冲突，最终实现一个共同目标；“说服”是指双方均试图改变彼此的观点或决定（目标不是共同的）；“谈判”是一种零和博弈导向的手段；“政治手段”意味着利用人际关系方式解决冲突的失败，涉及第三方的参与。

2. 向心式管理与离心式管理

两者的区别在于：第一，“向心式解决”方式通过调和渠道成员间的利益，以期实现共赢（Win-Win），如问题解决、妥协等方式。该方式涉及双方信息的公开和交换以及联合共同决策。此过程中渠道双方因涉及关键信息的交换和公开，故被认为是“高风险”（High-Risk）的。第二，“离心式管理”方式则是指企业本着自身利益最大化，以及“我赢彼输”（Win-Lose）的导向来解决冲突，如支配、回避等方式。此过程中渠道双方不会有信息的交换，故此方式不存在信息损失风险，被认为是“低风险”（Low-Risk）的。

3. 冲突消除式管理与冲突协调学习式管理

大部分的冲突管理方式是站在“冲突消除”的角度，如问题解决、说服、谈判、政治手段等，其最终目的是“消除冲突”。而近年来出现了一种新的冲突管理方式，即冲突协调学习式管理，意指产生冲突的渠道成员通过信息交换等手段，整合不同意见以期实现共同的目标，从而在冲突解决过程中协同创造价值。在此过程中，渠道成员需通过信息交换、与渠道成员的联合协调以及特定的关系记忆来实现这一冲突管理的目的。

对于冲突的管理，只有找到合适的解决手段才能产生积极的结果。目前，对于我国企业而言，渠道体系正面临着来自技术、经济等因素的冲击和影响，渠道冲突难免产生，企业应该根据实际情况选择合适的冲突管理之道。

三、分销渠道控制

（一）渠道控制的内涵与特点

渠道控制，是指为一个渠道成员对另一个渠道成员的行为与决策变量成功施加影响的过程。图 15-4 显示的是以生产商为施控者、中间商为被控者的渠道控制路线。其中，实线表示的是跨组织控制，虚线表示的是组织内控制。可见，生产商对于中间商的控制是由生产制造商的渠道管理者（如营销经理或渠道经理）实施的，但是生产商的内部控制（高层管理者对渠道管理者的控制）和中间商的内部控制（中高层管理者对销售人员的控制）都会影响到生产商对渠道控制的力度、方式和效果。比如，当生产商的内部控制很规范时，通常也会促使其渠道管理者对中间商进行规范的控制；当一个零售商有一套行之有效的现场控制体系时，生产商就可以减少对于零售商销售人员的行为控制。图 15-4 中，生产商的高层管理者对于中间商的中高层管理者和销售人员没有直接控制，这只是一般情况，而不是绝对的。在某些特殊的情况下，如某一渠道中存在很大问题的时候，生产制造商的高层管理者也会直接控制渠道。

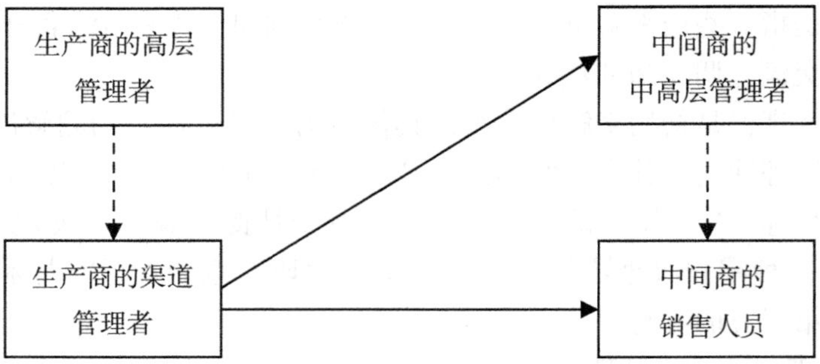

图 15-4 渠道控制路线

渠道控制的特点和难点就是要在组织内交叉地进行跨组织控制。比如，以为是跨组织控制出了问题，但其实是组内控制出现了问题；相反，有时以为是组内控制出了问题，但真正出问题的是渠道合作伙伴的控制。如果，要使渠道控制有效果且有效率，则既需要合作伙伴的配合，又需要施控者和被控者各自内部控制的配合。

概括而言，渠道控制的特点如下：

（1）施控者与被控者之间各自独立。这表现在法人资格、利益、文化、企业战略和行为方式等方面。

（2）相互依赖、互利互惠。这是渠道这一“超级组织”得以建立、发展和维持的基础，也是渠道控制的前提。

（3）渠道成员常常互为施控者与被控者。一个渠道成员往往在某一种或几种渠道功能上有较大的话语权，是施控者，而在另一种渠道功能上少有或没有话语权，是被控者，因此在图 14-3 中，生产商对中间商的控制路线有可能倒过来。

（4）渠道成员之间的控制，介于市场控制欲组织控制之间，是二者的混合。有时组织控制较强（如特许经营渠道中），有时市场控制较强（如一般的贸易渠道中）。

（5）平等原则。由于以上 4 个特点，一个渠道成员对于另一个或一些渠道成员的控制更多的是建立在平等原则上的沟通或影响，而不是建立在层级制度上的命令和指挥。

营销实例 15-2

三星扼住苹果命脉，iPhone 手机的屏幕要涨价？

三星公司旗下的三星显示能够生产世界上最优秀的智能手机 OLED 屏幕，这一点在三星新推出的 Galaxy S8 和 Note 8 智能手机上尤为明显。也正是因为这个原因，苹果公司非常依赖三星供应的屏幕。

预计即将发布的新一代 iPhone 上将会装配三星生产的屏幕，这也标志着苹果将在今后的旗舰机上使用 OLED 科技。凯基证券知名分析师，“全世界最厉害的苹果分析师”郭明錤近日也表示，三星作为唯一的屏幕供应商，在 iPhone 8 的生产过程中拥有非常重要的地位。

目前，下一代 iPhone 即将发布，没有任何其他厂商能够像三星一样对手机大小的 OLED 屏幕进行大规模、持续性的供应。据称，iPhone 8 将使用无边框全曲面屏幕，这一设计也让显示功能成为 iPhone 性能的重中之重。因此，苹果不能够容忍任何质量瑕疵的存在。苹果对三星的依赖也让三星掌控了 OLED 屏幕的定价权——从目前的情况来看，三星是苹果唯一能够依靠的屏幕供应商。

据估计，苹果每一张 OLED 屏幕的进价在 120~130 美元。和 5.5 英寸 iPhone 7 Plus 45~55 美元的液晶屏幕相比，这个价格上涨了一倍有余。那么，消费者肯定会分担屏幕价格上涨给苹果公司带来的压力。纽约时报就指出，iPhone 8 的起售价可能会在 1000 美元左右。这一售价中，新型屏幕占了重要的一部分。

目前，苹果公司在“急切寻找第二位 OLED 屏幕供应商”。如果他们寻找到了这样一个合适的选择，他们将能够制衡三星显示在交易中的话语权。同时，苹果还能减轻供应限制——据称，在 iPhone 8 发布的最近几周内，这款手机将很难到达大部分消费者手中。

资料来源：搜狐新闻，http：//www. sohu. com/a/193206660_188656.

（二）渠道控制的前因

渠道控制的直接动因，是在渠道交易中普遍存在着投机行为。只要有代理问题，只要代理人与被代理人之间的信息不对称，投机行为就很难杜绝。在营销渠道中，有多种不同的代理关系。比如，一个渠道成员可以被看作另一个渠道成员的代理人，如图 15-4 中，中间商是生产商的销售代理人。当然，这个代理关系也可以反过来看。当我们站在中间商（如一个零售商）的角度讨论控制问题，那么生产制造商就成为中间商的生产制造代理人。除此之外，每一个渠道成员内部还有另外一层代理关系，如图 15-4 中，生产商与其渠道管理人员之间，中间商与其推销或销售人员之间。

在这些代理人与被代理人之间，信息是不对称的。被代理者不可能时时刻刻监视代理者，代理者更不可能在投机时把自己真实的动机告诉被代理者。代理关系加上信息不对称，就使代理人利用代理关系以损害被代理人利益的方式为自己谋利（即投机）成为可能。渠道投机行为，特指发生在不同渠道成员之间代理关系中的投机行为。

第四节　网络分销渠道

随着新的技术设备和互联网技术的快速发展，传统分销渠道已经不能满足日益激烈的市场竞争和消费者需求，越来越多的企业开始基于新的技术设备和互联网技术发展网络分销渠道。网络分销渠道是一种新型渠道策略，是互联网时代下企业获取竞争力的有力武器，也是更紧密地链接企业和消费者的重要桥梁。因此，认识和了解网络分销渠道，是本节所要讨论的主要问题。

一、网络分销渠道的特征

网络分销是企业以电子信息技术为基础，以计算机网络为媒介和手段而进行的各种分销活动的总称。网络分销根据其实现方式有广义和狭义之分：广义的网络分销，是指企业利用所有计算机网络进行营销活动；狭义的网络分销，是指国际互联网络分销。网络具有快速、搞笑、低成本的特点，在互联网上信息资源共享，进入障碍为零。作为一种新的媒体，网络具有一对一的互动特点，这是传统媒体所不具有的。网络分销渠道具有以下特点：

（一）全球区域和范围

通过以互联网为基础的电子分销渠道在互联网上购物是最为适当的，因为这种高技术渠道结构能使全世界许多国家中拥有个人电脑、能够上互联网并能访问任何企业网站的消费者订购商品和服务。从企业的角度来看，同样的区域和范围都能供货，即使是一个非常小的刚刚开张的企业也能够创建自己的网站，并在全球范围内寻找顾客。

（二）高效、方便、快捷、灵活

电脑可以储存大量的信息以便消费者查询，其可传达的信息数量和精确度远远超过其他媒体，并能适应市场需求，及时更新产品或者调整价格，因此，能及时有效地了解并满足顾客的需求。随着顾客对在线购物体验期望的不断增加，和不断加快的生活节奏，消费者更愿意选择便捷的在线购物方式随时随地进行购物，而不是自己亲自到商店中购物。

从消费者和企业的观点来看，网络渠道更加有效和灵活。企业为消费者提供大量富有吸引力的有用信息，消费者在对产品信息的利用中，可以在享受企业成熟网页和分类的能力方面有更大的灵活性。

（三）成本低

通过互联网进行信息交换，代替以往的实物交换，一方面可以减少印刷和邮寄成本，可以做到无店面销售，免交租金，节约水电与人工成本；另一方面可以减少多次交换带来的损耗。此外，企业没有商品库存压力。使用互联网的分销手段，可以降低促销费用，比如公司信息、产品特征。通过网络储存避免了包装、印刷营销材料的费用，节省了广告宣传的费用。

（四）互动性强

互联网的出现为企业与消费者之间搭建了信息沟通的桥梁。企业通过电子布告栏、电子邮件、网上论坛等方式以很低的成本获得消费者的信息。这些方式是那些中小企业在非网络环境下所不能拥有的。同时，网络分销也为消费者发表自己对产品设计、包装、定价服务等问题提供了一个平台。这样的沟通方式对于企业和消费者来说取得了“双赢”。

（五）拟人化

互联网的促销是一对一的、理性的、消费者主导性的、非强迫性的、循序渐进的，而且是一种低成本与人性化的促销，避免推销员强势推销的干扰，并通过信息和交互式交谈与消费者建立长期良好的关系。网络渠道可以及时的满足顾客需求，顾客可以通过网络通信向公司提出问题、表达不满，为顾客提供快速响应的售后服务，帮助企业建立大量的客户关系。

二、网络分销渠道的功能

网络分销渠道是指通过网络提供产品或服务以供顾客使用或消费这一过程有关的一整套相互依存的机构，它涉及信息沟通、资金转移和产品转移等。网络分销渠道就是借助互联网将产品从生产者转移到消费者的过程。一方面它要为消费者提供产品信息；另一方面，在消费者选择产品后完成交易。一个完善的网络分销渠道应有三大功能：订货、结算、配送。

（一）订货功能

网络分销渠道要能够为消费者提供产品信息，同时方便生产者获得消费者的需求信息以达到供求平衡。建立一个完善的网上订货系统，可以大大降低库存，减少销售费用。许多企业，特别是与计算机相关的行业，在这方面发展得最快。比如美国的戴尔公司提供的网上订货系统，每天完成的销售收入超过 3000 万美元，占公司总收入的 6 成以上。我国也有许多企业开通了网上订货系统，比如联想电脑、海尔集团等。随着互联网的发展，一些中小企业也将陆续发展网上订货系统。

（二）结算功能

不同的消费者在购买产品以后，往往以不同的方式进行付款，所以企业必须提供多样化的结算方式以满足消费者的需要。目前，我国普遍流行的结算方式有：信用卡、货到付款、网上划款等。随着信息技术、网络技术的进一步完善，如二维码支付，网络支付保障体系的完善，网上支付将越来越普及，逐渐进入“无现金”城市的新支付时代。

（三）配送功能

一般来说，产品分为有形产品和无形产品。无形产品如服务、软件、音乐等产品可以直接通过网上进行配送，对于有形产品的配送，则要涉及运输和仓储问题。目前，国内国外已经形成了专业的配送公司，如著名的美国联邦快递公司，它的业务覆盖全球，实现全球快速的传递服务；如我国著名的顺丰速运快递公司，以最快速的运送速度为名，已成为我国快递业内最值得信赖的快递公司之一。

三、网络分销渠道的类型

在传统分销渠道中，中间商是分销渠道中的重要组成部分。随着互联网的发展以及在商业中的应用，互联网将不断取代传统中间商的重要地位。目前，已有的网络分销渠道的类型主要有以下5种：

（一）生产商网络直销

生产商网络直销是指生产商在自身网站上销售其产品或服务。例如，微软中国官方网站提供包括 Windows7、Office 365 家庭高级版等在内的所有 Windows 和 Office 产品与相关服务的下载与购买，用户一旦购买，便可获得永久使用权。国内一些高校出版社通过自建的官方网站对数字图书、数字期刊等产品进行销售，像清华大学出版社建立的“文泉书局”，北京大学出版社官网上的“图书中心”及“下载专区”。此外，有些数字书报刊生产商通过建立自己的数据库系统进行直销，如约翰·威利出版集团建立的官方数据库——Wiley 数据库，就为用户提供了约翰·威利所有出版物的数字版本，是一个直接面向用户的销售平台。

（二）大型综合性网络零售商分销渠道

这类渠道主要以亚马逊、京东商城、当当网等 B2B、B2C 商城为代表。这些大型综合性网络零售商拥有庞大的用户群，在提高数字书报刊销量方面效果显著。例如，当当网开设了“数字馆”专栏销售数字图书，据统计，平均每天能销售高达 10 万本的电子书；京东也设立了“数字商品”专栏，销售电子书、有声读物之类的数字书报刊，很多出版社、公司都是京东的品牌供应商。大型综合性网络零售商分销渠道还包括像淘宝网、拍拍网之类的 C2C 平台，也已成为软件销售的一种重要途径。大型综合性网络零售商分销渠道最显著的优势在于其拥有庞大的客户群，可以帮助生产商迅速拓展市场，增加潜在客户数量。

营销实例 15-3

大型综合性网络零售商

很多淘宝商家都经营软件的销售，目前淘宝上销量排名第一的软件是捷易通第五代虚拟话费自动充值软件，30 天累计销售 44617 件，销量十分可观（2014 年）。2008 年底京东注册用户超过 100 万，2010 年第四季度超过 1000 万，年增长速度近 200 %，到 2013 年 4 月京东注册用户突破 1 亿，可见其用户数量之庞大，增长速度之迅猛。

然而，这类分销渠道众多，不利于生产商的管理；渠道内部存在较为激烈的竞争，渠道成员易产生矛盾；具有大卖场性质，产品类型众多，软件所占的比重较小，易被客户忽视。

资料来源：张一涵和袁勤俭（2015）.

（三）网站联盟分销渠道

网站联盟分销渠道，也称为联署计划营销，1996 年起源于亚马逊，是指网站站长（加盟会员）注册参加广告主的联署计划，获得一个特定的只属于这个站长的联署计划链接。站长把这个链接放在自己的网站上，或者通过其他方式推广这个链接。当有用户通过这个联署链接点击来到广告商的网站后，联署计划程序会对用户的点击、浏览、销售进行跟踪。如果用户在广告商的网站上完成了指定的行动，广告商将按预先规定好的佣金支付给站长，是一种"按效果付费"的分销方式。

（四）门户网站分销渠道

这类渠道主要是指生产商与知名门户网站合作销售产品。目前，国内主要的综合性门户网站包括新浪、网易、搜狐等。以搜狐为例，除了向用户提供在线新闻，还建立了包括在线听书、在线读书、电子杂志等数字书报刊分销平台。除了综合性门户网站，一些专业的门户网站也纷纷向数字产品销售进军。龙源期刊网就是专门销售期刊的门户网站，截至 2012 年 1 月，该网站已经与近 3000 种知名人文期刊以独家签约或合作的形式在龙源期刊网销售全文电子版。用户可以在网上阅读期刊的原貌版以及电子文本版，按篇计费。

（五）移动终端分销渠道

移动终端是来自技术供应商的销售产品或服务的一个重要渠道。生产商与技术供应商合作，通过移动终端销售自己的产品。典型的移动终端有 Kindle 阅读器，苹果公司的 iPad 等。

随着互联网技术的飞速发展和网上交易的日益增多，将会出现更多的新型网络中间商，以满足网络交易的需要。与传统中间商一样，新型电子中间商的产生起到了方便消费者和生产者、降低交易成本、发挥规模经济、提高市场交易频率的作用。信息技术的飞速发展给中间商带来了机遇和挑战，为企业的营销带来了契机。

☞【小结】

分销渠道是指某种商品或服务从生产者手中转移到消费者手中所经过的路线，包括帮助企业实现产品转移的所有企业和个人。分销渠道是一组路线，对某个具体的产品而言，它是一条具体的流通路线；分销渠道一经建立就具有稳定性的特点。有效的分销渠道不是简单地进行演化，而是由管理层根据总体营销目标进行的精心设计。组织市场营销者通过渠道设计步骤可以确定所有重要的渠道因素都经过了评估，以达到营销目的。然而，渠道冲突在渠道关系中是不可避免的，但有些渠道冲突是良性的，有些冲突的恶性的，因此，生产商应该对渠道冲突有一个明确的认识，从而一方面可以更好地利用良性冲突为企业带来利益；更好的预防和避免会带来严重后果的冲突。网络分销渠道是互联网时代下企业获取竞争力的有力武器，也是更紧密地链接企业和消费者的重要桥梁。面对网络时代的机遇与挑战，企业应该做到与时俱进，这样才能在未来的竞争中赢得自己的一席之地。

☞【思考题】

1. 什么是分销渠道？它有哪些基本的功能？
2. 我们应该怎样与强势的渠道成员打交道？
3. 网络渠道与传统渠道比较有什么区别？你熟悉的网络渠道有哪些？
4. 渠道成员如何才能有效地保持其渠道控制力？
5. 如何化解和避免分销渠道冲突？

☞【课后案例】

亚马逊的渠道策略

亚马逊公司创立于1995年7月，定位于成为“世界上最大的书店”。作为一家虚拟书店，亚马逊并不实际拥有图书，它希望能以此革新零售方式。与一些本地社区书店相比，亚马逊提供了更多有用的信息和更多的选择，为每一位顾客提供个性化服务。读者可以评论图书，并用1~5颗星进行打分。然后浏览的人可以评价哪些评论有帮助，哪些没有。亚马逊的个人推荐服务聚集了顾客购买数据，因此可以推测谁将购买哪一本书。网站可以让读者浏览书中的部分内容、目录以及开始的几页，而且可以使用“书内搜索”功能查询120000本图书的全部内容。亚马逊的“一次性单机购物”让购买者仅需单击一次鼠标即可完成交易。

通过让各类网络商家在其网站Amazon. com上销售商品，亚马逊也成为电子市场，并为玛莎百货、天美时、塔吉特和豆瓣经营管理零售网站。亚马逊销售额的40%来自数以百万计的称为“伙伴”的合作者。它们是独立的商家或企业，如果推荐顾客去亚马逊网站并达成了交易，便收取佣金。

为了克服产品购买和送货之间的延迟，亚马逊提供快速、便宜的送货服务。2015年开始，亚马逊在物流管理上投入巨资，开发无人机送货，推出了1~2个小时的配送服务，推出全球购促销活动Prime Day，上线手工艺品在线交易平台Handmade等。对于大部分商品，Amazon Prime提供每年79美元的无限制免费送货。而且亚马逊的产品线也非常多样化，包括DVD、音乐CD、计算机软件、视频游戏、电子产品、服装、家具、视频、玩具以及其他商品。亚马逊在加拿大、英国、德国、澳大利亚、法国、中国、日本都建立了独立的网站。亚马逊2016年的净利润达到了24亿美元，而上一年的净利润为5.96亿美元，同比增长了3倍。在运营利润方面，亚马逊在2016财年达到了42亿美元，

亚马逊开始大力投资开发让顾客可以下载视频、音乐和图书的技术，如Kindle。亚马逊将继续拓展到各个行业，其最初的网上零售业务，已经成为只是一个业务部分，而整体的重点是建立一个无所不包的零售平台和生态系统。亚马逊既是零售商，也是一个提供功能给其他人的平台。这个平台背后的驱动力，是亚马逊以在所有行业

的一个无缝对接的客户体验为终极目标。

资料来源：朱迪·斯特劳斯，雷蒙德·弗罗斯特．网络营销（第7版）．时启亮，陈育军，译．中国人民大学出版社，2015.

案例讨论题：

1. 亚马逊成功的关键因素是什么？
2. 亚马逊的弱点是什么？它应该注意什么？

【参考文献】

[1] 迈克尔·D. 赫特，托马斯·W. 斯潘．组织间营销管理（第10版）．侯丽敏，朱凌，甘毓琴，译．中国人民大学出版社，2011.
[2] 朱迪·斯特劳斯，雷蒙德·弗罗斯特．网络营销（第7版）．时启亮，陈育军，译．中国人民大学出版社，2015.
[3] 菲利普·科特勒．营销管理（第13版）．梅清豪，等，译．上海人民出版社，2009.
[4] 张广玲．分销渠道管理．武汉大学出版社，2005.
[5] 张广玲，李伟．企业渠道冲突解决研究：一个整合的视角．珞珈管理评论，2012（2）.
[6] 赖弘毅，晁钢令．渠道权力的使用效果研究——基于元分析技术．南开管理评论，2014，17（1）：95-104.
[7] 张闯，夏春玉．渠道权力：依赖、结构与策略．经济管理，2005（2）：64-70.
[8] 张闯．营销渠道控制：理论、模型与研究命题．商业经济与管理，2006（3）：52-59.
[9] 庄贵军．营销渠道控制：理论与模型．管理学报，2004，1（1）：82-88.
[10] 冉光学．分销渠道的设计与管理策略研究．中国商论，2012（3）：63-64.
[11] 何伟祥．怎样选择IT产品分销渠道成员．商场现代化，2009（10）：24.
[12] 王砚羽，谢伟．电子商务模式模仿者与创新者竞争动态研究——当当网和亚马逊中国竞争演变分析．科学学与科学技术管理，2013，34（6）：44-51.
[13] 魏华杰．管窥网络分销渠道的构成与渠道构建．经营管理者，2012（19）：297.
[14] 张一涵，袁勤俭．软件的网络分销渠道类型及其激励机制研究．信息资源管理学报，2015（3）.
[15] 孙誉娜．小米公司网络营销策略研究．辽宁大学学位论文，2016.
[16] Brunner F.. Towards cross-channel management: Strategic, structural, and managerial challenges for multi-channel retail incumbents, 2014.
[17] Mirsch T., Lehrer C., Jung R.. Channel integration towards omnichannel management: A literature review. Pacis, 2016.

第十六章　整合营销传播的设计与管理

【学习目标】学习本章后，应当掌握：

1. 狭义与广义整合营销传播的概念
2. 整合营销传播理论的来龙去脉
3. 整合营销传播设计与管理的主要内容

【引例】

IBM 导入整合营销传播

在 20 世纪 90 年代，郭士纳临危受命。他发现以往的 IBM 公司以销售见长，不同的业务部门各自独立运作，彼此很少沟通，不同的业务部门代表不同的产品出现在同一客户面前，不仅造成公司资源的巨大浪费，而且使得客户迷惑，不知道该如何与 IBM 打交道。他也看到广告系统陷入了一片混乱，几乎每个分部的每个产品经理都设立了广告部，分别聘用不同的广告代理机构。1993 年，IBM 一共有 70 多家广告代理机构，每个机构都是独立的，其间没有任何中央协调机制。在同一份业内杂志里，竟出现了 18 种不同版本的 IBM 广告。这些广告的设计、用词甚至连标志都各不相同，使 IBM 的品牌形象严重受损。于是，郭士纳改变过去 IBM“由内而外”的规划模式，转向“由外而内”，设立整合营销传播部。由整合营销传播部统一协调，从公司的角度打造整个公司的品牌。IBM 公司的其他部门也都是整合营销传播的参与者。郭士纳也将 IBM 所有分散独立的广告部门集中起来，合并成只聘用奥美一个广告代理公司代理 IBM 的广告业务。

资料来源：彭剑锋 . IBM 变革之舞. 机械工业出版社，2013；许正 . 与大象共舞：向 IBM 学转型（第 2 版）. 机械工业出版社，2013.

IBM 公司成立整合营销传播部门，不是对传统营销进行细枝末节的改进，而是根本性变革，它丢弃传统营销的单向灌输与劝服思维，把“传播”而不是“交换”作为营销的核心概念，以此构筑在接触点上与利益相关者共享共创价值的管理框架。作为一种新的营销战略，自 20 世纪 80 年代以来，企业逐步认可并实践整合营销传播，今天，越来越多的商学院开始使用整合营销传播导向的教材讲授营销传播。在本章中，我们先理解整合营销传播的概念，然后梳理整合营销传播理论的发展脉络，在此基础上对整合营销传播设计与管理的核心问题进行阐述。

第一节　整合营销传播的起源与界定

一、整合营销传播的起源

（一）整合营销传播实务的发端

整合营销传播实务最早发端于广告业务层面，可追溯到20世纪80年代的美国广告公司。当时企业的广告、公关、销售促进和人员推销等营销传播工具日益增多，但各自为政，内耗严重。此时，媒介技术进步也促使媒介不断细化、受众分流，广告从“广而告之”趋向“窄告”。这些变化迫使企业必须整合各种营销传播工具和媒介，以便传递一致的品牌信息，增强传播效果。在此背景之下，1981年，美国扬·罗必凯广告公司把营销传播工具形象地比喻成鸡蛋，向客户提出“全蛋”（Whole Eggs）计划，即把所有的传播工具集中到一起进行一站式服务。稍后，奥美广告公司又提出了“交响乐”（Symphony）口号，意味着其代理服务能把各种营销传播工具整合成类似于一个交响乐团，奏出和谐的乐曲。在“全蛋”“交响乐”等新概念、新业务的影响下，有些广告公司以“整合营销传播”冠名组成了跨业务小组，从而催生了“整合营销传播”（Integrated Marketing Communcations，IMC）一词的问世。

“整合营销传播”一词一经诞生，立即受到广告界的欢迎。1989年，美国广告公司协会（American Association of Advertising Agencies，4As）与全国广告主协会（Association of National Advertisers）联合资助美国西北大学对整合营销传播的内涵和认可度进行调查，结果形成了历史上的第一个IMC定义。

（二）整合营销传播理论的发源

早在1906年，杜鲁门·德维思（Truman DeWeese）出版的《宣传操作原理》（*The Principles of Practical Publicity*）一书，就主张广告文案应与新闻事件“整合”（Tie-in）起来，已具有整合营销传播的朴素思想。不过直到20世纪60年代当促销意识被传播意识取代之后，营销传播“组合”迈向“整合”，整合营销传播理论建设才正式拉开帷幕。

1. 从促销转向传播：20世纪60年代整合营销传播理论孕育

传统的促销理论认为，促销是卖方单向信息发布，消费者只是被动接受信息。在20世纪60年代，营销观念逐步丢弃传统营销“由内而外”的单向灌输与劝服思维，开始重视顾客的信息分享与价值创造。由此，人们开始用“营销传播”（Marketing Communications）替代“促销”（Promotion），以及用“营销传播组合”（Marketing Communications Mix）替代“促销组合”（Promotion Mix），来表述新的营销观念。

1960年麦卡锡（Jerome E. McCarthy）就开始用“传播”这一概念去解释“促销”的内涵，主张促销应重视任何用于向目标消费者传播的方法。到1964年，梅斯内尔（Fred Messner）第一次使用“营销传播”概念并对之专论，打响了从促销转向营销传播的第一枪。

克兰（Lauren E. Crane）于1965年第一个明确倡导用“营销传播”去取代“促销”，并形成世界上的第一部营销传播学专著：《营销传播学：一种关于人、信息和媒介的行为观》（*Marketing Communications*：*A Behavioral Approach to Men*，*Messages*，*and Media*）。克兰在斯坦福大学攻博期间，师从著名传播学家麦考比（Nathan Maccoby），同时也是传播学家费斯廷格（Leon Festinger）的学生，与另一个传播学家麦克莱恩（Malcolm S. MacLean）也有多篇合作研究成果。博士毕业后，克兰主要从事营销学教研，所以其著作能把传播理论引进营销学，大大拓展了传统营销概念的内涵。例如，他所主张的营销传播对象包括了市场和受众；传播渠道不仅指通常意义上的媒介，还包括邻里间的闲聊、商务午餐上的交流等非正式渠道。

2. 从组合转向整合：20 世纪 70、80 年代整合营销传播理论萌芽

韦伯斯特（Frenerick E. Webster）在 1971 年出版了《营销传播：现代促销战略》（*Marketing Communication*：*Modern Promotional Strategy*）一书，认为营销活动实际上包含了影响消费者的三种组合：货物与服务组合、分销组合、传播组合。韦伯斯特也是在斯坦福大学获得博士学位，与克兰毕业时间仅相差 3 年，由于他的专业领域在于商学，还没有摆脱传统营销的视野束缚，所以他提出的"传播组合"概念只是"促销组合"的范畴。不过，他引入协同理论，意识到将营销传播工具有效地组织起来促使其"协同效应最大化"，因此他在其著作中用一整章的篇幅专门探讨"传播要素协同"，并多次使用"Integrated"、"Integration"等整合词汇，这可算作"整合营销传播"理论的萌芽。

1976 年，德罗泽尔（Wayne DeLozier）积极借鉴 CIS 理论和市场定位理论的成果，出版《营销传播过程》（*Marketing Communications Process*）一书，认为企业的营销传播策略应包含产品利益策略、形象识别策略、产品定位策略。对于营销传播组合的认识，他借鉴了克兰的传播渠道理论，提出促销只是企业与消费者之间整体传播工作的组成部分，而"各个营销组合要素，乃至企业的全部活动，都应被看作营销传播的变量"。由此可知，德罗泽尔对营销传播的理解已经是广义上的，营销传播组合思想触及营销战略层面。之后，德罗泽尔承袭了此前所持的广义营销传播思想，与森普一起在 1986 年的《促销管理与营销传播学》一书的第 23 章，直接以"整合营销传播与促销计划"为题，正式宣告营销传播组合理论转向整合营销传播理论。

3. 从零星转向体系建构：20 世纪 90 年代初整合营销传播理论成型

IMC 理论是对传统营销传播理论的一次升华，不是在核心概念中增加了"整合"这样一个修饰词这么简单，而是从基本观念、概念体系、理论内涵、传播思想等诸多方面，在更高层面上对营销传播学理论体系进行的一次全面重构。1992 年 5 月，以"整合营销传播"为主题在芝加哥市举办的第 11 届广告与消费心理年会，对 IMC 进行了多侧面的研讨，为 IMC 理论体系化奠定了坚实的基础。

次年，唐·舒尔茨(Don Schultz)与斯坦利·田纳本(Stanley Tannenbaum)、罗伯特·劳特朋(Robert Lauterborn)将零星的整合营销传播理论汇集和创新，第一次对广义整合营销传播进行了系统的理论表述，形成《整合营销传播》(*Integrated Marketing Communications*：*Pulling It Together & Making It Work*)一书，标志着系统化的 IMC 理论的正式诞生。由于 1989 年唐·舒尔茨既领衔给出整合营销传播的第一个定义，又领衔创建 IMC 理论体系，因此他也被世人尊称为"整合营销传播之父"。

二、整合营销传播的主要理论基础

整合营销传播理论经过 30 多年的发展，广泛吸收营销学、传播学、经济学等学科的最新成果，逐步成为营销学中的理论新秀。表 16-1 列举了整合营销传播的主要理论基础。

表 16-1　**整合营销传播的主要理论基础**

IMC 的理论基础	对 IMC 理论的影响
CIS 理论	整合营销传播理论其实是 CIS 理论的新发展。IMC 的整合思想、接触管理、塑造统一形象、企业文化认同等观点几乎来自 MI、BI、VI 的整合理念。
公共关系理论与关系营销理论	关系营销理论是广义公关的理论分支，只是聚焦品牌关系而已。公共关系理论与关系营销理论使整合营销传播的对象由消费者拓展到公众（利益相关者），使整合营销传播目标从交易转向更长远的形象塑造、声誉管理、关系质量管理
管理沟通理论	汲取管理就是沟通的思想，使得 IMC 从战术走向战略
品牌理论	IMC 提出围绕“品牌”而整合，无不受到品牌定位、品牌资产、品牌精髓、品牌形象、品牌关系、品牌价值等具体理论的影响
价值共创理论	促进 IMC 目标在近几年发展成为与顾客以及其他利益相关者共享共创价值
传播模式理论	IMC 很多模型来自一般传播模式理论

我们可以从汤姆·邓肯与莫里亚蒂对营销的传播学解读（见图 16-1）中体会传播模式理论和营销理论对 IMC 的影响。

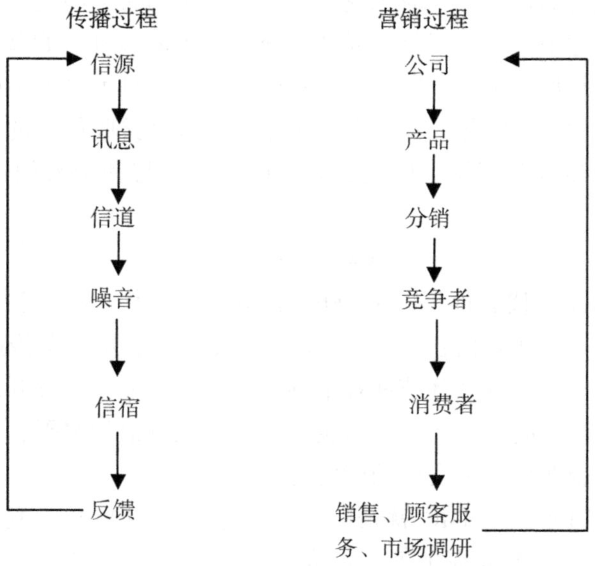

图 16-1　邓肯对营销的传播学解读

资料来源：Duncan T.，Sandra Moriarty. A communication-based marketing model for managing reiationships. Journal of Marketing，1998（62）：1-13.

三、整合营销传播兴起的社会根源

整合营销传播的兴起是生产方式发展到信息社会的必然产物。进入 20 世纪 50 年代以来，在以信息技术为代表的生产力影响下，社会围绕着信息的产生、搜集、存储、处理、检索、传播与利用，形成了一种新型的生产关系，人们用“信息社会”、“后工业社会”、“知识社会”等名称来描述信息生产力带来的社会转型。信息社会与以往的农业社会、工业社会在很多方面不同（见表 16-2）。

表 16-2　　　　**不同社会形态比较**

	农业社会	工业社会	信息社会
大致时间	19 世纪以前	19 世纪到 20 世纪中期	20 世纪中期至今
主要生产力	自然力、畜力与体力	蒸汽机、电气带动的大机器	信息化与智能化技术
生产原则	分散	集中	网络化
生产参与者	家庭	企业	企业与利益相关者
价值增值方式	农业劳动	工业生产	知识创新
信息传播方式	人际传播	大众传播	网络传播
社会哲学	天人合一	天人竞争	天人、人人共享共建

信息一旦经过个体头脑处理就将成为知识（隐性知识），在信息化的过程中，知识成为比物质和能源更重要的资源，同时也克服了传统经济的时空制约，为利益相关者共享共创价值提供了条件。过去，受众不仅主要从大众传播媒体（注：媒体与媒介的含义不同）这一中介机构手里接收加工了的、同质化严重的资讯，而且大多人不能参与信息传播。新媒介的草根化、互动化、互联化，让个人不再是一个被动接收信息的孤立个体，而成为信息的生产者、传播的参与者。利益相关者通过信息传播与利用来创造价值，用公式表示就是：

$$V=(S+I)C$$

公式中，V（Value）代表价值，S（Stakeholder）代表企业的利益相关者，+代表信息技术，I（Information）代表信息，C（Communication）表示信息传播。因此，信息社会的企业通过整合各个层次、各个环节和各个领域的信息传播，充分开发、广泛利用企业内外部的信息资源，不断提高利益相关者与企业共享共创价值的水平，从而提升企业管理效率与经济效益，增强企业可持续发展的能力与竞争力。

在本章引例中，IBM 导入 IMC 就是顺应了信息社会的要求。基于飞速发展的信息、网络和计算技术，全球化浪潮在加速，世界的基础结构也正踏上“智慧”的发展方向，能够提供整体解决方案的服务型公司而不是技术型公司将成为执牛耳者。在 1993 年，危难中郭士纳上任之后，他意识到需要将公司变成一个集成者，来帮助客户设想、设计和建立一个终极的解决方案，于是他将 IBM 的业务重点将从硬件转向软件和服务。郭士纳也意识到，在信息技术推动下，IBM 应变成一个全球整合企业（Globally Integrated Enterprise，GIE）。全球整合企业是国际化（International）企业的演化。国际化企业形态初现于一个世纪前，企业所有职能都在一个国家完成，仅在海外市场设立销售办事处。第二次世界大战结束后，国际化模式又演变成跨国（Multinational）企业模式，即每一个海外市场都建立了自己的“缩微”版企业。GIE 模式是构建在全球统一价值、全球统一技术和全球统一流程等坚实基础之上，能够让企业跨边界无缝运营的模式，它不再把人员安排到工作所在地，而是把工作转移到人员所在地。通过通盘考虑成本、人员技能、商业环境等因素，全球整合企业可以在世界上任何地方开展业务和各项企业管理职能，而且能够把各种业务和企业职能或纵或横地集成起来，这意味着在恰当的地方以恰当的技能完成恰当的任务。全球整合企业打破了传统的指令性和控制性的做法，鼓励沟通和协作。想要成为一个全球整合企业，需要对其经营范围内每个领域及地点的组织机构进行整合与优化。因此，IBM 公司在郭士纳时代能够导入 IMC，根本原因在于信息社会的推动与内在要求。

四、整合营销传播的概念界定

“整合营销传播”是一个英文外来词，由于汉语对“Communication”和“Marketing”两个词有不同的译法，因此，整合营销传播也称整合行销传播、整合行销沟通、整合营销沟通。传播学是整合营销传播的主要理论基础，而传播学的学科名已约定俗成，因此把 IMC 译为“整合营销传播”更能体现其母体胎记，有利于学科之间的对话。目前，“整合营销传播”的叫法正逐步代替过去的各种译名。

（一）整合营销传播的狭义与广义界定

由于对整合营销传播对象、渠道和目标等基本要素的理解不同，形成了 IMC 的广义与狭义认识。从传播对象的范围来说，消费者导向的传播是狭义的整合营销传播，而传播对象扩大到利益相关者的范围，就是广义的整合营销传播。从传播渠道的范围来说，早期整合营销传播理论主要重视对广告、公关、人员推销等营销传播工具的整合，形成了狭义上的整合营销传播概念。当认识到 4P 和所有接触点都是传播渠道后，整合营销传播的外延得以拓宽。在目标认识上，早期整合营销传播理论以交易营销为指导，强调传播整合带来统一品牌效应。随着认识的深入，整合营销传播目标又开始转向价值共享共创。如果用三维图来展现狭义与广义整合营销传播的区别，就是图 16-2。

1989 年，由唐·舒尔茨领衔，美国西北大学与美国广告公司协会、全国广告主协会联合组成了一个 IMC 研究团队，他们给出整合营销传播史上的第一个正式定义：“IMC 是一个营销传播规划的概念，它主张综合性的营销传播计划能带来附加价值，即通过评估一般广告、直接反应营销、销售促进和公关等各种传播手段的战略作用，并将之组合利用，以获得明晰的、一致的和最大化的传播效果。”该定义客观反映了当时实务界的实际运作理念，所以在传播渠道、目标的认识上都比较狭隘，是一个狭义界定。

著名营销学专家汤姆·邓肯（Tom Duncan）在 1994 年为整合营销传播下了一个广义定义，认为：“整合营销传播是通过战略性地管控或影响所有讯息，鼓励有目的的对话，从而创造、培养与顾客以及其他利益相关者之间的可获利关系。”唐·舒尔茨与海蒂·舒尔茨夫妇随后于 1998 年也为整合营销传播下了一个广义定义：“整合营销传播是一个战略

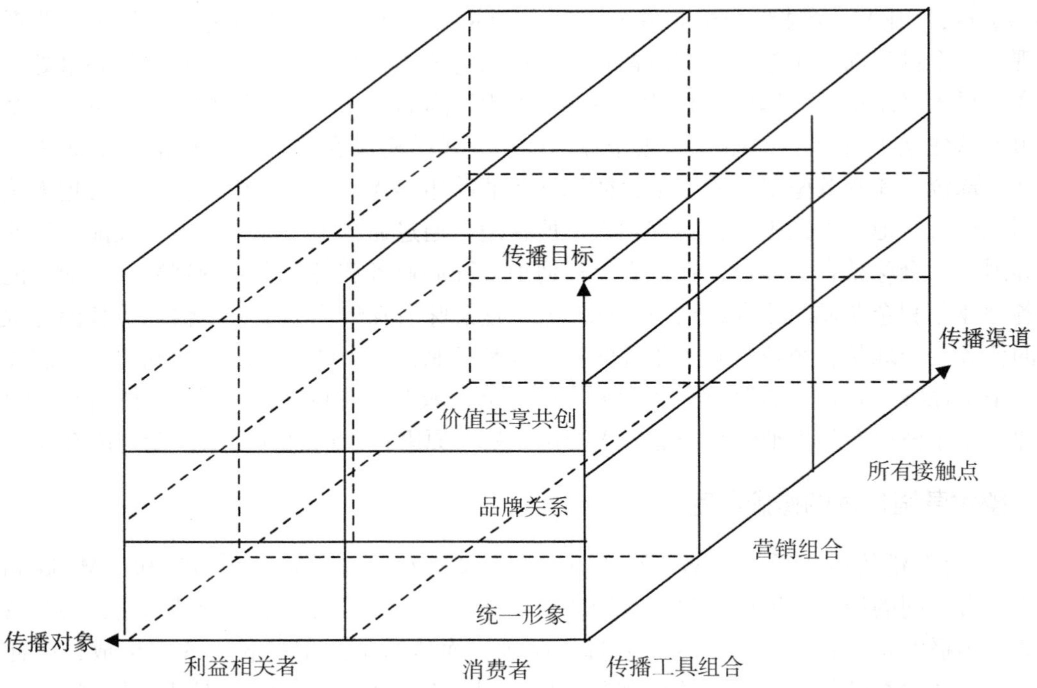

图 16-2 狭义与广义整合营销传播概念的三维图

业务过程，即计划、发展、执行、评估一定时期内与消费者、顾客、潜在顾客以及其他相关内外受众所进行的协同的、可测量的劝服性品牌传播方案。”

与狭义整合营销传播比较而言，广义上的整合营销传播是深度整合的营销传播，是战略管理层面的整合营销传播，所以是理想的整合营销传播。

（二）整合营销传播与整合营销、营销传播组合的区别

1. 整合营销传播与整合营销的区别

在概念的使用上，国内外不少人将整合营销传播与整合营销（Integrated Marketing）混为一谈，事实上，它们是两个不同层面的概念。整合营销传播是营销传播层次上的概念，整合营销则是营销管理层次上的概念。汤姆·邓肯曾指出，“整合营销传播只是整合营销体系中的冰山一角”。

2. 整合营销传播与营销传播组合的区别

从英文“mix”与“integrated”的含义看，“mix”是“混合”“拌成”的意思，没有“integrated”的优化、对话的意识，因此整合营销传播与营销传播组合最大的不同在于前者追求整体性，而后者只是简单结合。实践中，很难确保营销传播整合到位，但人们仍尽力尝试整合，因为整合后的协调一致意义非凡。

从传播方式的外延分析，整合营销传播与营销传播组合也存在重大差异。菲利普·科特勒认为营销传播组合由八个主要的传播工具组成：广告、销售促进、事件和体验、公共关系和宣传、直销、互动营销、口碑营销、人员推销。舒尔茨在其著作中却认为：“由营

销过程来看，我们认为从产品或服务的发展开始，到产品设计、包装再到选定销售渠道等，都是在跟消费者进行沟通。”可见，营销传播组合中的工具或媒介远不及整合营销传播中的接触点概念的外延大。

五、整合营销传播模型

无论是狭义还是广义，整合营销传播涉及的核心问题有以下几个方面：第一，整合营销传播的目标或动力是什么？第二，整合营销传播的主体（组织）是谁？第三，整合营销传播的对象有哪些？第四，整合营销传播主体与对象联通的渠道是什么？第五，整合营销传播主体与对象在渠道上的交往方式是什么？第六，整合营销传播遇到了哪些障碍或噪音？回答上述六个问题，就可形成如图 16-3 所示的整合营销传播模型。

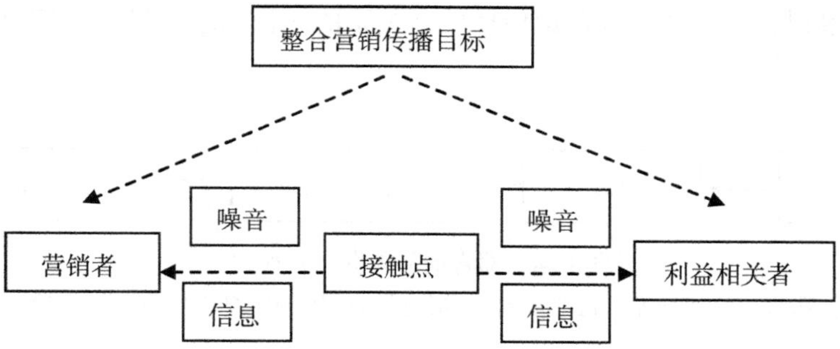

图 16-3　整合营销传播模型

营销实例 16-1

“90 后”李宁与代言人林志玲

“90 后”李宁在整个品牌规划出来以后，在传播上也在走一条“摇摆”的道路，林志玲代言就是最好的证明。为什么要请林志玲代言？林志玲跟李宁“90 后”的目标群体的联系在哪？表面上看，我们几乎找不到任何理由，但仔细想想，李宁确实是想做成一个“时尚、运动的品牌”，尽管现在“90 后”觉得李宁已经很“老土”了，但问题是：林志玲的时尚是“90 后”的时尚吗？是不是有些矛盾呢？用“70 后”“80 后”的代言人去打动“90 后”，显然不现实，也不能引起共鸣的。既然要打造“90 后”喜欢的生活方式，就应该走近这个群体，用他们喜欢的方式跟他们交流。明星代言本来是很好的一种方式，“90 后”的接受程度很高，但要找到相吻合的明星确实不易，但也不要因为暂时找不到就找个“70 后”的志玲姐代替吧？

资料来源：蒋军．“90 后”李宁怎么传播．中国品牌，2011（5）．

第二节　整合营销传播的设计与管理

一、整合营销传播目标设定：共享共创价值

（一）IMC 目标的发展与转型

在整合营销传播理论发展之初，IMC 目标在于塑造统一的品牌形象，最终有利于促成交易。随着关系营销理论的引入，汤姆·邓肯等学者逐步把品牌关系设定为 IMC 的核心目标追求。IMC 理论的创始者唐·舒尔茨 2000 年对 IMC 概念进一步深化，提出了 5Rs 框架：回应（Responsiveness）、相关性（Relevance）、感受（Receptivity）、识别（Recognition）、关系（Relationship）。邓肯也进一步意识到，品牌关系的终极目标其实剑指品牌资产的累积，继而把整合营销传播建立关系的终极追求归结为品牌资产，如图 16-4 所示。

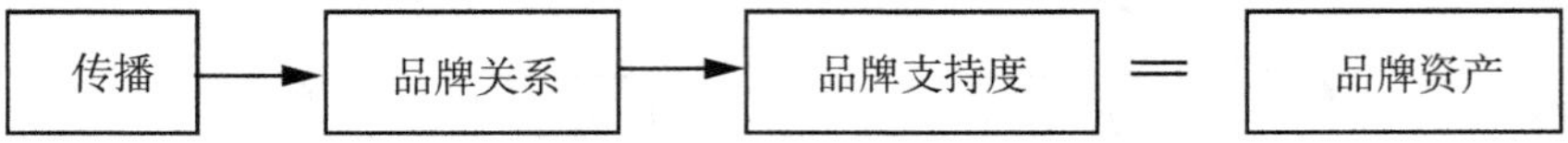

图 16-4　邓肯的品牌资产方程式

资料来源：邓肯，莫里亚蒂．品牌至尊：利用整合营销创造终极价值．廖宜怡，译．华夏出版社，1999：12.

2013 年，唐·舒尔茨提出，公司要学会与顾客分享价值，并通过洞察顾客需求，让顾客共同创造价值。2016 年，唐·舒尔茨又发表《从劝服转向分享价值创造》（*From Persuasion to Shared Value Creation*）一文，再次强调 IMC 目标向共享共创价值转型。Sandra Luxton 的最新研究表明，IMC 能力对活动绩效有直接的显著影响，对品牌的市场导向绩效和财务绩效也有间接的重要影响。

（二）共享共创价值的层次性

共享价值还处于传统价值创造的观念之中，属于整合营销传播的低端目标。传统主流观点认为，价值是由企业创造，通过传递传播（告知）给消费者，消费者不是价值的创造者，其他利益相关者更不会创造价值。整合营销传播旨在共享价值，其实就是把自己的创造拿出来分享，让人理解、认同与推荐。

在消费者生产理论、顾客参与理论的启示下，整合营销传播目标被提升为共创价值。早在 1979 年，Lovelock 和 Young 就指出，企业可“转向消费者来提高生产力”。顾客参与这一概念最原始的雏形就是顾客接触概念，它不仅与整合营销传播理论中的接触点理论一脉相承，而且把信息共享作为参与程度的重要维度。随着参与环境与互动条件的变化，消费者的角色发生了重大转变，企业开始意识到消费者能积极参与研发、设计和生产，贡献他们的知识技能。因此，产销者（Prosumer）这一新词应时而生。

（三）共享共创价值的人群范围扩展

当今社会涌现的社交媒体、虚拟社群等数字平台，改变了传统品牌的创建环境，深深

地影响了品牌创建的方式，企业的价值理念也从“价值独创并传递”向“与顾客共创价值”再向“与利益相关者共创价值”转变。Lansiti 与 Levien 在 2004 年就指出，传统品牌发展模式依赖企业与顾客的二元关系已经过时，基于利益相关者生态系统所形成的关系网络与社会互动才是现今提升品牌价值的主要手段。Schau 等人进一步发现，利益相关者之间的社交网络代替了传统的基于市场而建立的交易关系网络，成为实现品牌价值的重要组成部分。Fournier 和 Lee 提出品牌治理过程中的利益相关者关系网络结构，指出公司应当积极引入利益相关者加入品牌共创，通过发挥其在关系网络中的辐射作用，影响其他参与者，最终带动品牌价值的提升。企业生态系统（或叫商业生态系统）事实上是利益相关者的价值网络，在模块化的价值网中，企业处于某一网络节点，专注自身模块的工作，通过自身节点为网络创造与分享价值。企业生态系统理论告诉我们，公司依赖于一个价值网络，公司对网络中的成员承担法律、契约和道义上的义务，因此在考虑品牌权益时，只考虑顾客似乎是不恰当的。整合营销传播开始引入利益相关者的思想，强调多元利益相关者对于品牌的重要性。还有一些学者认为，品牌共创（Brand Co-creation）的本质就是由利益相关者参与，通过社会关系与互动提升品牌价值的合作过程，并提出了品牌进化先后经历的四个时代：个别产品导向（Individual Goods-Focus）→价值导向（Value-Focus）→关系导向（Relationship-Focus）→利益相关者导向（Stakeholder-Focus）。与一个企业或组织存在价值创造和分享关系的个体都可称为利益相关者，他们各自具有一定的资本禀赋，其共同偏好是追求各自资本的价值增值。如果把一个企业（或组织）视为利益相关者的集体选择，企业或组织就成为一个代表利益相关者的集体利益的主体，并以集体利益得到满足为目标。企业或组织的根本目的是价值创造与分享，因此利益相关者的集体选择都围绕着价值创造和分享而展开。

美国经济学家契斯（Teece）以企业动态能力为切入点研究企业边界，将企业动态能力定义为企业整合、塑造和重组内部和外部竞争力以应对不断变化环境的整体能力，认为企业的边界在于能力的适用边界。社会资本是企业能力的重要方面，企业的内部社会资本与外部社会资本都会对实体边界、能力边界产生作用，两者之间的匹配是企业实现高水平边界管理的关键。就社会资本与企业边界的关系而言，整合营销传播目标也需考虑将利益相关者纳入价值共享共创之中，因为在知识经济条件下，社会资本通过影响“内部化”与“外部化”的价值创造关系来决定企业边界。企业在边界管理中既要根据社会资本的状况来调整边界，又要根据边界管理的目标进行社会资本的构建与积累，更要注意实现两类社会资本的协调与匹配。

给产品起一个合适的名字对品牌资产建设固然重要，但是没有相应的营销传播活动，品牌关系无从建立，企业与利益相关者共享共创价值也就无从谈起。格雷戈里（Anne Gregory）提出了“协商品牌”（Negotiated Brand）的概念，意思是通过对话与协商，整合品牌内外部利益相关者的资源，对品牌意义与价值的发展有积极作用。因此，企业需要充分利用现代互动技术，积极为利益相关者提供信息交流与共享平台，充分发挥利益相关者在价值共创上的强大力量。

二、整合营销传播对象管理：利益相关者管理

（一）利益相关者分类

利益相关者是那些能够影响企业目标实现，或者能够被企业实现目标的过程所影响的任何个人和群体。利益相关者有很多分类标准。从参与企业活动的自愿性角度分类，可将利益相关者分为自愿利益相关者和非自愿利益相关者。根据联系的紧密性，可把利益相关者分为首要的利益相关者和次要的利益相关者。按照对企业具有的威胁性与合作性，利益相关者还可分为以下四类：第一，支持型利益相关者：他们支持组织的目标和行为，对企业合作性高而威胁性低，如股东、雇员。第二，边缘型利益相关者：对企业威胁性和合作性都不高，如公众、社区、工会。第三，反对型利益相关者：对企业威胁性高、合作性低，如竞争对手、环保部门。第四，混合型利益相关者：可能成为支持型，也可能成为反对型的利益相关者，如债权人、供应商、媒体。

米切尔（Ronald Mitchell）等人从三个维度上评估利益相关者，然后根据分值的高低确定类型。他们的评分法大大改善了利益相关者界定的可操作性，逐步成为利益相关者鉴定和分类的最常用的方法。三个维度是：合法性（Legitimacy），即某一群体是否被赋予法律、道义上的索取权；权力性（Power），即某一群体是否拥有影响企业决策的地位、能力及其手段；紧急性（Urgency），即某一群体的需求能否引起企业管理层的即刻关注。要成为一个企业的利益相关者，至少要符合以上一个维度。根据合法性、权力性和紧急性三个维度进行评分后，可把利益相关者分为七小类三大类，见图 16-5。

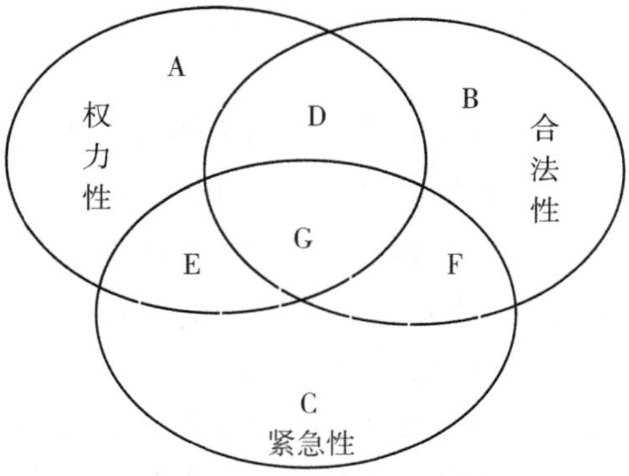

图 16-5　米切尔评分法

资料来源：Mitchell，R.，Bradley Agle，Donna Wood. Toward a theory of stakeholder identification and salience：Difining the principle of who and what really counts. Academy of Mangement Review，1997，22（4）：853-886.

第一大类：潜在的利益相关者（Latent Stakeholders）。图 16-5 中的 A、B、C 群体，他们只拥有合法性、权力性、紧急性三项特性中一项。拥有合法性但缺乏权力性和紧急性的群体，依企业的运作情况决定是否发挥其利益相关者的作用。有权力性但没有合法性和紧急性的群体，处于一种蛰伏状态，当他们实际使用权力，或者是威胁将要使用这种权力

时，被激活成一个值得关注的群体。在米切尔等人看来，拥有紧急性但缺乏合法性和权力性的群体，除非他们的要求具有一定合法性或获得了某种权力，否则管理层很少主动关注他们。

第二大类：期待的利益相关者（Expectant Stakeholders）。他们与企业保持较密切的联系，拥有上述三项属性中的两项。这种利益相关者又分为以下几种情况：第一，图 16-5 中的 D 群体，他们同时拥有合法性和权力性，希望受到管理层的关注，在有些情况下还会正式参与企业决策。这些群体可能包括投资者、雇员和政府部门。第二，图 16-5 中的 F 群体，对企业拥有合法性和紧急性的群体，但却没有相应的权力来实施他们的要求。这种群体要想达到目的，需要获得另外的更强有力的利益相关者的拥护，或者寄希望于管理层的善行。他们通常采取的办法是结盟、参与政治活动、唤醒管理层的良知等。第三，图 16-5 中的 E 群体，对企业拥合紧急性和权力性，但没有合法性。这些人对企业而言是非常危险的，他们常常通过暴力来满足他们的要求。比如，在矛盾激化时，不满意的员工会发动鲁莽的罢工；环境主义者采取示威游行等抗议的行动。

第三大类：决定性的利益相关者（Definitive Stakeholder），也就是图 16-5 中的 G 群体，他们同时拥有对企业问题的合法性、权力性和紧急性，对于企业有着决定性的影响，管理层必须十分关注他们的愿望和要求，并设法加以满足。决定性的利益相关者一般是股东、雇员和顾客。

（二）针对不同利益相关者的传播策略

格雷戈里（Anne Gregory）站在传播的视角，以兴趣（Interest）与权力（Power）为研究维度，把利益相关者分成四种：不努力者（Minimal Effort）、信息搜寻者（Keep Informed）、满意者（Keep Satisfied）、关键参与者（Key Players），并提出了相应的传播策略，如图 16-6 所示。

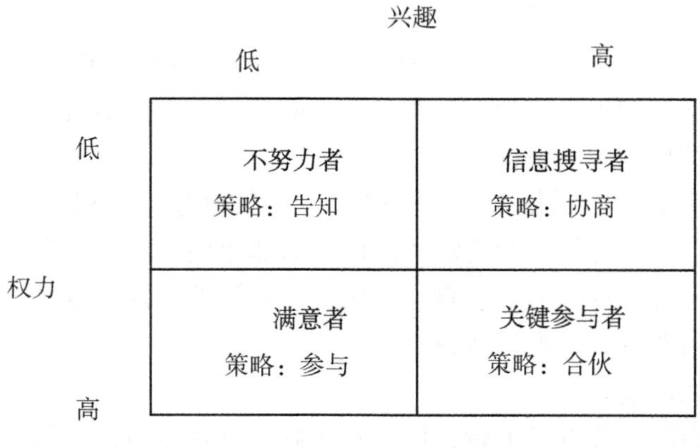

图 16-6　格雷戈里的利益相关者管理策略

资料来源：Gregory A.. Involving stakeholders in developing corporate brands: The communication dimension. Journal of Marketing Management, 2007, 23 (1-2): 59-73.

不努力者，不会积极打听信息，不希望与企业对话和参与品牌共创，但组织还是要刺激他们的兴趣，可以采取单向传播方式告诉他们企业发生的事情，并不希望他们能够作出积极的回应。具体的接触点可选择广告、企业出版物、网站、媒介关系、群众大会等。

信息搜寻者不需要对话，有一定的参与度，企业对他们的建议和需求必须倾听和作出积极回应。由于他们兴趣高，因此通常是一群主动搜寻信息和拥有知识的群体。他们具有一定参与的欲望，希望自身价值得到重视。对他们来说，应实施双向传播，因此设计反馈机制很有必要，以便监管他们的言行。例如，网站、新闻通讯可设有反馈机制。

满意者的权力很大，但他们的兴趣往往是财务目标，缺乏情感性的品牌依恋。对于他们，也应采取双向传播策略进行对话，甚至提供合作机会和充分参与的机会。可行的传播手段有：成立联合工作组、用户联络组、顾问小组，开展专题讨论会、研讨会等。

关键参与者希望深度参与、公开对话和建立平等关系，他们希望能够合意、互惠。他们有能力破坏组织，也有能力贡献自己的才智，应该充分开发和利用他拥有的资源。传播策略是鼓励对话，让他们深度参与活动策划、企业社会责任规划、在线研讨会，还应向他们提供一对一的简报、知识分享讲座，从而营造“一家人”氛围，建立品牌忠诚。

三、整合营销传播方向管理：对话管理

一提起“传播”二字，可能一些人还处于大众传播时代的单向传输思维，对整合营销传播的对话特征认识还不足。

（一）对话的特征

（1）平等性。对话者中任何一方都具有平等参与的权利与资格，有表达意见和观念的自由。在真正的对话中，说者把听者当作平等的积极的话语主体，而不是独白中被动的、消极的客体，对话参与者中的任何一方都既尊重他人，又尊重自我。

（2）交互性。在独白中，说者不期待他人的回答，对他人的回答置若罔闻。对话与独白的一个重要区别在于交互性，即对话主体间通过具有现场特征的对等交流而实现互相影响。因此，对话参与者必定具有交流意识。

（3）开放性。对话的开放性首先体现为参与者的合适的自我揭示，而非绝对的自我封闭。其次，开放性体现为倾听他人、拿来主义的开放心态。最后，它还体现为对话的话题、进程、方向、结果的非预设性。

（4）互惠性。真正的对话使参与各方受益，唯我独尊的“利我”观念只会带来实际上的独白，因此对话更多地体现为交流和协商，而非单向的告知、宣传或劝服。

总之，对话是一种平等、开放、自由、民主、协调的交谈，也是一种渗透于人类一切行为与一切生产和消费方式的意识或哲学。

（二）对话管理的要求

传统营销虽然高呼消费者是上帝，但没真正做到顾客导向，正如汤姆·邓肯与莫里亚蒂所言：“营销沦为仅用来说服顾客购买的工具。”传统营销注重于“推”（Push），是早期传播理论中的子弹理论（Bullet Theory）与皮下注射器（Hypodermic Needle）理论的一种折射，属于大众传播媒介时代的产物。

整合营销传播理论是在各种新媒介兴起之后出现的理论形态，它充分利用新媒介的互动性、共时性，摈弃了传统营销理论的单边主义和功利主义，认为传播要由传达转向对

话。虽然在此之前各种类型的人员推销、访问和信函等形式也具有一定的对话性质，但是毕竟没有成为一种可以持续运用的普遍接触点，只有在互动媒介得到充分开发和运用之际，营销传播才有意识地进入一种协商式的对话之中。

在大众传播时代，传者和受众在空间上彼此分离，受众即便反馈，在时间上也是迟滞的，因此对话难以顺畅进行，更难以随时随地进行。互联网时代的对话不分远近，任何一个空间点都是“此地”，任何一个时间点都是“此刻”，恢复了面对面的人际互动，支持了参与者实现超越空间限制的新对话。此外，互联网平台上海量信息的存储功能与方便的信息转载功能，使得对话的内容并非按照传统的顺时性方式一步一步呈现，这意味着传统上对话内容呈现的时间顺序被打破，大量对话内容成为可同时展现于“此刻”的共时性符号。现实的商品并非先于营销传播而存在的交换物，营销传播也是一个符号化的过程，在对话过程中，品牌意义被传递，更被建构、维护、修正与转化。

1997 年，汤姆·邓肯提出了对话的 5Rs 要求：求助（Recourse）、重视（Recognition）、回应（Responsiveness）、尊重（Respect）、巩固（Reinforce）。求助可以减少消费者在购买一项产品时担心的风险，作为一项附加价值，它必须是简易而高效的。消费者喜欢他们个人被重视，这便是建立关系的第一步。如果一家企业的“重视”工作失败的话，消费者将不会再为这种关系进行投入。回应意味着公司必须聆听消费者，基于消费者的概况和历史进行交谈，与消费者待在一起直到问题被解决。消费者越来越厌恶那些不合时宜地出现的讯息，如果一家企业能够尊重消费者，消费者将更愿意与这家企业建立贸易关系。大众媒介和广告的其中一个优点在于更容易巩固那些有购买意图的消费者。

四、整合营销传播地点管理：接触点管理

传统营销传播普遍采用大众媒介，如电视、广播、报纸、杂志，但随着品牌和相关利益者之间交往的复杂化，传统媒介表现出了越来越多的局限，接触点概念开始进入营销传播领域。每个接触点都是一个独立的传播载体，利益相关者在每个接触点接触到的品牌信息都是对品牌形象的具体感知。邓肯等人曾提出过一个言、行、肯定的整合三角模型，反映了接触点管理策略，如图 16-7 所示。在这个模型中，“言”代表计划内信息，是广告、销售推广、人员推销、销售材料、新闻发布、活动赞助等公司或品牌的营销传播工具怎样介绍自己。“行”代表产品和服务信息，是企业或品牌的具体行为，如由产品、价格或者各种流通元素传递出来的信息，以及来自员工与顾客之间的相互关系信息。“肯定”属于计划外信息，是别人怎样说这个公司和品牌，诸如小道消息、商界评论、对手评论以及重大灾害引起的各种难以预料的信息。当品牌所言、所行与他人所言一致时，整合增效乃发生，如果存在差距，则整合增效还不够甚至失败。

一般来说，接触点管理的优化流程可分为如下三步：

第一步，从利益相关者的角度，由外而内地找出所有品牌接触点并予以评估。如表 16-3 所示，第一栏是完整列出一切接触点，第二栏是对每个接触点进行评估。举例来说，使用产品或是个人对于产品或服务的体验几乎总是比大众媒体传播的形式更加重要，所以这种评级层次会比较高。第三栏是对利益相关者在接触点所得到的印象评估（正面的还是负面的）。

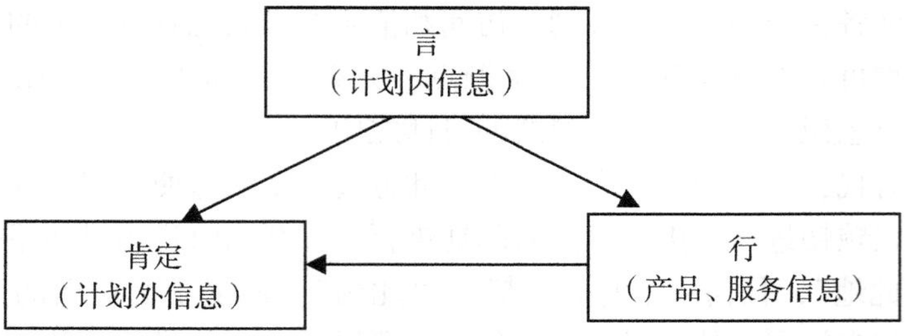

图 16-7 整合三角模型

资料来源：威廉·维尔斯，桑德拉·莫里亚提，南希·米切尔．广告学：原理与实务（第 9 版）．桂世河，汤梅，译．中国人民大学出版社，2013：499.

表 16-3 **接触点及其评估一览表**

品牌接触点	重要性评估	印象评估	期望评估	体验评估	讯息评估	资源分配评估

第二步，从利益相关者的角度对所有接触点进行优先排序。把表 16-3 前三栏所得到的信息描绘在品牌接触点优先图（Priority Grid）上，如图 16-8 所示。在分辨哪些品牌接触最重要而且应该优先掌握时，这是一种很简单的方法。例如，第 A 区和第 B 区的品牌接触就是营销传播经理的第一要务，第 C 区和第 D 区的品牌接触点优先序列则比较低。

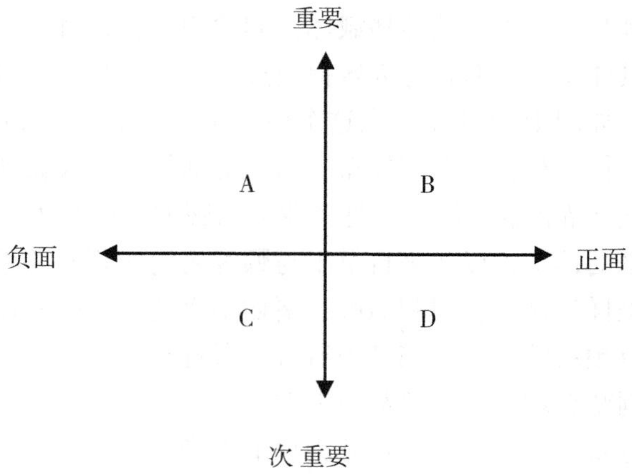

图 16-8 完整接触点优先图

第三步，让各个接触点带来更好的体验。要做到达一点，就必须很仔细地分析实际的利益相关者体验。这就要填写表 16-3 的最后 4 栏，即回答下列问题：在每个已知的接触点上，利益相关者有什么期望？在每个接触点上，企业有没有满足利益相关者的期望？每个接触点究竟传递了什么内容？信息和利益相关者被引发的期望是否一致？分配的资源是否与接触点对利益相关者的重要性及适用性相称？我们是否花了很多钱投资在没有什么影响力的传播上，但在利益相关者觉得对本身的体验很重要的点上却投资太少？有没有昂贵的品牌接触反而造成了负面的影响？为了维持营销传播的长期成效，利益相关者在各个接触点所收到的信息都必须经过充分地整合与协调，这表示如果要改善第 A 区和第 C 区的品牌接触点，最简单的做法就是把它们与 B 区、D 区的正面接触加以整合。即使接触很难控制，这个整合与协调的过程还是必不可少的。为了消除某些缺乏整合甚至负面的接触，有必要把资源从一个预算移到另一个预算中，以确保品牌能够保持得更长久。

五、整合营销传播组织设计：部门化

（一）传播在组织职能中的地位

图 16-9 反映的是营销及传播在企业中的地位变化。一开始，营销只是被视为与生产、财务、人事等职能部门同等重要的一个职能。后来企业认识到，没有赢得市场（顾客）的企业，不说发展，就连生存也没机会，营销是企业职能部门的重中之重。现代营销经过 20 世纪 70 年代和 80 年代的发展，其内涵已变得越来越丰富，把营销仅仅理解为营销部的一种职能或一些单纯的营销职能的集合，已不足以全面理解现代营销的主要思想。1990 年，美国营销专家劳特朋提出了一个新的概念——整合营销，认为企业运营过程中的全部活动都需要以营销为核心，把营销推向跨职能的位置。

在整合营销传播看来，“营销即传播，传播即营销”，所以美国营销传播学者理查德·瓦雷（Richard Varey）提出营销应以“传播”概念为核心，而申光龙的观点更为明确：“信息技术的发展加速了传播在营销实践中的应用，营销学的核心概念已经由交换转变为传播。”由此，传播发展成为整合营销的核心。

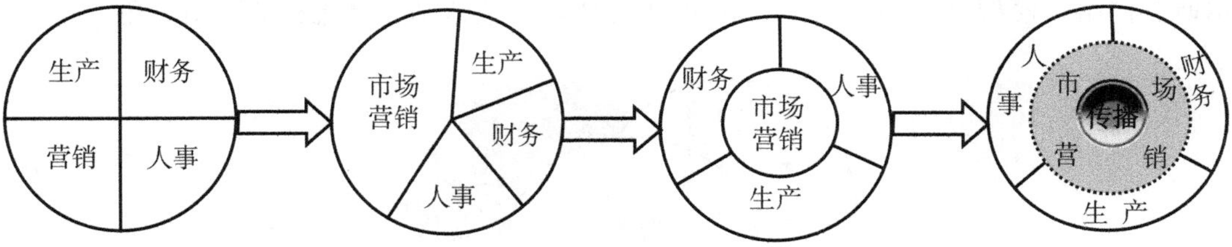

图 16-9　营销及其传播在企业中的地位

营销实例 16-2

悍马汽车的研发部门与营销传播脱节

悍马汽车算得上是通用汽车旗下最失败的产品，当初在产品开发设计上强调力量和野性的放纵，但是在广告端，却被讲述成了一个禅宗修炼和心灵探索的故事。显然，通用汽车是希望借助后期营销来纠正前端产品研发上带来的问题，虽然广告发挥了很好的效果，但仍然不能扭转悍马汽车销售的颓势。这显示出市场营销和产品开发设计基本保持着脱节的状态。一般而言，广告和营销属于公司的 CEO 参与的战略性活动，而公司的产品决策却由相对低阶的产品经理来制定，这就造成了广告在讲述品牌的故事，与企业的战略相关，而产品却根据产品经理自身的经验和喜好讲述着另外一个故事。

资料来源：赵正．为品牌和营销讲个好故事．中国经营报，2013-03-04.

（二）IMC 再造营销流程

科特勒的营销管理过程是一个由八个因素五个步骤构成的基本体系，即“R- STP-MM-IC”。R（Research）代表市场研究，是 STP 的基础，STP（Segmenting、Targeting、Positioning）表示的是市场细分、目标市场选择和市场定位，代表了企业的战略营销思维，MM（Marketing Mix）代表营销组合，是对 STP 的战术保障，I（Implementing）代表执行，C（Controlling）代表控制。上述营销步骤带有较强的“企业中心主义”思想，无视消费者的权益和力量，是企业“独创价值并传递”战略思想的典型代表。在整合营销传播看来，上述营销管理过程应该进化为 CSTPC（Communication→Segmentation→Targeting→Positioning →Communication）战略。CSTPC 战略意味着营销战略第一步就是传播，通过传播方式调查、了解、分析营销宏观微观环境，并在与利益相关者沟通的基础上确立 STP 战略和其他营销组合策略。恰如小米科技公司在企业成长之初，得益于米聊中的沟通，在米聊中发掘消费者需求，在米聊中确立、选择和定位“为发烧而生”的手机细分市场，从而使产品能够定制，极大地减少了市场风险。

CSTPC 战略的最后一个 C，就是对传统 4P 进行整合，把营销传播置于 4P 的中心位置。威廉·维尔斯（William Wells）等人提出了一个全新的营销组合模型，我们可称之为维尔斯营销组合模型（见图 16-10），由此可见 IMC 再造营销战略流程的冰山一角。

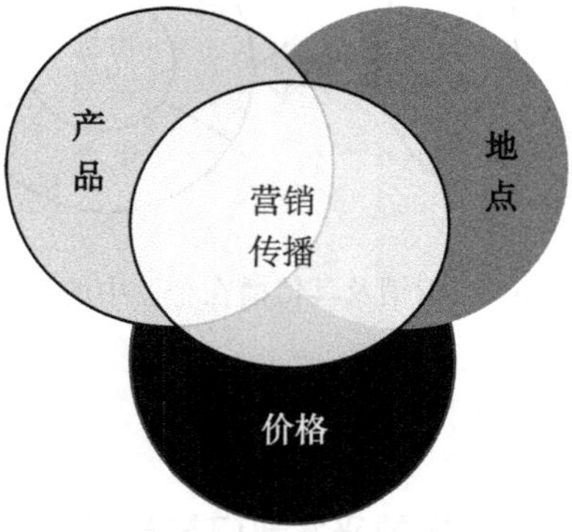

图 16-10　维尔斯营销组合模型

资料来源：威廉·维尔斯，桑德拉·莫里亚提，南希·米切尔．广告学：原理与实务（第 9 版）．桂世河，汤梅，译．中国人民大学出版社，2013：36.

（三）IMC 组织结构设计

同样的人、资源和技术，按不同的方式组织会产生不同的效率，就像石墨和钻石都是由碳原子构成，但由于原子间结构不同，两者的性质却完全不同。整合的营销传播更要求组织结构设计上的科学性。

（1）IMC 组织的隶属关系。第一，部门隶属型。这是指整合营销传播部隶属于组织中的某个职能部门，是这个职能机构的一个下属分支机构。整合营销传播部可以隶属不同的部门，以体现工作不同的侧重点，如隶属于营销部，侧重点在品牌建设等。这种设置适合中小型组织，但这种模式不能全面体现整合营销传播部的职能。第二，部门并列型。这是指整合营销传播部与其他职能部门平行设置。由于和其他部门同级，在营销传播的整合中就难以凭自身的地位搞好协调工作。只有通过设立由主要领导参加的临时机构来负责组织协调。第三，高层领导直属型。这是指整合营销传播部直接属于组织的最高决策层领导，通常由副总经理担任整合传播部负责人。整合营销传播部成为介于最高领导层和各职能部门中间的相对独立性机构。高层领导直属型是一种较为理想的设置模式，它使整合营销传播部能够较为全面地体现其自身的职能，可以充分参与组织的决策，有效协调各部门之间的关系，统筹安排组织的各项传播活动。

（2）IMC 组织的内部机构。以整合营销传播部的工作特点来考虑，可按广告处、公关处、销售促进处、人员推销处等具体接触点来设置。美国大通银行是一家跨国金融机构，该银行的企业传播部实际上就是整合营销传播部，拥有 200 多人，由一位高级副总裁担任该部主管，如图 16-11 所示。

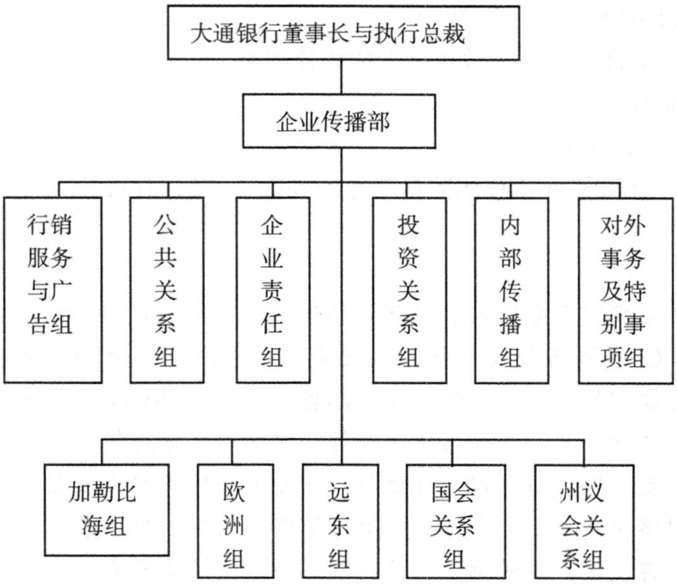

图 16-11　美国大通银行企业传播部的组织结构

资料来源：孙延敏．公共关系入门：理论与案例．上海交通大学出版社，2013：79.

☞【小结】

整合营销传播实务最早发端于20世纪80年代的广告公司。20世纪60年代，促销意识被传播意识取代之后，营销传播“组合”迈向“整合”，整合营销传播理论建设正式拉开帷幕。整合营销传播理论经过30多年的发展，广泛吸收了多学科的最新成果，逐步成为营销学中的理论新秀。整合营销传播的兴起是生产方式发展到信息社会的必然产物。目前，“整合营销传播”的叫法逐步代替过去的各种译名。由于对整合营销传播对象、渠道和目标等基本要素的理解不同，形成了IMC的广义与狭义认识。整合营销传播与整合营销、营销传播组合是不同的几个概念。整合营销传播涉及的核心问题有：第一，整合营销传播的目标或动力；第二，整合营销传播的主体或组织；第三，整合营销传播的对象；第四，整合营销传播主体与对象联通的渠道；第五，整合营销传播主体与对象在渠道上的交往方式；第六，整合营销传播遇到的障碍或噪音。因此，整合营销传播的设计与管理需要把目标设定为共享共创价值，以利益相关者作为管理对象，进行对话管理、所有接触点管理，而在整合营销传播组织设计上需要部门化。

☞【思考题】

1. 为什么说IBM公司在郭士纳时代导入IMC的根本原因是信息社会的推动与内在要求？
2. 简述狭义与广义整合营销传播概念的三维图。
3. 简述整合营销与整合营销传播的联系与区别。
4. 简述整合营销出传播目标的发展。
5. 简述格雷戈里针对不同利益相关者的传播策略。
6. 对话的特征有哪些？
7. IMC如何再造营销流程？
8. 你认为设立跨职能的IMC团队是不是一种优秀的组织设计？

☞【课后案例】

科龙集团在我国率先引入了整合营销传播这一先进的营销理念，将广告、公关、促销、新闻、CI等传播手段进行一元化重组，成立了一个200多人的整合传播部。为体现整合传播部的权威性，其部长为总监级，高于其他部长。除了总部传播人员，还设置分公司传播科长、分公司传播专员。该部门负责总部与分公司整合营销传播策略及计划的拟定、实施与监控；负责与广告公司合作工作的跟进与管理；负责公关新闻动态协作网络的建立；负责传播费用的管理及控制。为了通过实施整合营销传播来打造企业的品牌，该企业邀请了诸多国际性知名传播公司参与合作。

从企业的组织构架、新企业形象识别的导入、品牌的整合、服务的品牌化以及企业诚信主题的打造与传播，每一个步骤和布局看上去都那么天衣无缝。如今，回顾这场国内最早的整合营销传播革命会惊奇地发现，企业当时所制订的方案规范细致，几乎都吻合舒尔茨经典理论的内容。然而却遭遇“滑铁卢”。原因有如下几点：

（1）水土不服。整合营销传播是由西方企业界实践而产生的，是为解决发达市场传播问题设计的，它的“出炉”根本没有考虑中国市场的实际情况。

（2）没有得到执行。该企业虽然当时正值鼎盛时期，产品销量居全国第一位，但是从公司治理结构看，企业机构臃肿，企业的执行能力很差，当整合不可避免地要损害一些人的既得利益时，他们便暗中阻挠改革，以致许多改革措施无法得到贯彻执行。

（3）摊子铺得过大、步子迈得太快。该企业推行整合营销传播战略不是先在一两个部门重点突破，而是研发、生产、销售、传播、物流全面“开花”，结果引发连锁反应，以致首尾不能相顾，功败垂成。

（4）没有考虑资金承受力。当时所处行业领域的市场竞争已经进入白热化阶段，多个强有力的竞争对手更是异军突起，行业利润已经非常微薄，然而，该企业所做的大多数属于面向未来的系统工程，其回报是长期的过程，但是决策者并没有认识到这个问题，而是不计成本地大把“烧钱”，结果企业不可避免地陷入亏损泥潭。

（5）偏向理想主义。负责设计的国际咨询巨头拥有专业的营销理论知识，但缺少现代企业管理的实践经验，对营销系统的专业化和系统化提出了近乎完美的目标，很多措施在现实中难以推行。

资料来源：沈剑虹．整合营销传播内涵与典例研究．大连海事大学出版社，2014：218-220.

案例讨论题：

科龙集团引入整合营销传播是失败还是成功？阐述你的理由。

【参考文献】

[1] 菲利普·科特勒．科特勒说．郭永，译．当代中国出版社，2004：89.

[2] McCarthy J.. Basic marketing: A managerial approach. Homewood: Richard D. Irwin, Inc., 1960: 47.

[3] Messner F.. "Systems Approach" to industrial marketing communications. Journal of Marketing, 1964(28): 64-67.

[4] Crane E.. Marketing communications: A behavioral approach to men, messages, and media. John Wiley & Sons, Inc., 1965: 13.

[5] Webster F.. Marketing communication: Modern promotional strategy. The Ronald Press Company, 1971.

[6] DeLozier W.. The marketing communications process. McGraw-Hill Book Company, 1976: 161.

[7] Schultz D.. Integrated marketing communications: Maybe definition is in the point of view. Marketing News, 1993, 27 (2): 17.

[8] Duncan D., Caywood. The concept, process, and evolution of integrated marketing communications//Thorson, E., Moore. Integrated communication: Synergy of persuasive voices. Mahwah, NJ: Lawrence Erlbaum, 1996: 13-34.

[9] Schultz D., Heidi Schultz. Transitioning marketing communication into the twenty-first century. Journal of Marketing Communications, 1998, 4 (1): 9-26.

[10] 钟育赣."整合营销":概念辨析. 当代财经, 2006 (10).

[11] 汤姆·邓肯, 桑德拉·莫里亚蒂. 品牌至尊——利用整合营销创造终极价值. 廖宜怡, 译. 华夏出版社, 2000: 5-11.

[12] 黄迎新. 整合营销传播理论批评与建构. 人民出版社, 2012: 71.

[13] 大卫·佩克顿, 阿曼达·布劳德里克. 整合营销传播 (第2版). 王晓辉, 霍春辉, 译. 经济管理出版社, 2009: 3.

[14] 菲利普·科特勒, 凯文·莱恩·凯勒. 营销管理 (第14版·全球版). 王永贵, 等, 译. 中国人民大学出版社, 2012: 518-519.

[15] 唐·舒尔茨. 整合营销传播. 吴怡国, 译. 内蒙古人民出版社, 1999: 69.

[16] Schultz D.. From research to insights. Marketing Insights, 2013, 25 (1): 16-17.

[17] Luxton S, Mike Reid, Felix Mavondo. Integrated marketing communication capability and brand performance. Journal of Advertising, 2015, 44 (1): 37-46.

[18] Lovelock C., Robert Young. Look to consumers to increase productivity. Harvard Business Review, 1979, 57 (5-6): 168-178.

[19] Bettencourt L.. Customer voluntary performance: Customers as partners in service delivery. Journal of Retailing, 1997, 73 (3): 383-406.

[20] Lansiti M., Levien R.. Strategy as ecology. Harvard Business Review, 2004, 82 (3): 68-78.

[21] Schau H. J., Muniz Jr A. M., Arnould E. J.. How brand community practices create value. Journal of Marketing, 2009, 73 (5): 30-51.

[22] Fournier S., Lee L.. Getting brand communities right. Harvard Business Review. 2009, 87 (4): 105-111.

[23] Merz M. A., He Y., Vargo S. L.. The evolving brand logic: A service-dominant logic perspective. Journal of Academy of Marketing Science, 2009, 37 (3): 328-344.

[24] 徐礼伯, 沈坤荣. 知识经济条件下企业边界的决定: 内外社会资本匹配的视角. 中国工业经济, 2014 (10).

[25] Gregory A.. Involving stakeholders in developing corporate brands: The communication dimension. Journal of Marketing Management, 2007, 23 (1-2): 59-73.

[26] Grant R M.. The resource-based theory of competitive advantage: Implications for strategy formulation. California Management Review, 1991, 33 (3): 114-135.

[27] Duncan T.. The "5Rs" of purposeful dialogue. Direct Marketing. 1997, 60 (5): 44-46.
[28] 理查德·瓦雷. 营销传播：理论与实践. 范红，译. 清华大学出版社，2011：9.
[29] 申光龙. 整合营销传播战略管理. 清华大学出版社，2013：54.
[30] 刘跃，张道伟. 体验营销的价值创造过程. 江苏商论，2008 (3).

第十七章　大众传播：广告、促销、事件和体验、公共关系

【学习目标】 学习本章后，应当掌握：

1. 广告的基本类型与广告管理的步骤
2. 促销的类型
3. 制造事件的原则，体验营销与传统营销的区别
4. 公关的主要工具与管理过程

【引例】

《大河报》上的整版生日祝福

本报A21版一则“果果生日快乐”的整版浪漫祝福广告引起了众多市民的关注，本报广告部的电话几乎被热心市民打爆。记者从本报广告部了解到，这一整版的浪漫祝福广告是由河南省惠乔广告有限公司代理的。9月19日，广告部接到这一整版的广告设计图，才知道了内容。惠乔广告公司的负责人告诉记者，9月18日，两名年轻男子出现在广告公司，希望公司帮他们设计一个生日祝福的广告，于9月21日在《大河报》刊登。两人拿来一张写有“Love you and I don't forget you，Do you know? Don't forget me.”的字条，署名为“Elin”，还买来5支百合花和一对可爱的小熊布偶，提出一些具体要求后，便坐下等待设计人员设计图样。一个小时后，设计图样成稿，二人通过E-mail发到了一位“神秘人”的邮箱内，对方表示满意后就以近10万元的价格，定下了一个整版的生日祝福广告。广告公司的负责人告诉记者，在广告设计之前双方就签订了一份协议，不能把他们的身份和联系方式透漏给任何人。

资料来源：王勇，谭萍，李阳，潘国平．男子花费约10万元刊登整版祝福广告引热议．大河报，2006-09-22：A03.

《大河报》上的整版生日祝福是广告吗？是大众传播吗？答案是否定的。在传播学中，大众传播（Mass Communication）是指媒体通过媒介（报纸、杂志、广播、电视、网络等）对受众进行大规模的信息传播活动，因此可以说《大河报》上的整版生日祝福是一般传播学意义上的大众传播。在营销学中，大众传播是利用大众媒介进行的大量传播，广告、狭义促销、事件与体验、公共关系是其主要的形态。“Elin”是谁？果果是谁？果果怎么知道当天的整版生日祝福？这一切还需另外的媒介通道，而不是《大河报》的作

用。朋友圈更不知整版生日祝福。大众传播在于大量传播、广泛传播，一个重要目标是为消费者创造消费剧场表演的“观众”，因此《大河报》上的整版生日祝福不是营销学上的大众传播。随着新媒介的不断发展，尽管营销传播越发一对一的个性化，但在智能化技术的帮助下和整合营销传播观念之下，涌现了大规模定制传播，反而强化了大众传播。

第一节 广 告

一、广告的界定

（一）广告的古义与新义

“广告”一词在音、形、义和来源等方面都不是受外语影响而创造的新词，是我国唐代以来的既有之词，汉语古义与新义一脉相承，并与现代西方广告含义一致，其基本含义是“广而告之”。

（二）广告的科学定义

中外流行的广告定义中先后出现了“新闻”“介绍”“推销”“宣传”“介绍与促销”“传播”“营销”“营销传播”等邻近的属概念，因此目前广义与狭义广告的属概念皆为“营销传播”。

传统观念一般公认广告具有五个方面的种差：第一，有偿传播（付费性）；第二，通过媒介的非人员传播（介导性）；第三，出资人可识别（明示性）；第四，说服或影响消费者去做某事（劝服性）；第五，能到达大量的潜在消费者（广传性）。但随着网络广告形式日趋多元化，承担费用既不是广告发布的必要条件，也不是广告发布的充分条件。基于此，2015 年出台的我国新《广告法》第二条的规定中，不再将向媒体付费作为商业广告的特性。对于广告的明示性，2015 年版《广告法》第十四条也规定“广告应当具有可识别性，能够使消费者辨明其为广告”，但是传统的潜意识广告、方兴未艾的植入式广告等形态并不具有明示性。劝服性在广告定义中可有可无，因为无助于划清广告与劝服学名下的推销、宣传之间的界限。广传性得到传统观念的广泛认同，在新的媒介环境中，广而告之依然重要，但不是广告作用机制的全部。因此，广告种差概念只留下介导性。介导即媒介传导，指把某种物质作为媒介转导某种物质。

如果运用“属”+“种差”的标准形式界定广告，则形成如此的一个广义定义：广告是广告主通过媒介对其提供物进行的营销传播。

上述定义有了“营销”一词就容易被误解为狭义上的商业广告定义，其实实属一般广告的定义，因为营销是所有组织功能的一部分，营销并不局限于营利目的和商业（经济）领域。定义中界定广告实施主体为广告主（Advertiser），没有采纳西方广告定义中的出资者（Sponsor）概念，因为出资者不一定是提供物的生产者或品牌的所有权人。定义中之所以不是用“媒体”，而是采用“媒介”一词来表达广告的介导本质，是因为媒体有媒介机构的含义，况且一些媒介没有成立媒体去经营管理，所以广告只能经由媒介传播。提供物主要包括以下十类：有形产品、服务、事件、体验、人物、场所、产权、组织、信息和想法。

（三）狭义广告与广义广告

传统观念上，狭义广告与广义广告之分往往限于广告的应用领域和营利性。如此之下，狭义广告仅指经济广告（也叫商业广告、商品广告、营利性广告），而广义广告还包括政治广告、文化广告、社会广告。

根据广告的明示性，也可把广告分为狭义广告和广义广告。对传统插播广告、报刊广告、分类广告、户外广告牌等，受众一眼便可判明与新闻、电视剧等内容的不同，所以这些广告业被称为显性广告、硬广告。然而严格来说，诸如植入式广告就不符合《广告法》的规定，可大行其道，可算作广义广告。

从广告付费性可分为狭义广告和广义广告。广告主向媒体直接付费做广告是狭义广告，而广义广告还包括公益广告、电子邮件广告、自有媒介广告等间接付费和免费的广告。

二、广告的类型

（一）按广告的营利性划分

“营利”与“盈利”的含义并不相同，“营利”是“谋求利润”，而“盈利”是“获得利润”。按广告是否营利的目的来划分，广告可分为营利性广告和非营利广告。

（1）营利性广告。由于商业广告、经济广告、商品广告一般具有营利性，所以有时也把营利性广告亦称商业广告、经济广告、商品广告。实际上，商业广告、经济广告和商品广告主要是相对广告运用领域而言的。

（2）非营利性广告。一般由非营利组织、政治广告、社会广告、公益广告所采用。

（二）按广告所在的社会活动领域划分

（1）经济广告。经济广告也称为商业广告，系指商业经济活动中的广告，一般是国家、工商企业、经济组织和个人为商品交换或其他经济目的而做。

（2）政治广告。政治广告服务于政治营销，系指政党、政治团体、政府和政府各部门为了政治目的而对社会所做的有关意识形态、公共管理方面的广告。最典型的政治广告就是西方的竞选广告。在我国，法庭判决、交通情报告示、犯人通缉、天气预报、税务征收、环境保护、计划生育、疾病防治等方面的通告，亦属政治广告范畴。

（3）文化广告。文化广告系指教育、科学、文学、艺术、新闻出版、卫生、电视、广播等各项科学文化事业所做的广告。在中外各国，文化广告可能是营利性广告，也可能是非营利性广告。

（4）军事广告。军事广告用于参战宣誓、战争鼓动、征兵、瓦解敌军军心、军火交易、国防教育等方面，从而服务军事需要。

（5）社会广告。系指向社会提供福利、服务等方面的广告，如征婚、挂失、寻人启事、租房、求职、求医、家政、交友等方面的广告。

（三）按广告媒介的自然属性划分

（1）印刷广告。印刷广告一般有纸质印刷广告和特种印刷广告。纸质印刷广告的主要形态有报纸广告、杂志广告、邮寄印刷广告、传单、户外印刷广告等。特种印刷广告包括金属印刷广告、玻璃印刷广告、皮革印刷广告、塑料薄膜印刷广告、软管印刷广告等。

（2）电波广告。电波媒介是以电子形式传播声音或图像的媒介形式，电波广告包括广播广告、电视广告、电影广告、电子显示大屏幕广告、幻灯广告。

（3）网络广告。在网络上发布的所有商务信息都是广告，并不一定有固定的形式。根据操作方法的不同，网络广告可分为点击式广告、展示式广告、投递式广告、社交广告。

（4）全媒体广告。全媒体广告是指广告采用文字、声音、影像、动画、网页等多种媒体表现手段（多媒体），利用广播、电视、音像、电影、出版、报纸、杂志、网站等不同媒介形态（业务融合），通过融合的广电网络、电信网络以及互联网络进行传播（三网融合），最终实现受众以电视、电脑、手机等多种终端均可完成信息的融合接收（三屏合一），实现任何人、任何时间、任何地点、以任何终端接触广告。

（5）实物广告。就是直接把用来交换的产品作为媒介，让产品自我言说。这是人类初期的广告形式，至今还在流传，如商品展销、派样、橱窗广告。最初的实体广告只是简单的产品陈列广告，后来出现悬物广告，或便用竹竿撑起商品，或把产品直接挂在建筑物上或门店周围。

（6）人体广告。它是人类最早的广告形式，是将人的全身及其各部位作为媒介（脸上、额头上、头顶、头发等）的广告形式。原始舞蹈就是人体广告的形态。

（7）手写手绘广告。是在纸张、墙体、石头、木质、路面、石阶等媒介上书写、绘制形成的广告。

（8）环境广告。是利用自然景观、物理景观，把环境演变成媒介而形成的广告。例如，把花盆摆放成标徽，把植物修剪成品牌名称。

（四）按广告对象的范围划分

（1）消费者广告。又称零售广告，其对象为最终消费者。大多数工商企业所做的消费品广告属此类。

（2）企业间广告。企业间广告主要有两大类：①贸易广告。贸易广告是针对的是渠道成员，广告目的是希望中间商购买转销或租赁。②工业广告。是针对供应商或原始设备制造商所做的广告，因为制造商在生产过程中需要采购机器、原料、零部件。

（3）专业性广告。其传播对象为医生、牙医、建筑师、律师、会计师等专业人士，由于这些人的专业身份和权威性，对社会消费行为具有一定影响力，是购买决策的倡议者和影响者。

（4）普通公众广告。这类广告看似无的放矢，却是“醉翁之意不在酒”，目的在于为消费者的消费表演创造舞台下的“观众”。

（五）按照受众明辨广告的状况划分

（1）硬广告。硬广告也就是纯广告、显性广告，是受众能将其与新闻、电影、节目等内容明辨开来的广告。

（2）软广告。狭义上的软文广告不仅有新闻报道、深度文章、付费短文、案例分析等形式，还有科普文章、生活资讯等方式。广义上的软广告是相对于硬广告、显性广告而言的，指为减少受众对硬广告、显性广告的抵抗而通过更巧妙的、更迂回的、更隐蔽的方式（如貌似新闻、电影、娱乐节目等方式）诉求提供物的信息。

（六）按照供需双方信息传播的方向划分

（1）正向广告。由提供物的供给者向需求者发起的广告活动，叫作正向广告。

（2）逆向广告。逆向广告是指受众为了自己的需要，通过其所选择的媒介向提供物的供应者所进行的一种营销传播。随着自媒体的发展，逆向广告越来越重要。受众自创内容、消费者网络咨询等成为逆向广告的主要形式。

（七）按照广告主的联盟性质划分

（1）联合广告。也叫作合作广告，是指几个不同的广告主、品牌联合设计并刊播同一则广告。此类广告的目的在于加强不同品牌之间的联系。一般来讲，联合广告可以分成同行业之间的联合和不同行业间的联合两类。

（2）广告集群。同类产品或服务广告聚集在同一频道、时段、版面、地段、网页的现象叫作广告集群。联合广告、广告集群都是战略联盟的产物。

（八）根据广告受众加工广告信息的意识状况划分

（1）显意识广告。顾名思义，显意识广告是作用于受众意识的广告。意识又称作显意识，是个人自觉的、自己可以感知的意识，它通过语言进行思维和表达。

（2）潜意识广告。潜意识广告是广告在阈下刺激受众，因而没有意识到自己已经展露于广告面前。

三、广告的营销功能

广告的营销功能被视为广告与生俱来的本质功能。

（一）广告的虚拟分销功能

如果说分销渠道是商品实体的流动，是竞争中的地面部队，那么广告就是商品虚体的流动，是竞争中的空军。在广告终端化的发展趋势下，广告的分销渠道作用更加明显。电视购物就是广告发挥分销渠道作用的体现。随着媒介技术和智能技术的发展，分销渠道的作用不是简单的铺货问题，不是选择中间商问题，还要重视发挥广告的虚拟分销作用。

（二）广告的促销功能

迄今为止，广告的促销观经历了三个阶段及其相应的三种观念，即20世纪以前的告知观、20世纪上半期的劝服观（如USP理论）、第二次世界大战以后的诱导观（品牌形象理论、广告定位理论）。尽管这些广告观的思路和操作各有千秋，但其核心思想都是从不同的角度阐述“广告即促销”的观念。

（三）广告的要约功能

英美普通法认为商业广告是一项实盘，广告一旦刊播，广告主就应该按照广告中的承诺兑现，否则视为违法广告，所以人们才愿意购买做广告的产品。

（四）广告的价值创造功能

在符号消费时代，符号商品的创造不仅要遵循技术规律，以便生产出具有特定性能的物质产品，更重要的是遵循符号规律，将特定的社会意义和文化意义注入商品中去。符号化生产不是传统生产部门能单独完成的，在符号商品的生产链中，广告等营销传播工具变成了商品符号价值的生产机器。

四、广告管理的步骤与内容

（一）广告调查与分析

（1）营销战略分析。广告是企业营销中的一个重要组成部分，在实现企业战略计划过程中发挥着不可忽视的作用。广告在企业经营过程中绝不是一种孤立的、只是简单地为了推销商品的急功近利的手段，一切广告活动都必须服从企业的营销目标乃至战略计划的要求。

（2）营销策略分析。就4P策略来说，整合营销传播指导下的广告策划需要把产品策略、价格策略、分销渠道策略、广告之外的营销传播策略等营销策略纳入进来综合考察。

（3）品牌关系分析。综合国内外对于品牌关系质量维度研究的文献来看，大多认同满意、信任、承诺作为品牌关系的维度。因此，需要从这些维度分析不同利益相关者的品牌关系质量，为广告找到改善品牌关系质量的缝隙。

（4）竞争者分析。竞争者分析包括识别竞争者、判定竞争者的战略、分析竞争者的目标、评估竞争者的优劣势、预测竞争者的反应模式。

当以上调查结束后，必须对所得资料进行统计与分析，并写出市场调研报告，为后续的广告决策提供依据。

（二）制定广告目标

在传统营销传播观念下，广告目标更多地被指定为销售业绩目标。IMC观念认为，广告可以在消费者购买行为的一个或多个阶段产生影响，因此广告目标也被分解为相互独立却又密切联系的多个阶段，如刘易斯（Elmo Lewis）AIDA模型，即注意（Attention）→兴趣（Interest）→欲望（Desire）→行动（Action）。至今为止，提出了不计其数的广告目标模型，纵观这些模型的演变轨迹，可以发现由受众被动的层级模型，发展到受众主动的互动模型，如中国互联网数据中心提出的SICAS模型，如图17-1所示。

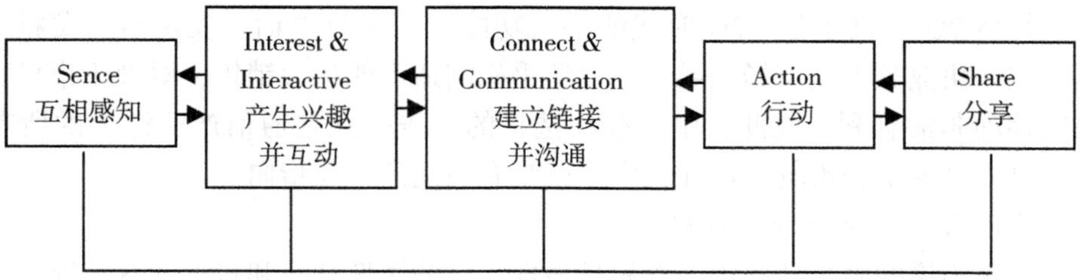

图17-1 广告目标的SICAS模型

资料来源：根据《2011中国社会化营销蓝皮书》绘制.

从2017年5月7日开始，一篇名为《百雀羚神广告又来了》的文章刷屏朋友圈，新媒体达人各种点评，甚至撰写文章推送，以各种姿势膜拜。百雀羚是以转化率为广告目标吗？如果不是，5月11日的一篇《哭了！百雀羚3000万+阅读转化不到0.00008》的时评就没有道理。

（三）制定广告受众策略

从一般传播模式来说，信宿的英文是“Receiver”。换句话说，广告受众只是接触、接收（Receive）而不是接受或认同（Accept）广告信息的人，因此广告受众的外延比消费者和利益相关者大得多。传统广告学狭隘地把消费者视为广告受众，这使得很多广告的潜力没有发挥出来。下面通过中国移动的一则广告来进一步解释，这是评论者的原话。

营销实例 17-1

中国移动广告在为他人做嫁衣吗？

中国移动公司在央视投放了一个广告，这个广告制作精美，甚至可以送到广告节参加评奖了，但它并不是一个好广告。我认为一个有效的广告至少需要具备四个要素：清晰的用户定位、完整的意图传递、恰当的传播渠道和明确的产品指向。前三个要素是铺垫，最后一个要素才是核心。移动公司的这个广告，恰恰缺失了最后一个要素。且看通篇的自述、对话和画面，从未出现过广告主的名称和产品名称，其中那句点睛的对白：不是离不开手机，是离不开你——变成了一种具有误导性的泛指而不是特指。我相信看过这个广告片的受众想到了亲情、手机，甚至可能想到摄像头和QQ，但不一定能联想到移动公司。毕竟和亲人保持联络的方式太多，何况通信服务提供商不只是移动一家，还有电信、联通。所以，如果这部广告片收到成效，我想也是通信产业链集体获益，而非移动公司一家独有。移动公司花自己的钱，给整个产业链做广告，要么是格局无限量，要么就是花钱打水漂——我当然倾向于后者。

资料来源：蓝皮．广告策划不可为他人作嫁衣．21 世纪经济报道，2009-09-22.

一般人们把 2009 年称为中国 3G 元年，换句话说，中国移动在央视投放的上述广告主要是为了拓展 2G 手机业务。2G 时代的手机功能主要是打电话、发短信、发彩信，而中国移动在这一块业务上是市场领导者。上游手机制造商能扩大销售，对处于市场领导者地位的中国移动非常有利。因此，中国移动选择的广告受众是通信产业链上的所有消费者，而不仅是自己的细分市场。这样，广告就没有明确的产品指向。

（四）媒介购买或受众购买策略

在传统营销传播的媒介计划中，首先是根据媒介的属性特征和目标受众状况，对媒介种类进行选择；然后就是具体媒介载具的选择，这往往有一套复杂的评估模式，诸如毛评点、暴露度、千人成本等统计性指标。由于传统媒介依然存在，媒介计划与购买也必然存在。然而在广告智能化的发展驱使下，购买媒介逐步变成了程序化购买受众（Programmatic Audience Buying）。受众购买减少了原来在媒介内容购买和内容相关定位中所浪费掉的费用，让广告能够充分提高精准度。

程序化受众购买包括广告交易平台（Advertising Exchange，ADX）、需求方平台（Demand Side Platform，DSP）、供应方平台（Sell-Side Platform，SSP）、数据管理平台（Data-Management Platform，DMP）等。具体来说，如图 17-2 所示，当某一受众访问媒体

C 时，SSP 向 ADX 发送受众访问讯号，随后受众的具体信息则会经过 DMP 分析匹配后发送给 DSP，DSP 将代表广告主对此进行竞价，价高者会获得通过媒体 C 进行广告展示的机会，并被目标受众看到。从竞价到完成投放，其过程仅需几十到一百毫秒。

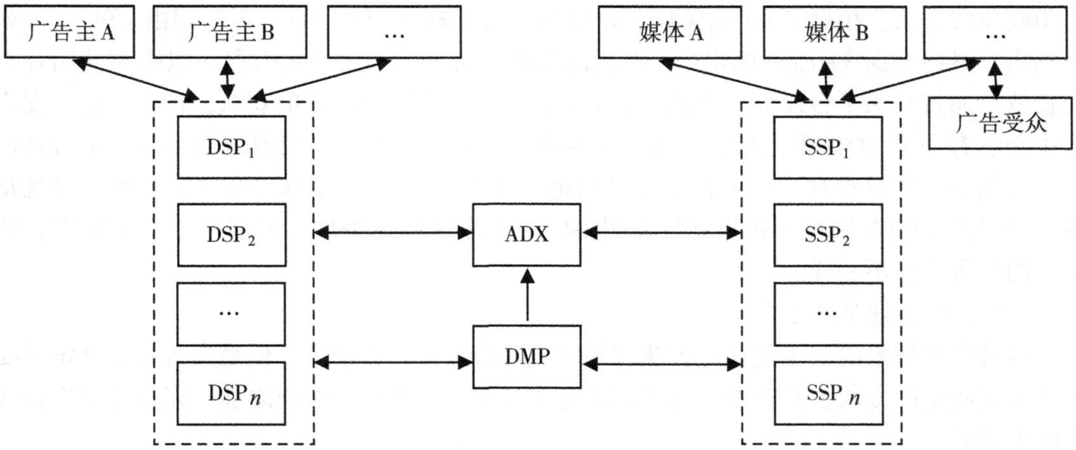

图 17-2 程序化受众购买模式

（五）制定广告信息策略

广告信息包括直接商品信息（关于商品特征的信息）和间接商品信息（商品特征以外的信息）。广告信息策略涉及广告主题确定、广告创意、广告诉求方式选择、广告代言人选用以及广告表现等众多具体决策。

随着广告信息策略也趋向智能化，出现了量化创意（Creativity at Scale）和动态创意（Dynamic Creative）技术。动态创意可按不同受众的特性，实时“组装”不同的创意给他们看到。动态创意不单可支持普通的横幅广告，连手机广告以及视频都可以支持。

（六）制定广告时空策略

广告效果与时间、空间这两个因素密切相连，几乎所进行的任何一次广告活动都要考虑时间和空间对广告的影响。

考虑广告的时序、时限、时段、时令以及时间密度等因素的影响，就形成了不同的广告时间策略。例如，广告在新产品上市之前、之后还是同时投放？正确回答这个问题，就是广告时序策略选择。

在空间上，广告决策需要考虑空间上的拓展、广告的物理覆盖面及其空间组合等问题。

（七）制定广告强度策略

传统广告管理较少涉及广告强度方面的决策，但实际上，广告频次、广告弹性等广告强度指标也会影响广告目标的实现。

广告强度中的广告频次与广告时间紧密相关。例如，当一个广告主计划购 60 秒广告时间时，他至少面临三种选择：第一，制作一则 60 秒广告播放 1 次；第二，制作 30 秒广告播放 2 次；第三，制作成 15 秒广告播放 4 次。哪一种选择效果最好呢？根据时间总长假设（Total Time Hypothesis）理论，因为这三种方式的广告时间总长相同（60秒），观众对广告的记忆应该都是相同的。

但是，20世纪的一些学者的研究又表明，四周时间内做3次广告的效果最佳。2012年，三星手机GALAXY NOTE Ⅱ的网络视频广告就是按照这些理论指导来实施的。三星找来100位代言人，拍摄了99支视频，告诉消费者喜欢NOTE Ⅱ的一百个理由。99支该如何播出？最终根据3+reach的定律，与优酷合作，买下白天的固定时段，以视频前贴片形式投放。通过技术平台保证如下的主次关系：对第一次看到广告的观众，视频前的三支广告中必然有一个NOTE Ⅱ的广告，而且是由明星代言的。随后这位观众的cookie被后台记住，当他第二次观看时，系统就会追投给他一支由普通人代言的。第三次亦然。也就是说，99支广告被分别存放在明星与非明星的两个库里随机抽取。最后使用人工定义，让每天的广告素材不一样。

（八）广告效果测定策略

尽管广告效果的测定是在广告执行与实施之后才发生的事情，但是广告效果测定需要事先确定测定的方式及其花费，这些都决定在编制广告预算与实施之前，充分考量广告效果测定策略。

（九）编制广告预算

费用编排时，应力求精细，并要求做到表格化。同时广告费用总额必须做到与广告主规定的预算总额大致相符，原则上以达到后者的95%为宜，余下的5%的预算可列为临时所需调度之用。

（十）编制广告计划

编制广告计划书是为了给广告活动提供一个行动大纲，对复杂的广告活动的进程安排和行动予以协调。广告计划有以下几个特点：第一，广告计划是一项行动文件。第二，广告计划是对某一广告目标及如何完成这一目标的一种解释。第三，广告计划也是提供给管理决策层的关于某一品牌的一种财务承诺纲要。

广告计划一旦制订，就成了广告活动必须遵守的行动准则和努力方向，因此具有一定的约束性和控制性。虽然不排除计划中所做的灵活性安排，但这种灵活只是在一定范围内的有责任的灵活。

（十一）广告执行与反馈

广告计划经批准后，即可进行广告的设计制作，制成广告作品，并对广告作品进行事前测定与评价，然后定稿并按计划发布。

反馈是对广告的效果进行量化评估，总结广告运动经验，写出总结报告，为下次广告投放提供科学依据。

第二节　促　　销

广义促销一般包括人员推销、广告、公共关系、销售促进四种传播工具，即促销组合和狭义上的营销传播组合。狭义促销（Sales Promotion，SP）也叫营业推广、销售促进或销促，是为了刺激消费者需求而采取的能迅速产生激励作用的手段。本节采用的促销概念是狭义。

一、促销兴起的原因

(一)产品同质化严重

产品同质化是促销兴起的直接原因。当产品没有太大差异时,促销是最有效策略,因为促销的直接让利能激励消费者马上购买。

(二)追求短期销量目标

在市场风险不确定情况下,在很多公司对营销人员的业绩考核重在销售量。由于广告、公关等营销传播工具通常要很长一段时间后才会显现销售效果,因此促销预算的比例越来越大。

在买方市场下,中间商权力越来越大,为了规避市场风险,也更加重视短期销售量,要求制造商提供各种促销措施,才允许产品进入其卖场。

(三)媒介租用成本攀升

在大众媒介传播无所不能的时代,传统媒介租用价格呈上升趋势,因此公司不断探寻费用更低、效果即时和看得见的营销传播方式,各种促销就是合适的选择。

(四)消费者忠诚度下降

随着生产力的提高,市场上的产品日益丰富,消费者有更多的选择权。选择权的增强意味着品牌忠诚度有所下降,为了提高市场份额,优惠券、打折等促销竞争成为维持交易关系或刺激品牌转换的有力手段。

二、促销的类型

(一)对消费者促销

对消费者促销直接指向产品或服务的最终用户,目的是鼓励老顾客继续购买与使用本企业产品,刺激新顾客采纳新产品。具体方法有:

(1)削价(Price Deal)。削价是一种临时降价或贱卖,甚至是免费赠送。削价有四种常见的类型:①降价出售。如原价 1000 美元,现价 500 美元。②奖品特价包装。如谷类食品包装盒中的奖品。③加量包装,即包装内包括一些额外免费赠送的产品。④联合包装。是指当消费者购买较多单位的产品时,价格比单独购买时要低得多。

(2)返现(Refund)和返款(Rebate)。这是指营销者返还一定费用给购买其产品的消费者。返款有时可能是一定数额的支票,也可能是鼓励消费者重复购买的优惠券。

(3)派样(Sampling)。广告主能以多种方式将样品分发给消费者。根据一项研究,较之其他店内促销方式,派样促销对消费者的影响最大。

(4)附赠礼品(Premium)。这是对特定行为的一种物质奖励,特定行为通常是购买产品或拜访售点。两种常见形式是直接附赠和邮寄附赠。

(5)优惠券(Coupons)。优惠券可以直接分发(直邮或上门发放)、媒介分发(报纸、杂志广告、独立插页广告)或印在包装上或放置在包装内,以及由零售商(合作广告)分发,但制造商需要付给零售商一定的费用。优惠券还可以通过社交营销网站,以电子邮件的方式在线派发给有特价需求的消费者。

（6）有奖竞赛（Contests）和抽奖（Sweepstakes）。这是以承诺“免费获取”以及为消费者提供心动的奖品来引起消费者的兴趣。有奖竞赛是参与者通过某些技能来赢取一个奖品或许多奖品。抽奖仅需要参与者提交自己的姓名就可获得抽签或其他选择机会。当今社会手机的普及使得抽奖也能够通过手机营销进行。抽奖和有奖竞赛作为有效的促销工具，能吸引人们前往营销者的网点。

（7）特制品（Specialty Advertising）。特制品就是把品牌名称印在物品上，作为品牌提示物发放，如日历、钢笔和铅笔、T恤、鼠标垫、手提包、水瓶等。

（二）对中间商促销

（1）贸易折扣（Trade Deals）。贸易折扣与针对消费者的削价相类似。若中间商购买一定量的产品或支持促销活动，制造商就可能对中间商给予经济上的奖励。最常见的贸易折扣形式有因采购量增多而得到的购买津贴和广告津贴。

（2）有奖竞赛。正如对消费者促销那样，广告主能够通过有奖竞赛和抽奖的形式来激励中间商。

（3）售点广告（Point of Purchase，POP）。售点广告又名店头陈设，其形式不拘，但以摆设在店头的展示物为主，如吊牌、海报、小贴纸、纸货架、展示架、纸堆头、大招牌、实物模型、旗帜等。其主要商业用途是刺激引导消费和活跃卖场气氛。

（4）商展（Trade Show）和展览（Exhibits）。商展是指同一行业的公司聚集在一起介绍、出售、演示它们的产品，展览则用于展示产品。

（三）对销售人员促销

这是指对销售人员的鼓励，使他们努力推销产品或开拓新的市场，其形式主要有销售竞赛和免费提供培训等。

三、主要促销决策

（一）确定促销目标

从消费者的角度来看，促销目标包括鼓励消费者更多地购买和使用商品，或促进批量购买，鼓励新顾客试用本企业产品，或吸引竞争者的顾客等。

从中间商的角度来看，促销目标包括吸引零售商经营新的商品或维持较高水平存货，鼓励它们购买与储存季节性产品，抵消各种竞争性的促销影响，建立零售商的品牌忠诚度等。

从销售队伍的角度而言，促销目标包括鼓励他们支持一种新产品，或寻找更多的潜在顾客和推销商品。

（二）选择促销工具

在选择销售促进工具的时候，必须充分考虑销售促进的目标、市场的类型、市场竞争的状况以及各种销售促进工具的特点、成本、经济效益等因素。

（三）制定促销方案

一个完整的促销方案包括：

（1）成本费用。促销方案必须确定企业成本与效益的最优选择。

（2）参加者的条件。即确定促销范围的大小，排除不可能成为本企业产品的消费者。

在实际操作中，对于参加者的条件不能要求太苛刻，否则会影响对消费者的吸引力。

（3）促销媒介的选择。一般来说，可通过包装、邮寄、网络等途径来实现。其中，放在包装内是最常见的一种途径，而邮寄的范围很广，但费用很高。

（4）决定促销时间的长短和时机。促销时间太短，消费者无法得到其好处，故无法重复购买。促销时间太长，消费者认为是长期降价，甚至对产品质量产生怀疑。最佳时间长度为产品平均购买周期的长度。除了决定时间的长度之外，还要考虑销售促进的时机，即何时采用为宜。

（5）促销预算。一般采用两种方式：一是自下而上的方式，即根据全年的销售活动的内容、销售工具及其成本费用来决定总预算；二是按照习惯比例来确定各种预算的比例。

（四）测试促销方案

对面向消费者市场的促销可轻而易举地进行测试，如邀请一些消费者对几种可能的优惠方法作出评价，也可以在一定的范围内进行试用性测试。

（五）实施和控制促销方案

实施计划一般包括前置时间和销售延续时间。前置时间是指实施方案的准备时间，销售的延续时间是指从开始实施优待方法起到大约95%的采用这种优待方法的商品已经在消费者手里为止所经历的时间。

促销控制一般考虑选择的方式是否合适、期限是否合理，同时还要注意中后期宣传、不能弄虚作假等。

（六）评价促销效果

最普通的方法是比较促销的前后的销售结果，通过比较销售绩效来测定其有效性。如果其他的条件不变，销售增加可以说明销售促进的绩效。

第三节 事件和体验

一、事件

（一）事件的定义

一般认为事件是指不平常的或比较重要的事情，使用的范围较窄，只适用于大事情。一些学者用反映事件效果的形容词来解释事件，例如，事件是惊奇的（Surprising）、不确定的（Uncertain）、不寻常的（Unusual）、紧要的（Critical）、意料之外的（Unexpected）、颠覆性的（Disruptive）。

营销传播中的事件概念是综合了公共关系学中的新闻事件（也叫做媒介事件、公关事件）和赞助等概念演化来的，它是指能引起社会轰动和公众广泛参与的事情。

（二）事件的作用

（1）获得媒体免费的营销传播。因为事件具有令人惊奇、意外等特征，企业有计划举办具有重大新闻价值的事件，可吸引媒体关注而成为硬新闻或软新闻。

（2）强化利益相关者的情感体验。优秀组织会充分考虑利益相关者的心理期待，尤其是在社会责任感的维护上与利益相关者产生共鸣。如果社会组织通过事件完成利益相关者的某些心愿，也就能在利益相关者心理上自然而然地对组织产生亲切感和值得信赖的情感。

(3) 营造良好的社会舆论环境。无论是公关事件还是赞助事件，对利益相关者来说，都是比较重要的事情。成功的事件能获得正面的口碑，为社会组织的生存与发展创造舆论环境。

(三) 事件的类型

营销传播的事件主要有以下两种：

(1) 新闻事件。所谓新闻事件，是指“社会组织为吸引新闻媒介报道并扩散自己所希望传播开去的信息而专门策划的活动”。它不同于新闻发布会，也不存在任何事先写好的新闻通稿，而是通过人为策划一些具有新闻价值的事件，吸引媒体的注意力，从而达到广泛传播的目的。新闻事件必须具有实实在在的新闻性，而不能空穴来风、凭空捏造。策划一个事件，首先就要看这件事情是否真的具有较大的新闻价值，具有新闻价值的事件才能够吸引大众传媒和公众的积极参与。

(2) 赞助事件。赞助事件是企业表示其社会责任感的一种途径。赞助事件在一定意义上就是善因营销（Cause Marketing），也是社会营销（Social Marketing）与社会责任营销（Social Responsibility Marketing）的主要模式。

(四) 制造事件的原则

在制造事件时，必须遵循新、奇、好三项原则。

(1) 新：是指创意新颖，而不是重复和模仿别人。第一次有人吃螃蟹是新闻，第二次、第三次就是普通事件了。因此，在策划事件时，一定要注意想人所未想、做人所未做，这样才能真正带来新闻效应。

(2) 奇：就是指策划事件必须超越常规，特别是在信息爆炸的今天，平平淡淡的事件、普普通通的行为是入不了新闻记者们的“法眼”的。

(3) 好：是指策划事件必须具有正面的、积极的意义，符合社会文明和进步要求，能产生良好的社会效应。

二、体验

(一) 体验的特征

体验（Experience）作为一个哲学概念，是客体在主体心中的地位、意义、价值、距离感、对象与自我同一性的把握和确认。体验作为一个心理学概念，主要指人对情感状态的自我感受。体验作为一个美学概念，是指主体在具体审美活动中被某种具有独特性质的客体对象所深深地吸引，并情不自禁地对之进行领悟、体味、咀嚼，以至于陶醉其中，心灵受到感染和震撼的一种精神状态。最早提出体验经济概念的约瑟夫·派恩（Joseph Pine）和詹姆斯·吉尔摩（James Gilmore）认为，体验“是当一个人达到情绪、体力、智力甚至是精神的某一特定水平时，他意识中所产生的美好感觉”。

体验具有如下几个方面的特征：

第一，无形性。体验的产生、变化、存留等过程都是在个人的大脑中完成的，是个人在形体、情绪、知识上参与客观事物的所得，这些过程是不能从外部直接观察其内部状态的。

第二，主观性。体验活动启动本身就意味着自主自愿地参与，一般而言，体验的主动意愿越强，就更有利于体验活动的正常开展。

第三，亲历性。亲历主要指体验主体亲自参与活动的过程。亲历分亲身经历和亲身理解、感受。亲身经历侧重于身体的参与、行为，而亲身理解、感受则是主张体验主体真正地对自己所经历的事情进行反思、感悟。

第四，差异性。由于人们所受教育、文化程度及亲身经历、爱好的不同，即使对于相同的刺激，不同的人产生的体验也不尽相同。

第五，诱发性。体验不是自发和自在的，需要通过体验媒介来加以引导。诱发性暗示了我们可以采取的干预和预防行为，诱发出利益相关者的已有经验、对问题和现象的个人观点和认识。

第六，价值性。价值是指客体对主体所具有的正面意义。体验的诱发性和价值性是密切关联，价值性是诱发性的前提。

（二）体验的形态

施密特等人认为对顾客来讲，体验是一个整体性的混合概念，是来自不同方面的多种感受。他们根据消费者情感的参与深度与广度把体验分为五种：感官（Sense）体验、情感（Feel）体验、思考（Think）体验、行动（Act）体验和关联（Relate）体验。

感官体验是通过对视觉、听觉、触觉、味觉和嗅觉五种感觉的刺激而建立起来的体验类型。例如，在超级市场购物能闻到超市烘烤面包的香味是一种感官体验。不仅仅要刺激顾客的五种感官，更重要的是要愉悦顾客的感官，通过刺激感官，使之产生美好的享受、兴奋和满足，从而给顾客留下美好的回忆，产生难忘的体验。

情感体验主要针对消费者内在的情感及情绪，目标是唤起消费者的情感。另外，也可通过使顾客产生痛苦的心理感受，反其道而行之，顾客为回避某一类痛苦的经历而去体验某一事件，消费某产品或参与某一活动等。

思考体验是启发人们的思考，创造性地让消费者获得认识和解决问题的体验。如联想早期的经典广告语“人类失去联想，世界将会怎样”。

行动体验，又称身体体验或生活方式体验。行动体验的目标是影响身体的具体感受、消费者的生活方式并与消费者互动。

关联体验包含感觉、情感、思维和行动体验的成分，但它超越了“增加个人体验”的私有感受，把个人与理想中的自我、他人和文化联系起来。关联体验正是利用消费者希望完善自我、希望被他人正确看待这一心理，与广泛的社会体系联系起来，使消费者产生独特的体验。

（三）体验营销与传统营销的比较

表 17-1 列出了体验营销与传统营销的主要区别。

（四）体验管理步骤

施密特等人从顾客的角度构建了一个包括 5 个步骤的完整的体验管理框架，我们可将之扩展到所有利益相关者：

表 17-1　**体验营销与传统营销的区别**

	传统营销	体验营销
人性假设	理性	既理性又感性
提供物	商品与服务	品牌体验
利益相关者角色	选择者、购买者与使用者	主动参与者、品牌价值生产者
品牌价值	功能价值	符号价值
品牌所有权	通过交换实现商品所有权转移	体验只属于利益相关者

第一步是分析利益相关者的体验世界。在消费品市场上，要分析利益相关者的生存环境，包括社会文化因素、消费者的体验需求和想法及生活方式。

第二步是建立利益相关者的体验平台。体验平台包括动态的、多种感觉的、多维的对理想体验的描述（如体验定位），也包括利益相关者能从品牌中希望得到的价值（体验价值承诺）。

第三步是设计品牌体验。首先，作为品牌体验的起点，就是体验产品特点和产品美学；第二，品牌体验包括在标签设计、包装、货架上吸引人的“看点和品味点”；最后，适当的体验信息和广告、网站上的形象及其他营销活动共同形成了品牌体验。

第四步是建立与利益相关者的接触。包括各种与利益相关者的接触点和动态的互动——店内面对面的接触、销售代表到顾客办公室的拜访、银行的自动取款机、酒店的入住登记柜台甚至网上的交易。

第五步是致力于不断创新。创新包括接待利益相关者的方式和提高利益相关者体验的事情，从重大的发明到产品形式的小创新。创新向利益相关者显示了公司是能够连续创造新的相关体验的动态企业。

营销实例 17-2

董明珠与雷军的 10 亿元赌局

在 2013 年 12 月 12 日央视的“中国经济年度人物”颁奖现场，格力董事长兼总裁董明珠与小米董事长雷军曾开出 10 亿元赌局，雷军表示，如果 5 年内小米的营业额击败格力，愿董明珠赔自己 1 元，董明珠则表示，如果被击败愿意赌 10 亿元。这场赌局引发了广泛关注与讨论，延续至今。董雷赌局之后，在宏观经济层面上引发了中国经济的发展方向之争：我国重点发展实体经济还是虚拟经济？在微观经济与营销管理层面上引发了三个方面的争论：第一，营销模式之争：是格力模式还是小米模式更有竞争力？第二，营销思维之争：互联网思维到底是什么？第三，营销组合之争：产品、价格、渠道、营销传播，谁为王？在这场争论中，一般认为小米科技公司是虚拟经济中重营销、具有互联网思维的典型企业，而格力公司代表实体经济中的产品制胜。实际上，小米科技公司是互联网思维下的实体经济，同样注重性价比。因此，在新经济、新营销还没有广受人们理解的时候，小米在这场营销事件中往往被误解了。无论人们从董雷10亿元赌局得到何种启示，对于格力集团与小米科技来说，董雷赌局是一件营销事件，具有新、奇、好三项事件原则。此外，董雷赌局也创造了利益相关者的体验：品牌体验、经济模式与营销模式体验。

资料来源：笔者根据相关报道整理.

第四节 公共关系

一、公共关系的界定

公共关系也叫作公众关系，译自英文“Public Relations”，英文简称“PR”，中文简称“公关”。

“公共关系”一词出现120年以来，对其界定有不同角度，形成了形象说、传播（管理）说、关系说等定义。形象说的定义是：公共关系是社会组织为了塑造组织形象，通过传播、沟通手段来影响公众的科学和艺术。传播说或传播管理说的定义是：公共关系是一个组织与其相关公众之间的传播管理。关系说的定义是：公共关系是一种管理职能，它确定、建立和维持一个组织与决定其成败的各类公众之间的互利关系。

由于20世纪80年代我国引介西方公共关系学的时候，其著作是形象说的经典，因此形象说在我国一度盛行。形象说把组织形象作为核心概念和追求目标，从而把公共关系学与组织形象学相混淆。传播说或传播管理说的定义强调公共关系是组织与其公众的一种传播关系，从而把公共关系学与组织传播学相混淆。学界一度还提出公关定义的管理说，这是对定义的误读，因为形象说、传播说、关系说的定义都指向了管理，因此有形象管理、传播管理、关系管理等。

从社会关系的主体和范围，可以划分为个人之间的关系，群体、阶级、民族、国家内部及相互之间的关系等。实际上，公共关系是从在社会关系中分离出来的一种特殊社会关系，“关系”体现了公共关系的核心概念，正确认识与管理一个组织与公众的关系是开展公共关系的出发点和归宿。因此，我们认同关系说的定义。

二、公共关系的主要工具

（一）公共关系媒介工具

可把公共关系的媒介工具归结为表17-2中所列的三类：可控媒介（Controlled Media）和不可控媒介（Uncontrolled Media）、半可控媒介（Semi-Controlled Media）。

（二）公关专题活动工具

公共关系专题活动是社会组织为实现特定的公共关系目标，围绕一定的活动主题有计划地开展的社会活动。根据公关专题活动的目标指向性，公关专题活动可以分为传播型专题活动、社交型专题活动和危机管理型专题活动。传播型专题活动是指以传播社会组织特定信息、提高社会组织在公众中的认知度和知名度为目标的专题活动，如开放参观、展览活动、新闻发布会、新闻事件、公关广告等；社交型专题活动是指借助一定的人际交往形式，以增进组织与公众之间的感情，提高公众对社会组织的忠诚度与美誉度为目标的专题活动，如联谊活动、庆典活动、宴请、赞助事件、纪念活动等；危机管理型专题活动则是社会组织在整体公共关系计划中，有组织地预防公众对社会组织不满或不信任等造成的社会组织信誉上、形象上和关系上的危机和在危机来临时有效化解危机的活动。

表 17-2　　　　**公共关系媒介工具**

可控媒介（由企业控制使用和安排）	不可控媒介（由媒介或利益相关者控制使用和安排）
• 内部广告 • 公益广告 • 企业或机构广告、倡议广告 • 出版物：小册子、传单、杂志、时事通讯 • 年度报告 • 讲师团 • 照片 • 影片、录像、影碟 • 陈列、展览 • 表演活动 • 书籍	• 新闻稿（印刷品、录音、录像、电子邮件、传真） • 特别报道（推销信） • 补白、历史短片、人物简介 • 记者招待会和媒介顾问 • 媒介巡展 • 头版头条、寄给编辑的信 • 脱口秀和访谈节目 • 公益广告 • 博客 • 微信 • QQ • 推文
半可控媒介（一部分为企业所控制或发起，另一部分则不是）	
• 电子化传播（网站、聊天室） • 特殊事件和赞助活动 • 口碑传播（蜂鸣营销） • 博客	

资料来源：桑德拉・莫里亚提，等．广告学：原理与实务（第9版）．桂世河，等，译．中国人民大学出版社，2013：411.

三、公共关系的管理过程

一般来说，成功的公关活动要经过四个环节或者步骤：界定公关问题与机会、制订公关计划与方案、采取公关行动与传播、评估公关活动效果。

（一）界定公关问题与机会

界定公关问题与机会是明确组织的公共关系“现在正在发生什么”和“将来可能发生什么”两个方面的问题，也就是对组织当前的公关资源配置方式、公关政策、公关战略策略进行考察，发现和预测公共关系已经出现哪些问题和今后会出现什么问题或机会。

（二）制订公关计划与方案

（1）公共关系计划的基本内容。无论是什么类型的公关计划，其基本内容就是回答以下几个问题。①做什么？即解决公关计划的活动内容、工作要求及工作重点问题。②为何这么做？即要明确制定计划的原因、目的。③谁去做？即进行人员安排、机构设置。④怎样做？即实现公关目标应采取什么措施、手段和策略。⑤何时做？包括机会选择、日程安排。⑥何地做？即选择计划实施的地点、场所。⑦如何控制？

（2）公关活动计划的步骤。第一，确立公关目标。公关目标是组织目标体系中的一个目标，它服从并服务于组织总体目标，是通过公关活动改变组织现有的公关状态或解决现存的公关问题而达到的理想成果。公关长期目标制定后，还需进行细化，细化的工作从两个方面考虑。一是从时间上细化，二是从内容上细化。第二，制定公关战略。主要有目标战略、关键公众战略、行动战略、媒介战略等，这些战略都反映公关活动的工作重点、主要内容与步骤。第三，确定战术活动方案。一般至少包括以下方面：设计活动主题、设计具体项目（如新闻发布会、展览会、开业典礼等）、选择活动时机、制定活动程序与规则、公关预算。第四，公关活动控制。把控制纳入计划中，有助公关活动实施前就能把握航向、步骤和相互间的配合。当然，真正的控制行为是在计划实施中执行，计划只是事先选择和规定。

（三）采取公关行动与传播

从组织对公关现状所持态度或措施来看，公关实施模式又可分为建设型模式、维系型模式、防御型模式、矫正型模式。建设型实施模式重在“建设”二字，组织以积极主动的姿态去寻求与目标公众的互惠互利关系。维系型模式重在“维系”二字，它通过周期性的或规模不大的公关活动及传播方式，维持与公众既有的关系状态。例如，节日礼品派送、周期性广告、每年度开展一次联谊会、定期拜访等都是这一模式的具体形式。防御型模式又重在“防御”，它通过组织的消弭反应机制，把公关问题解决于潜伏期。矫正型模式是当组织与公众发生冲突或有误解后，组织采取适当的措施协调关系，挽回声誉。

（四）评估公关活动效果

最常见的公关活动效果的类别是按效果涵盖内容和影响范围来分类，依此把公关效果可分为销售效果、心理效果和社会效果。销售效果也称为经济效果，是指公关活动促进组织的产品或者劳务的销售情况。心理效果是指公关活动引起公众在心理上的反应程度，表现为对公众的认知、态度和行为等方面的影响。社会效果是指公关在社会道德、文化教育等方面的影响和作用。

☞【小结】

广告是广告主通过媒介对其提供物进行的营销传播，可从多方面理解其狭义与广义。广告有很多类型，一些类型随着新媒介与新实践而出现的。广告能发挥虚拟分销、促销、要约、价值创造等营销功能。从广告调查与分析到制定广告媒介或受众购买策略，最后到广告执行与反馈，所经历的十个环节是广告管理的基本步骤。

产品同质化、追求短期销量目标、媒介成本攀升、消费者忠诚度下降导致了促销的兴起。促销的有对消费者、对中间商、对销售人员的促销。主要的促销决策包括确定目标、选择工具、制订方案、测试方案、实施和控制方案、效果评价。

事件是能引起社会轰动和公众广泛参与的事情，它能获得媒体免费的营销传播，强化利益相关者的情感体验，营造良好的社会舆论环境。无论是新闻事件还是赞助事件，都必须遵循新、奇、好三原则。

体验具有无形性、主观性、亲历性、差异性、诱发性、价值性等特征。根据参与深度与广度，可把体验分为感官体验、情感体验、思考体验、行动体验和关联体验。体验营销与传统营销存在诸多区别，体验管理一般包括5个步骤。

公共关系作为一种管理职能，它确定、建立和维持一个组织与其公众之间的互利关系。公关工具有众多媒介工具和专题活动工具。公关活动要经过四个步骤：界定公关问题与机会、制订公关计划与方案、采取公关行动与传播、评估公关活动效果。

☞【思考题】

1. 广告的营销功能有哪些？
2. 阐释程序化受众购买模式。
3. 广告受众是消费者吗？
4. 对消费者促销的具体方法哪些？
5. 举例说明事件的作用。
6. 体验营销与传统营销的区别在哪些方面？
7. 如何理解公共关系一种关系管理？

☞【课后案例】

迄今已经179年历史的超级百年老店宝洁，最近几年在全球和中国市场都遇到了大麻烦，业绩不断下滑。宝洁采取了各种自救措施，换帅、裁员、瘦身、削减广告预算，但是业绩依然没有起色。宝洁全球CEO大卫·泰勒2016年出席纽约消费者分析集团年度会议时坦承："在中国这个我们的第二大市场，没有一个核心品类在增加用户数，甚至大部分还在下跌。"

宝洁曾经是中国市场的神话。最早的海飞丝、飘柔、潘婷三个洗发水品牌广告同时亮相电视，左右互搏，令当时的中国企业目瞪口呆："还有这么玩的?"精准的定位战略，高质量的精美广告片，巨额的投放，给刚刚开始学习市场经济的中国同行们好好上了一课。多品牌、USP、定位，各种先进的理念如潮水一般涌入，宝洁的一切，充分展现了世界一流企业的卓越管理水平，甚至连宝洁的货架陈列、品牌命名、广告创意，都成了中国同行反复揣摩的经典案例。

为什么宝洁在21世纪开始褪色？学术界、企业界提出了各种似是而非的诊断意见：

诊断一：主打大众市场，失去高端。宝洁也推出了自己的高端产品，但竟然放在自己的大众品牌之下，比如飘柔倍瑞丝、潘婷乳液修护润发精华素、玉兰油ProX，这品牌管理大忌，消费者根本分不清楚。

诊断二：多品牌失灵。从一开始就有人质疑宝洁的多品牌模式，认为同一个公司同时运行几百个品牌，会让公司的管理顾此失彼，失去焦点。

诊断三：大公司病。宝洁决策速度慢，决策链条长，不能像小公司那样出奇招。

例如，草本植物品牌“东方季道”从研发到面市，竟然花了两年的时间，在宝洁已经算是迅速。

诊断四：功能诉求的广告不再吸引年轻人。一成不变的填鸭式功能诉求，没有话题性，不适合求时髦的现代年轻人。

诊断五：数字营销脚步迟缓。现代消费者已经从电视屏幕转移到了手机和各种社交媒体上，而宝洁的营销手段过于传统，广告投放仍以电视为主，在互联网媒体的营销也仍然沿用传统电视广告投放的模式。

诊断六：人才流失。宝洁现在正面临人才失血，从美国总部到广州宝洁，各种人才正在纷纷出走。

诊断七：市场饱和，经济下行。宝洁在全球市场耕耘一百多年，市场渗透率已经很高了，很难再有增长，再加上近几年全球经济放缓，宝洁也难以独善其身。

资料来源：柯恩．宝洁为什么会衰败并且永远不能复苏．中国连锁，2016（9）．

案例讨论题：

联系中国互联网数据中心 2011 年提出的广告目标的互动模型，阐释宝洁为什么会衰败。

【参考文献】

[1] 汤梅，桂世河．汉语“广告”一词源于拉丁语吗．新闻知识，2016（8）．

[2] 桂世河．中外流行广告定义的邻近属概念之演变及启示．山西大学学报（哲学社会科学版），2016（6）．

[3] 张金海，王润珏．数字技术与网络传播背景下的广告生存形态．武汉大学学报，2009（4）：496．

[4] 桂世河．广告也能集群．电视研究，2003（11）．

[5] 桂世河．符号消费时代商品广告的本质功能．经济管理，2006（9）．

[6] 戴丽丽．三星百人证言：史上最多代言人广告．广告主，2012（12）．

[7] 居延安．公共关系学．复旦大学出版社，2001：309．

[8] 派恩二世，吉尔摩．体验经济．夏业良，等，译．机械工业出版社，2002：18-19．

第十八章　数字传播：在线营销、社交媒体营销和移动营销

【学习目标】学习本章后，应当掌握：

1. 在线营销传播的特点及其类型
2. 社交媒体的内涵、特点以及社交媒体营销的内涵
3. 移动营销的特点以及典型的移动营销模式

【引例】

2017 年 7 月，美国百年百货零售品牌 Macy's 梅西百货便联合阿里巴巴集团旗下天猫国际和 APASS 会员，带领了 4 位天猫高端 APASS 会员玩转纽约。除此之外，他们还在位于纽约的 Macy's 旗舰店内上演了“要闪耀要 Macy's”时尚穿搭购物秀在天猫直播，为国内粉丝提供“边看边买”的“海外直购”体验。打破了单一电商节假日促销模式，整合了多维度多媒体资源并结合线下纽约之旅，从多渠道触达消费者。前期预热阶段，Macy's 通过 3 条意见领袖拍摄的态度短视频在社交网络上积累话题声量。

Macy's 中国也将其执着于呈现优质商品和服务的形象充分传递给阿里受邀会员，而此次与天猫国际合作的手机 App 直播活动，也让在线观看的中国观众仿佛亲临现场，与阿里会员一起解读美式时尚流行趋势，感受 Macy's 旗下不同品牌的风尚魅力。

以 Macy's 每年赞助的美国独立日烟花秀和店内天猫直播为亮点不断在社交平台吸引粉丝互动，这些手段不仅让天猫直播当日 Macy's 天猫国际海外旗舰店销量达到近期峰值；直播前后 3 条 KOL 美式生活态度短视频、纽约行 KOL 拍摄的时尚大片等的持续传播，也让活动期间的品牌微信指数比平日高出 10 倍。

第一节　在 线 营 销

一、在线营销传播的特点

在线营销传播指的是借助互联网平台，企业为了与特定客户或者用户之间的共识而达成价值交换的所有要素的总和。“传播”观念所代表的，是强调与消费者的沟通、以信息传播为导向的营销观。随着互联网技术发展的成熟以及联网成本的低廉，网络已经成为当代企业吸引并抓住客户、传播营销理念、展示产品特点、沟通市场信息、驱动市场发展的

主渠道。CNNIC 发布的第 39 次《中国互联网络发展状况统计报告》显示，截至 2016 年 12 月，中国网民规模达 7.31 亿，相当于欧洲人口总量，互联网普及率达到 53.2%。分别有 77.0%、73.3%和 63.6%的上网企业通过互联网了解商品或服务信息、发布信息或即时消息、从政府机构获取信息。互联网已经成为企业不可或缺的营销推广渠道，并在传统媒体与新媒体加快融合发展的趋势下，扮演着关键角色。在线营销传播呈现出以下一些特点：

（一）跨时空

互联网能够超越时间与空间的约束进行信息交换，使得信息脱离时空限制进行传播变成可能。同时，网民数量庞大，且自主性强，一旦信息受到关注引起兴趣，就将得到广泛的转载，实现病毒式传播，传播一旦达到病毒式的效果，抛开其传播的速度不说，单说由受众自觉主动地传播信息这种方式，就为信息的最初传播者节省了不少的成本。特别是进入 QQ、微博、微信时代以来，热点话题的出现以及网络覆盖只需几小时就能实现，这种速度让传统媒体难以望其项背。

（二）富媒体

网络媒体的出现将之前所有的传播因素合而为一，博纳众家之长，将文字、声音、图像全部包揽，使得信息能以多种形式存在和交换，可以充分发挥营销人员的创造性和能动性。多样的信息载体也使得传播的信息更加生动形象具有吸引力，能够在第一时间抓住受众眼球，引起关注，从而进行更进一步的深入传播。

（三）交互式

传统媒体传播是“你说我听”的模式，强制灌输效果不佳，且无法及时得到信息反馈。而在线营销则打破“有来无往”的限制，信息传播更加深入更加广泛，而且可以借助网络技术实现企业与消费者的直接对话，进行即时沟通，通过评论、投票、活动等网络上常见的营销方式使企业与消费者双方信息更通达，企业营销也能及时根据舆情进行调整。同时采用在线营销在与消费者进行交流的过程中，让消费者能够产生企业有种“知无不言，言无不尽”的感觉，这样也会增加消费者对企业和产品的好感度与忠诚度。

（四）精准化

相较于传统媒体漫天撒网的传播方式，在线营销能将信息精准定位到目标受众，进行定向传播，重点捕鱼。搜索引擎、分类网站、地方论坛，网络上的各种划分形式，形成多重范围，使企业能够在其中准确找到自己的传播目标。同时在网络投放还可以做到实时监测，对数据进行统计与分析，根据得出的结果可以对传播策略进行实时调整。这样在精准的基础上就会“精益求精”，传播的效果相对于传统媒体来说也显著提高。

（五）整合性

传统媒体传播信息的深度较浅，只能点到即止，受众无法深入挖掘、广泛了解。同时，企业投放的不同广告无法形成连接，更难与现实产品联系实现直接购买。而网络媒体则可以将企业传播的所有信息进行整合，将分散的资源进行集中，形成广泛联系。同时，网络广告的载体基本上是多媒体、超文本格式文件，只要受众对某种产品感兴趣，仅需轻按鼠标就能进一步了解更多、更为详细、生动的信息，从而使消费者能亲身“体验”产品、服务与品牌，再加上电子商务的出现，消费者还能在网络上直接购买产品，为虚拟与现实搭建桥梁。

（六）经济性

在传统媒体中，大投入小收效，雷声大雨点小的广告不在少数，而且最后所收到的效果往往让投资者很迷茫，在传统媒体上做广告，总有一种“重拳打在棉花上”的感觉。网络营销则借助网站流量统计、网站数据分析、消费者情况分析等技术，有效克服这一问题，能够帮助企业对传播效果有较为直观的认识，从而正确评估营销效果，审定营销策略。同时，通过互联网进行信息交换，代替以前的实物交换，一方面可以减少印刷与邮递成本，可以无店面销售，免交租金，节约水电与人工成本，另一方面可以减少由于迂回多次交换带来的损耗。

营销实例 18-1

酒仙网双微营销

酒仙网四周年以“疯狂酒仙月”周年庆掀起淡季网络购酒热潮，持续培养用户消费习惯，以业界领先姿态持续领跑，并进一步提升品牌知名度。并且借助大型促销人气和曝光吸引新消费群体，拓展消费触点。其中两大亮点成就网购小众类目淡季营销典范：第一是创新，品牌商首次深度结合淘宝 V 级会员权益；其次是整合，多平台多主题多渠道资源整合利用。

酒仙网“双十一”当天全网完成销售 2.21 亿元，其中在第一个小时就销售 4000 万元，超过去年同期全天的 2/3，成为酒类电商的最大赢家。这归功于“明星微博等酒，意见领袖微信点评”的双微推广方案。

11 月 10 日为预热期，主要利用微博平台的电商名人及草根大号抛出了#双十一等酒了#、酒仙网#送房送车送春晚#等话题并展开相关活动来引导微博中的潜在消费人群。“双十一”当天用当红明星互动、段子手调侃、意见领袖晒单等重磅动作来引爆话题及活动，将酒仙网热度推至高潮。在各类电商网站都在疯狂进行促销活动的双十一当天，黄渤与徐峥#双十一等酒了#互动微博名列热门微博榜第一位。

资料来源：陈海峰. 酒仙网完胜双十一 连续 7 年领跑酒类垂直电商. 中国新闻网，http://www.chinanews.com/business/2017/11-13/8374948.shtml，2017-11-13.

二、在线营销传播的类型

（一）网络广告

网络广告是将传统的广告宣传活动移植到网络的产物，它的实质就是企业充分利用互联网络的传播能力将产品信息和企业形象传达给目标受众。追本溯源，网络广告发源于美国。1994 年 10 月 14 日是网络广告史上的里程碑，美国著名的 Hotwired 杂志推出了网络版的 Hotwired，并首次在网站上推出了网络广告。

决定网络广告发展的网民数量在之后的几年间迅速增加，扩大了网络广告发展的空间。由于网络技术与多媒体技术的发展，网络广告已经在交互性、准确性和多媒体性能等方面展现出独有的优势。网络广告相比传统广告的优势主要体现在：

（1）网络广告传播的广泛性。网络广告传播不受时间和空间的限制，能通过互联网把广告信息全天候、24 小时不间断地传播到世界各地。

（2）网络传播信息的非强迫性。传统的广告寄托的传播媒体在传播信息时，具有很大的强迫性，强迫观众接受它们所传播的信息，而网络传播的过程则完全开放，受众可以选择感兴趣的产品去进一步了解它的信息。

（3）网络广告传播信息的感官性更好。网络广告的载体基本上是多媒体、超文本格式文件，因此它包含的信息更加丰富。这种图、文、声、像相结合的广告形式，将大大增强广告的实效。

（4）网络广告具有价格优势。

（5）准确地跟踪和衡量广告效果。传统的广告形式只能通过收视率、发行量等来统计受众的数量，因此很难精确统计有多少人接受广告信息，而互联网广告可精确统计访问量，以及用户查阅的时间分布和地域分布，在线广告商通过监视广告的浏览量、点击率等指标能够精确统计广告的效果。

（二）E-mail 营销

电子邮件营销方式是企业依托电子邮件为载体，把文本、或多媒体信息发送到用户的电子邮箱，以达到营销目的的营销活动。这种营销方式的成本低，企业不需要耗费太多的精力，方便快捷。电子邮件营销可以将需要传达给客户的信息，制作成图文并茂的甚至是动态的，通过商品营销专业的邮件服务器和邮件发送软件，精确地发送给目标客户。它相比传统营销模式的优势有以下几点：

（1）利用邮件营销能够方便地维护和发展自己的潜在客户，自动发送和回复可以节约大量的时间。

（2）低成本的投入可以得到较高的回报。电子邮件营销几乎不需要投入很高的成本，通过电子邮件的营销比传统信件的传送可以减少大的费用。

（3）在电子邮件中可以嵌入网站地址和文字广告链接，这些链接被用户点击后，能够达到网站，形成很多的网站流量访问。

（三）搜索引擎营销

搜索引擎是一个为网络用户提供检索服务的系统，它的主要任务是主动搜索其他站点中的信息并对其进行自动索引，其索引内容存储在可供查询的大型数据库中。当用户利用关键字查询时，该网站会告诉用户包含该关键字信息的所有网址，并提供通向该网站的链接。搜索引擎营销不同于其他的在线营销模式，它的目标客户从普通的消费者转移到了企业，因为对于普通网民来说，已经习惯于免费使用搜索引擎，因此不可能像传统信息检索系统那样对每一次的搜索收费，而一般的企业如果想在复杂的网络环境中被自己的目标客户检索到，就只能依靠搜索引擎。搜索引擎营销的优点如下：

1. 成本低廉且宣传广泛

搜索引擎营销的功能就是让目标客户主动来找企业，服务商则按照客户的访问量收费，这比其他广告形式性价比要更高。许多企业正是基于搜索引擎营销成本低廉、效果显著、操作灵活和易于管理考评的特点，将其作为企业网络推广的主要手段。

2. 便于企业开展网上市场调研

搜索引擎是非常有价值的市场调研工具，通过搜索引擎输入有效关键词，查看搜索结果，便可以方便地了解竞争者的市场动向、产品信息、用户反馈、市场网络、经营状况等公开信息，从而增强自身的竞争力。同时，利用搜索引擎还可以了解市场营销的大环境，包括政府有关方针政策、有关法令的情况经济环境，即消费者收入、消费水平、物价水平社会资源等。

3. 有利于企业产品的推广

搜索引擎不仅仅可以给公司的网站带来流量，最重要的是，搜索引擎所带来的流量都是客户通过关键词的搜索得到的，都是针对性非常强的流量，这些搜索者一般来说就是企业广告宣传的重点对象。搜索引擎尽力把最贴近需求的信息传达给搜索者，销售和购买之间的桥梁关系过渡得非常自然，消费者和采购商有更多的主动权，只看相关的信息内容，而供应商和零售商也能实现只把销售的信息告诉有相关需求的人，实现精准营销的目的。

（四）网络社区营销

网络社区是指包括论坛、讨论组、聊天室等形式在内的网上交流空间，同一主题的网络社区集中了具有共同兴趣的访问者，由于有众多用户的参与，不仅具备交流的功能，实际上也成为一种营销场所。网络社区在线营销中的作用如下：

（1）可以与访问者直接沟通，容易得到访问者的信任，可以了解客户对产品或服务的意见，访问者很可能通过和你的交流而成为真正的客户，因为人们更愿意从了解的商店或公司购买产品。

（2）为参加讨论或聊天，人们愿意重复访问你的网站，因为那里是和他志趣相投者聚会的场所，除了相互介绍各自的观点之外，一些有争议的问题也可以在此进行讨论。

（3）作为一种顾客服务的工具，利用论坛或聊天室等形式在线回答顾客的问题。

（4）建立了论坛或聊天室之后，可以在相关的分类目录或搜索引擎登记，有利于更多人发现你的网站，也可以与同类的社区建立互惠链接。

（5）方便进行在线调查。无论是进行市场调研，还是对某些热点问题进行调查，在线调查都是一种高效廉价的手段，充分利用论坛和聊天室的功能，主动、热情地邀请访问者或会员参与调查，参与者的比例一定会大幅增加，同时，通过收集顾客的留言也可以了解到一些关于产品和服务的反馈意见。

（五）社会化媒体营销

社交媒体是人们彼此之间用来分享意见、见解、经验和观点的工具和平台，现阶段主要包括博客、论坛、微博、微信等。近年来，社交媒体在互联网的沃土上蓬勃发展，爆发出巨大的能量。社会化媒体营销的作用如下：

（1）信息获取与传播的变革。社会化媒体丰富了人们的信息获取及传播渠道，潜移默化地改变着消费者的信息获取及传播习惯。社会化媒体下，消费者不再被动接受信息，而是通过微博、微信、消费评论网站等网络工具主动搜索信息，并且越来越习惯于将自己的体验或感受通过网络主动向社会媒体传播。

（2）消费者购买态度的变革。社会化媒体使得消费者很容易找到共同背景、爱好和品位的人，从而影响消费者的消费态度及其购买意愿。消费者对传统的广告越来越不信任，对个人博客、消费评论网站、电子商务网站的消费者评论等社会化媒体中的网络口碑的依赖性增强，口碑对企业产品销售收入有了显著影响。

（3）消费者行为模式的变革。社会化媒体时代，传播环境与生活方式的改变使得消费者行为模式也发生了相应的变化，由 AIDMA（注意-兴趣-欲望-记忆-行动）模式转换为 AISAS（注意-兴趣-搜索-行动-分享）模式，进而转变为 TSPS 模式。2009 年胡延平提出的 TSPS 模式突出在需求触发（Trigger）和筛选（Screen）两个进程，更要与消费者加强沟通和互动。消费者购买行为不再是单向的，消费者购后评价及分享通过社会化媒体的传播激起更多潜在消费者的需求及购买欲望，消费者的商品筛选更多地受到商品购买量及消费者评价的影响，如图 18-1 所示。

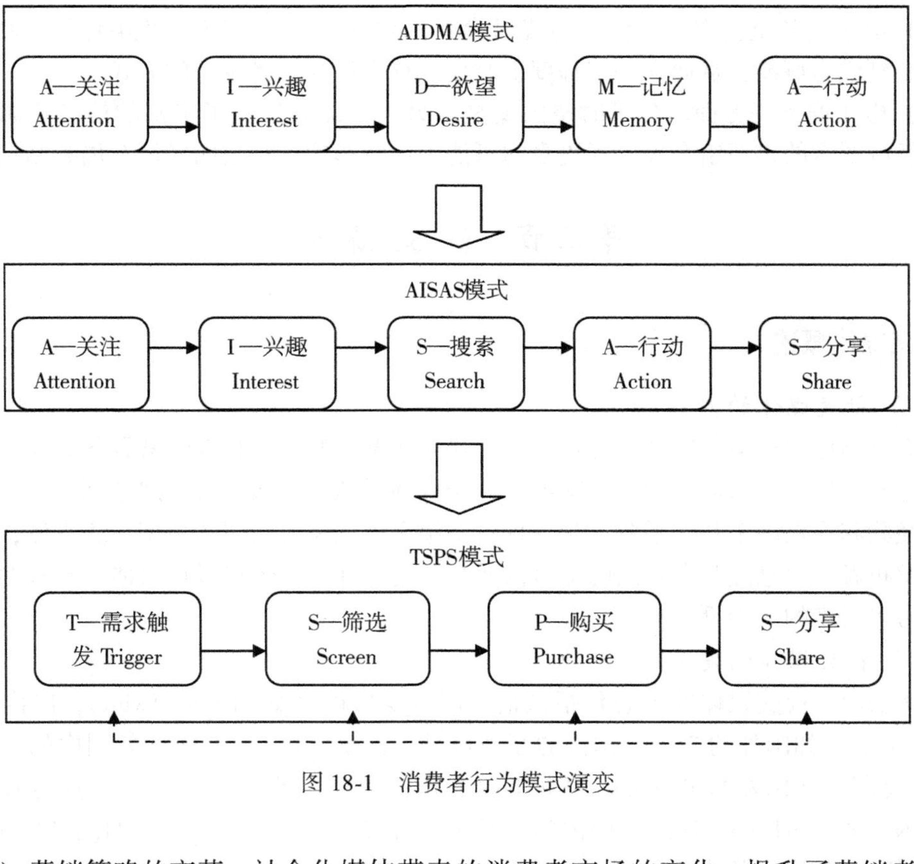

图 18-1　消费者行为模式演变

（4）营销策略的变革。社会化媒体带来的消费者市场的变化，提升了营销者对社会化媒体的重视程度，也带来了营销策略的变革。很多知名企业，像享誉全球的饮料可口可乐、世界著名的汽车公司——福特、世界连锁店——星巴克和全球快餐巨头——肯德基等，都积极利用社会化媒体取得了免费营销战役的胜利。

（六）电子商务营销

电子商务平台营销是以电子商务网站为平台，利用买方和卖方集中于同一个平台的聚集效应，从而达到企业营销目标的在线营销方式。电子商务是因特网爆炸式发展的直接产物，是网络技术应用的全新发展方向。因特网本身所具有的开放性、全球性、低成本、高效率的特点，也成为电子商务的内在特征，并使得电子商务大大超越了作为一种新的贸易形式所具有的价值，它不仅会改变企业本身的生产、经营、管理活动，而且将影响到整个社会的经济运行与结构。电子商务优点如下：

（1）电子商务将传统的商务流程电子化、数字化，一方面以电子流代替了实物流，可以大量减少人力、物力，降低了成本；另一方面突破了时间和空间的限制，使得交易活动可以在任何时间、任何地点进行，从而大大提高了效率。

（2）电子商务所具有的开放性和全球性的特点，为企业创造了更多的贸易机会。

（3）电子商务使企业可以以相近的成本进入全球电子化市场，使得中小企业有可能拥有和大企业一样的信息资源，提高了中小企业的竞争能力。

（4）电子商务重新定义了传统的流通模式，减少了中间环节，使得生产者和消费者的直接交易成为可能，从而在一定程度上改变了整个社会经济运行的方式。

（5）电子商务一方面破除了时空的壁垒，另一方面又提供了丰富的信息资源，为各种社会经济要素的重新组合提供了更多的可能，这将影响到社会的经济布局和结构。

第二节 社交媒体

一、社交媒体概述

（一）社交媒体的内涵

社交媒体也叫社会化媒体，是指一系列建立在 Web2.0 技术和意识形态基础上的网络应用，它允许用户自己创造内容和交流。社交媒体是人们彼此之间用来分享信息、意见、见解、经验和观点的工具和平台，是一种给予用户极大参与空间的新型在线媒体，体现了用信息发布者与信息接收者之间的即时沟通与互动。社交媒体将以往媒体一对多的传播方式改变为多对多的“对话”。

（二）社交媒体的发展

具体来说，社交媒体的形态包括微信、博客及微博（如国外的 Twitter，国内的新浪微博）、维基（如国外的 Wiki，国内的互动百科、百度百科）、论坛（如国内的天涯、凯迪）、社交网络（国外的 MySpace、Facebook，国内的开心网、人人网等）、播客及视频分享（如国外的 YouTube、Hulu，国内的土豆网、优酷网）、图片分享（如国外的 Flickr）和网络社区（如国内的猫扑）等。

CIC 发布的 2016 年中国社交媒体格局图，把我国目前社交媒体分为两大部分，分别是“功能性细分平台”和“移动兴趣社区”（见图 18-2），而从内圈到外圈分别是社会化营销核心平台、该类平台的国际对标、平台跨屏分布情况、平台类别。社会化营销核心平台，是指拥有大规模用户并占据用户大量时间的社交媒体平台，可以被认为是大部分品牌的营销投入重点。总结2016年中国社交媒体领域有以下五大变化及发展：

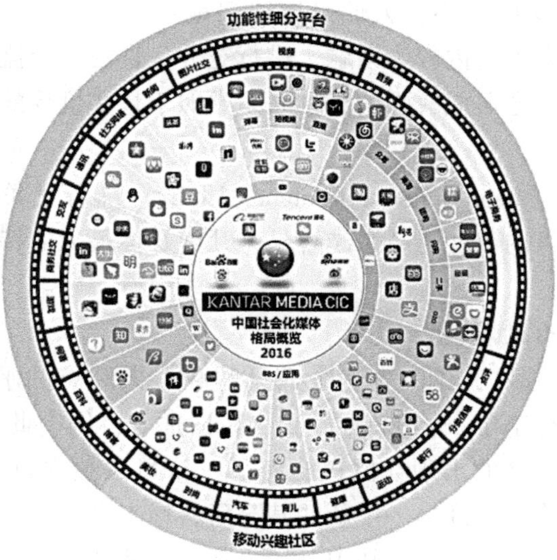

图18-2　2016中国社交媒体格局概览

（1）百度（Baidu）、阿里巴巴（Alibaba）、腾讯（Tencent）和新浪（Sina）（总称为BATS）无疑是中国社会化格局的核心力量，BATS的壮大使得互联网具有快速传播（Viral），大信息量（Informative）及高实用性（Practical）的特点；

（2）中国电子商务集成了更多的社会功能，从而提升了消费者的购物体验，也进一步勾起了客户购买新产品的欲望；

（3）多种类的视频网站和应用程序出现在市场上，从而接触到不同的目标客户群体；

（4）类似问答和知乎的问答网站开始在中国经历一场复兴并且在KOL（Key Opinion Leader）之间越来越流行；

（5）网红作为KOL格局的新兴人物并且在网络上极具影响力，网红经济开始爆炸式增长。

（三）社交媒体传播的特点

（1）参与性。大部分的社交媒体都能使用户免费参与其中，可以激发感兴趣的人主动地贡献和反馈，它模糊了媒体和受众之间的界限。任何人可以看到任何一个信息，并且轻松地对其进行转发、分享、添加评论，参与和利用社交媒体中的内容几乎没有任何障碍。

（2）交流性。户外、报纸、电视等传统媒体以“传播”形式将内容单向传递给受众，而社交媒体是多对多的“对话”，具有双向传播的性质。每个人在这个传播网络中，既充当了传播的节点，同时自身也是被传播者，这就形成了一种交流。

（3）真实性。社交媒体营销则通过用户真实的体验与反馈，鼓励消费者发出最真实的声音。社交媒体将现实的关系转移到网络上，模拟真实世界的交往。即使对于没有实名制的社交媒体，由于其极强的参与性，也使得用户能够感受到它的真实，因此，社交媒体传播的信息更令人信服。

（4）社区化。在社交媒体中，人们可以很快地形成一个社区或小群体，并以明星、电影、电视剧等共同感兴趣的内容为话题，进行充分、自由地交流。而且在这样的社区或小群体中，成员之间往往会形成较强的某种联系类似于真实世界的社交关系，从而获得较高的网络信任。

（5）用户创造内容（User Generate Content，UGC）。随着互联网的发展，人们创造自己的文字、图片、视频等内容变得越来越容易。社交媒体最大的特点就是满足了人们自己创造并传播内容。

（四）社交媒体平台的类型

（1）创作发表型，指用户在此表达个人见解和个人观点的平台，包括博客、论坛、微博等，国外此类网站有 Twitter、Blogger、Big Boards 等，国内此类网站有新浪微博、腾讯微博、猫扑等。此类平台的出现让网民拥有了一个可以独立自主且相对自由的发声渠道，这个属性显得弥足珍贵，许多一手新闻甚至猛料均来自草根，社交媒体平台既是网民集体娱乐的广场和讨伐的战场，也是知识分子启蒙的公共课堂。

（2）资源共享型，指传播相关内容以与别人分享的平台，包括照片分享、视频分享、音乐分享等，国外此类网站有 YouTube、Flicker、Yelp 等，国内此类网站有优酷、大众点评网等。这些平台从海量用户的行为中挖掘和创造新的价值，并通过多种方式返还给用户，用户参与的越多，收获也就越多。

（3）社交服务型，指以交流互动为目的的平台，包括社交网络、商务社交、即时通信等，国外此类网站有 Facebook、LinkeIn、MSA 等，国内此类网站有 QQ、微信、陌陌等。这类平台对人们的社交、咨询获取、娱乐方式都产生了影响，并给予金融、创业、生活服务等以创新的机会。例如，QQ、微信等即时通信工具不仅方便了人们日常的沟通交流与自我表达，同时也在工作与商业场景发挥了巨大的作用。

（4）协同编辑型，指以维基百科和社交型问答网站为主要形式，国外此类网站有 Wiki、Answers 等，国内此类网站有百度百科、互动百科、天涯问答。这类平台强调用户的参与和奉献精神，充分调动互联网用户的力量，汇聚上亿用户的头脑智慧，积极进行交流和分享，同时实现与搜索引擎的完美结合，从不同的层次上满足用户对信息的需求。

（5）商务型。指以团购网站为主要形式的平台、国外此类网站有 Groupon、Fouraquare 等，国内此类网站有美团网、拉手网等。团购网站是一个将当地消费者与当地企业或商家紧密结合，以团购网站平台作为应用的一个电子商务特性显著的项目。就是互不认识的消费者，借助互联网的“网聚人的力量”来聚集资金，加大与商家的谈判能力，以求得最优的价格。

二、社交媒体营销

（一）社交媒体营销的内涵

Web2.0 背景下，社交媒体的发展日新月异，在此基础上，部分企业开始利用社交媒体实现商业价值，从而引发社交媒体营销。社交媒体营销是指依赖或者基于社交媒体上用户形成的互相连接的人际关系，来进行品牌或者商品的营销。在社交媒体环境下，企业的营销传播方式已经产生巨大的变革，更加关注用户的参与度和美誉度，强调和用户的交互性。

（二）社交媒体营销的发展

结合移动互联网的特征和移动终端的使用，移动社交媒体提供的地理位置服务越发成为商业信息的载体，社交媒体营销也越发趋向于移动化。AMA（America Marketing Association，美国移动营销协会）在 2003 年将移动营销定义为“对介于品牌和终端用户之间作为通讯和娱乐渠道的移动媒体的使用，移动营销是随时随地都能够带来即时、直接、交互沟通的一种亲身渠道，概而言之，就是透过移动渠道来规划和实施想法，对产品或服务进行定价、促销、流通的过程”。全球领先的移动互联网第三方数据挖掘和分析机构 iiMedia Research（艾媒咨询）权威首发的《2016—2017 年中国移动广告行业研究报告》显示，2016 年中国移动广告市场规模突破千亿元，增速达新高。移动营销作为一个新兴的领域，发展如此迅速，对传统的 PC 在线营销既是一种补充，也不免造成冲击。相比来说，移动互联网生态系统比 PC 互联网丰富，原先在 PC 端难以实现的本地化 O2O 业务，在移动时代成了数字营销的标配。

（三）社交媒体营销的目标

1. 直接促进产品和服务的销售

一方面，随着社交媒体的衍化深入，越来越多的消费者在做购买产品或服务决策时，会利用社交媒体平台查找收集相关信息。另一方面，企业也会通过在社交媒体上运作、更新，如发送相关产品的销售链接，从而有效地直接提高产品的销售。

2. 提升产品和服务的质量

社交媒体使得消费者都可以针对产品或服务发表评论，甚至提出批评。企业决策者能借助社交媒体，直接接触市场第一线，获取客户的产品心声，掌握市场需求情况，追踪客户对于产品、服务的最新评价，而不必让市场信息逐级递减地传递到自己耳中。

3. 提高品牌知名度

知名品牌在社交媒体领域通常具有较高的参与度与知名度，而且多数社交媒体平台都支持与鼓励这种参与。例如，新浪微博的企业版就是引导企业实施微博营销的平台导向。企业通过网络空间构建社交媒体站点，能够持续地进行内容投放和更新，进而提升企业的品牌知名度。

4. 公共关系维护

企业可以通过社交媒体，展示企业文化与商业运营。另外，在社交媒体平台当中，特别是微博平台，不管企业是否参与其中，关于企业及其产品的话题都将层出不穷，任何声音和舆论都可能随时变化发展，从而给企业品牌带来正面积极的或者负面消极的影响。企业可以通过社交媒体进行监控和跟踪，尤其是关注相关利益方、客户、媒体及意见领袖等的言论，及时发展危机苗头，并争取在第一时间内解决。

第三节　网络口碑

一、网络口碑概述

网络口碑即消费者通过网络虚拟平台对产品或服务等事项进行有关意见、经验与建议等方面的信息交流，称之为在线口碑。绝大多数的网络口碑信息是以社交媒体为传播媒介的，而社交媒体中传递的关于某一产品、品牌、商家，以及能够使人联想到上述对象的任何组织或个人的信息，就是网络口碑。

我们正在进入一个"泛口碑"时代。网络的兴起对口碑信息的传播方式产生了巨大的改变，使其不再是传统传播所采取的当面交流的单一方式。对于消费者而言，他们可以通过微博、微信、论坛、讨论区等方式将自身的意见、感受和评论传播出去，还根据自身需求通过网络搜索寻找想要产品的口碑信息。一方面，由于消费者借助互联网更加容易沟通，使得消费者可以更加依赖虚拟社会网络来获取信息，网络口碑成为他们交流产品或服务信息的一种形式。另一方面，社交媒体正在以燎原之势覆盖网络生活的角角落落，口碑信息自然成为消费者购买决策的重要信息来源。

口碑传播和网络口碑传播实际上是一种共性和个性的关系，口碑传播定义一定可以"涵盖"网络口碑传播，下面将口碑区分为一般的口碑（离线口碑，即面对面的人际交流口碑）和网络口碑。表 18-1 是对离线口碑和网络口碑的对比分析。

表 18-1　**线下口碑与网络口碑**

	离线口碑	网络口碑	
		一对一/多传播	多对多传播
口碑特点			
传播媒介	交谈、电话、会议（写信）	电子邮件，文字聊天（语音聊天）	微信，微博，论坛，SNS 社区
交流形式	口头（书面）交流	书面（口头）交流	书面交流
同步性	同步交流	既可以是异步交流也可以是同步交流	既可以是异步交流也可以是同步交流
交互类型	面对面交流/直接交流	虚拟交流/间接交流	虚拟交流/间接交流
交流方式	主要是线性交流	线性或者非线性交流	非线性交流
发送和接受者间关系	相互认识/真实社会关系/有限接受者	相互认识（匿名）/真实或者虚拟社会关系/大范围接受者	一般为匿名/虚拟关系/很大范围的接受者
传播便捷性	难以传播	方便传播和再传播	方便传播和再传播

续表

	离线口碑	网络口碑	
		一对一/多传播	多对多传播
口碑结果			
涟漪效应	低涟漪/放大效应（独立的口碑）	中等涟漪/放大效应（独立的口碑）	高涟漪/放大效应（独立的口碑）
关注点	说服型口碑	说服型口碑	说服型和扩散型口碑
关键角色	意见领袖是关键	意见领袖是关键	再传播者是关键

资料来源：Huang, Minxue, Fengyan Cai, Alex Tsang, Nan Zhou. Making your online voice loud: The critical role of resender and WOM information. *European Journal of Marketing*, 2011, 45 (7/8): 1277-1297.

毫无疑问，传播技术的进步让消费者获取消费信息到最后形成购买决策的整个过程发生了变化。传统的广告理论认为，消费者购买某个产品，要经历关注、引起兴趣、渴望获得产品进一步的信息、记住某个产品到最后购买5个阶段，整个传播过程是一个由易到难、由多到少的倒金字塔模型。互联网为消费者的口碑传播提供了便利和无限时空，如果消费者关注某个产品，对它有兴趣，一般就会到网上搜索有关这个产品的各类信息，经过自己一番去伪存真、比较分析后，随即进入购买决策和产品体验分享过程。在这一过程中，可信度高的口碑在消费者购买决策中起到关键作用，这在一定程度上弥补了传统营销传播方式在促进消费者形成购买决策方面能力不足的短板。然而，要让众多消费者关注某个产品，传统广告的威力依然巨大。尼尔森副总裁 Megan Clarken 曾经说过："与公众对固有的口碑营销的理解相比，网络口碑营销已不取决于发了多少帖子，灌了多少水或策划事件，而是在于如何结合在线服务、宣传、网络广告、媒体公关等多种要素来塑造企业的网络口碑并最终影响消费者的购买行为与满意度。"表面上看，一个偶然甚至一次事件炒作都可能成为社区网络的焦点话题，但真正对消费者产生影响的，是企业长期在线上线下的市场行为积累。因此，网络口碑营销必须辅之以广告、辅助材料、公关等多种整合营销方式，相互取长补短，发挥协同效应，才能使传播效果最大化。

学术智库 18-1

口碑和人际传播：文献综述及未来研究方向

人们常常在他们的社会关系（Social Ties）中分享自己的观点和信息，并且口碑对消费者行为有重要的影响。但是究竟是什么在促进人际传播并且为什么人们谈论某些事情而不是其他。本文陈述了口碑是目标导向的并且主要有五大重要作用（例如：印象管理（Impression Management）、情绪调节（Emotion Regulation）、信息获取（Information Acquisition）、社会联结（Social Bonding）、和说服（Persuasion））。其中情绪调节是自我驱动的并且促使人们即便在无意识状态下交谈。并且，这五大作用能够帮助预测人们最喜欢交谈的新闻和信息。本文回顾了这五大功能以及情境因素

（Contextual Factors）（例如：受众和交流渠道）与口碑各功能之间的调节作用。总而言之，本文研究了形成口碑的心理作用机制，并且指出值得未来研究的其他相关问题。

资料来源：Jonah Berger. Word of mouth and interpersonal communication：A review and directions for future research. Journal of Consumer Psychology，2014，24（4）：586-607.

二、网络口碑传播的策略

（一）发掘意见领袖让其代言

意见领袖是活跃在人际网络中，经常为他人提供信息、观点或建议并对他人施加个人影响的人。意见领袖可能是一个专家权威，个体因为对其专业上的信心而接受其意见，也可能是一个有权力的人，因为服膺他的权柄而服从其意见。但最常见的则是一个好朋友或亲人，由平时的情感带来“他绝对不会骗我”的信任，所以他的亲身经验就极具参考价值。同样地，一个关系密切的网友的亲身经验以及他所说的和所做的也极具参考价值，极具影响力。

传播学者认为，人际传播网络大部分都是异质性的。当人际传播网络具有异质性时，跟随者会寻求具有较高社会地位、具有较高的大众传媒曝光机会、较具宏观视野、较具创新性、有较多机会接触新信息且受过正规教育的人为意见领袖。意见领袖比他的跟随者有更多的社会参与活动。意见领袖是一个小圈子内的权威，他的观点能为拥趸广为接受，他的消费行为能为粉丝狂热模仿。全球第一营销博客、雅虎前营销副总裁 Seth Godin 认为，口碑传播者分成强力型和随意型两种，强力型主导传播的核心价值，随意型扩大传播的范围。口碑营销要取得成功，强力型口碑传播者和随意型口碑传播者都不可或缺。

（二）制造“稀缺”，生产“病毒”

病毒营销是基于网络口碑传播的一种营销应用。病毒营销不是用病毒进行营销，而是指那些鼓励目标受众将市场信息像病毒一样传递给他人，使之在曝光率和影响上产生几何级数增长速度的一种营销推广策略。究其实质，病毒营销并不是什么新概念，它与我们通常说的“口口相传”“创造一个叫得响的词”“草根传播”没有什么差异，区别只在于病毒营销较多运用在互联网营销中。它主要是运用在网络社会化媒体的营销策略，可以说是口碑营销的另一种表现方式。传统的口碑营销（也指离线口碑）一般应用于美容产品、护肤产品和保健产品中，营销手段也主要采取电话营销、直销或是茶话会等形式。互联网的出现带来病毒营销，产生新的营销形式：微博、微信、SNS、BBS 等。同时网络平台的出现，可实现网上议价，定制，使顾客的参与以及互动性得以保证。

病毒营销在于找到营销的引爆点，如何找到既迎合目标用户口味又能正面宣传企业的话题是关键，而营销技巧的核心在于如何打动消费者，让企业的产品或品牌深入消费者心坎里去，让消费者认识品牌、了解品牌、信任品牌到最后的依赖品牌。病毒营销是在线营销方式中性价比最高的方式之一，深入挖掘产品卖点，制造适合网络传播的舆论话题。引爆企业产品病毒营销，效果非常显著。

营销实例 18-2

依云：唤起童心

作为达能集团旗下的高档矿泉水，依云在2009年首次尝试病毒式营销，推出营销短片“Roller Baby”，应用计算机三维动画技术（CGI），塑造了一群小婴儿穿着溜冰鞋跳舞的场景。这部影片在YouTube独家播放，并在当时创造了吉尼斯世界纪录，成为在线广告史上观看次数最多的视频，该片在推出后不到两个月的时间里，浏览量就超过了2500万次。

2011年，依云延续了应用计算机三维动画塑造婴儿人物的概念，推出了“Baby Inside”影片。2013年，依云又出了“Baby & Me”，片中一群成年人演员穿过一面离奇的镜子，回到了自己的婴儿时期，并且能做出与自己相似的动作。“Baby & Me”在YouTube的浏览量达到5000万次，推出一周后借助Facebook主页推广、促销广告和其他营销工具的帮助，访问浏览量很快就超过了1亿次。

依云并没有停止这一系列的营销活动，2014年5月又推出了“Baby & Me”移动App应用，支持安卓和iOS系统，用户只要上传自己的照片，就会生成一个相对应的婴儿形象，还能在Facebook或Instagram上与好友分享。如果想在Twitter上分享，可以使用“#evianbabyandme”标签统一发布。绝大部分病毒式营销活动貌似一锤子买卖，但依云另辟蹊径，做出了一套系列广告。

第四节 移动营销

一、移动营销的特点（SoLoMo）

移动营销（Mobile Marketing）指面向移动终端（手机或平板电脑）用户，在移动终端上直接向分众目标受众定向和精确地传递个性化即时信息，通过与消费者的信息互动达到市场营销目标的行为。互联网时代从1.0到2.0的升级，实现了从信息分享到用户社交的转型，信息内容从企业创建转向用户创建，而移动互联网时代的到来，更加强化了互联网的社交性（Social）、位置性（Location）和移动性（Mobile），即所谓移动互联时代的消费SoLoMo。

（一）社交性（Social）

移动与互联网的结合，特别是具有个人身份性的手机与互联网社交平台的结合，构建了移动互联网的人本化社交系统，将互联网中的匿名性的弱关系网络延伸到实名性的强关系网络。如微信在很大程度上方便了熟人朋友之间的信息分享和交流互动，将线下私密型的社交活动线上化和计算化，使企业有机会借助和利用这些可计算、可观察和可交互的社会资源进行营销活动，起到事半功倍的作用。另一方面，移动社交平台的普及和应用，使消费者获取、分享信息的模式发生了重大转变，消费者将越来越依赖熟人间的信息分享和推荐，而减少对商业化信息的获取和采信。移动互联网时代，企业营销策略需要转型以适应社交性带来的机遇和挑战。

（二）位置性（Location）

位置性是指消费者利用随身携带的移动设备随时接入互联网来获取和分享信息，从而实现线下、线上的实时关联，比如消费者利用扫描二维码可以很快连接到线上获取信息和下达订单，然后可以在线下实现货物提取和服务，实现线上快捷便利的购买决策、交易支付及线下的及时安全的货物传递。移动互联网的位置性，使消费者可以从容在线下、线上无缝切换和对接，消费者购买决策更加主动和灵活。可见，企业需要将线上信息服务和线下体验服务有机结合起来应对这一机遇和挑战。

（三）移动性（Mobile）

移动性是指消费者可以随时随地接入互联网享受各种服务和体验。借助移动性，消费者可以利用碎片时间进行碎片化的活动，比如消费者在等待时间、乘车时间和上床休息时间见缝插针式进行信息分享和快速交互活动。有效地利用消费者使用行为的移动性和时间的碎片性，是适应移动互联网特点的关键之一。

营销实例 18-3

“最黄 CP”霸占高德地图

2017 年 6 月 29 日，ofo 小黄车与环球影业达成合作，ofo 小黄车获得环球影业旗下著名品牌 IP 小黄人的形象授权，并基于小黄人形象设计推出的定制版“ofo 大眼车”。7 月 7 日，将“秀恩爱”阵地延伸至互联网圈，并在阿里集团旗下的优酷、UC、虾米、高德地图 App 投放“轻松骑出趣”活动海报开机屏！

同时，在高德地图上，全国电影院都会以小黄人和 ofo 的形象进行呈现，点击高德地图上任意小黄人，就可以轻松跳转到 ofo 小黄车 App“轻松骑出趣”的集卡活动页面。也就是说，在高德地图上一样可以围观“最黄 CP”的恩爱照，参与骑行，赢取现金大礼包！

此次多屏联动式整合营销助力 ofo 小黄车“轻松骑出趣”集卡赢现金活动全面触达消费群体，不仅打通了阿里大文娱全媒体矩阵，还是一次“买+玩”跨界完美融合的典型案例。

二、移动营销的模式

CNNIC 公布的第 39 次全国互联网发展统计报告显示，截至 2016 年 12 月，我国网民规模达 7.31 亿，我国手机网民规模达 6.95 亿，占比 95.1%。由此可见，移动营销的发展有着不可估量的潜力，为企业开启了无限的商机。接下来介绍几种当下比较常见的移动营销模式：

（一）基于地理位置的服务营销模式（LBS）

基于位置的服务（Location Based Service）是指通过电信运营商的移动通信网络，采用系统基站等相关定位技术，结合手机、平板电脑等移动设备确定用户的实际地理位置信息，以短信，彩信、语音、网页及客户端软件等方式为用户提供的地理位置信息服务。由于地理位置信息的加入，在移动互联网体系下，用户和移动终端成为一个共同体，使得信息交互变得更加顺畅和便捷，满足了人们的信息需求。LES 的营销思路包括以下三点：

（1）利用徽章提升品牌形象。LBS 应用最核心的产品机制是在某个地点签到，有机会赢取一枚特殊的徽章。徽章对于 LBS 用户有非常大的吸引力。这也是品牌与 LBS 合作最简单的一种方式，利用用户赢取徽章的动力，与 LBS 合作发行具有特殊含义的品牌徽章，徽章一旦获得，将永远保留，对于品牌来说，将是长期的曝光，能够较好地让用户记住品牌形象。

（2）协助品牌进行产品促销。典型的方式，当用户登录 LBS 客户端，LBS 会自动检索用户当前所在位置，并显示附近正在或即将举行活动的地点，用户可以点击查看活动详情，并选择前往任意一个地点签到、赢取徽章、参加活动。这种定位式广告特别适用于有线下门店的品牌，通过签到营销机制能将消费者直接领到门店，促进线下人流。

（3）通过同步形成口碑传播。社会化媒体平台上的口碑对于品牌来说是提升形象和驱动销售的最直接动力。目前几乎所有 LBS 应用都可以绑定各类微博和常用的 SNS 网站，通过 LBS 客户端的地点、签到、徽章以及商家优惠信息等都可以同步到这些平台。设置巧妙的签到营销机制，可以让消费者成为品牌的传播因子，以 TA 为核心，并通过好友圈子形成更大范围的口碑传播。

LBS 营销模式运用十分广泛，深入娱乐休闲、生活服务、社交等方方面面，国内典型的运用 LBS 营销的企业例如大众点评、百度地图、微信、新浪微博等。当前，基于个人消费者需求的智能化，位置信息服务将伴随 GPS 和无线上网技术的发展，需求呈大幅度增长趋势。

（二）App 营销模式

App 营销指的是应用程序营销，就是通过手机、平板电脑等移动终端上的应用程序来进行营销的一种营销活动。App 营销是移动互联网环境下的一种新兴的营销模式，这个营销模式具有精准互动以及个性化的优点。随着智能手机和 iPad 等移动终端设备的普及，人们逐渐习惯了使用 App 客户端上网的方式，而目前国内各大电商，均拥有了自己的 App 客户端，这标志着 App 客户端的商业使用，已经开始初露锋芒。新型的整合了各种移动互联网先进技术和推广手段的移动营销方案，首先离不开的即是 App 的牵线搭桥。那么用 App 来进行企业营销的优势何在呢？

（1）通过 App 营销，可以精准传递客户。在传统推广上，企业都面临着“传播贵”“传播难”“传播无法测量”等困扰，而 App 却能很好地解决了这些难题。它不仅入驻成本很低，而且其嵌入式 App 正吞噬着与人们生活息息相关的各行业，它的推广效应深入人心，无需大规模广告，无需大规模行销人员，就能获得很高的曝光率、转化率和成交率。

（2）App 营销还能够贴身黏住顾客。与传统营销模式不同的是，App 营销不再受时间、地点的限制，也不再只是信息单向流通。更大的不同是，从接触顾客、吸引顾客、黏住顾客，到管理顾客、发起促销，再到最终的达成销售，整个营销过程都可以只在 App

这一个小小的端口内发生。

随着移动互联网技术的发展越来越多的开发者和个人都在从事移动客户端的开发和推广，而这种手机客户端应用程序也在改变人们的生活方式，也给商家的营销带了无限可能性。

（三）移动微博营销模式

微博，是一个基于用户关系的信息分享、传播以及获取平台，用户可以通过 WEB、WAP 以及各种客户端组建个人社区，以 140 字以内的文字更新信息，并实现即时分享。微博可以通过关注好友或组建群组形成网络关系。它集合了手机短信、社交网站、博客和 IM 四大产品的优点，逐渐成为企业试水营销的关注点。微博于 2017 年 5 月公布的截至 2017 年 3 月 31 日的第一季度未经审计的财务报告显示，2017 年 3 月的月活跃用户数（MAU）较上年同期增长 30%，至 3.40 亿，其中 91%为移动端用户。

微博营销，指的是个人或组织借助微博这一平台进行的，包括品牌推广、产品宣传、活动策划、公共关系等一系列的营销活动。通过微博营销通常有以下几种做法：

（1）企业营销平台，微博运营商为企业提供官方微博的运营、活动营销、应用定制、数据分析、培训与咨询的服务，优化企业品牌的展示效果，企业可利用微博营销平台制定营销模式。如百思买、星巴克、联想、凡客诚品等大企业都实施微博营销扩大了市场规模。

（2）自助广告平台，针对中小企业和普通的用户的自助式广告系统，在用户信息中插入推广内容，但是前提是需要非常精准的数据挖掘，不构成对用户的骚扰，否则将会适得其反。

（3）微博电商营销，将微博与电商结合起来，通过微博中电商，商家可以入驻微博电商，共同构建价值链。以新浪微博为例，大量用户通过移动终端来登陆自己的微博。企业可以通过注册自己的官方微博，通过微博的发布相关产品营销信息，吸引粉丝的关注和转发，从而起到扩大宣传，提高企业知名度的作用。

总之，微博是移动营销、植入式广告、客户服务和品牌宣传等的绝佳场所，移动微博营销作为一种新兴的移动营销手段，具有重要的商业价值和巨大的潜力。

（四）微信营销模式

继微博营销后，微信营销凭借其更强的黏性和更精确的目标定位很快成为企业进行营销的新宠。腾讯旗下的企鹅智酷公布了最新的《2017 微信用户 & 生态研究报告》。根据这份报告数据显示，截至 2016 年 12 月微信全球共计 8.89 亿月活用户，而新兴的公众号平台拥有 1000 万个。微信这一年来直接带动了信息消费 1742.5 亿元，相当于 2016 年中国信息消费总规模的 4.54%。微信作为中国目前最具有代表性和成功的移动互联网产品，在这个庞大的用户规模下，微信营销已经成为企业不可或缺的营销领地。

微信营销是指企业利用微信平台，通过向用户传递有价值的信息而最终实现企业品牌力强化或产品，服务销量增长的一种营销策略。企业通过微信公众平台，结合转介率微信会员卡管理系统展示企业微官网、微会员、微推送、微支付、微活动，已经形成了一种主流的线上线下微信互动营销方式。例如北京王府井百货与微信合作，开通王府井百货集团微信公众号。消费者关注公众号，可以了解到北京王府井的楼层导视、品牌导购，也可以查询热门活动、品牌优惠等活动，通过微信下订单、维权、管理订阅信息等。微信营销有如下特点：

（1）强关系。微信从推出就表现出与微博不一样的特质。和微博存在许多虚假号、僵尸粉相比，微信账户是和手机号码或者 QQ 绑定在一起的，大部分是真实存在的，其传播方式从“好友之间传播”即从身边“和熟悉的人说话”，慢慢扩展到“和陌生人说话”，再汇聚“朋友圈”传播。封闭的熟人网络更有利于建立信任，有利于企业口碑传播；就企业来说，需要微信用户主动添加才能被关注，而添加行为本身就是信任的象征。正是建立这种信任的基础上，企业在微信里的粉丝应该是质量更高、忠诚度更高，且购买可能性也更大。

（2）亲和性。区别于微博营销中商业账号带来的显性营销气氛，微信更倾向于“平等亲和”的信息分享。微信以手机作为终端的社交工具，信息一对一发布，信息隐秘显得双方更具亲和性，更有利于企业拉近与用户间的关系。企业可将营销信息隐藏在与受众的互动中，如星巴克在每日微信中植入新品信息，以此作为一种隐性营销手段，让大众更乐意接受。

（3）市场细分难。微信是以用户为主导的一种沟通方式，他人除了能看到用户的性别和地区外，无法了解到其他诸如职业类型、兴趣爱好等具体信息。以至于企业在进行微信营销时较难完成市场细分这一环节，有时候难以就产品所针对的人群进行特定宣传，而只是广投罗网，在增加关注的同时并不能对潜在客户进行具体分类营销。

（4）营销有效性问题。微信的本质是一款移动即时通信软件，主要功能是与朋友进行社交，这是大部分人看待微信和微博观念的不同。尽管微信上的营销是一对一的模式，但是如果控制不好就会将营销的信息演变成垃圾信息，一旦用户感到信息不对称或感到被骚扰，则其随时会取消对公司的关注，这样的风险比在微博上更为明显。

微信营销作为微时代企业营销的利器，其营销优势不言而喻。但微信营销究竟能为企业带来多大的利润空间，这还得看企业如何有效利用微信这一平台。只有正确合理地利用微信营销才能为企业带来丰厚的收获。

☞【小结】

近些年来，随着互联网以及移动商务的迅猛发展，电子商务的重要性日益突出。很多企业开始成立电子商务部门，建立自己的网站开展电子商务、网络营销工作。但是，摆在企业以及行业面前的新的问题出现了，那就是如何在网络上低成本、高效率、大幅度地推广自己的企业和产品？如何有效地将客户点击率真正转化为成交率？如何有效地精准性地控制企业营销成本？如何让企业营销推广战略对同行以及竞争对手有很好地保密性？这一系列的问题，让很多企业开始将眼光转到数字营销平台上来。数字营销不仅仅是一种技术手段的革命，而且包含了更深层的观念革命。它是目标营销、直接营销、分散营销、客户导向营销、双向互动营销、远程或全球营销、虚拟营销、无纸化交易、客户参与式营销的综合。数字营销赋予了营销组合以新的内涵，是数字经济时代企业的主要营销方式和发展趋势。

☞【思考题】

1. 在线营销传播有哪些特点？在实际的营销场景中企业应如何进行在线营销传播？
2. 在线营销传播有哪些类型？这些类型相比较分别有哪些优缺点？
3. 社交媒体传播相较于传统媒体传播有哪些优点？
4. 列举你最熟悉的社交媒体平台，并谈谈企业应该如何借助该平台进行营销传播？
5. 网络口碑相较线下口碑传播有何特点？企业应如何将线下与线上口碑相结合？
6. 移动营销的社交性会给企业带来哪些影响？
7. 谈谈企业应该如何运用移动营销平台实现精准营销？

☞【课后案例】

【小米网络营销案例】小米公司（http：//www.mi.com）正式成立于2010年4月，是一家专注于高端智能手机、互联网电视自主研发的创新型科技企业。发展至今，小米公司旗下的核心业务包括小米手机、MIUI、米聊、小米网、小米盒子、小米电视和小米路由器七大板块。小米公司首创了用互联网模式开发手机操作系统的模式，将小米手机打造成全球首个互联网手机品牌，并通过互联网开发、营销和销售小米的产品。

小米手机官网

小米公司从创始到发展经历了包括MIUI系统的研发、制作手机产品、自建电商，直到如今成为继阿里、京东之后的中国第三大电商平台。其一度成为中国市场领先的智能手机厂商，市场份额巅峰时期曾占比14%。2016年底MIUI8发布，全球联网激活用户数高达2亿之多。从2010年至今，小米已成为一家茁壮成长的公司，发展过程时刻都离不开互联网。小米的互联网营销模式适合小米的发展，造就了小米的成功。

小米公司互联网营销模式是指在互联网上运用合适策略的营销模式，是从建立互联网销售平台到售出产品后并进入第二轮准备工作的整个营销过程，包括4个时期，准备建设期、预售期、网上销售期和售后追踪服务期，下面做详细介绍。

（1）准备建设时期，建立小米官网和小米论坛。互联网思维下营销模式的一大特征即粉丝营销。小米在推出第一个成熟产品 MIUI 后，便是基于论坛，取得了最初的 50 万核心用户。小米会通过话题和互动，增强用户社群的参与感。同样，小米营销的解决方案，也会基于几大社交平台，激发用户的参与感，与品牌发生互动。在产品的设计过程中，小米创新性地引入了用户的观点。在小米手机论坛上，每周都可以看到两三千篇用户反馈的帖子，其中不乏一些深度的使用体验报告。在一些重要功能的确定上，小米工程师通过在论坛上发起投票等方式收集用户反馈，最终确定产品功能形态。

（2）预售期阶段，传统的工商企业主要靠技术、品牌与行业控制力，小米则更注重利用社交网络加强品牌与行业控制力。小米在官网和发布会上提前公布产品信息，投放新产品图片和详细介绍，在论坛上制造新话题。前期预热时间长，吸引更多的消费者。小米还非常重视微博传播的功效，通过微博营销也可以很好扩大宣传并为企业节约成本，比如 2012 年 5 月，雷军微博上抛出一个话题：传说人的灵魂是 21 克，那什么是 150 克呢？引发了网友和粉丝的讨论和转发，最后揭晓：小米青春版手机的重量是 150 克，雷军利用自己影响力让他们成为小米的“粉丝”。炒作过程中消息半遮半露，让消费群体不断猜测，给小米手机带来更多神秘感。网上快速传播更加吸引人们的注意力，同时以“发烧友”的讨论与交流由点及面地逐渐扩大其在人们心中的影响力，为小米手机后期的在线销售打下了基础。

（3）网上销售过程中，通过 MIUI 论坛、微博、小米论坛等进行营销，对发烧友级别的用户单点突破，成功实现口碑营销，避免了电视广告、路牌广告等“烧钱”式营销。小米自己开发了微信操作后台，通过微信联系的米粉极大地提升了对小米的品牌忠诚度。并且小米手机每周会有一次开放购买活动，每次活动的时候就会在官网上放微信的推广链接，以及微信二维码。据了解，通过官网发展粉丝效果非常之好，最多的时候一天可以发展 3~4 万个粉丝。在销售渠道上，小米选用互联网作为唯一的销售渠道，节省了不菲的渠道营销费用，单一的渠道销售加上限时限量让消费者更加想拥有此产品。

（4）小米互联网营销模式的末端是售后把握。为了满足消费者不断更新的需求，手机系统需要及时不断地升级。小米的操作系统做到每周升级一次，用户广泛参与其中，因此对用户需求有更加准确的把握。小米在米聊论坛创办“荣誉开发组”活动，让论坛里活跃度相当高的用户同公司内部的人员对软件更新版本进行同步测试，发现问题随时进行修改，从而改进产品。小米巧妙地运用论坛获取了消费者对开发新软件的意见，简化复杂的测试环节，满足了消费者的需求。小米利用互联网与用户保持最近距离，根据消费者的反馈及时修改更新产品，更好地满足用户需求，吸引新的消费者和培养忠诚的消费者。

小米在整个营销过程中，不断优化互联网营销模式。互联网营销正在逐渐发展壮大，小米借势建立起自己的互联网营销模式赢得销量和市场。小米的模式也被在更多的企业所关注、借鉴。

案例讨论题：

1. 结合本章所学知识，试述社交媒体在小米的互联网营销中发挥着什么作用。
2. 结合本章所学知识，试述小米是如何进行网络口碑传播的。
3. 结合小米互联网营销的模式，谈谈对于企业营销的启示。

【参考文献】

[1] 美通社. Macy's 中国携手天猫国际，带领阿里会员畅游纽约［2017-07-07］，https：//www. prnasia. com/story/182320-1. shtml.

[2] CNNIC 中国互联网信息中心 . 第 39 次中国互联网络发展状况统计报告［2017-01-22］，http：//www. cnnic. net. cn/.

[3] 陈海峰 . 酒仙网完胜双十一 连续 7 年领跑酒类垂直电商 . 中国新闻网［2017-11-13］，http：//www. chinanews. com/business/2017/11-13/8374948. shtml.

[4] 新浪微博 . 新浪话题#喝拉菲大赛#［2017-11-10］，http：//s. weibo. com/weibo/%2523%25E5%2596%259D%25E6%258B%2589%25E8%258F%25B2%25E5%25A4%25A7%25E8%25B5%259B%2523？topnav=1&wvr=6&b=1.

[5] CIC 中国领先的社会化商业资讯提供商，2016 年中国社会化媒体格局图［2016-08-16］，http：//www. ciccorporate. com.

[6] iiMedia Research 艾媒咨询 . 2016—2017 年中国移动广告行业研究报告［2017-01-22］，http：//www. iimedia. cn/47938. html.

[7] Huang，M.，Cai，F.，Tsang，A. S. L.，Zhou，N. . Making your online voice loud：The critical role of wom information. European Journal of Marketing，2011，45（7/8）：1277-1297.

[8] Jonah Berger. Word of mouth and interpersonal communication：A review and directions for future research. Journal of Consumer Psychology. 2014，24（4）：586-607.

[9] 陕北 sela. 依云：唤起童心 . 新浪博客［2014-07-17］，http：//blog. sina. com. cn/s/blog_a8a6eef00102uyhq. html.

[10] ofo小黄车牵手全球萌宠小黄人“最黄 CP”玩出跨界营销新高度 . 中国软件网［2017-07-02］，http：//www. citnews. com. cn/news/201707/48315. html.

[11] 企鹅智库 . 2017 微信用户 & 生态研究报告［2017-04-24］，http：//re. qq. com.

第十九章　销售管理

【学习目标】学习本章后，应当掌握：

1. 了解销售管理的基本概念和框架
2. 了解销售过程的主要步骤和要点
3. 了解销售规划与设计的主要环节
4. 了解销售人员管理的主要内容

【引例】

格力电器销售管理体系的变革

格力掌控渠道终端，是被逼无奈的结果。1997 年，格力湖北的四大经销大户，在整个行业空调大战中，为了抢占地盘、追求利润，搞竞相降价游戏，结果导致格力在湖北的市场价格体系被冲得七零八落。格力和经销商两败俱伤。

情急之下，时任格力销售总经理的董明珠，提出一个大胆的想法：成立以利益为纽带，以格力品牌为旗帜，互利双赢的联合经营实体，由此，湖北格力空调销售公司诞生。区域销售公司由企业与渠道商共同出资组建，各占股份并实施年底共同分红。它的核心理念是渠道、网络、市场、服务全部实现统一，共同做市场、共同谋发展。在这其中，格力只输出品牌和管理，在销售分公司中占有少许股份。湖北格力空调销售公司在成立后的第二年就使销售上了一个新台阶，增长幅度达 45%，销售额突破 5 亿元。此后三年，格力空调的销售实现了飞跃式的增长，销售额从 1997 年的 42 亿元增长到 1999 年的 60 亿元，2004 年时已达 138. 32 亿元。

资料来源：《世界经理人》杂志网站，http：//www. ceconline. com/sales_marketing/ ma/8800060725/01.

第一节　销售与销售管理的基本概念和范畴

销售与销售管理是企业经营活动最重要的环节之一，是企业内部价值向消费者传递的关键节点。随着经济和社会的发展，企业销售活动的内容和形式也不断发生变化，尤其是在互联网、大数据的时代，销售管理的内涵和外延都深深地打上了时代的烙印。

一、销售的概念

市场营销领域内，关于“销售”的定义并没有统一的答案。曼宁（Gerald L. Manning）等在《现代销售学——创造顾客价值》中将销售定义为：销售是和潜在顾客进行面对面沟通的过程，是一个拓展关系、发现需要，并将这些需要与合适的产品匹配，再经过告知、提醒或说服来沟通利益的过程。

在企业界，许多人把销售等同于营销。实际上，营销活动贯穿于企业的所有活动中，而销售只是整个营销过程中的一个环节。管理学家彼得·德鲁克说过：“销售只是市场营销冰山上的顶尖而已。”可见，现代营销导向下的销售是不能离开营销而独自完成的，必须处于营销的整体战略体系内，与营销的其他功能相互配合，从而在不断满足市场需求的前提下实现销售收益。

从市场营销的角度来说，广义的销售等于促销，包括广告、人员销售、公共关系、营业推广；狭义的销售仅指人员销售。一般认为，销售是将产品、服务卖出去，而营销则是策划如何更快更好地把产品、服务卖出去，并且使价格更合理、时间更持久、回款更及时。销售活动重在“做”，营销活动则重在“谋”。因此，企业在实际操作过程中，应该注意区分销售与营销活动，防止以偏概全。

二、销售管理的概念

实际上，销售管理的概念也处于不断发展的过程中，传统的销售管理仅仅着眼于人员推销活动方面，缺乏用营销的全局眼光对其进行深入、全面的认识。在营销实践中，销售管理需要从市场营销计划的制订环节入手，成为市场营销战略的一个组成部分，其目的是执行市场营销战略计划，工作重点就是制定和执行企业的销售策略，对销售活动进行管理。

营销学权威菲利普·科特勒认为，销售管理就是对销售队伍的目标、战略、结构、规模和报酬等进行设计和控制。美国资深销售管理专家查尔斯·M. 富特雷尔教授认为，销售管理是一个通过计划、配置、训练、领导和控制组织资源以达到销售目标的有效方式。美国营销协会定义为：“一个业务单位的人员销售活动的计划、指导和控制。”

国内大多数学者认为，销售管理是对企业销售活动进行的规划、指导、控制和评估，重点研究通过对销售人员的管理直接实现销售收入的过程。

同销售一样，销售管理的定义同样也有狭义和广义之分。狭义的销售管理专指对销售人员的管理，广义的销售管理指对所有销售活动的综合管理。我国学者大多使用后者的观点，而在企业界，销售管理一般被划分为分销渠道、人员销售、营业推广的管理等多个子活动。

三、销售管理的主要内容和范畴

菲利普·科特勒认为，销售管理包含三个方面的内容：一是销售队伍的设计，研究公司应该如何对设计销售队伍作出决策；二是销售队伍的管理，包含公司招聘、挑选、训练、指导、激励和评价销售队伍的方法；三是销售队伍的有效改进，包含如何改进销售人员在推销、谈判和建立关系方面的技能。

美国学者威廉·J. 斯坦顿认为，销售管理包含六个方面的工作：一是销售队伍组织；二是招募、遴选、同化销售人员；三是培训和发展销售人员；四是激励和监管销售队伍；五是对销售业绩进行评估；六是销售战略战略规划。可见，销售管理的核心就是通过对销售队伍的沟通、协调、整合，为企业创造更大的销售利润。

欧阳小珍等学者结合中国国情，对菲利普·科特勒的销售管理内容进行一定调整，提出了如下框架，如图 19-1 所示。

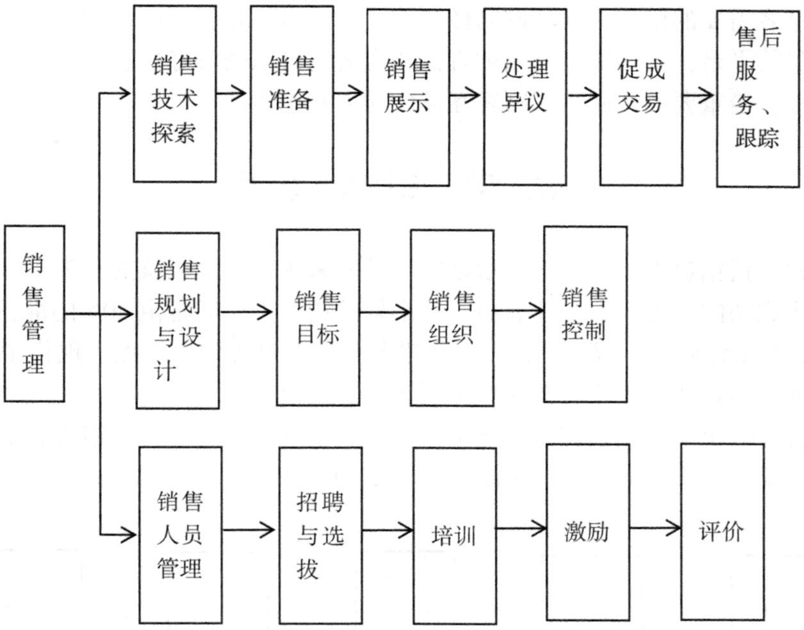

图 19-1 销售管理工作的内容和范畴

参考资料：欧阳小珍，涂伟．销售管理（第 2 版）．武汉大学出版社，2010：13.

四、现代信息技术对销售管理的影响

过去 20 年中，互联网、大数据技术以迅猛的速度发展，仅 2016 年 11 月 11 日（淘宝“双 11”购物节），淘宝网一天的销售额就达到了惊人的 1290 亿元。在销售环节，互联网和大数据的应用已经十分显著，在很多方面对现有的销售管理方式造成了重要的影响。

（一）顾客选择的空间和时间得到了最大程度的释放

互联网的信息浩如烟海，顾客购买商品前，可以搜索各类自己需要的信息。这就大大增强了消费者的力量，它使消费者获得充分的价格比较信息和多样化的购买选择。许多公司意识到互联网对消费者的重要性，因此整合战略、战术和网络技术，充分考虑顾客的价值，与顾客加强了网络联系。

（二）客户关系管理系统成为现代销售管理的基础

客户关系管理系统是企业用于管理客户关系时必须使用的工具。客户关系管理系统提供一系列以信息技术为基础的服务，包括呼叫中心、网站管理和数据分析等。企业对每一位顾客的行为数据进行记录和分析，形成大数据的一部分，在后续销售活动中，根据大数据的分析结果引导顾客的选择和消费。

（三）互联网的应用大大提升了企业与顾客之间的沟通效率和质量

消费者可以在电子商务网站、各类搜索引擎、导航网站等互联网平台上尽情搜索，获得丰富的产品和服务信息。但是同时也要避免由于信息过于庞杂而带给顾客的困扰，应尽量多地呈现顾客需要的信息。互联网同样搭建了一个可供顾客与商家交流潜在需求和商品未来发展趋势的平台，买卖双方畅所欲言，顾客表达自己的偏好信息，给予商家设计研发的靶向和目标，最重要的是赋予了顾客互动的能力和愿望。

第二节　销 售 过 程

销售过程是指销售人员进行销售活动时通常所采用的一套完整的行为步骤，良好的销售准备是销售成功的保证。有统计表明：一个好的销售过程通常由40%的准备工作、20%的展示、40%的跟踪服务构成。因此，销售准备是销售过程的出发点。现代销售准备工作尤其重视如何与客户建立关系以及如何为顾客创造价值。

一般而言，一个典型的销售过程通常包括五大步骤：销售准备、销售展示、处理顾客异议、促成交易、售后服务及后续跟踪，如图 19-2 所示。

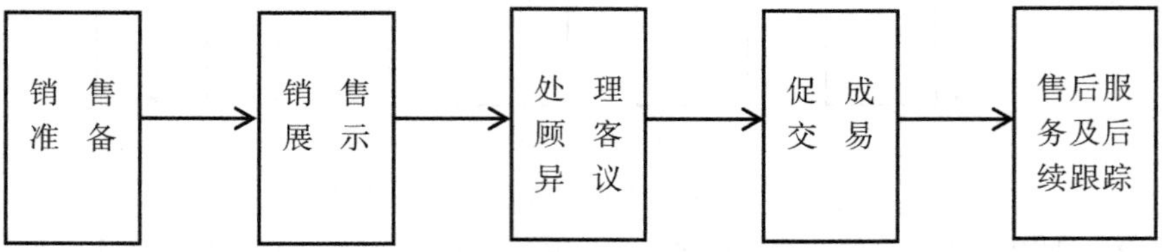

图 19-2　一个典型的销售过程

一、销售准备

销售准备可进一步细化为寻找潜在顾客、顾客资质审查、展示准备。

寻找潜在顾客是销售人员的日常最重要工作之一，也是销售主管最关注的工作。寻找顾客的方法主要有：逐户拜访法、老顾客转介绍法、利用中心人物法、依靠本公司资源法、电信访问法、资料查阅法、贸易展览法、广告开拓法等。

根据销售漏斗理论，只有少数潜在的顾客能够成为合格顾客和现实顾客。顾客资格审查的目的就是筛查出合格的顾客，以避免在不合格的顾客身上浪费销售资源。顾客审查主要包括三个方面的内容：购买力审查、购买需求审查、购买决策权审查。

展示准备包括三方面的内容：潜在顾客背景资料的准备、制定销售访问计划、约见顾客。潜在顾客背景资料的准备包括对陌生顾客（个体类或组织类）的精心准备，其目的在于使展示工作有的放矢。制定销售访问计划包括以下几个方面的内容：确定访问目标、访问时间、访问线路、销售策略和模式、制定销售工具单等；约见顾客是指销售人员实现征得顾客同意接近的活动，约见的内容主要包括：确立访问对象、确立访问事由、确立访问时间、确立访问地点。常见的约定方法有：函约、电约、面约、托约、广约等，在实际工作中这些方法都会组合使用。

二、销售展示

销售展示是指销售人员利用语言陈述、可视辅助手段以及其他各种方式建立顾客关系，并通过与顾客沟通相关信息，说服客户购买的过程。销售展示又可进一步细化为接近顾客和产品展示。

销售展示中的接近顾客这一环节特别重要，销售人员需要事先进行精心的设计和准备。接近顾客是指与顾客开展实质性洽谈，销售人员与顾客相互了解的过程。接近顾客的主要任务有：验证事先得到的信息、引起顾客注意、培养顾客兴趣、顺利转入销售展示环节。接近顾客的方法大致可分为三类：陈述说明、演示、询问相关问题。

销售展示工作包含两部分工作：一是销售陈述（劝导性沟通），二是有针对性的演示。销售陈述主要是用语言去说服顾客的展示方式，演示主要是针对顾客的问题，利用顾客的视觉感受，启发和诱导顾客的购买欲望。销售展示的主要内容包括：详细介绍产品的特点、优势和利益、介绍销售计划、阐述商务建议等。

在实际销售过程中，销售人员通常会将各种展示方法进行有机组合，提高销售的成功率。常见的有：产品演示、（以戏剧方式）表演演示、可视辅助工具演示、证明演示、顾客参与演示等。有数据表明，顾客参与和体验能够显著提升顾客的购买欲望。

销售展示过程中良好的顾客沟通能够显著提升销售的效率，SPIN 是由尼尔·雷克汉姆（Neil Rackham）先生创立的沟通方法，适用于绝大多数行业，具体过程如下：

（1）情景问题（Situation Question）——这类问题是关于现实的询问或者是关于买家现有状况的探寻。例如“贵公司用什么系统给主机供电？”

（2）难点问题（Problem）——这类问题是处理顾客正在经历的问题、困难和不满的。例如，“这套系统出现过哪些问题？”

（3）暗示问题（Implication）——这些问题是用来询问买家产生的问题、困难和不满的后果或者影响的。例如，“这个问题对你们的生产会产生怎样的影响？”

（4）需求收益问题（Need-Payoff）——这类问题是用来询问提出的解决方案的价值或者效果的。例如，“如果我们能够帮助你减少 80%的问题发生，贵公司将会节省多少？”

三、处理顾客异议

顾客产生异议是十分正常的事情，顾客产生心理反抗的原因很多，比如对以往供应商或品牌的偏好，对新产品不感兴趣，对销售人员没有产生好的初步印象等。此外，价格不合适、邮寄日程不满意、产品本身的性能、质量或者公司的某个特性不合消费者的心意等都可能导致顾客产生异议。

处理顾客异议的基本策略是欢迎并倾听顾客异议，避免争论和冒犯顾客，预防和扼要处理顾客异议。选择处理顾客异议的时机也必须具体问题具体分析，包括预先处理、推迟处理、不处理、立即处理四个时机。

处理顾客异议的方法包括询问法、转折法、补偿法、利用法、直接否定法、举证法。销售人员要灵活机动地处理各种顾客异议，尤其是典型的异议，必须事先进行反复演练，力争在第一时间消除顾客的异议。

顾客异议处理结束，销售人员应乘胜出击，立即提出成交要求。

需要说明的是，销售过程向来不是一帆风顺的，顾客异议的产生，并不仅仅是在销售展示以后，顾客可能在销售访问的任何时间点提出异议，因此，消除异议的工作也是伴随着整个销售过程的。

四、促进成交与服务跟踪

促进成交就是促使顾客采取购买行动。成交是指顾客接受销售人员的销售展示，并立即购买或签订正式协议的行动过程。

成交的主要障碍来自顾客和销售人员两方面。顾客方面主要来自于顾客的修正、推迟、避免行为，销售人员主要是销售人员的心理和技巧存在一定的问题，诸如害怕失败、单向沟通、缺少训练、计划不周、强迫推销。

成交时机的把握也是非常重要的，当顾客发出购买信号时，就是提出成交的最好时机。销售人员应当主动、自信、坚持成交；充分利用最后的成交机会，成功的成交一般是多次沟通的结果。

销售服务与跟踪是整个销售过程不可缺少的环节，是确保顾客满意度和重复交易的必要条件。结账后要立即落实售后的细节问题，如确认顾客购买的商品、寄送时间以及顾客非常关心的其他问题。销售人员需要制订一个客户追踪电话计划，确保产品寄送后，安全签收并顺利安装，定期致电进行询问，提供服务以及排除故障，这样做的目的是确保顾客价值的实现，并且消除可能存在的服务不到位现象。销售人员应当为每个顾客制定维持关系并赢得销售增长的计划。

营销实例 19-1

万科用“第五食堂”提升客户满意度

“第五食堂”最早出现在2012年6月，万科集团（简称万科）旗下首家社区食堂出现在深圳坂田万科城，位于东莞金域蓝湾和北京长阳半岛的两个食堂也先后营业。这是万科近来定位自主社区商业化开发之后自创的一个连锁产品，食堂根据各地消费习惯设置运营方式，力求更贴近老百姓的口味。其他的还包括社区菜市场的幸福街市，引进华润万家，开设洗衣店、药店和银行。这些被万科统称为“五菜一汤”。长阳半岛是万科进行社区商业化的一个试点，未来这一商业标配模式将会更多地出现在其开发的住宅小区之中。

事实上，从2010年开始，万科逐渐向商业地产方向倾斜。与万达一贯偏好的高端商业地产开发方向不同，万科在几经摸索之后终将服务社区的商业地产理念作为未来重点拓展的方向。不久前，万科集团副总裁毛大庆在公开场合表示，目前万科的商业更多是为社区服务，主要是做一种有规则的贴身服务式的社区生活必备，重点包括“邻里家”和“生活广场”系列。

资料来源：世界经理人网站，http：//www. ceconline. com/strategy/ma/8800069093/01.

第三节　销售规划与设计

一、销售预测与预算

（一）销售预测

企业可以选用很多不同的销售预测方法，主要有三类：第一类方法是基于对主管、销售人员和顾客的调查来进行预测；第二类方法主要是用数学方法处理企业历史数据，从而得到预测结果；第三类方法是与企业经营实际状况相联系来进行预测。每种预测方法都各有优缺点，预测者应该综合使用。

销售预测过程是否严格、是否符合科学规律直接影响预测结果，因此，管理层应在掌握预测指导原则的基础上，时时掌握预测工作的进程，定期进行检查，尤其要严格检查预测的每一个环节，不可有半点疏忽。

首先，要确定过去预测的方法是否科学，是否符合实际状况，准确性有多大，以确定是否可以沿用过去的预测方法，是否要做出相应的调整。如果发现销售预测与同期实际销售差异很大，就应该先检查预测体系的科学性。其次，就是检查预测所用的数据是否准确。数据是预测准确的基础，将不准确的数据用于预测必然导致预测结果的偏差。

（二）销售预算

销售预算是在销售预测的基础上进行的，销售预算为销售部门的各种预算提供依据，如广告费、摊销费用、办公费用。销售预算数据也直接传给生产部门，生产部门将确定总的生产预算，并以此制定各种材料和劳动力预算。财务经理要用销售预算中的预期销售量来编制定现金、利润预算。

销售预算主要包括以下几个方面：销售收入预算、销售成本预算、销售毛利预算、营业费用预算、营业纯益预算、应收账款的回收预算、存货预算等。

销售预算的编制方式主要有两种：自上而下的方式和自下而上的方式。

自上而下制订销售预算时，主管人员会考虑公司战略及目标，在进行销售预测以后，对公司可以利用的费用有个大概的了解，然后根据要实现的目标和将要进行的活动，选择一种或多种决定销售预算水平的方法草拟预测，分配给各个部门。

自下而上制订销售预算时，销售人员总是根据上一年度的预算结合今年的销售配额，用惯用的方法计算出销售预算，提交给销售经理，销售经理进行汇总，就得出了公司的销售预算。

两种方式各有利弊，因此，很多的公司同时采用两种方法进行对照，使销售预算更加支持公司目标及销售任务的实现。销售预算是为实现公司战略目标而设置的，而公司的战略目标是会根据环境的变化而调整的，因此，销售预算也不是一成不变的，应随着市场状况的变化而改变，使销售预算不仅是一项约束条件，而且也是迎接挑战的武器。

二、销售计划与销售定额

销售计划是销售工作的指导性文件，销售计划是指一定时期的各种定额，如销售定额、费用定额、活动定额等。这些定额充分体现了公司的营销策略，使得销售活动既有效率又有效益。编制好这些定额，有利于提高销售人员的士气，也有利于公司的长期发展。

（一）销售计划的编制要点

在实际操作中，销售计划并非仅仅确定销售数字，还包括现状检查、目标制定、销售战略、销售计划书等内容。

1. 现状检查

现状检查是对企业销售状况的一个评估，为制订下一步的销售计划打下基础。具体包括：企业在哪些细分市场较为活跃、企业自身的优势和劣势以及有能力进入哪些细分市场。

2. 目标制定

具体而言，包括市场目标（现存市场、待开发市场、市场份额等）和财务目标（销售额、销售利润），这些目标都不是固定不变的，可以根据市场变化和销售额的变化及时调整。

3. 销售战略

销售战略是灵活多变的，不同的细分市场、不同的消费群体都有不同的选择。细分市场的销售战略应当用简洁明了的语言来表述，用于说明公司为了满足部分顾客的需要，而采取的保证供给的主要做法。

4. 销售计划书

销售计划书是用于解决“如何将战略付诸实施”的行动指南，是指销售部门为了满足顾客需求而做的具体工作安排。因此，它要求含有各种信息，包括产品规格、详细价目、广告细目、销售指标和分销计划等。

（二）销售定额的编制

销售定额是销售预测和销售预算的具体体现，是量化了的具体数据。编制销售定额的目的主要是为以下活动提供标准和依据：销售人员的目标设立和激励、控制销售活动、控制销售费用、业绩评估。

目前，业界最普遍应用的定额指标就是销售量定额（以金额或产品单位计），同时配合使用的定额还有毛利、净利润、销售费用、销售活动等其他组合定额要素。

成功的定额指标具有以下几个特征：可以实现、准确、易于理解和管理、公平、具有弹性、为销售队伍所接受等。

三、销售评估与控制

现代市场瞬息万变，竞争异常激烈，企业要想在国内外市场销售竞争中取胜，并得到不断的发展，就必须加强和改善销售管理，销售评估与控制的主要过程如下：

（一）建立评估销售人员的标准

首先要建立销售人员的评估标准。有了具体的评估标准，才能区分销售人员绩效的好坏。评估标准有“定量标准”和“定性标准”两类。定量标准主要是公司的销售量、销售利润、成长率等相对比较客观的标准；定性标准则涉及销售人员的销售行为评价，从产品知识、推销谈判能力、应付客户的技巧等方面考核，是无法用数字说明的相对主观的标准。

（二）记录销售人员的成果

选定评估的标准后，下一个步骤是选定可测量的方法，获得信息，评估效果。公司内部的销售资料、费用记录，都可以作为评估的资料。为了提升评估的效果，公司内部应建立报告制度，销售经理要督促销售人员按时递交销售报表。

（三）对成果加以评估比较

利用获得的资料，整理出销售人员的成果记录，针对销售人员成果加以评估比较。评估绩效有两个维度，一是完全针对某销售人员的分析，二是销售人员彼此之间的评估与比较，评估时也要考虑销售人员的现有记录与趋势，例如有进步的销售人员即使达不到规定标准，主管也要给予鼓励，并给予工作指导。

在评估时要注意，同样的评估标准并非对所有销售人员都是一样合理的，因为有地区差异，客户与竞争不一样，销售人员与客户个性也有不同等，在评估时要将差异予以考虑。

（四）采取评估后的改善行动

有记录，有标准，加以评估比较，获得评估结果，然后提出改善的方法，从而形成一个完整的 PDCA 闭环。

四、销售组织与销售区域

（一）销售组织的构建

销售组织就是企业为了实现销售目标，将构成企业销售能力的人、商品、资金、设备、信息等各种要素进行有机整合，使其充分发挥效用的统一体。一般来说，销售组织的职责包括以下方面：寻找客户、信息交流、推销产品、客户关系管理、销售风险管理、其他经营辅助职责。在设计销售组织时，需遵循下列原则：

1. 顾客导向原则

在设计销售组织时，管理者必须首先关注市场，考虑满足市场需求，为消费者服务，以此为基础，建立一支面向市场的销售队伍。

2. 精简与高效原则

精简与高效是手段和目的的关系，提高效率是组织设计的目的，而要提高组织的运行效率，又必须精简机构。精简高效包括三层含义：一是组织应具备较高素质的人和合理的人才结构，使人力资源得到合理而又充分的利用；二是要因职设人而不是因人设职，组织中不能有游手好闲的人；三是组织结构应有利于形成群体的合力，减少内耗。

3. 管理幅度合理原则

管理幅度是直接向一个经理汇报的下属人数。管理幅度是否合理，取决于下属人员工作的性质，以及管理人员和下属人员的工作能力。正常情况下，管理幅度应尽量小一些，一般为 6~8 人。但随着企业组织结构的变革，出现了组织结构扁平化的趋势，即要求管理层次少而管理幅度大。

4. 稳定而有弹性原则

组织应当保持员工队伍的相对稳定，这对增强组织的凝聚力、提高员工的士气是必要的。同时，组织又要有一定的弹性。组织的弹性，就短期而言是指因经济的波动性或业务的季节性而保持员工队伍的流动性。

当然，影响销售组织设计的因素很多，销售目标、营销战略、产品及其市场属性、客户性质与规模、内部分工、管理跨度、销售人员素质都对组织设计有重要的影响。

（二）销售区域设计

销售区域也称为销售辖区，是指在特定的地理范围内及给定的一段时间内，分配给某个销售人员、分销商的一群当前及潜在的顾客的总和。这个概念强调的是顾客而不是地理范围。设计销售区域的目的是使所有的区域在销售潜力和销售人员的工作负担上都相等。销售区域的设计应遵循以下四个基本原则：

1. 公平合理原则

销售区域的设计的首要原则就是要公平合理，使每个销售人员的机会均等。这一原则有两个含义：所有销售区域应该具有大致相同的市场潜力，所有销售区域的工作量应该大致相等。

2. 可行性原则

这个原则的具体含义如下：销售区域市场要有一定的潜力、市场覆盖率要高、销售区域的目标应该具可行性。

3. 挑战性原则

销售区域的设置应该有挑战性，使销售人员有足够的工作量有足够的销售潜力，同时使每个销售区域有足够的销售潜力，使销售人员通过努力工作取得理想的收入。

4. 目标具体化原则

销售区域的目标应该尽量明确，容易理解。销售主管要尽力使销售人员懂得自己要达到的目标，并尽量使目标量化。

第四节　销售人员管理

一、销售人员招聘和甄选

选拔和招聘合格的销售人员企业取得销售成功的基本保证。优秀的销售人员对任何一家企业都是其最宝贵的资产之一，他们不仅具有丰富知识，诸如产品知识、企业知识、市场知识、客户知识、社会知识等，还具有完善的销售技能，诸如制订销售计划、沟通、分析、展示、获得承诺等多项技能，此外，他们还具有作为销售人员必备的特质，诸如高涨的工作热情、出色的移情能力、强烈的自我激励、充分的自信、艰苦奋斗的精神等。

对销售人员的招聘应当首先做好计划工作，合理地预测销售人员的数量，做好岗位分析和描述。确定销售人员招聘数量的方法主要有现状分析法、经验借鉴法、数学建模法、定员法、需求计算法等。岗位描述是指通过对岗位分析得出的结论性文件，主要包括职位名称、职位目的、组织关系、销售产品和服务的范围、岗位职责、任职要求、工作业绩的衡量标准以及薪酬待遇等内容。招聘渠道主要有内部招牌和外部招聘，常见的外部招聘方式有人才交流会、广告招聘、职业介绍所、猎头公司、校园招聘、互联网招聘等。

销售人员甄选的流程主要包括以下几个环节：筛选简历和申请表、测试、面试、综合评价、资格审查和录用。其中，测试包括专业知识测试、智力测试、能力测试、心理素质测试四种；面试分为结构化、非结构化以及半结构化三种；对应聘者的资格审查主要包括审查品质素养和工作经历两个方面。

二、销售人员培训

销售培训是企业针对销售人员及其他相关职能人员，组织各种资源和投入，提供与企业或其工作相关的态度、理念、知识和技能的课程，并借此提升员工素质和业绩、优化企业运作、最终获得更高利润的过程。销售培训是企业发展的必然要求，能够提升销售人员的素质。培训过程包括培训计划制订、执行和评估三大部分，如图 19-3 所示。

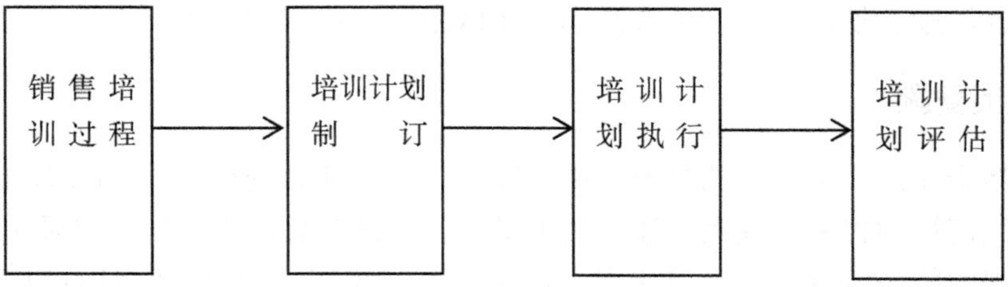

图 19-3　销售培训的一般过程

有数据显示，美国公司平均每年花费 1 万亿美元在培训上，其中的 10%是花费在销售培训上面。销售人员平均每年获得 33 小时的培训。然而，只有 10%～30%的培训内容被采纳使用，销售培训的效率并不显著。有研究发现，决定销售培训成败的关键因素包括以下几个方面：易于理解、定制化、相关性、与可测量的表现相联系、具有激励性、节奏合理、易于检测、互动性、成本有效、被公司高层接受等。

三、销售激励

长期以来，企业的管理层都在探寻能够激励销售人员的各种有效方法，然而由于不同销售工作的特殊性、销售代表的个性、公司目标的多重性以及不断变化的市场环境，使得对销售人员的激励成为一项复杂的工作。

通常，每个销售代表都有自己的目标、难题以及优劣势，每个销售代表对同一激励可能有不同的反应。理想情况下，公司应将销售人员分类并制作有针对性的销售激励组合。但是由于操作上的困难，多数公司是采用一些折中的方案，即制定一个整体上可行又具备一定弹性的激励制度。譬如当前很多公司使用了可选原则，即对于取得成绩的销售代表提供多种激励手段任其选择或组合，如可以选择加薪还是休假，或者公费旅游等。

此外，公司也通常有不同的销售目标，这就导致了激励的多样性，这种多样性往往体现在激励方向的维度上。例如有时候一个目标可能是处理积压的存货，另一个目标则是希望开展宣传性销售以强化同顾客的长期关系，这就可能会需要针对不同的激励方向采取不同的激励方法，如出于前者考虑则可能对销售量较高的销售代表给予奖励，而出于后者考虑则可能对顾客反响较好、关系牢固的销售人员进行奖励。

激励的来源可以是外在的，也可以是内在的。前者称为外在激励因子，常见的如薪酬提升、职位升迁、荣誉授予等；后者称为内在激励因子，如工作带来的满足感与成就感、在团队中的融入感等。而从各个方面出发，将这些激励因子组合运用，就是我们通常所说的激励工具相记录方法。以下是一些常见的外在和内在的激励因素。

常见外在激励因素：（1）工资、奖金等；（2）晋升机会；（3）个人发展机会；（4）额外福利；（5）外部认可。

常见内在激励因素：（1）自我认可和成就感；（2）认同感；（3）满足感。

通过对各方面的激励因素进行组合、搭配，使其适合具体情况的要求，就形成了各种具体的激励方法。常见的激励方法有薪酬激励、晋升激励、员工发展激励、愿景激励、目标激励、任务激励、榜样激励、荣誉激励、团队激励、销售竞赛等。

四、销售人员薪酬

薪酬是指企业向员工提供的报酬，用以吸引、保留和激励员工。薪酬不仅包括企业向员工提供的经济性的报酬与福利，还包括为员工创造的良好的工作环境以及工作本身的内在特征、组织的特征所带来的心理效用。相对于一般薪酬，销售薪酬具有以下三个特点：即高风险性、指导性、激励性。

业界比较常见的直接经济薪酬组合模式有以下四类：

（一）纯薪金制

纯薪金制指对销售人员实行固定的工资制度，而不管当期销售完成与否。当销售人员对金钱以外的东西（如荣誉、地位、能力锻炼等）有了强烈的需求时，单纯地采取提成刺激的方式，就起不到激励的效果，这时宜采用纯薪金制；尤其是在知识分子云集的销售队伍中，或是实行终身雇佣制的企业里，纯薪金制实际上已经成为一种必要手段。

（二）纯佣金制

在这种薪酬制度下，个人收入=销售额（或毛利、利润）×佣金率。销售人员的佣金比率取决于销售业绩的多少，即其报酬基于销售额的某一百分比而定，这个百分比是根据产品的价格、销售量、推销的难易程度而定的，比如说在房地产买卖中所抽取的佣金为1%。此外销售人员没有任何固定工资，收入是完全变动式的。该模式销售报酬指向非常明确，能激励销售人员努力工作，还将销售人员工资成本的风险完全转移到销售人员自身，大大降低了公司运营成本的压力。

（三）混合佣金/提成制

固定薪水制缺乏弹性，对销售人员的激励作用显得不够，而纯佣金制令销售人员缺乏安全感，薪水加佣金的混合制度则调和了这两方面的不足。

在这种薪酬制度下，销售人员每月领取某一数额的固定工资，然后再按工作绩效领取佣金。销售人员一般有一定的销售定额，当月不管是否完成销售指标，都可得到基本工资即底薪。如果销售人员当期完成的销售额超过设置指标，则超过以上部分按一定比例提成，用公式表示如下：

个人收入=基本工资+（当期销售额-销售定额）×佣金率

此外，还有佣金加奖金制、薪金加绩效制、薪金加外勤津贴制、薪金加红利制等多种薪酬组合方式。

学术智库 19-1

薪酬体系对销售配额和营业额的影响

销售薪酬体系不仅影响绩效，更重要的是影响销售人员对配额和营业额的认识和感觉。在对45项研究评比的基础上，鉴别了一个有趣的交互影响：分配公平和程序公平。当感觉到结果是公平时，个体趋向于满意并且不太在意程序，甚至程序是不公平的。当感觉到结果是不公平的，个体趋向于更关心程序的是否公平。当结果和程序都不公平时，他们多数是不满意的。更重要的是，如果他们判断程序是公平的，即使是获得的少的结果，个体也趋向于比较满意。

资料来源：Michel Tremblay，Jerome Cote，David B. Balkin. Explaining sales pay strategy using agency，transction cost and resource dependence theroris. Journal of Management Studies，2003，40（7）：16-51.

五、销售人员绩效评估

对销售人员的绩效评估，不仅涉及员工的个人利益，而且对公司的可持续发展具有很强的导向性。从不同的分析角度来看，比较系统的、适合目前大多数企业情况的绩效评价方法大致有四种：关键绩效指标（KPI）、360度考核法、目标管理和平衡计分卡（BSC）。

（一）关键绩效指标

关键绩效指标（Key Performance Indicator，KPI），是企业宏观战略目标决策经过层层分解产生的可操作的战术目标，是通过对组织内部某一流程的输入端、输出端的关键参数进行设置、取样、计算、分析，衡量流程绩效的一种目标式量化管理指标，是对企业及组织运作过程中关键成功要素的提炼和归纳。KPI将员工的工作与企业远景、战略与部门相联系，层层分解、层层支持，使每一员工的个人绩效和部门绩效都与企业的整体效益直接挂钩。

(二) 360 度考核法

360 度考核法就是通过对一个组织或企业中各个级别的、了解和熟悉被评价对象的人员，如被考核者的上级、同事、服务的内部客户和外部客户以及被考核者本人等进行访问，对被考核者的绩效、重要工作能力和特定的工作行为和技巧进行评价，从而通过评价获知各方面的意见，清楚自己的长处和短处，来达到提高自己和组织绩效的目的。从统计学角度看，其结果较客观、公正，且可减少个人偏见及评分误差。

(三) 目标管理

目标管理是一种以结果为基础的评价方法。每一名销售人员都有自己的销售目标，把他们的实际销售结果与目标对比，通过绩效指数评价他们的绩效水平。这个指数等于销售目标除以实际销售额再乘以 100。在目标管理体系下，实际销售额与目标之间的绩效指数一目了然，如果没有完成，销售人员必须向上级主管人员说明没有完成具体产品销售目标的原因，并提出在未来需要采取哪些措施保证这个目标的实现。

(四) 平衡计分卡

平衡计分卡（BSC）是由哈佛大学商学院教授卡普兰和复兴方案公司总裁诺顿共同开发的。平衡计分卡是一种绩效评价系统，并且是一种战略管理的工具。2000 年《财富》杂志公布的世界前 1000 位企业中有 60%采用 BSC，在美国有 50%的企业训练课程教授 BSC 技巧，80%的世界 500 强企业在不同程度上使用 BSC，并且 BSC 曾经被《哈佛商业评论》评为最有影响力的经营理念和最具有影响力的管理理念，由此可见 BSC 在世界范围内受到的重视程度之高。

这四种绩效评价方法较之传统的考核方法有以下共同特点，第一，关注并考核顾客满意、企业学习与成长、内部流程指标；第二，公司绩效考核工作由人力资源部门进行管理，落实考核管理责任；第三，建立严格的企业分级绩效考核组织体系与流程，部门业绩、员工业绩、领导业绩紧密挂钩；第四，考核结果与部门、分公司、员工的薪酬福利待遇分配紧密结合；第五，关注企业长期经营发展，注重全面提升企业核心竞争力指标。四种考核方法有着相同之处，但是它们也各有侧重、各有特点。

营销实例 19-2

光想躺在床上数钱，可能吗

2017 年 2 月，有关“华为百万年薪员工称被辞后还不起房贷”的帖子被曝出，大意是一位通信行业的中年男人，即将被公司辞退面临失业，还不起在深圳的第二套房的贷款。该员工所在的公司被猜测为华为。

此前多年，华为多次被不同的招聘机构评为“最佳雇主”。上述网贴爆出后，有关华为的员工收入和工作强度的话题，又被热议。

今天发布的年报里，华为董事长孙亚芳的致辞里，有一段关于她对员工回报的看法。

“我们没有任何稀缺的资源可依赖，唯有通过员工的长期艰苦奋斗才能持续为客户、为社会创造价值，奋斗者也因此获得合理回报与个人成长。”孙亚芳说。

那么，2016年华为员工获得的回报如何？

年报显示，去年，华为支付雇员费用为941.79亿元。年报提及，华为现在约有18万名员工。据此计算，华为员工人均年薪52.32万元。

此外，在华为的雇员费用中，有一项为时间单位计划，即在华为集团范围内实行的基于员工绩效的利润分享和奖金计划。

根据该计划，授予员工时间激励单位，获得时间激励单位的员工自授予之日起五年可享有以现金支付的收益权，包括年度收益及累计期末增值收益。

在2016年，时间单位计划金额为130.76亿元，如果按照华为18万员工来计算的话，每人享有7.26万元。

照此计算，华为员工在2016年的薪酬，平均每人达到59.58万元。

公司秘闻发现，2015年，华为有17万多名员工，工资、薪金费用是802.14亿元；时间单位计划金额89.23亿元。大略计算，平均每位员工待遇在52.43万元左右。

相比2015年，去年华为员工平均待遇，大约上涨了13.6%。

华为的高薪，拿起来并不轻松。公司秘闻注意到，今年2月，任正非在讲话中说，华为是没有钱的，大家不奋斗就垮了，不可能为不奋斗者支付什么；“30多岁年轻力壮，不努力，光想躺在床上数钱，可能吗？”

73岁的任正非还向员工承诺，“只要我还飞得动，就会到艰苦地区来看你们，到战乱、瘟疫等地区来陪你们”，“我若贪生怕死，何来让你们去英勇奋斗”。

今年1月，几家机构联合发布的数据显示，2016年，华为平均工作日加班时间达3.96小时，超过腾讯、阿里巴巴等互联网企业，位居榜首。

资料来源：网易财经，http：//money.163.com/17/0401/07/CGTV5PCG002580T4.html.

☞【小结】

销售与销售管理是企业经营活动的重要环节，销售管理是对企业销售活动进行规划、指导、控制和评估，目标是满足顾客的需求，实现企业的目标。

销售过程是指销售人员进行销售活动时通常采用的一套行为步骤，包括销售准备、销售展示、处理异议、促成交易、售后服务和跟踪五个环节。销售准备包括：如何寻找顾客、如何进行顾客资格审查、如何进行销售展示的准备；销售展示有两类：一类是销售陈述（劝导性沟通），另一类是实际演示；对于客户产生的异议要具体问题具体分析，选择合适的应对方式；售后服务与跟踪是销售过程不可缺少的环节，是维系客户的重要环节。

销售规划与设计是销售管理基础性工作。只有比较准确的销售预测，才能比较好地指导公司的其他行动计划，如生产、人力、财务活动。预测的方法主要有三类：第一类方法是基于对主管、销售人员和顾客的调查来进行预测；第二类方法主要是用数学方法处理企业历史数据，从而得到预测结果；第三类方法是与企业经营实际状况相联系来进行预测。

每种预测方法都各有优缺点，预测者应该综合使用。在预测的基础上，企业需要编制合理的销售计划和定额，从而为销售评估与控制提供依据。

销售人员是具体实现销售工作最一线的员工，企业需要根据销售工作的需要，选拔和招聘合格的销售人员，加以适当的培训，结合销售计划和定额，设计合适的激励政策和薪酬政策，支持销售队伍发挥最大的绩效。

☞【思考题】

1. 什么是销售和管理？其主要内容和范畴有哪些？
2. 销售过程分为几个步骤？
3. 什么是顾客异议？主要的应对策略有哪些？
4. 销售计划编制的主要内容有哪些？
5. 销售控制的主要环节是哪些？
6. 销售培训的一般步骤是怎样的？
7. 销售人员的薪酬组合模式有哪些？

☞【课后案例】

任正非警示华为内部：适当降低销售规模准备过冬

日前，华为披露的2017年的半年报，上半年实现销售收入2831亿元人民币，同比增长15%。其中，消费者业务的收入为1054亿元。掐指一算，运营商业务和企业业务的增长只有5.71%。如果再把企业业务去掉，略加推算可知，华为运营商业务半年收入在1500亿左右，同比增长不到2%。运营商业务仍然占据华为销售收入的半壁江山，这意味着华为的冬天已不再是童话，也不再是员工的危机意识教育。

冬天，对华为来说，已然来临！

我们还记得2000年在业界流传甚广的文章——《华为的冬天》，华为总裁任正非在文章中说："公司所有员工是否考虑过，如果有一天，公司销售额下滑、利润下滑甚至会破产，我们怎么办？我们公司的太平时间太长了，在和平时期升的官太多了，这也许就是我们的灾难。泰坦尼克号也是在一片欢呼声中出的海。而且我相信，这一天一定会到来。"

"我们怎么办?"针对16年前的一个设问，华为其实每年都在尝试自己命题自己作答，以延缓这一天的到来。

前20年，华为是以"以规模为中心"，因为那一阶段全球通信市场的潜力非常巨大，只要有收入就必然有丰厚的利润，抢到规模就一定有钱花。但通信行业这些年在发生改变，收入和利润不再可以画等号。2008年华为的经营主导思想由以规模为中心转向有效益的增长，提高人均效益。2009年任正非又提出新的要求，每个代表处，每个地区部，每条产品线，都必须以正的现金流、正的利润和正的人效益增长为中心，并以此作为干部的考核依据。

但情况一直不乐观！

2017年6月，任正非连续4天出访泰国、德国、波兰和俄罗斯4个国家，开始强调含义相近，但更为严谨的一个概念——有利润的增长和有现金流的利润。

任正非在德国代表处交流时，分析说："在全球经济不好的前夜，运营商日子不太好过的情况下，不能逼着增长，否则会被逼死，要保证盈利，渡过难关，以后就可以捡贝壳。不要着急着撑大规模，否则太虚会被风吹走，要用'健康的方式'渡过这场灾难。"

健康的方式，就是"有利润的增长和有现金流的利润"！以确保华为在整个冬天都有小棉袄御寒。为此，任正非要求："泛网络的销售规模可以降下来，合同质量不好的就不要签了，收入下降就要减低费用。"

任正非认为，近一两年企业业务、终端还会增长，华为的收入规模总额还会有增长。由此提醒大家一定要确保活下来，不要着急。

那么，企业业务和终端业务是否可以引领华为走出冬天？

资料来源：蓝血研究．新浪科技网站，http：//tech. sina. com. cn/roll/2017-07-30/ doc-ifyinwmp0850966. shtml.

案例讨论题：

1. 华为公司当前销售体系的主要矛盾是什么？
2. 华为公司适度降低销售规模会导致整个销售管理系统的哪些连锁反应？

【参考文献】

[1] 陈涛，孙伟．销售管理. 机械工业出版社，2016.

[2] 查尔斯·M. 富特雷尔．销售管理. 熊银解，译．高等教育出版社，2010.

[3] 李先国，杨晶．销售管理. 中国人民大学出版社，2016.

[4] 欧阳小珍，涂伟．销售管理（第2版）. 武汉大学出版社，2010.

[5] 小约翰·F. 坦纳，小厄尔·D. 霍尼克特，罗伯特·C. 厄夫迈耶．销售管理. 陶向南，译．中国人民大学出版社，2010.

[6] 戴维·乔布，杰夫·兰开斯特．推销与销售管理（第7版）. 俞利军，译．中国人民大学出版社，2007.

[7] 菲利普·科特勒，凯文·莱恩·凯勒．营销管理（第11版）. 梅清豪，译．上海人民出版社，2016.

[8] Beverage, M.. Contextual influences and the adoption and practice of relationship selling in a business-to-business setting: An exploratory study. Journal of Personal Selling and Sales Management, 2001, 21: 207-215.

[9] Moncrief, W. C., Marshall, G. W.. The evolution of the seven stages of selling.

Industrial Marketing Management, 2005, 34: 13-22.

[10] Leigh, T. H. , Marshall, G. W. . Research priorities in sales strategy and performance. Journal of Personal Selling and Sales Management, 2001, 21: 83-93.

[11] Rackham, N. , DeVincentis, J. . Rethinking the sales force: Redefining selling to create and capture customer value. McGraw-Hill, 1999.

[12] From Foss, B. , Stone, M. . Successful customer relationship marketing. Kogan Page, 2001.

第二十章　企业社会责任与营销道德

【学习目标】学习本章后，应当掌握：

1. 掌握营销道德概念与内涵；
2. 了解企业社会责任与营销道德关系；
3. 掌握营销道德问题的具体表现形式；
4. 理解营销道德的建设路径。

【引例】

大众汽车排放门事件

2015年9月18日以前，大众在美售出了约48.2万辆搭载大众EA189柴油发动机的车子。定格这一数字的那天，美国环保署指控搭载这一发动机的大众汽车存在尾气排放造假问题，这些车型将全部停止销售。美国环保署解释说，这些车上都安装了一种名为“失效保护器”的软件，能对汽车接受尾气检测时的氮氧化物排放量数据造假，远低于实际行驶时的真实值。因2.0升以下排量的柴油车装有“失效保护器”，大众可能在美国面临最高180亿美元的罚款。

在大众于9月21日承认旗下柴油车上装有“失效保护器”后的两个交易日内，大众股价下跌近三分之一。很快，大众集团CEO换人，随后的两个月内，范安德等多名高管也主动或被动离职。排放丑闻爆发后，大众销量也开始大幅下滑。2015年11月，大众在美销量下滑了25%。大众的信用评级也被标普下调为BBB+，并保持负面展望。此前，柴油车排放丑闻事件爆发后，大众已被标普将信用评级从A调低至A-。外界认为，多次被调低信用评级可能导致大众融资难而无法还上贷款。一旦贷款无法按期还上，大众将不得不变卖远高于贷款数额的资产。摩根大通分析师预计，大众因排放丑闻耗费的成本将在200亿~780亿欧元。而瑞银的一位分析师表示，仅大众在全球面临的罚款就可能高达350亿欧元。

资料来源：汽车产经网，http：//www.autoreport.cn/guoji/20151211/1706571802.html.

第一节　企业社会责任与营销道德的内涵

一、企业社会责任概念与内涵

所谓企业社会责任（Corporate Social Responsibility，CSR）是指企业对利益相关方所应承担的各项责任。企业社会责任这一概念最早于 1924 年由美国学者谢尔顿提出，认为企业不能单纯地追求经济利益。1953 年有“企业社会责任之父”之称的鲍恩在《商人的社会责任》一书中第一次正式将企业和社会联系在一起，认为企业在追求经济利益的同时还应当承担一定的社会责任和义务，自此开创了企业社会责任这一当代重要研究领域。随着商业社会的不断发展，承担企业社会责任不仅已经成为当代企业应尽之责任，而且也已经成为当代企业获取竞争优势，推动企业与社会和谐发展的重要工具。

广义上讲，企业社会责任涵盖了企业对所有利益相关者的责任，这包括对股东的责任、对消费者的责任、对员工的责任、对债权人的责任、对供应商和经销商的责任、对环境保护的责任、对社会公众的责任、对政府的责任以及对所在社区的责任等。

二、营销道德的概念与内涵

营销道德是指调整企业与所有利益相关者之间关系的行为规范的综合。简单来讲，营销道德是用来判断企业的市场营销行为是否符合消费者以及整体社会利益的一切道德标准和规范。企业的营销道德是对企业营销决策的价值判断，涉及现代企业经营行为的价值取向，并贯穿于现代企业市场营销活动始终。

总体上，营销道德具有效用性、服务性、辐射性等特点。所谓效用性是指营销道德对营销活动具有一定的效用价值，因为营销道德要求营销者能够以营销对象的需求为出发点，通过不断改进和完善自身的营销行为来满足营销对象的需求，并通过价值交换来最大化营销者自身利益。所谓服务性是指营销道德要建立在优质的营销服务上，通过优质的营销服务将提高消费者满意度当成一种营销道德观念加以实行。所谓辐射性是指营销道德具有一定的社会示范效应。企业的营销道德水准的高低会直接影响市场各利益相关方，涵盖了经济、文化、社会、政治等多个层面，因此营销道德水平在一定程度上也反映了社会的整体道德水平。

三、企业社会责任与营销道德的关系

企业社会责任与营销道德是一种相辅相成、相互促进的关系。首先，企业社会责任的内容涵盖了企业营销活动对利益相关方所应承担的道德责任。企业要履行自身的企业社会责任就意味着企业要树立社会营销观念，将企业利益、消费者利益和社会利益有机地结合起来。可见，企业要承担企业社会责任，就必须承担营销道德。其次，企业在诸如目标市场选择、市场定位、营销组合策略制定与实施等营销活动各方面遵循营销道德准则，是企业真正在履行企业社会责任的重要标志和体现，而且企业的营销道德水平直接决定了企业在执行企业社会责任的可行性和有效性。

学术智库 20-1

本文以行为偏离和道德意识形态理论为基础，采用实验研究方法，检验了企业家社会责任超规范或低规范行为对品牌形象的影响。实证研究发现，当企业家履行社会责任超规范或低规范行为时，与现实主义消费者相比，理想主义消费者将给予企业家形象更加显著的正面或负面评价，并且随着企业家和企业品牌间关联度的提高，企业家形象对企业品牌形象的影响也显著提高。

资料来源：王新刚，黄静．企业家社会责任行为偏离对品牌形象的影响．软科学，2014，28（5）：66-69.

第二节　营销道德问题的表现形式

一、产品策略中的道德问题

产品策略作为营销组合策略中的核心构成要素，其实施贯穿于营销全过程。从依照顾客需求以及潜在需求对产品进行研发与生产，到对产品商标与包装的设计，到把产品交到消费者手上，再到对产品的售后服务的提供以及产品的升级换代，均离不开对产品策略的有效贯彻与实施。在此过程中，每一阶段都可能产生营销道德问题，具体有以下几个方面。

（一）产品质量与安全

对于消费者而言，保障产品与服务的质量与安全是企业应承担的最基本道德责任，同时也是企业可持续经营与发展的基本保障。在质量和安全上有缺陷的产品主要体现在产品设计缺陷、产品制造缺陷以及告知缺陷三个方面。

产品质量与安全所产生的问题不仅会对消费者身心造成伤害，而且会给企业自身声誉、企业所在市场乃至整个社会带来负面效应。2008 年发生的震惊海内外的毒奶粉事件便是一个典型案例。事故起因于不少食用了三鹿集团奶粉产品的婴儿被诊断发现患有肾结石，并在随后的调查中发现奶粉中含有化工原料三聚氰胺。中国国家质检总局在随后对国内乳制品企业婴幼儿奶粉的检查中又发现蒙牛、伊利、光明、圣元等多个知名品牌的产品同样含有三聚氰胺。此事件造成了 4 人死亡，接受门诊治疗并住院的患者达万人以上，并最终导致了三鹿集团破产，相关责任人被判刑。这一惨痛事件不仅对患病婴儿及其家庭造成了难以估量的伤害，同时给整个中国国产奶粉行业乃至“中国制造”带来了无法估量的负面影响和巨大的经济损失，甚至导致“每天一杯奶，强壮中国人”这句话也沦为了笑话。消费者对国产奶粉品牌的信心陷入低谷，导致其市场占有率大幅下滑，在 2011 年中央电视台《每周质量报告》调查中发现即使事件已过三年，仍有七成中国消费者不敢购买国产奶粉，而相应的到 2012 年外资奶粉品牌在国内市场占有率从事件发生前的三成达到六成，市场占有率前三名均为外资奶粉。尽管中国奶业协会《中国奶业质量报告》显示，2015 年我国乳制品抽检合格率达到 99.5%，三聚氰胺等违禁添加物检测合格率连续七年保持 100%，多项指标甚至高于美国和欧盟标准，但消费者信心至今仍未能完全恢复。

当产品出现质量和安全问题时，企业需要主动应对并对问题产品及时进行产品召回。产品召回是指由于产品存在缺陷，生产企业将已经送到或已经销售给批发商、零售商或最终消费者的产品进行回收的行为。需要强调的是，被召回的产品不包括所谓的假冒伪劣产品。在日常生活中，产品召回事件一般发生在诸如汽车、手机等耐用消费品类或者食品品类当中。

营销实例 20-1

三只松鼠开心果问题产品事件

三只松鼠股份有限公司成立于 2012 年，总部位于安徽省芜湖市，是中国第一家将自身定位为纯互联网食品品牌的企业，2016 年销售额达到 55 亿元，是目前国内销售规模最大的食品电商企业。备受资本青睐的三只松鼠于 2017 年 4 月 21 日正式发布招股说明书，拟在创业板挂牌上市。然而，8 月 15 日，国家食药监督总局发布《关于 3 批次食品不合格情况的通告》中指出三只松鼠在天猫商城上销售的开心果霉菌检出值为 70CFU/g，超出国家标准规定 1.8 倍。据悉，该批次开心果生产日期为 2017 年 1 月 22 日，规格型号为 225 克/袋。

面对此次问题食品事件，三只松鼠迅速做出回应并向消费者致歉。8 月 16 日，针对其问题食品，三只松鼠官方微博公开回应称，已连夜对接产品检测中心，并在食品药品监管部门指导下主动召回该批次产品，并已进行无害化销毁处理，目前在售产品没有质量问题。同时，公司表示如果此前购买了开心果产品的消费者如仍存有担心和疑虑，可申请办理退货退款服务。经过原因排查，三只松鼠指出问题很可能是产品出厂后因存储、运输条件下控制不当引起霉菌滋生，进而导致流通环节抽取样品不合格。针对不合格原因，三只松鼠采取了三项整改措施：（1）同物流承运方再次明确车辆运输要求并在全国各物流仓储环节开展全面培训与监督工作；（2）开展全链路产品防护培训工作，进一步完善产品装卸货、外箱检查等一切有助于产品防护工作的作业流程；（3）加强库存储存温湿度控制管理，定期监测、记录，责任到人。

有业内人士表示，三只松鼠的很多产品原料均由上游生产商进行生产加工，而存储运输又由下游物流企业负责，作为非全产业链的经营休闲食品企业，三只松鼠应当加强对上下游的把关。

资料来源：根据网上资料整理。参见网易财经，http：//money. 163. com/17/0818/00/CS36A0Q6002580S6. html；新浪新闻中心，http：//news. sina. com. cn/o/2017-08-18/doc-ifykcirz 2897648. shtml.

需要强调的是，产品质量与安全问题不仅表现在无法满足消费者需求甚至直接伤害到消费者这一方面，而且还表现在满足不健康或有害的消费者需求方面。例如，2017 年，一种名为“牙签弩”的玩具在中小学生当中迅速蹿红，销售十分火爆，并受到广泛关注。“牙签弩”虽然不到巴掌大小，但威力惊人，能够将一根牙签射出十几米远，可以轻松射穿易拉罐或石膏板。显而易见，“牙签弩”销售火爆表明该玩具产品能很好地满足中小学学生消费者的需求，但同时存在比较大的安全隐患，一旦在玩耍时不慎射入眼睛，后果不堪设想。由于媒体报道和社会的广泛关注，中小学校已经禁止学生购买“牙签弩”，网上商店也已经将这种玩具全部下架。但是，与其通过媒体报道、社会关注和政府机构来应对具有安全隐患的玩具产品，“牙签弩”玩具制造企业更应当在研发生产过程当中就注意到安全隐患问题，并在对产品进行改进完善之后再向市场提供有安全保证的玩具产品，这才是企业营销道德的良好体现。类似的，很多消费者喜欢高糖、高热量但美味的快餐和软饮，而媒体和科研工作人员批评这些不健康食品造成了肥胖、糖尿病、心脏病等疾病的流行，使得越来越多的当代消费者开始关注健康饮食问题。这也导致了像麦当劳和肯德基等快餐类品牌以及可口可乐和百事可乐等传统碳酸类饮料品牌开始逐步积极地向市场提供更加健康的食品和饮品，同时也导致了定位为绿色健康快餐品牌的赛百味、真功夫、老乡鸡等品牌的迅速崛起。可以说，在满足消费者需求的同时履行营销道德业已成为当代企业生存与发展的重要保障。

（二）产品商标

商标是指商品的生产经营者在其商品或服务上所使用的，由文字、图形、字母、数字或其组合构成的，具有显著特征的，能识别商品或服务来源的专用标志。商标不仅代表产品及其技术水平、服务及其品质，而且代表企业对于消费者的承诺与责任。在产品商标上的营销道德问题主要表现在商标抢注和假冒注册商标。

商标抢注是指对他人已在使用但未注册的商标申请注册，或者对他人已注册商标在非类似商品或服务上（即该注册商标没有核实的项目类别上）申请注册，或者将他人的创新设计、外观设计专利、企业名称、著作权等其他在先权利作为商标申请注册的行为的总称。过去，由于我国企业缺乏足够的品牌保护意识，导致很多知名品牌商标被他人抢注的情况，诸如“同仁堂”“狗不理”“海信 Hisense”，等等。企业有时会利用竞争对手或潜在竞争对手商标意识薄弱而抢先注册，这种有预谋但不道德的商业行为由于获得了法律的认可和保护，会给对手造成非常被动的局面。美国知名运动鞋品牌 New Balance 在中国市场就是这样一个受害者。其中文商标“新百伦”被广东一家民营鞋企于 2004 年申请注册，并于 2008 年获准注册。2013 年这家企业以 New Balance 公司对“新百伦”商标的使用侵害了其“新百伦”注册商标权为由将其告上法庭，最终胜诉。New Balance 为其在中国市场所犯的失误付出了沉重代价。事实上，企业出于自身经营的考虑有时迫不得已需要花重金将已经被抢注的商标买回来，商标抢注甚至已被直接当作一种赚钱的手段。

假冒注册商标的行为不仅是非道德的，情节严重时将构成犯罪，相关人员要承担刑事责任。假冒注册商标的行为具体表现为未经注册商标拥有人同意，擅自在同一种产品类别上使用与其注册商标相同的商标的行为；在明知是假冒注册商标的产品时仍对其进行销售的行为；仿造或销售仿造他人注册商标标志的行为。消费者在日常生活中遇到的假冒伪劣产品即为假冒注册商标。

（三）产品包装

产品包装是产品策略的重要组成部分，包装的意义早已超越了作为产品容器的作用。作为产品信息的主要传递媒介，产品包装不仅为消费者提供了对产品的视觉体验，而且是企业自身形象以及品牌形象的直接展现。产品包装不仅具有保护、储存、识别的功能，同时还具有产品介绍、品牌宣传、促进销售等功能。产品包装的营销道德问题主要表现在包装信息、包装成本、包装材料、包装设计等方面。

产品包装在发挥保护和储存产品功能的同时还起着提供产品各种信息的作用。然而，在商业实践中经常出现包装信息与实际产品不相符的情况，这类夸大甚至具有误导性的包装信息在市场中十分常见。一些食品包装在展示有误导性的产品信息的同时还在很不起眼的地方指出“以实物为准，图片仅供参考”的字样，这种做法尽管合法，但存在一定的道德伦理问题。

产品包装还会产生过度包装的问题。当产品包装所带来的价值远低于自身对资源的消耗时，或者产品包装成本甚至大于产品本身时，包装就造成一种资源浪费，即过度包装。一般来讲，产品包装成本不应超过商品总成本的15%~20%。几年前在国内市场上出现的天价月饼就存在着典型的过度包装问题。《中国青年报》社会调查中心2012年所做的一项调查发现，超过九成的受访消费者认为我国商品过度包装现象严重。相反，具有营销道德的企业则会努力使用合理、适宜的产品包装，达到物有所值、物尽其用的目的。

企业为了激发消费者购买欲望时常会片面强调包装的精美性以及盈利性，而忽视了包装材料对环境的负面影响。很多产品的包装材料无法重复使用，并且因不可分解的有毒物质而造型环境污染，严重影响经济社会的可持续发展。由于环境污染问题的不断恶化以及公众对环境保护的日益重视，一些具有营销道德的企业开始逐步研发和使用可回收绿色环保材料用于产品包装。

有时，好的产品包装设计本身就为消费者提供了重要价值。例如，为了防止儿童误食药品，一些医药公司专门设计了儿童自己无法打开的药瓶，体现了为消费者着想的人文关怀。

（四）产品售后服务

一方面，在我国，企业时常只关注产品销售环节而忽视了产品售后服务的重要性。一些企业在购买前向消费者承诺会提供完善的售后服务，但在购后售后服务经常流于形式，售后部门形同虚设，无法实现顾客满意，甚至导致顾客抱怨，这都不利于企业的长期经营与顾客关系管理。

另一方面，企业有时会过度关注售后，提供了消费者完全不需要甚至反感的所谓“售后服务”。例如，一些互联网软件在安装到消费者电脑上后会在未经消费者许可或消费者毫不知情的情况下监控和记录其各种隐私信息如消费习惯、网页访问记录等，向消费者不断推送各类垃圾信息，甚至未经许可出售或滥用顾客个人信息。

（五）产品更新换代

企业尤其是一些科技类企业有时会故意提前淘汰自身产品，在产品真的需要更换前就已经被过时；而同时，企业很可能不会一次性把所有技术创新运用到新推出的产品上，而是会故意保留一些先进功能以便于以更高频率地进行产品的更新换代来赚取利润。有时，企业会强制性地要求升级旧版软件，否则将无法使用，然而在升级之后，原有硬件很难维持升级后软件的运行，进而达到促使消费者不断对硬件产品进行升级换代的目的。

二、价格策略中的道德问题

在营销视角下，价格体现了消费者为了获得某种产品或服务而愿意用来交换的货币价值。作为营销组合的重要组成部分，价格策略直接决定了企业的市场份额和利润。然而，在实际定价中，一些企业完全忽略了自身应承担的社会责任，为了追求短期自身利益最大化，以牺牲消费者利益为代价进行不道德定价，损害了消费者和社会利益，对企业经营环境造成了不良影响。价格策略中的道德问题具体表现为以下几种类型。

（一）误导性定价

所谓误导性定价是指经营者利用容易让人误解的标价形式或价格手段，欺骗和诱导消费者或其他经营者与之进行交易的定价行为。例如，有的商家故意对产品标出很高的原价，但在实际销售中又对其进行降价处理，以所谓“清仓价”“促销价”“优惠价”“跳楼价”等字眼来吸引消费者购买，导致了名为降价实为不降甚至涨价的现象。由于消费者往往很难客观辨别产品的实际价值，很容易错误地以虚高的原价作为参照进而受到所谓降价的引诱而做出购买行为。不良商家同时还会利用文字、图案等知觉线索，让消费者对产品价格产生错误理解从而实现宰客。2015 年 10 月发生的青岛大虾事件就是一个典型例子。一顾客在青岛一家烧烤店吃饭时，原本以为是 38 元一份的大虾在结账时竟变成了 38 元一只，一盘虾要价达千元以上。该烧烤店的价目单显示“海捕大虾 38 元”，旁边没有标明是按“一个”还是“一份”计价，但在价目单很不起眼的最下方标有“以上海鲜单个计价”的说明。事后，青岛市物价部门检查指出，该烧烤店提供的菜品虽已明码标价，但是极不规范，涉嫌误导消费者消费，对其依法进行立案查处。目前我国对存在道德模糊的误导性定价监管不力、处罚较轻，导致了误导性定价在市场上比较普遍。

（二）暴利性定价

所谓暴利性定价是指将产品的价格定在严重脱离产品实际成本的高利润水平，远超同地区同期同档产品的市场平均价格的定价行为。例如，有些经营者不断地更新产品型号、名称或者包装，但产品实际功能几乎没有任何改变，通过这种“换汤不换药”的不正当手段故意拉高产品价格和利润率。需要指出的是，高价格和高利润本身并不存在道德与否的问题，界定暴利的关键在于暴利是否为通过损害消费者的选择权和知情权而取得。例如，奢侈品行业的产品普遍存在高价、高利润率的现象。2017 年 6 月 Prada 公司推出了一款售价高达 185 美元（约合 1200 余元）一个的纯银回形针，不可谓不贵。但由于不是处在消费者只能被动接受去购买的垄断行业，因此并未切实损害消费者的选择权和知情权，我们不能简单地将 Prada 的这种定价行为视为暴利定价。由于越来越多的品牌产品具有一定文化或情感性的内涵，想要客观、公正、准确地衡量是否为暴利价格并不容易。

（三）串谋性定价

所谓串谋性定价是指经营者之间互相串通，订立价格协议或达成价格默契，以共同占领市场和阻碍公平竞争的方式获取高利润的定价行为。一致性高价是串谋定价的典型特征。串谋性定价的非道德主要体现在人为地垄断并制定高于正常市场价格，攫取消费者剩余价值，并造成价格信号扭曲，进而破坏了价值规律的正常作用，同时不利于提高产品和服务质量。因此，串谋定价普遍发生在寡头垄断市场。例如，因为存在串谋定价的问题，2014 年法国竞争管理局对包括欧莱雅、联合利华、宝洁等日化巨头在内的 11 家企业开出了共约 9.5 亿欧元的巨额罚单。类似的，因串谋操纵 LCD 面板价格，欧盟在 2010 年曾对韩国 LG 显示器公司以及中国台湾地区四家制造公司合计处以 6.49 亿欧元罚款。

（四）掠夺性定价

所谓掠夺性定价是指在竞争性市场上把产品价格定到不合理的低水平甚至是低于产品成本的亏损性低价，从而实现将竞争对手驱逐出市场的定价行为。掠夺性定价所带来的经济损失可以由企业后续取得的垄断地位所带来的超额利润来弥补。掠夺性定价同其他非道德定价方式的重要区别是后者直接导致产品价格上涨而前者在短期内会降低产品价格，只有在长期才有可能使产品价格上涨。由此，对于掠夺性定价，消费者的利益在短期内不但没有受到损害，甚至还会获得降价所带来的好处。可见，掠夺性定价的不道德主要是体现在妨碍市场公平竞争和扰乱市场秩序这个方面。

营销实例 20-2

天价理发店，女子做头发花 38000 多元

2015 年 10 月，湖南长沙市开福区工商、物价部门得到消息，长沙万达广场周边步行街一家名为“Mr. rope”的美发店采取夸大造型师知名度、模糊消费项目等方式，误导消费者高价消费、刷卡充值办消费卡。其中，一曾姓女性市民在附近逛街时被拉进这家美发店，进店 15 分钟，即被诱导刷卡办消费卡，额度竟高达 38000 多元，该事件引起了广泛关注。

长沙市开福区政府高度重视，立即责令相关部门依法调查处理。10 月 25 日上午，开福区工商、卫监等部门对涉事理发店调查，在查实其无照无证经营后，当场对其门面进行查封，并暂扣涉嫌非法经营的相关物品资料。当地公安派出所已将涉事店铺负责人、店长、店员带离调查。开福区政府主要负责人表示，对该事件要依法依规快速查处，如涉嫌犯罪，要坚决移送司法部门依法处理，同时，要防微杜渐，加强监管，坚决维护公平交易的市场环境，切实保护消费者的合法权益。

资料来源：搜狐网，http：//news. sohu. com/20151026/n424166112. shtml.

三、分销策略中的道德问题

分销渠道是指产品从生产者到最终消费者的路径。在分销渠道中由于存在两个或两个以上组织承担渠道成员的角色，当渠道成员各自的目标不一致时，就会引发渠道冲突和分销策略中的道德问题。

（一）水平渠道冲突下的道德问题

水平渠道冲突是指在同一渠道层次里的渠道成员之间的冲突。一般来讲，在同一个大型批发商下会有多个利益独立的零售商，这些零售商之间就可能因产品供应、产品价格、市场分割等问题产生冲突和道德问题。例如，同一片区域的手机卖场和购物广场在销售同一品牌的同款手机，一方为了吸引顾客而故意以不合规的更低价格进行销售或者不按合约规定向顾客提供特别售后服务。

（二）垂直渠道冲突下的道德问题

垂直渠道冲突是指在同一渠道中不同层次渠道成员之间的冲突。垂直渠道冲突及其引发的道德问题相较于水平渠道冲突更为常见。例如，分销商按照合同有关规定只能销售某一企业的产品，而不准销售其他任何竞争企业的产品，但分销商为了扩大自己的销售额和利润，不顾合同规定而私下偷偷销售其他企业的畅销产品这种不道德行为。不道德的区域分销商同时还可能违反规定而将产品销往不是自己负责但利润或补贴更高的其他区域，导致串货现象。反过来，生产商也可能做出不道德的行为而损害分销商的利益。例如，生产商凭借自身的经营优势，为了自身利益而严格控制供货和价格，转嫁渠道成本，导致分销商的利润空间过小，或者是生产商利用自身的行业垄断地位，限制中间分销商经营活动并迫使分销商屈服于自己的经营目标，均存在营销道德问题。

（三）多渠道冲突下的道德问题

多渠道冲突是指不同渠道形式对同一市场分销产品而产生的冲突。多渠道冲突的本质是多种分销渠道在同一市场内争夺顾客而引起的利益冲突。例如，企业为了快速进入一个新市场而与当地商家合作（如加盟店形式），由当地商家负责经营销售其品牌和产品，但在该品牌站稳脚跟后，企业又私自在当地开直营店与加盟店争夺顾客，这种不道德行为就会导致多渠道冲突。又例如，很多商家（如电影院）已经开始以线上销售和线下实体店销售相结合的方式进行经营，但两种渠道下销售同种产品的价格存在很大价差，这就会引起销售渠道间的冲突，并且会损害那些只有能力在高价位渠道下进行购买的消费者的利益。

四、促销策略中的道德问题

促销策略是营销组合中的核心组成部分，促销策略中的道德问题具体表现在以下几个方面。

（一）广告中的道德问题

广告中的道德问题主要体现在广告内容、广告类型以及广告所传递的价值观等方面。在广告内容上的道德问题集中体现在广告内容的虚假性或误导性上。广告宣传内容被刻意夸大，与产品客观事实不相符的情形在日常消费生活中十分常见。例如，2015 年 3 月，上海市工商局披露，佳洁士双效炫白牙膏在广告画面中突出显示的牙齿美白效果是后期通过电脑修图软件处理生成而非药膏的实际使用效果，构成了虚假广告。最终，佳洁士双效炫白牙膏被处罚款 603 万元，这也是我国目前针对虚假广告的最大单笔罚单。在广告类型和形式上的道德问题主要体现在新闻广告、比较广告、名人代言广告、情色广告等方面。新闻广告是指广告主为实现对产品销售的促进而借助媒介以新闻的形式向消费者进行的有偿的信息传播活动。新闻广告本质上属于隐形广告，是以新闻报道的方式阐述广告内容，属于比较隐晦、不易被识别为广告的所谓“软广告”的一种。由于新闻广告具有误导性，在我国是被禁止的。但目前大行其道的微博、微信软文广告则不被限制，时常会出现误导消费者的情况。

比较广告是指在广告中将自身产品与同一竞争领域的其他产品进行比较以体现自身产品的优越。在比较广告中对竞争对手的产品进行“指名道姓”的攻击，恶意贬损竞争对手，用不正当手段进行对比造成消费者误解，均属于违背伦理道德甚至触犯法律的行为。对于名人代言广告，在名人对所代言产品没有亲身体验或核实，对产品性能和实际功效毫不知情的情况下，按照商家要求利用自身影响力和知名度对产品进行夸大宣传的属于典型的不道德行为。由于我国没有明确规定名人在代言广告中所应承担的责任，这一不良现象在我国十分普遍。

（二）人员推销中的道德问题

人员推销是市场营销活动中受到批评相对较多的领域。消费者经常遇到推销人员利用各种不正当手段来推销其产品。例如，推销人员时常利用自身对消费者心理的洞察以及在产品信息方面的信息不对称，对消费者采取高压劝说谎称产品即将供不应求或者价格上调，促使消费者做出购买行为。近年来，不少老年人被骗而花费大量金钱购买所谓的保健品的现象，经常是由于推销人员在对老年人进行无微不至的关注和关怀的同时进行高压劝说而导致的。此外，不合理地区别对待消费者、故意夸大产品功效进行误导宣传以及行贿顾客等行为都会产生道德问题。

（三）销售促进中的道德问题

在销售促进中，企业会运用各种短期营销手段来促使消费者购买其产品和服务。在销售促进中的非道德行为十分常见。购物返券是目前无论线上还是线下都比较流行的促销手段，如购物满 300 元送减 50 元优惠券，但消费者往往事先并不知道这些优惠券只能在购买特定产品品类或者在规定时间内才能使用。为了销售滞销积压产品，有企业会以有奖销售的方式吸引顾客，以重金为诱饵虚设奖项，有大奖而不投放或者事先内定由内部人员获奖。一些不道德企业还会运用一些非正当促销手段制造产品销售火爆的假象，以吸引更多消费者积极购买。例如，一些房地产企业在楼盘开售初期会特地雇用一批假冒消费者的人群前来排队买房炒作人气，人为制造房子供不应求的假象。

五、市场营销调研中的道德问题

市场营销调研是指运用科学的方法，有目的、有计划、有步骤、系统地收集、记录、整理和分析有关市场营销方面的各种情况和发展趋势的资料，为企业制定经营决策提供科学依据。企业可以通过自己的市场营销部门进行市场调研，也可以外包给专业的市场调研公司协助开展市场调研。市场营销调研是现代企业获取市场信息并以此制定企业经营战略的必要途径。有效获取准确的市场信息和情报是企业生存与发展的重要基础。随着市场竞争加剧，越来越多的企业认识到市场调研的重要性，运用各种手段和工具获取市场信息，但在此过程中也会涉及各种道德问题。市场调研中的不道德行为主要表现在以下几个方面。

（一）对市场调研受访者的道德问题

市场调研受访者（一般是消费者）有权知道所参与的市场调研的背景信息、调研目的和调研单位，但有时市场调研人员为了提高调研参与率会刻意隐瞒有关信息，这损害了调研受访者的知情权。有时调研人员不够尊重受访者的个人隐私，在未经许可的情况下擅自公布调研参与者的资料。此外，一些企业将市场调研作为促销手段，名为市场调研实则为推销产品。在日常生活中，消费者经常会接到一些所谓要进行市场调研的电话，在简单问一些市场调研问题后，紧接着就会进行产品宣传和促销来引诱消费者做出购买行为。

（二）对市场调研委托方的道德问题

市场调研公司与委托方（一般为企业）之间存在一定程度的信息不对称。通常来讲，委托方是信息不对称中的劣势方。市场调研公司有可能会采取一些损害委托方利益的不道德行为，包括故意夸大市场调研所需费用、随意改动调研流程、有意隐瞒调研信息、篡改市场调研数据、滥用统计结果、为迎合委托方市场预期而故意歪曲信息、擅自泄露敏感信息给委托方竞争对手或者社会公众等。

（三）对市场竞争对手的道德问题

企业有时会通过非正当手段来调研获取竞争对手的相关信息。例如，企业派自己的员工或者雇用学生或社会人员以找工作面试为掩饰对竞争对手进行情报搜集，或者以洽谈合作为幌子，伺机获取竞争对手的商业机密。此外，企业还可能会通过贿赂竞争对手公司内部员工的方式或者秘密安装窃听设备、利用黑客技术盗取邮箱邮件等方式窃取竞争对手的机密信息。

（四）对社会公众的道德问题

不少市场调研结果会通过新闻报道甚至广告的形式向社会公众进行传播，存在误导公众消费偏好和行为的道德问题。例如，在调研中使用“引导性问题”而人为制造出符合自身预期的结果，将不客观、不真实的调研结果传播给社会公众；或者，片面化地只将对自身有利的调研结果呈现给社会公众，使之产生错误认知。

第三节　营销道德建设

企业的营销道德水平事关消费者和整体社会的利益，同时也事关企业自身能否长期生存与发展。对营销道德的建设需要首先明确营销道德决策的影响因素。

一、影响营销道德决策的因素

影响企业营销道德决策的因素可以划分为以下三类：个体因素、组织因素和外部因素。

（一）个体因素

企业营销道德决策最终是由管理者来做出，因此个体因素会直接影响企业营销道德决策。这主要包括个人价值观、个性特征，以及个人道德认知水平等。首先，企业的营销活动是否合乎道德与营销人员和管理决策者的个人价值观密切相关。个人价值观是个体对周围客观事物的意义和重要性的判断与评价。假如营销决策者认为经济利益高于一切，而任何其他事物都相对次要，就更可能在需要面对经济利益与道德相权衡的时候做出非道德的营销选择。以往研究发现，自尊和受人尊敬等价值观对做出符合道德准则的营销决策具有积极作用，而追求成就感的价值观则会弱化道德准则对决策的束缚，进而导致非道德营销行为的产生和合理化。而个性特征则会影响个人价值观在营销决策中的贯彻，即决定了个人价值观和实际行为在多大程度上能保持一致。这类个性特征主要包括自我强度、环境依赖性和控制点。自我强度主要用于衡量个人自信心的强度。一个自我强度高的人会比自我强度低的人更可能依赖和坚持个人的价值观念，即更可能保持道德判断和道德行为的一致。环境依赖性主要用于衡量个体对外部信息的依赖程度。环境依赖性强的人会更多地依据外界提供的信息来做出判断和决策，因而会弱化个人价值观的作用，相反的，环境依赖性弱的人会更多地依据自身所拥有的信息进行判断和决策，因而个人价值观在营销道德决策中的作用会更强。控制点主要是用于衡量个体相信掌握自己命运程度的个性特征，分内在控制和外在控制两种类型。具有外在控制的人会认为任何事情都是命运或运气所决定的，因此不太可能会对自己的行为后果负责；而具有内在控制的人相信自己能控制自己的命运，因而更容易对自身行为后果产生责任感，会在道德判断和道德行为之间表现出更大的一致性。

此外，毫无疑问，个人道德认知水平会对个人道德决策具有最直接的影响作用。美国伦理心理学家劳伦斯·科尔伯格指出人的道德认知水平存在六个发展阶段，依次为认为有道德的行为就是：（1）规避惩罚的行为，（2）满足自己需求的行为，（3）获得他人赞同的行为，（4）遵守法律和权威的行为，（5）遵守社会契约的行为，（6）遵循普遍道德原则的行为。一般而言，处于较高道德认知水平发展阶段的人比处于较低道德认知水平发展阶段的人更容易做出符合道德伦理的决策。

（二）组织因素

企业营销道德决策同时还会受到企业内的一些客观因素的影响，这些因素会直接作用于营销道德决策者。这主要包括企业使命、企业文化，以及企业最高领导者等。企业使命是指企业在社会经济发展中所应扮演的角色和责任，说明了企业存在的理由。明确将企业的社会责任纳入企业使命中的企业比只关注股东利益最大化的企业更可能做出符合道德规范的营销决策。企业文化是企业所特有的且企业全体成员共同遵守和信仰的行为规范和信念。作为企业价值观，企业文化指出了组织成员应该做什么，不应该做什么，为企业内的各项行为提供了道德行为准则。具体来讲，企业文化制约着营销决策的动机、内容以及道德性营销决策的实施与贯彻。同时，企业的最高领导者对于规范企业营销道德同样具有重要作用，这主要表现在最高领导者不仅可以通过经营理念或经营哲学来直接影响营销决策的制定与实施，而且可以通过自身的权威性和号召力向企业员工传播自身的经营理念来间接影响营销决策的制定与实施。此外，企业最高领导者还会对企业文化的形成与变革起主导作用，进而间接影响企业营销决策的道德水准。

（三）外部因素

企业营销道德决策离不开企业所处外部环境的影响。这主要包括市场因素、各种利益相关者因素、科学技术因素，以及社会文化因素。市场因素是指在一定的社会经济发展水平下，市场体系和市场机制的发展程度以及市场供求状况的市场趋势。良好的市场秩序和完善的市场体系下，公平竞争和诚信原则能得到充分发挥，在这有利于促进企业做出符合道德的营销决策。反之，在市场无秩序市场体系不健全的市场中，一些企业会为了自身利益而采取不正当的手段参与市场竞争，完全自觉遵守道德责任和义务的企业可能会丧失市场机会，会导致劣币驱逐良币的现象。不道德的营销决策会损害到利益相关者的权益，这些利益相关者包括消费者、股东、企业员工、社区以及政府等。利益相关者对于自身利益的维护，会制约和监督企业的各种营销活动。消费观念成熟、善于维护自身正当权益的消费者能通过交涉、投诉、口碑传播、拒绝购买、诉诸法律等方式对企业的不道德营销行为进行有效反制和遏制，而不注意维护自身正当权益的消费者则会助长企业的不道德行为。企业股东和员工作为企业组织成员会直接参与到企业的经营活动当中，会对企业的营销道德决策产生直接影响。企业所在社区的监督以及政府法律法规的监管同样会制约企业的不道德营销行为。

科学技术的发展会对企业的营销道德具有双刃剑的作用。一方面，先进的科学技术有利于企业更高效地管控企业的各项经营活动的道德性，进而更好地满足消费者需求。例如，防伪防串货二维码的运用能有效帮助企业遏制内部人员以及经销商从事串货这种不道德营销行为。另一方面，先进科学技术的不当使用可能会激发不道德营销行为的产生。例如，一些软件企业为了更为精准地了解消费者需求，通过后门程序在未获得消费者许可的情况下私自搜集、记录消费者的各种网上行为。这种大规模便捷化地获取消费者隐私信息在互联网时代之前是无法实现的。类似的，社会文化因素也会作用于企业的营销道德决策。任何企业都要在一定的社会文化环境中进行经营，进而受到社会文化的影响和制约。例如，在一些国家的社会文化当中，行贿是一种可以接受的商业行为，那么哪怕是非本国的企业在这种文化中也可能会渐渐采用行贿这种方式，以便于在该市场中进行竞争与经营。

二、企业营销道德的外部环境建设

对企业营销道德的外部环境建设可以从以下几个方面入手。

（一）强化法律和行政因素的作用

政府行政部门和相关法律对企业营销道德决策具有重要影响。健全而完善的法律法规体系以及政府行政部门规范化的监督与管理能对企业营销道德决策加以有效约束与指导。首先，要不断健全和完善法律法规体系。尽管法律法规并不能解决所有的营销道德问题，但这是道德的基本保证和最低要求。如果整个社会是一个制度公正、激励有序的法制社会，就能在很大程度上抑制企业不正当营销行为的发生。相反地，如若立法不够完善，某些企业就会钻法律的空子，进而损害消费者的利益。在法律制度上要能实现违法者的违法成本大大高于其所能获得的收益，从理性根源上遏制企业从事不道德营销活动的动机。

其次，要强化国家行政职能机构对企业营销非道德行为的监管执法力度。目前我国存在执法依据不严、执法标准不统一等问题。为此，国家行政部门如工商行政部门、质检部门、商检部门、物价部门等，要统筹各自的管理监督权限和规范化管理能力，做到职能分工明确，避免责任的相互推诿，而且要同时着眼于对企业不道德营销行为的预防和事后管理。

最后，要建设完善的社会信用体系。建设完善的社会信用体系能够有效地引导和建立经济社会领域的道德观，对企业营销道德形成强有力的外部约束环境。政府应在构建社会信用体系上发挥应有的引导作用，要不断推进各类市场主体信用制度的建立和完善，加强组织协调，对各类市场主体信用监督管理进行社会化建设，制定相关政策措施扶持社会信用服务中介机构逐步建立起信用信息发布、信息共享和网络化的信用体系，尽快制定各行业类企业囊括营销道德维度的信用评价标准体系。

（二）加强构建行业道德规范

个体企业的非道德营销行为不仅会损害消费者权益，同时会损害企业所处行业的信誉和利益。因此，应指导或自发建立行业协会，并在行业主管部门和行业协会的促进下，制定出适合本行业特点的营销道德规规范准则以及奖惩机制，加强行业对企业营销活动的指导与监督。对于优秀的企业给予表彰，对于败德企业给予劝诫、警告、处罚，迫使其进行整治。

（三）充分发挥消费者和公众的监督作用

在市场激烈竞争、社会化营销观念的广泛传播以及互联网经济高速发展的当代社会，消费者意见越来越容易声张，消费者的影响力也在不断增强，这对企业营销道德决策能产生直接影响。高素质、具有监督意识和自我权益保护意识的消费者能对企业的营销活动产生直接而有效的制约。为了发挥消费者和公众对企业营销道德建设的积极作用，要大力教育消费者，提高消费者自身素质、产品知识、鉴别能力以及自我保护意识，同时也要帮助消费者树立理性的消费观念。

学术智库 20-2

本研究基于消费者视角，在实证研究的基础上，通过均值分析和主成分因子分析，建立了一套从消费者角度出发的企业营销道德测评体系，同时应用该体系对四家样本企业的营销道德水准进行模糊评价，这包括一家股份制金融服务型企业，一家国有控股制造型企业，一家股份制消费品制造型企业，以及一家私营消费品制造型企业。本文得出三个基本结论：（1）从消费者角度看，企业营销道德测评体系可主要由促销因子、诚信因子、社会责任因子、公平竞争因子四大指标确立；（2）通过对四家样本企业的模糊评价结果，可推论出我国现阶段多数企业营销道德水准偏低；（3）促销因子和公平竞争因子的道德水准建设应成为我国多数大企业营销道德建设的重点工作之一。

资料来源：甘碧群，曾伏娥．企业营销道德测评体系的确立与模糊评价——来自外部顾客的数据分析．系统工程理论与实践，2006（2）：68-76.

三、企业营销道德的内部环境建设

（一）构建重视营销道德的企业文化

企业营销道德的内部建设是一个系统化的复杂过程，这离不开以企业价值观为核心的企业文化在其中发挥重要的作用。重视营销道德的企业文化能将企业员工的思想观念和行为统一起来，无形之中强化员工对营销道德重要性的认同和实践。具体而言，在构建重视营销道德企业文化过程中，要把企业的营销理念融入企业价值观当中，把体现企业文化核心价值观的理念以企业章程的形式表达出来，并通过各种活动向员工强调以营销道德为主导的企业文化的重要性，同时将日常工作中的营销道德问题拿出来进行深入讨论，树立正面典型，发挥榜样作用，并配套相应的奖惩措施。

（二）建立企业营销道德行为准则

道德行为准则是企业文化的具体表现，对企业中个体的行为具有规范作用。建立企业营销道德行为准则能够指导企业员工在遇到特定情境时应当遵循什么原则，以及采取哪种具体行为是合理的、可接受的。企业营销道德行为准则的制定要做到清晰、明确、有针对性、能严格实施以及具有有效的营销道德考核标准。

（三）通过培训加强各级员工良好的个体营销道德意识

加强营销道德培训是提高企业领导层、员工营销道德意识和水平的重要途径。对于营销道德意识的培训既要强调营销道德的社会教育、集体教育，也要强化营销从业人员的自我教育和自我修养。在培训过程中，要首先明确高层管理者的营销道德承诺，做到上行下效，同时要理论联系实际，进行有针对性的、具有可操作性的营销道德教育和宣传。

☞【小结】

本章系统讨论了企业社会责任与营销道德，首先通过对企业社会责任和营销道德概念及内涵的界定，说明了二者之间的依存关系。然后从市场营销组合视角，详细分析了在产品策略、定价策略、分销策略、促销策略以及市场营销调研等方面可能存在的营销道德问题。在产品策略上，营销道德问题主要表现在产品质量与安全、产品商标、产品包装、产品售后服务以及产品更新换代等方面。在价格策略上，营销道德问题主要体现在误导性定价、暴利性定价、串谋性定价以及掠夺性定价等方面。在分销策略上，讨论了在水平渠道冲突下的道德问题、垂直渠道冲突下的道德问题、多渠道冲突下的道德问题。在促销策略上，基于促销组合，讨论了广告中的道德问题、人员推销中的道德问题以及销售促进中的道德问题。本章同时探讨了在市场营销调研中可能存在的各种道德问题，包括对市场调研受访者、委托方、竞争对手和社会公众四个方面。最后，本章分析了影响企业营销道德决策的三方面因素，并提出了企业营销道德在外部和内部环境建设的途径。

☞【思考题】

1. 企业为什么需要重视营销道德？
2. 产品召回具有什么营销道德意义？
3. 非道德定价有哪些表现形式？
4. 广告是如何影响消费者欲望和物质主义的？
5. 在互联网经济下如何加强消费者对于企业营销道德的监督作用？

☞【课后案例】

三星手机电池爆炸事件

近年来，三星 Galaxy Note 系列手机一直都被视为安卓阵营的旗舰机型。三星 2016 年发布的 Galaxy Note 7，由于其具备的双曲面屏、蓝色机身、虹膜识别、全新的 S Pen、防水防尘等新功能，更是被公众视为一款明星机型。然而，就是这么一款备受关注的旗舰产品，却不幸遭遇“滑铁卢”，深陷电池爆炸事故的舆论漩涡之中。从

2016年8月3日全球首发到10月11日全球停产，69天内三星Galaxy Note 7受到了全世界科技圈的关注，爆炸事件也日趋发酵、升级，再加上包括微博、微信在内的各新媒体上段子手们恶搞三星Galaxy Note 7爆炸事件，成功地让此事件发酵到了顶点。

爆炸事件起始于8月24日，有韩国网民在一个名为“ppomppu”的网上论坛中上传了一系列Galaxy Note 7的照片，照片中手机因电池爆炸已经被严重烧毁。此后在短短数十天里，该款手机在多个国家出现电池爆炸的情况。9月2日，迫于市场压力的三星公司宣布，因电池缺陷问题，停售Galaxy Note 7手机；允许已经购买到此款手机的消费者两周后置换新手机；并且召回美国、韩国、澳大利亚等10个国家和地区的共250万部Note 7手机。

但令人遗憾的是，三星声明，9月1日开始在中国内地销售的Note 7使用的是与其他国家不同的电池供应商，电池并不存在安全隐患，因此此次召回计划不包括在中国内地销售的Note 7手机。该声明一经公布，立即引起中国消费者的不满，有消费者质疑三星电子存在“地区差别对待”。9月14日，三星重申：“自9月1日起在中国市场发售的Galaxy Note 7国行版本，由于采用了不同的电池供应商，而不在此次更换范畴，可放心购买及使用。”然而，9月18日起国行版Note 7手机在国内同样发生了多起电池爆炸事故，最终三星自10月11日起正式召回国行Note 7，共计190984台。随后官方又发出声明，向中国消费者致歉并承诺召回全部国行版三星Note 7手机。

需要指出的是，三星Galaxy Note 7所使用的电池，并未经过美国无线行业组织（CTIA）认证的28家实验室中的任何一家进行测试，而是使用了隶属于三星电子的一家实验室进行测试。按照规定，手机厂商想要在美国销售智能手机，其手机电池必须在美国无线行业组织（CTIA）认证的28家实验室中的任何一家实验室通过测试，以确保手机电池符合电气和电子工程师协会（IEEE）制定的标准，而三星是全球唯一一家仅通过自主电池测试实验室测试的手机厂商。三星Galaxy Note 7爆炸事件最终以“三星宣布停产并全球召回三星Galaxy Note 7”画上了一个句号，三星Galaxy Note 7也成为智能手机史上最短命的畅销手机。

资料来源：引自手机之家网，http：//news. imobile. com. cn/articles/2016/1023/172347. shtml，文章有改动.

案例讨论题：

1. 三星公司在哪些营销行为上存在营销道德问题?
2. 你如何评价此次三星手机电池爆炸事件?

【参考文献】

[1] 郭国庆．营销伦理．中国人民大学出版社，2012.

[2] 艾德华．营销道德与营销文化．北京大学出版社，2011.

[3] 菲利普·科特勒，加里·阿姆斯特朗．市场营销：原理与实践（第16版）．楼尊，

译．中国人民大学出版社，2015.
[4] 刘淑华．企业社会责任绩效评价及推进机制．中国经济出版社，2015.
[5] 王方华．营销伦理．上海交通大学出版社，2005.
[6] 甘碧群．企业营销道德．武汉大学出版社，1997.
[7] 高朴．道德营销论．江苏人民出版社，2005.
[8] 甘碧群，曾伏娥．企业营销行为的道德感知与测度：消费者视角．管理世界，2004（7）：86-92.
[9] 甘碧群，曾伏娥．企业营销道德测评体系的确立与模糊评价——来自外部顾客的数据分析．系统工程理论与实践，2006（2）：68-76.
[10] 王新刚，黄静．企业家社会责任行为偏离对品牌形象的影响．软科学，2014，28（5）：66-69.
[11] 黄静，刘秋玲．"好企业"为什么会干坏事？——企业社会责任营销内外一致性视角．商业研究，2014（8）：110-118.
[12] 黄静，俞钰凡，林青蓝．企业家代言人的慈善行为对消费者的作用机制研究．中国工业经济，2012（2）：119-127.
[13] 黄静，王新刚，童泽林．企业家社会责任道德发展观：基于本土文化的解读．统计与决策，2011（21）：183-185.
[14] 黄静，熊巍．犯错品牌的投入对消费者再续关系意愿的影响．中国软科学，2009（6）：119-127.
[15] 黄静，彭志红，熊小明．企业家负面曝光事件对企业家形象的影响研究——应对策略及企业家形象特质的调节作用．营销科学学报，2013，10（2）：29-43.